知行 财经类专业规划教材

审计学

第二版

王振秀　王　珏◎主　编
敖　艳　林　波　徐玄玄◎副主编

AUDITING

上海财经大学出版社
SHANGHAI UNIVERSITY OF FINANCE & ECONOMICS PRESS
上海学术·经济学出版中心

图书在版编目(CIP)数据

审计学/王振秀,王珏主编．—2版．—上海:上海财经大学出版社,2024.5

(知行·财经类专业规划教材)

ISBN 978-7-5642-4374-6/F·4374

Ⅰ.①审… Ⅱ.①王…②王… Ⅲ.①审计学-高等学校-教材 Ⅳ.①F239.0

中国国家版本馆CIP数据核字(2024)第089906号

□ 责任编辑 徐 超
□ 联系邮箱 1050102606@qq.com
□ 封面设计 贺加贝

审 计 学

(第二版)

王振秀 王 珏 主 编
敖 艳 林 波 徐玄玄 副主编

上海财经大学出版社出版发行
(上海市中山北一路369号 邮编200083)
网 址:http://www.sufep.com
电子邮箱:webmaster@sufep.com
全国新华书店经销
上海新文印刷厂有限公司印刷装订
2024年5月第2版 2025年8月第2次印刷

787mm×1092mm 1/16 18.5印张 474千字
印数:7 801—9 800 定价:52.00元

前　言

审计学不仅要向学生传授审计基本理论和基本方法，更重要的是培养学生运用审计理论和方法解决审计实务问题的能力和高尚的职业道德观念，其学科内容和教学目标随着社会经济环境的变化而发展。自2016年本书第一版出版之后，中国注册会计师协会持续进行中国注册会计师审计准则的修订和拟定工作，中华人民共和国财政部陆续批准发布了新修订和拟订的审计准则。本书此次修订主要是在参照上述拟定（修订）后的准则及其对应的指南、应用规范等的基础上完成的。

本书的写作以风险导向审计为主线，以财务报表审计流程为主导，在保证知识体系完整的基础上，不求面面俱到，以适当简化内容，使重点更加突出，便于初学者的学习。本书针对重要的知识点，采用小案例式文字说明；针对重要概念或流程，配以逐步推解的流程图进行表达；针对学生的自我学习，课前配备了导入案例，课后配备了与课程内容密切结合的习题。使学生在完成本门课程的学习后，在掌握审计主线的基础上，理解审计全貌，学会使用分析的思维去解决审计问题。

本书共分16章，由武汉华夏理工学院王振秀、王珏主编，敖艳、林波和徐玄玄副主编。各章执笔分工如下：第一章和第十五章由王振秀编写，第二章至第四章由王珏编写，第五章和第六章由敖艳编写，第七章至第八章由林波编写，第九章至第十章由徐玄玄编写，第十一章和第十二章由李百意编写，第十三、十四、十六章分别由吴安妮、芦静、项柳编写。

本书可以用于高等院校会计类专业本科教学，也可以作为有专业兴趣学生的自学教材。因为篇幅的限制，本书每章课后所附的自我测试题有限，选择本书作为教材的老师可以与出版社编辑联系，取得更多的教学资源，包括课件、试卷和习题库。

编　者

2023年11月

目 录

第一章 审计概述

【学习目标】

了解注册会计师审计的起源与发展；掌握审计模式的演变；熟悉审计的含义与分类；熟悉会计师事务所的组织形式；掌握注册会计师的业务范围；理解注册会计师审计的基本要求。

【学习重点】

审计模式的演变；注册会计师的业务范围。

【导入案例】

中央审计委员会成立

2018 年 3 月 21 日，中共中央印发《深化党和国家机构改革方案》，明确提出，为加强党中央对审计工作的领导，构建集中统一、全面覆盖、权威高效的审计监督体系，更好发挥审计监督作用，组建中国共产党中央审计委员会，作为党中央决策议事协调机构。

2018 年 5 月 23 日，中央审计委员会第一次会议召开，中国共产党中央委员会总书记、中共中央军事委员会主席、中华人民共和国主席、中华人民共和国中央军事委员会主席、中央审计委员会主任习近平发表了重要讲话。

习近平指出，改革审计管理体制，组建中央审计委员会，是加强党对审计工作领导的重大举措。要落实党中央对审计工作的部署要求，加强全国审计工作统筹，优化审计资源配置，做到应审尽审、凡审必严、严肃问责，努力构建集中统一、全面覆盖的审计监督体系，更好发挥审计在党和国家监督体系中的重要作用。

习近平指出，要深化审计制度改革，解放思想、与时俱进，创新审计理念，及时揭示和反映经济社会各领域的新情况、新问题、新趋势。要坚持科技强审，加强审计信息化建设。要加强对全国审计工作的领导，强化上级审计机关对下级审计机关的领导，加快形成审计工作全国一盘棋。要加强对内部审计工作的指导和监督，调动内部审计和社会审计的力量，增强审计监督合力。

请扫码阅读完整案例资料，然后思考以下问题：

1. 上文所述中央审计委员会领导的审计属于什么类型的审计？
2. 政府审计、社会审计和内部审计之间有什么区别和联系？
3. 信息技术的发展为审计带来了什么影响？

4. 中央审计委员会的成立为审计工作的发展带来了什么样的影响?

第一节 审计的起源与发展

一、注册会计师审计的起源

注册会计师审计是商品经济发展到一定程度时,随着企业财产所有权与经营权分离而产生的。通常认为,注册会计师审计产生于资本主义工业革命时期,而其萌芽可以追溯到16世纪的意大利。

16世纪末,随着航海贸易的日益发达,地中海沿岸出现了为筹集大量资金进行贸易活动的合伙企业。在合伙企业中,部分合伙人只出资而不参与经营管理,他们需要了解企业的财务状况和经营成果,参与经营管理的合伙人也希望能证实自己经营管理的能力与效率,因此,双方都希望能从外部聘请独立的会计专业人员来承担查账和监督的工作。于是16世纪意大利的商业城市中出现了一批具有良好的会计知识、专门从事查账与验证工作的专业人员。1581年世界上第一个会计职业团体威尼斯会计协会成立,标志着早期注册会计师审计的萌芽。

18世纪初期到19世纪中叶产业革命的完成,推动了资本主义商品经济的发展,股份公司问世并得到迅速发展。公司的所有权与经营权呈现出更具现代意义上的分离,投资人分散于广大股票持有人之中,股东们要求企业经营管理层定期向他们提交财务报告,以便了解公司的财务状况和经营成果。而后,随着资本市场的快速发展,企业融资渠道进一步拓宽,债权人、潜在的投资者等社会公众都迫切需要了解公司的财务状况和经营成果,以做出相应的经济决策。因此,为确保财务信息的真实与公允,由独立会计师对股份公司的财务报告进行审计就显得很有必要。

1720年,英国的南海公司通过虚构经营业绩和发展前景吸引了大量投资,最后经营失败导致破产,致使公司股东和债权人遭受了巨大的经济损失,社会影响恶劣。英国议会聘请会计师查尔斯·斯内尔(Charles Snell)对南海公司进行审计。斯内尔以"会计师"名义出具了"查账报告书",从而宣告了独立会计师——注册会计师的诞生。为避免"南海公司事件"重演,1844年,英国政府颁布了《公司法》,规定股份公司必须设立监事来审查公司账目,并将审计结果报告给股东。但是当时的监事一般由股东担任,大多并不熟悉会计业务和专门的技术方法,难以实施有效监督。因此,1845年,英国政府对《公司法》进行了修订,规定股份公司必要时可以聘请会计师协助办理审计业务。于是,独立会计师业务得到迅速发展,独立会计师人数也越来越多。此后,英国政府对一批精通会计业务、熟悉查账知识的独立会计师进行了资格确认。1853年,世界上第一个职业会计师的专业团体——爱丁堡会计师协会在苏格兰成立,标志着注册会计师职业的诞生;随后,英国数家会计师协会相继成立,民间审计队伍迅速扩大。1862年,英国《公司法》确定注册会计师为法定的破产清算人,奠定了注册会计师审计的法律地位。

二、注册会计师审计的发展

商品经济的发展不仅促成了注册会计师审计的产生,而且不断推动其向前发展。从审计对象的演变过程来看,注册会计师审计的发展可以分为三个阶段。

1. 会计账目审计阶段

从19世纪中叶到20世纪初,英国的审计模式占主导地位。这一时期英国的注册会计师审计还没有科学系统的审计程序和方法,只是根据查错揭弊的目的,对被审计单位在被审计期间内发生的经济业务和产生的会计账目从头到尾进行逐笔审计,故称详细审计,也称为英国式审计。

2. 资产负债表审计阶段

从19世纪末,美国注册会计师审计得到了迅速发展。美国南北战争结束后,英国巨额资本流入美国,促进了美国经济的发展。为了保护广大投资者和债权人的利益,英国的执业会计师远涉重洋到美国开展注册会计师审计业务;同时,美国也很快形成了自己的注册会计师审计队伍。1877年,美国会计师公会成立,1916年该会改组为美国会计师协会,后来发展为美国注册公共会计师协会,成为世界上最大的注册会计师审计专业团体。初期的美国注册会计师审计,多采用英国式的详细审计。20世纪初期,美国的短期信用发达,企业多从银行举债。银行为了维护自身利益,要求对申请贷款企业的资产负债表进行审查、分析,判断企业的偿债能力,以决定是否给予贷款。因此,以证明企业偿债能力为主要目的的资产负债表审计,即信用审计,在美国风行一时,称为美国式审计。审计方法也逐步从单纯的详细审计过渡到初期的抽样审计。

3. 财务报表审计阶段

20世纪20年代以后,随着资本主义市场的发育成熟,企业的融资渠道由向银行贷款转向证券市场,证券交易的业务量和规模有了较大发展,社会各方十分关注企业的盈利能力,资产负债表审计已经无法满足需要,美国率先进入财务报表审计时代。美国政府为了保护投资者的利益,于1933年颁布《证券法》,次年颁布《证券交易法》,规定上市公司必须向证券交易所提交经过注册会计师审计的财务报表,包括资产负债表和损益表。由于美国以立法的形式推行公认会计制度,要求所公开的各种会计报表必须按照一定的标准编制,客观上要求与之相适应的审计工作也必须步入规范化、标准化轨道。为此,西方会计学家、审计学家加速了对会计准则和审计准则的研究。

三、审计模式的演进

审计模式是指为了实现审计目标所采取的审计策略、方式和方法的总称。审计模式的演进大致可以分为三个阶段:账项基础审计、制度基础审计和风险导向审计。

1. 账项基础审计

账项基础审计是指根据账务处理流程,采用顺查或者逆查的方法,通过对会计凭证和账簿的详细审查来评价财务数据是否正确的一种审计模式。在账项基础审计阶段,当时审计工作的主要目标是查错防弊,注重凭证、账簿、报表的详细审查,没有明确的审计重点,比较费时费力,在企业规模不大、经济业务比较简单的情况下,这种审计模式基本能适应需要。随着企业规模的扩大,账务处理开始变得复杂,详细审查多不再适用,审计人员开始采用抽样检查法,但是此时的抽样主要依据审计人员的经验进行主观判断,有时可能遗漏重要项目,风险很大。因而,发展到初步抽样的账项基础审计并不能达到预期的效果,为了保证审计质量,必须寻找更可靠、更有效的审计方法。经过探索,20世纪40年代后期出现了制度基础审计。

2. 制度基础审计

制度基础审计是建立在企业内部控制评价基础上的审计模式。具体而言,在实施审计时,审计人员从了解和测试企业内部控制入手，根据对内部控制评价的结果，确定对于账项实施实质性程序的性质、时间和范围。在制度基础审计模式下，审计人员大量运用抽样的方法，而抽样的重点主要取决于内部控制评价的结果，不再仅仅依赖审计人员的主观判断。因此，相比于账项基础审计，制度基础审计在保证审计结论具有一定的可靠水平的前提下提高了审计工作的效率。

20 世纪 80 年代开始，随着西方国家一些大公司的倒闭，针对注册会计师的诉讼急剧增加。在这种情况下，注册会计师行业意识到在审计过程中，除了需要考虑企业内部控制制度的有效与否外，还需要关注产生审计风险的其他环节和因素，因此，风险导向审计应运而生。

3. 风险导向审计

风险导向审计是指建立在企业经营风险和审计风险要素评价基础上的审计模式。审计人员在审计过程中逐渐意识到审计风险与企业经营风险是不可分割的，威胁企业经营的风险要素也是影响审计风险的来源。因此，在实施审计时，审计人员需通过对企业及其环境的了解，分析和评价企业的经营风险，并进而分析审计风险，以确定审计策略。

相比于制度基础审计而言，在风险导向审计模式下，不仅需要了解内部控制，还需要对企业所处的环境等其他方面进行关注，以评价在审计之前企业存在重大错报的可能性，并进而确定进一步审计程序的总体方案。在此过程中，需要有更广泛的视角，更多地运用分析程序，对于审计人员的要求也更高。

四、我国审计的起源与发展

我国审计的起源很早，从夏、商、西周时期到元、明、清，我国古代审计基本上都属于政府审计的性质。清朝末年，随着民族资本主义工商业的产生和发展，我国出现了一些按照西方企业管理模式建立的银行、矿山、造船厂等较大型企业，它们纷纷在企业内部设立“稽核”职务和部门，实行内部审计。随着时代的进步和经济的发展，我国政府审计和内部审计都得到了长足的发展。

我国的注册会计师审计始于辛亥革命以后，1918 年 9 月，北洋政府农商部颁布了我国第一部注册会计师审计法规——《会计师暂行章程》，同年向谢霖先生颁发了第一号会计师证书，谢霖被视为中国第一个公共会计师。1921 年谢霖先生创办了中国第一家会计师事务所——正则会计师事务所。1925 年上海首先成立了会计师公会。自 20 世纪 30 年代以后，在一些大城市中，如天津、武汉、广州等地也相继成立了一些会计师事务所，接受委托从事查账业务，注册会计师审计得到了一定的发展。1949 年新中国成立后，注册会计师审计在经济恢复工作中曾发挥过积极作用，但随着对资本主义工商业的社会主义改造的完成，我国建立起高度集中的计划经济体制，注册会计师制度一度中断。

1978 年，党的十一届三中全会以后，我国实行改革开放，商品经济迅速发展，外商来华投资日益增多，为保护投资者利益，迫切需要建立注册会计师制度。1980 年 12 月 14 日，财政部颁布了《中华人民共和国中外合资经营企业所得税法实施细则》，其中规定外资企业财务报表须由注册会计师进行审计，这为恢复我国注册会计师制度提供了法律依据。1980 年 12 月 23 日，财政部发布《关于成立会计顾问处的暂行规定》，标志着我国注册会计师职业开始复苏。1981 年 1 月 1 日，新中国第一家会计师事务所——上海会计师事务所成立。

我国注册会计师制度恢复后，注册会计师的服务对象主要是三资企业。1984 年 9 月 25 日，财政部印发《关于成立会计咨询机构问题的通知》，明确了注册会计师应该办理的业务。

1985 年开始实施的《中华人民共和国会计法》规定："经国务院财政部门批准的注册会计师组成的会计师事务所，可以按照国家有关规定承办查账业务。"1986 年 7 月 3 日，国务院颁布新中国第一部注册会计师法规——《中华人民共和国注册会计师条例》，同年 10 月 1 日起实施。1988 年 11 月 15 日，财政部领导下的中国注册会计师协会正式成立。1991 年，恢复全国注册会计师统一考试。1993 年 10 月 31 日，八届人大常委会第四次会议审议通过新中国第一部注册会计师法律——《中华人民共和国注册会计师法》，自 1994 年 1 月 1 日起开始实施。1996 年 10 月 4 日，中国注册会计师协会加入亚太会计师联合会。1997 年 5 月 8 日，中国注册会计师协会成为国际会计师联合会正式会员，并同时成为国际会计准则委员会的正式会员。

经财政部批准同意，中国注册会计师协会于 1994 年 5 月开始筹备进行中国独立审计准则的研究制定，1996 年 1 月 1 日，第一批《独立审计准则》开始实施；1997 年 1 月 1 日，第二批《独立审计准则》开始实施；1999 年 7 月 1 日，第三批《独立审计准则》开始实施。之后，中国注册会计师协会对独立审计准则进行了多次的补充和修订。2006 年 2 月，发布了拟定或修改的 48 项中国注册会计师执业准则，自 2007 年 1 月 1 日起施行。此次审计准则修正了传统审计风险模型，注重从宏观层面上把握财务报表可能存在的重大错报风险，实行风险导向审计。2010 年 11 月，发布了修订后的 38 项准则，其中对 16 项准则的内容进行了实质性修订，自 2012 年 1 月 1 日起正式实施。此次审计准则修订，将风险导向审计理念全面彻底地贯彻到整套审计准则中，进一步强化了风险导向审计思想，避免了准则体系的内在不一致，同时也显著增强注册会计师审计的效果，比起 2006 年版的审计准则，实现了进一步与国际审计准则的实质性趋同。此后，中国注册会计师协会根据实际情况，持续进行审计准则的修订和拟定工作。

第二节　审计的含义与分类

一、审计的含义

美国会计学会（American Accounting Association，AAA）在 1973 年《基本审计概念报告》中给出审计的定义："为确定关于经济行为、经济事项的认定和既定标准之间的一致程度，而客观地收集、评价有关这些认定的证据，并将评价结果传达给相关利益主体的一个系统的过程。"

可以从以下方面来理解审计的含义：

（1）审计的对象。审计的对象是"关于经济行为、经济事项的认定"，对于被审计单位而言，能够引起会计要素发生增减变动的就是经济行为或者经济事项，在财务报表审计中，会计要素的增减变动最终会反映成为财务报表，所以，在财务报表审计中，关于经济行为、经济事项的认定体现为财务报表。当然，财务报表并不是认定的唯一体现。

（2）审计的依据。审计的依据是"既定的标准"，如在财务报表审计中，审计人员要判断财务报表是否合法、反映是否公允，必须要有依据，那就是企业会计制度和相关的会计准则，审计人员要判断被审计单位的财务报表是否符合这些"既定的标准"。当然，在不同的审计业务中，既定的标准可能是不同的。

（3）审计的证据。"认定"是否符合"标准"，不是审计人员凭经验就可以做出判断的，必须以客观的态度去收集证据，并且评价这些证据的数量和质量是否足以证明事实的真相，否则审计人员得出的结论就是不可信的。

(4)审计的结果。通过客观地收集和评价证据,审计人员可以就“认定”是否符合“标准”做出评价,然后将评价的结果通常以书面的方式进行反映。

图1—1示意了审计的含义。

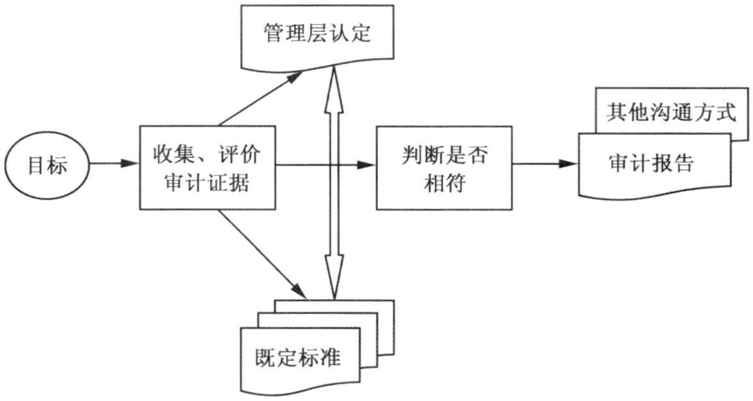

图1—1 审计的含义示意图

二、审计的分类

审计可以从不同角度加以考察,从而做出不同的分类。正确划分审计的种类,有助于加深对审计的认识,以便有效地组织和运用各种审计,充分发挥审计的职能作用。审计分类包括按审计主体、审计内容和审计目的分类以及其他分类。

(一)审计按主体分类

审计按主体的不同,分为政府审计、内部审计和注册会计师审计。

1. 政府审计

政府审计是指政府审计机关实施的审计,又称国家审计。我国政府审计的主体是由国务院设置的审计署和由各省、自治区、直辖市、地、市、县各级政府设置的审计局(厅)。政府审计机关的审计对象是政府部门的财政收支,国有企事业单位的财务收支,政府投资和以政府投资为主的建设项目,以及国际组织和外国政府援助、贷款等项目。政府审计机关作为党和国家监督体系的主要组成部分,应独立于被审计单位,并依照法律的规定,对被审计单位主动实施强制审计。

2. 内部审计

内部审计是指企事业单位内部或部门内部所设立的专职审计机构或审计人员所进行的审计。内部审计的主体是指从事单位内部审计活动的机构及其人员。内部审计的对象是本单位财务收支、管理活动等。内部审计主要服务于单位的经营管理,是增强内部控制的重要环节。通常,内部审计应独立于被审计的部门或人员。

3. 注册会计师审计

注册会计师审计是指经有关部门审核批准的会计师事务所进行的审计,又称独立审计、民间审计或社会审计。注册会计师审计的主体是从事独立审计活动的会计师事务所及其注册会计师。注册会计师审计的主要特点是独立性、受托性和有偿性。独立性是指会计师事务所及其审计人员既独立于被审计人,又独立于审计委托人,是绝对的双向独立。受托性是指会计师事务所只有收到客户书面委托才能实施约定的审计业务。注册会计师审计的委托人或授权人通常是各类资源财产的所有人或主管人，包括政府审计机关、国家行政机关、企业、事业单位和个人等。注册会计师审计的内容十分广泛，包括鉴证业务和相关服务业务。有偿性是指会计师事务所在双方签订了业务约定书后并按其要求提供了服务后，应当根据约定向客户收取费用。

（二）审计按目的和内容分类

审计按目的和内容的不同，分为财务报表审计、经营审计和合规性审计。

1. 财务报表审计

财务报表审计是注册会计师的传统核心业务。财务报表审计的目的是通过执行审计工作，对财务报表是否按照规定的标准编制发表审计意见。规定的标准通常是企业会计准则和相关会计制度。财务报表通常包括资产负债表、利润表、现金流量表、所有者权益（或股东权益）变动表以及财务报表附注。在实施审计工作后，注册会计师对财务报表是否不存在重大错报提供合理保证，以积极方式提出意见，以增强除责任方之外的预期使用者对财务报表信赖的程度。

2. 经营审计

经营审计的目的主要是通过对被审计单位的经营程序和方法进行检查，评价其经营活动的效率和效果。在经营审计结束后，审计人员一般要向被审计单位提出经营管理的建议。在经营审计中，审计对象不限于财务信息，还包括组织机构、计算机信息系统、生产方法、市场营销以及注册会计师能够胜任的其他领域。在某种意义上，经营审计更像是管理咨询。

3. 合规性审计

合规性审计的目的是确定被审计单位的经营活动或财务活动是否遵循了特定的程序、规则或条例。例如，确定会计人员是否遵守了财务主管规定的手续，检查工资是否符合工资法规定的最低限额，或审查与银行签订的合同，以确信被审计单位遵守了法定的要求。合规性审计的结果通常报送给被审计单位管理层或外部特定使用者。

（三）审计的其他分类

按实施时间分类，可将审计分为事前审计、事中审计和事后审计；还可分为期中审计和期末审计；定期审计和不定期审计。

按范围分类，可将审计分为全部审计和局部审计；综合审计和专题审计。

按执行地点分类，可将审计分为就地审计、送达审计和远程网络审计。

按动机分类，可将审计分为强制审计、任意审计。

按是否通知被审单位分类，可将审计分为预告审计和突击审计。

上述审计分类是从多角度、多方位对审计进行揭示和认识，各种审计类型不是各自孤立的，而是依据不同的审计主体相互交叉、相互结合在同一审计项目中。审计人员在执行审计任务时，应根据不同的审计目标和要求，结合被审计单位的实际情况，选择适当的审计类型，更好地完成审计工作任务。

第三节　审计组织与审计人员

一、审计组织与审计人员的概念

（一）审计组织的概念

审计组织是指有权力或有资格行使审计职能，开展审计工作的组织。按照职能及服务对象的不同，审计组织分为政府审计机关、内部审计机构和社会审计组织。政府审计机关是代表政府行使审计职能的机构；内部审计机构是指在单位或部门内部设置的相对独立的从事审计业务的专门组织；社会审计组织是指依法成立的独立从事受托审计业务和有关咨询服务等业务的审计机构。

针对审计组织，本书主要介绍社会审计组织的相关内容。在我国，社会审计组织是指根据国家法律或条例规定，经政府有关主管部门审核批准，注册登记的会计师事务所。

（二）审计人员的概念

审计人员是指专门从事审计工作、完成审计任务的人员。按照所处审计组织的不同，审计人员分为政府审计人员、内部审计人员和社会审计人员。政府审计人员是指在各级政府审计机关中从事审计工作的人员，他们属于国家公务人员；内部审计人员是指在单位、部门内部专设的审计机构从事内部审计工作的人员；社会审计人员是指在社会审计组织中受托从事审计和会计咨询、会计服务业务的人员。

针对审计人员，本书主要介绍社会审计人员的相关内容。在我国，社会审计人员主要是指在会计师事务所执业的注册会计师和未取得注册会计师证书的审计助理人员。

二、会计师事务所

会计师事务所(Accounting Firms)是依法设立并承办注册会计师业务的机构，属于社会营利性的中介服务机构。截至 2024 年 12 月 31 日，中国注册会计师协会统计数据显示，全国共有会计师事务所 10 993 家(总所 9 522 家，分所 1 471 家)。

（一）国外会计师事务所的组织形式

纵观注册会计师行业在世界各国的发展，会计师事务所主要有独资、普通合伙制、股份有限制、有限责任合伙制四种组织形式。

(1)独资会计师事务所。是指由具有注册会计师职业资格的个人独立开办，并承担无限责任的会计师事务所。其优点是执业灵活，能够满足中小企业代理记账、代理纳税等方面的需求，虽然承担无限责任，但实际发生风险的程度相对较低；缺点是无力承担大型业务，缺乏发展后劲。

(2)普通合伙制会计师事务所。是指由至少 2 名注册会计师合伙设立的会计师事务所，合伙人以各自的财产对事务所的债务承担无限连带责任。其优点是能够有效扩展业务、扩大规模，同时进行风险牵制；缺点是形成一个大型的合伙事务所要经历漫长的过程，而与此同时，任何合伙人执业中的失误或舞弊行为，都可能给整个会计师事务所带来灭顶之灾。

(3)有限责任制会计师事务所。是指由注册会计师认购会计师事务所股份，并以其所认购股份对事务所承担有限责任的会计师事务所。其优点是能够迅速扩大规模，业务扩展较快；缺点是因为风险有限，降低了风险责任对注册会计师执业行为的制约，弱化了注册会计师的个人责任。

(4)有限责任合伙制会计师事务所。是指事务所以其资产对债务承担有限责任，而各合伙人对个人执业行为承担无限责任。其最大特点是融合了合伙制和公司制的优点，既能壮大事务所的规模，又能促进注册会计师个人关注执业风险，因而得到了业界的认可。有限责任合伙制会计师事务所已成为当今注册会计师职业界组织形式发展的趋势。

（二）我国会计师事务所的组织形式

在我国，不允许注册会计师个人设立独资会计师事务所。财政部 2005 年公布的《会计师事务所审批和监督暂行办法》，对于设立合伙会计师事务所和有限责任会计师事务所的相关内容进行了规定；财政部 2015 年《会计师事务所审批和监督暂行办法》（修订征求意见稿）中对于设立普通合伙会计师事务所、特殊普通合伙会计师事务所和有限责任会计师事务所的相关内容进行了规定。可以看出我国会计师事务所的组织形式的演变。

为了推动大中型会计师事务所采用特殊普通合伙组织形式，促进我国会计师事务所做大做强，财政部 2010 年发文《财政部 工商总局关于推动大中型会计师事务所采用特殊普通合伙组织形式的暂行规定》，要求大型会计师事务所应当于 2010 年 12 月 31 日前转制为特殊普通合伙组织形式；鼓励中型会计师事务所于 2011 年 12 月 31 日前转制为特殊普通合伙组织形式。采用特殊普通合伙组织形式的会计师事务所，一个合伙人或者数个合伙人在执业活动中因故意或者重大过失造成合伙企业债务的，应当承担无限责任或者无限连带责任，其他合伙人以其在合伙企业中的财产份额为限承担责任。合伙人在执业活动中非因故意或者重大过失造成的合伙企业债务以及合伙企业的其他债务，由全体合伙人承担无限连带责任。

三、注册会计师

注册会计师，是指取得注册会计师证书并在会计师事务所执业的人员，通常是指项目合伙人或项目组其他成员，有时也指其所在的会计师事务所。据中国注册会计师协会 2025 年 3 月新闻报道对截至 2024 年底全行业执业会员（即注册会计师）和非执业会员计划继续教育人数的统计，中注协个人会员 388 809 人，其中非执业会员 283 802 人，执业会员 105 007 人。

（一）注册会计师资格的取得

我国于 1991 年开始组织全国注册会计师统一考试，通过考试一大批优秀人才加入了注册会计师队伍。财政部根据《注册会计师法》，于 2014 年发布《注册会计师全国统一考试办法》，对于注册会计师考试的各方面进行了规定。

1. 报考条件

符合下列条件的中国公民，可以报名参加注册会计师全国统一考试：(1)具有完全民事行为能力；(2)具有高等专科以上学校毕业学历，或者具有会计或者相关专业中级以上技术职称。

有下列情形之一的人员，不得报名参加注册会计师全国统一考试：(1)被吊销注册会计师证书，自处罚决定之日起至申请报名之日止不满 5 年者；(2)参加注册会计师全国统一考试违规受到停考处理，期限未满者。

2. 考试内容

考试划分为专业阶段考试和综合阶段考试。考生在通过专业阶段考试的全部科目后，才能参加综合阶段考试。专业阶段考试设会计、审计、财务成本管理、公司战略与风险管理、经济法、税法 6 个科目；综合阶段考试设职业能力综合测试 1 个科目。具有会计或者相关专业高级技术职称的人员，可以申请免予专业阶段考试 1 个专长科目的考试。

考试的具体时间在各年度财政部考委会发布的报名简章中明确，考试范围在各年度财政部考委会发布的考试大纲中确定。考试为闭卷，采用计算机化考试方式或者纸笔考试方式。报名的具体时间在各年度财政部考委会发布的报名简章中规定，地方考委会应当据此确定本地区具体报名日期，并向社会公告。

报名人员可以在一次考试中同时报考专业阶段考试 6 个科目，也可以选择报考部分科目。每科考试均实行百分制，60 分为成绩合格分数线。专业阶段考试的单科考试合格成绩 5 年内有效。对在连续 5 个年度考试中取得专业阶段考试全部科目考试合格成绩的考生，财政部考委会颁发注册会计师全国统一考试专业阶段考试合格证书。对取得综合阶段考试科目考试合格成绩的考生，财政部考委会颁发注册会计师全国统一考试全科考试合格证书。

3. 注册登记

取得注册会计师全国统一考试全科考试合格证书的人员，均可进行注册，包括没有在会计师事务所执业的人员，可以申请成为注册会计师协会的非执业会员，即不能执业。取得注册会计师全国统一考试全科考试合格证书，并从事审计业务工作 2 年以上的人员，可以向省、自治区、直辖市注册会计师协会申请注册，成为执业会员即注册会计师。

（二）注册会计师的业务范围

注册会计师执行业务，应当加入会计师事务所，所以注册会计师的业务范围也就是会计师事务所的业务范围。

1. 我国《注册会计师法》规定的业务范围

我国《注册会计师法》规定，注册会计师依法承办审计业务和会计咨询、会计服务业务。其中审计业务属于法定业务，非注册会计师不得承办。

审计业务包括：(1)审查企业会计报表，出具审计报告；(2)验证企业资本，出具验资报告；(3)办理企业合并、分立、清算事宜中的审计业务，出具有关报告；(4)办理法律、行政法规规定的其他审计业务。

会计咨询、会计服务业务包括但不限于以下业务：设计财务会计制度；担任会计顾问，提供会计、财务、税务和其他经济管理咨询；代理记账；代理纳税申报；代办申请注册登记，协助拟定合同、协议、章程及其他经济文件；培训会计人员；审核企业前景财务资料；资产评估；参与进行可行性研究。

2. 我国现阶段注册会计师的业务范围

我国《注册会计师法》于 1993 年颁布，1994 年开始实施，距今已经 20 多年。在实务工作中，随着注册会计师执业准则的国际化趋势，注册会计师的业务范围得到了扩展。总体而言，会计师事务所的业务包括鉴证业务和相关服务业务。从目前的发展趋势看，会计师事务所的审计业务比重在日益下降，业务范围向着多元化方向发展，审计以外的鉴证业务和相关服务的种类越来越多。

(1)鉴证业务。鉴证业务是指注册会计师对鉴证对象信息提出结论，以增强除责任方之外的预期使用者对鉴证对象信息信任程度的业务。按照提供的保证程度和鉴证对象的不同分为历史性财务审计业务、历史性财务信息审阅业务和其他鉴证业务（如图 1—2 所示）。

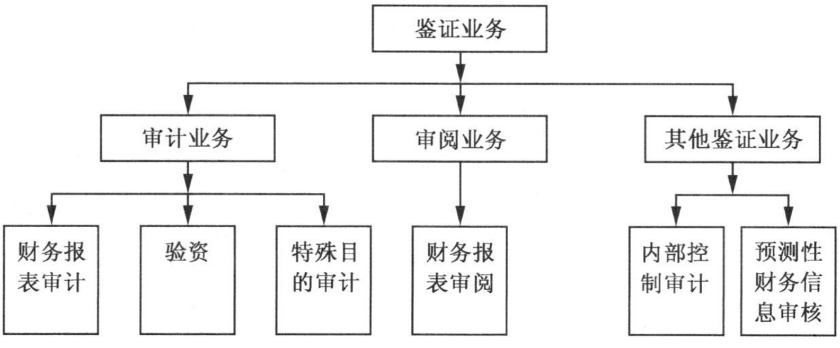

图 1—2 鉴证业务的内容

财务报表审计业务是指注册会计师依法接受委托，通过执行审计工作对财务报表发表审计意见。根据与特殊目的审计业务的区别，财务报表审计业务指的是对按照通用编制基础编制的整套财务报表进行的审计，也可称为通用目的的财务报表审计。后文如果没有特殊说明，财务报表审计皆是指通用目的的财务报表审计业务。

验资是指注册会计师依法接受委托，对被审验单位注册资本的实收情况或注册资本及实收资本的变更情况进行审验，并出具验资报告。

特殊目的审计业务是指注册会计师接受委托，对下列财务信息进行审计并出具审计报告的业务：①按照企业会计准则和相关会计制度以外的其他基础（简称特殊基础）编制的会计报表。特殊基础通常包括计税基础、收付实现制基础。②财务报表的组成部分，包括财务报表的特定项目、特定账户或特定账户的特定内容。③合同的遵守情况，如对贷款合同遵守情况发表审计意见。④简要财务报表。

财务报表审阅是指注册会计师在实施审阅程序的基础上，说明是否注意到某些事项，使其相信财务报表没有按照适用的会计准则和相关会计制度的规定编制，未能在所有重大方面公允反映被审阅单位的财务情况、经营成果和现金流量。

其他鉴证业务是指除历史性财务信息审计和审阅业务以外的鉴证业务。由于其他鉴证业务的鉴证对象不是历史性财务信息，所以注册会计师实施的其他鉴证业务与历史性财务信息审计和审阅业务相比是特殊的鉴证业务。其他鉴证业务通常包括内部控制审计、预测性财务信息审核等。

(2)相关服务业务。相关服务业务是指注册会计师执行除鉴证业务以外的其他相关服务业务，如对财务信息执行商定程序、代编财务信息、税务咨询和管理咨询等。

对财务信息执行商定程序是指注册会计师对特定财务数据、单一财务报表或整套财务报表等财务信息执行与特定主体商定的具有审计性质的程序，并就执行的商定程序及其结果出具报告的服务。

代编财务信息是指注册会计师运用会计而非审计的专业知识和技能，代客户编制一套完整或非完整的财务报表，或代为收集、分类和汇总其他财务信息的服务。

（三）注册会计师执行审计工作的基本要求

根据《中国注册会计师审计准则第 1101 号——注册会计师的总体目标和审计工作的基本要求》，注册会计师在执行财务报表审计时，应当要满足以下要求：

(1)遵守审计准则。注册会计师应当遵守与审计工作相关的所有审计准则。如果某项审计准则有效且所适用的情形存在，则该项审计准则与审计工作相关。

(2)遵守职业道德。注册会计师应当遵守与财务报表审计相关的职业道德要求，包括遵守有关独立性的要求。

(3)保持职业怀疑。职业怀疑，是指注册会计师执行审计业务的一种态度，包括采取质疑的思维方式，对可能表明由于错误或舞弊导致错报的迹象保持警觉，对审计证据进行审慎评价，以及客观评价管理层和治理层。在计划和实施审计工作时，注册会计师应当保持职业怀疑，认识到可能存在导致财务报表发生重大错报的情形。

(4)运用职业判断。职业判断，是指在审计准则、财务报告编制基础和职业道德要求的框架下，注册会计师综合运用相关知识、技能和经验，作出适合审计业务具体情况、有根据的行动决策。在计划和实施审计工作时，注册会计师应当运用职业判断。

(5)以充分、适当的审计证据降低审计风险。为了获取合理保证，注册会计师应当获取充分、适当的审计证据，以将审计风险降至可接受的低水平，使其能够得出合理的结论，作为形成审计意见的基础。审计证据包括支持和印证管理层认定的信息，也包括与管理层认定相互矛盾的信息。审计中的困难、时间或成本等事项本身，不能作为注册会计师省略不可替代的审计程序或满足于说服力不足的审计证据的理由。

自我测试题

一、单项选择题

1. 注册会计师审计起源于(　　)。

A. 16 世纪的意大利　　B. 16 世纪的英国

C. 16 世纪的美国　　D. 17 世纪的美国

2. 审计的对象，可以高度概括为被审计单位的(　　)。

A. 财务会计资料　　B. 经营管理活动

C. 财务收支活动　　D. 经济活动

3. 按照审计主体分类，审计的种类不包括(　　)。

A. 经营审计　　B. 政府审计　　C. 内部审计　　D. 注册会计师审计

4. 下列项目中，对被审计单位具有处罚权的是(　　)。

A. 政府审计　　B. 注册会计师审计

C. 内部审计　　D. 内部控制审计

5. 下列项目中，被审计单位需要向提供审计服务的一方支付审计费用的是(　　)。

A. 政府审计　　B. 注册会计师审计

C. 内部审计　　D. 税务审计

6. 对于注册会计师审计和政府审计的共同点，下列表述中，正确的是(　　)。

A. 注册会计师审计和政府审计都能对发现的问题提出处理、处罚意见

B. 注册会计师审计和政府审计都是国家治理体系和治理能力现代化建设的重要方面

C. 注册会计师审计和政府审计都是依据《中华人民共和国审计法》

D. 注册会计师审计和政府审计两者的取证权限相同

7. 下列有关财务报表审计的说法中，错误的是(　　)。

A. 财务报表审计的目的是改善财务报表的质量或内涵

B. 财务报表审计的基础是独立性和专业性

C. 财务报表审计可以有效满足财务报表预期使用者的需求

D. 财务报表审计可对财务报表不存在由于舞弊或错误导致的重大错报获取绝对保证

8. 根据注册会计师法的规定，注册会计师的业务范围并不包括(　　)。

A. 验资业务　　B. 税务服务　　C. 保险精算业务　　D. 管理咨询

二、多项选择题

1. 注册会计师审计的发展经历了(　　)。

A. 会计账目审计阶段　　B. 资产负债表审计阶段

C. 利润表审计阶段
D. 财务报表审计阶段

2. 一般认为,审计模式的演变经历了(　　)等阶段。

A. 账项基础审计
B. 认定基础审计
C. 制度基础审计
D. 风险导向审计

3. 下列有关注册会计师审计和政府审计的说法中,正确的是(　　)。

A. 注册会计师审计和政府审计都是国家治理体系和治理能力现代化建设的重要方面
B. 注册会计师审计的费用可与审计客户协商确定
C. 政府审计和注册会计师审计都需要取得审计证据,各有关单位都有责任配合
D. 在审计过程中发现的问题,注册会计师审计和政府审计均应在其职权范围内作出审计决定

4. 下列各项中,属于鉴证业务的有(　　)。

A. 对财务报表进行审阅
B. 预测性财务信息审核
C. 对财务信息执行商定程序
D. 代编财务信息

5. 下列有关职业怀疑的说法中,正确的是(　　)。

A. 注册会计师应当在整个审计过程中保持职业怀疑
B. 保持职业怀疑是注册会计师的必备技能
C. 保持职业怀疑可以使注册会计师发现所有由于舞弊导致的错报
D. 保持职业怀疑是保持审计质量的关键要素

三、判断题

1. 注册会计师审计在股份制出现后初步形成。(　　)
2. 内部审计产生的根源是所有权和经营权的分离。(　　)
3. 在制度基础审计模式下,注册会计师首先需要了解和评价被审计单位的内部控制。(　　)
4. 在风险导向审计模式下,不需要评价被审计单位的内部控制。(　　)
5. 风险导向审计减少了对会计资料的检查,有助于提高审计结论的可靠性。(　　)
6. 财务报表审计的核心工作是对管理层认定与适用的财务报告编制基础是否相符进行评价和判断。(　　)
7. 合伙会计师事务所以会计师事务所的全部资产对其债务承担责任,不足部分由当事合伙人承担无限责任。(　　)
8. 注册会计师协会会员包括个人会员和团体会员。(　　)

补充测试题

第二章　注册会计师职业准则

【学习目标】

熟悉注册会计师职业准则的内容；掌握鉴证业务五要素；掌握合理保证和有限保证的区别；了解质量控制准则；理解职业道德并掌握职业道德基本原则。

【学习重点】

鉴证业务五要素；合理保证和有限保证；职业道德基本原则。

【导入案例】

安永违反职业道德被处罚

2016年9月19日，美国证监会(SEC)宣布，对四大会计师事务所之一的安永处以930万美元罚款。原因是，该公司的审计合伙人与两家上市公司客户的高管私人关系过于密切，违反了证券法中审计应当遵守的独立客观原则。而SEC判定因私交过密而影响审计独立从而处罚，安永尚属首例。

安永发言人表示，此案件牵涉的个人违反了多项安永的政策，隐瞒了他们的行为，而这种行为有违安永的行为、文化、价值、政策和培训全球守则。

SEC认为，独立审计师承载着公众的信任，是审计师的承诺意见为投资人提供了对财务报告的信任，是审计师的承诺意见让投资人相信，财务报告是由客观公正、有专业素养的审计师严格审查后的成品，可以放心依赖报告中的披露。因此，对证券法来说，审计师的事实独立性和表面独立性同样重要，财务报告仅仅是准确无误还不够，必须公众认为报告是准确无误的。

我们将来的工作范围很广泛，也许是审计，也许是会计，也许是其他。但是不管将来我们从事什么职业，都要重视职业道德。违反法律规定，通常是要承担法律后果的，而违反职业道德，同样可能会承担严重的法律后果。

请扫码阅读完整案例资料，然后思考以下问题：

1. 职业道德是否属于职业守则？
2. 你认为审计人员应该遵守哪些职业道德？
3. 审计人员不遵守职业道德会有哪些后果？

第一节　注册会计师执业准则

根据《会计师事务所质量管理准则第 5101 号——业务质量管理》，注册会计师职业准则，是指执业准则和相关职业道德要求。其中，执业准则包括中国注册会计师鉴证业务基本准则、中国注册会计师审计准则、中国注册会计师审阅准则、中国注册会计师其他鉴证业务准则、中国注册会计师相关服务准则和会计师事务所质量管理准则。

一、中国注册会计师执业准则基本体系

中国注册会计师执业准则包括业务准则和会计师事务所质量管理准则，其构成如图 2—1 所示。

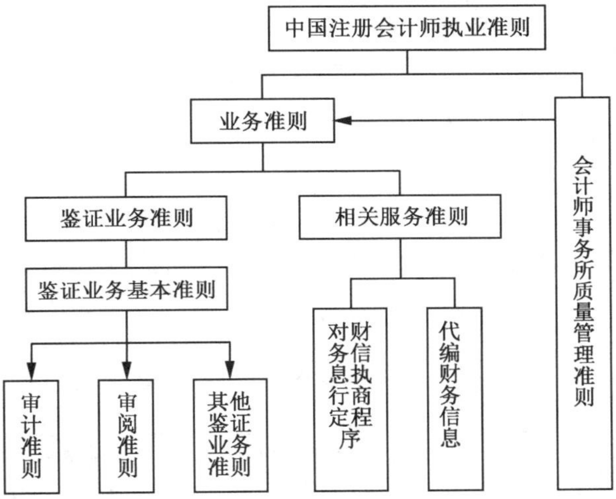

图 2—1　注册会计师执业准则基本体系

(1)鉴证业务准则，是注册会计师在执行鉴证业务的过程中应当遵守的职业规范。由鉴证业务基本准则统领，按照鉴证业务提供的保证程度和鉴证对象的不同，分为中国注册会计师审计准则、中国注册会计师审阅准则和中国注册会计师其他鉴证业务准则(后文简称审计准则、审阅准则和其他鉴证业务准则)。其中审计准则是整个执业准则体系的核心。

审计准则，是注册会计师执行历史性财务信息审计业务所应遵守的职业规范。在提供审计服务时，注册会计师对所审计信息是否不存在重大错报提供合理保证，并以积极方式提出结论。

审阅准则，是注册会计师执行历史性财务信息审阅业务所应遵守的职业规范。在提供审阅服务时，注册会计师对所审阅信息是否不存在重大错报提供有限保证，并以消极方式提出结论。

其他鉴证业务准则，是注册会计师执行历史性财务信息审计和审阅以外的其他鉴证业务所应遵守的职业规范。注册会计师执行其他鉴证业务，根据鉴证业务的性质和业务约定的要求，提供合理保证或者有限保证。

(2)相关服务准则，是注册会计师代编财务信息、执行商定程序、提供管理咨询等其他服务时所应遵守的职业规范。在提供相关服务时，注册会计师不提供任何程度的保证。

(3)质量管理准则，是会计师事务所在执行各类业务时都应当遵守的质量管理政策和程序，是对会计师事务所质量管理提出的制度要求。会计师事务所受质量管理准则的约束，是中国注册会计师执业准则体系中所有其他准则的前提和基础。

二、注册会计师执业准则的具体构成

目前中国注册会计师执业准则体系共包括 53 项准则，其具体构成是：(1)中国注册会计师鉴证业务基本准则(1 项)；(2)中国注册会计师审计准则第 1101 号～第 1633 号(45 项)；(3)中国注册会计师审阅准则第 2101 号(1 项)；(4)中国注册会计师其他鉴证业务准则第 3101 号～第 3111 号(2 项)；(5)中国注册会计师相关服务准则第 4101 号～第 4111 号(2 项)；(5)会计师事务所质量管理准则第 5101 号～第 5102 号(2 项)。具体内容见表 2—1。

表 2—1　注册会计师执业准则具体构成

序号	类别		具体名称
1	基本准则		中国注册会计师鉴证业务基本准则(2022)
2	审计准则	一般原则与责任	中国注册会计师审计准则第 1101 号——注册会计师的总体目标和审计工作的基本要求(2022)
3			中国注册会计师审计准则第 1111 号——就审计业务约定条款达成一致意见(2022)
4			中国注册会计师审计准则第 1121 号——对财务报表审计实施的质量管理(2020)
5			中国注册会计师审计准则第 1131 号——审计工作底稿(2022)
6			中国注册会计师审计准则第 1141 号——财务报表审计中与舞弊相关的责任(2022)
7			中国注册会计师审计准则第 1142 号——财务报表审计中对法律法规的考虑(2022)
8			中国注册会计师审计准则第 1151 号——与治理层的沟通(2022)
9			中国注册会计师审计准则第 1152 号——向治理层和管理层通报内部控制缺陷(2022)
10			中国注册会计师审计准则第 1153 号——前任注册会计师和后任注册会计师的沟通(2010)
11		风险评估与应对	中国注册会计师审计准则第 1201 号——计划审计工作(2022)
12			中国注册会计师审计准则第 1211 号——重大错报风险的识别和评估(2022)
13			中国注册会计师审计准则第 1221 号——计划和执行审计工作时的重要性(2019)
14			中国注册会计师审计准则第 1231 号——针对评估的重大错报风险采取的应对措施(2022)
15			中国注册会计师审计准则第 1241 号——对被审计单位使用服务机构的考虑(2022)
16			中国注册会计师审计准则第 1251 号——评价审计过程中识别出的错报(2022)
17		审计证据	中国注册会计师审计准则第 1301 号——审计证据(2022)
18			中国注册会计师审计准则第 1311 号——对存货等特定项目获取审计证据的具体考虑(2019)
19			中国注册会计师审计准则第 1312 号——函证(2010)

续表

序号	类别		具体名称
20	审计准则	审计证据	中国注册会计师审计准则第 1313 号——分析程序(2022)
21			中国注册会计师审计准则第 1314 号——审计抽样(2010)
22			中国注册会计师审计准则第 1321 号——会计估计和相关披露的审计(2022)
23			中国注册会计师审计准则第 1323 号——关联方(2022)
24			中国注册会计师审计准则第 1324 号——持续经营(2022)
25			中国注册会计师审计准则第 1331 号——首次审计业务涉及的期初余额(2022)
26			中国注册会计师审计准则第 1332 号——期后事项(2016)
27			中国注册会计师审计准则第 1341 号——书面声明(2022)
28		利用其他主体的工作	中国注册会计师审计准则第 1401 号——对集团财务报表审计的特殊考虑(2022)
29			中国注册会计师审计准则第 1411 号——利用内部审计人员的工作(2022)
30			中国注册会计师审计准则第 1421 号——利用专家的工作(2022)
31		审计结论与报告	中国注册会计师审计准则第 1501 号——对财务报表形成审计意见和出具审计报告(2022)
32			中国注册会计师审计准则第 1502 号——在审计报告中发表非无保留意见(2019)
33			中国注册会计师审计准则第 1503 号——在审计报告中增加强调事项段和其他事项段(2022)
34			中国注册会计师审计准则第 1504 号——在审计报告中沟通关键审计事项(2022)
35			中国注册会计师审计准则第 1511 号——比较信息:对应数据和比较财务报表(2019)
36			中国注册会计师审计准则第 1521 号——注册会计师对含有已审计财务报表的文件中的其他信息的责任(2016)
37		特殊领域审计	中国注册会计师审计准则第 1601 号——审计特殊目的财务报表的特殊考虑(2022)
38			中国注册会计师审计准则第 1602 号——验资(2006)
39			中国注册会计师审计准则第 1603 号——对单一财务报表和财务报表特定要素审计的特殊考虑(2021)
40			中国注册会计师审计准则第 1604 号——对简要财务报表出具报告的业务(2021)
41			中国注册会计师审计准则第 1611 号——商业银行财务报表审计(2006)
42			中国注册会计师审计准则第 1612 号——银行间函证程序(2006)
43			中国注册会计师审计准则第 1613 号——与银行监管机构的关系(2006)
44			中国注册会计师审计准则第 1631 号——财务报表审计中对环境事项的考虑(2022)
45			中国注册会计师审计准则第 1632 号——衍生金融工具的审计(2006)
46			中国注册会计师审计准则第 1633 号——电子商务对财务报表审计的影响(2022)

续表

序号	类别	具体名称
47	审阅准则	中国注册会计师审阅准则第 2101 号——财务报表审阅(2006)
48	其他鉴证业务准则	中国注册会计师其他鉴证业务准则第 3101 号——历史性财务信息审计或审阅以外的鉴证业务(2006)
49		中国注册会计师其他鉴证业务准则第 3111 号——预测性财务信息的审核(2006)
50	相关服务准则	中国注册会计师相关服务准则第 4101 号——对财务信息执行商定程序(2006)
51		中国注册会计师相关服务准则第 4111 号——代编财务信息(2006)
52	质量管理准则	会计师事务所质量管理准则第 5101 号——业务质量管理(2020)
53		会计师事务所质量管理准则第 5102 号——项目质量复核(2020 新增)

自 2006 年 2 月发布了拟定(修订)后的 48 项中国注册会计师执业准则,2010 年 11 月发布了修订后的 38 项准则之后,中国注册会计师协会根据实际情况,持续进行审计准则的修订和拟定工作。2016 年 12 月,财政部发布了拟定(修订)后的 12 项审计准则,此次最为核心的 1 项是新制订的《中国注册会计师审计准则第 1504 号——在审计报告中沟通关键审计事项》,呼应了国际审计准则对于提升审计报告信息含量的要求。2019 年 2 月,发布了修订后的《中国注册会计师审计准则第 1101 号——注册会计师的总体目标和审计工作的基本要求》等 18 项审计准则。2020 年 11 月,发布了拟订(修订)后的 3 项准则,其中修订《中国注册会计师审计准则第 1121 号——对财务报表审计实施的质量管理》《会计师事务所质量管理准则第 5101 号——业务质量管理》,拟定《会计师事务所质量管理准则第 5102 号——项目质量复核》;2022 年 1 月,发布了对《中国注册会计师鉴证业务基本准则》等 11 项准则进行的一致性修订;2022 年 12 月,发布了修订后的《中国注册会计师审计准则第 1211 号——重大错报风险的识别和评估》《中国注册会计师审计准则第 1321 号——会计估计和相关披露的审计》两项审计准则,并对《中国注册会计师审计准则第 1101 号——注册会计师的总体目标和审计工作的基本要求》等 23 项准则进行了一致性修订。其中部分准则进行了多次的修订。

对于上述注册会计师执业规范的业务准则会融入后文具体的业务来讲解,本章对于鉴证业务基本准则、质量管理准则和职业道德守则进行讲解。

三、鉴证业务基本准则

鉴证业务基本准则共 9 章 60 条,包括总则、鉴证业务的定义和目标、业务承接、鉴证业务的三方关系、鉴证对象、标准、证据、鉴证报告和附则。以下就鉴证业务的含义、鉴证业务的种类及鉴证业务五要素进行讲解。

(一)鉴证业务的含义

鉴证业务是指注册会计师对鉴证对象信息提出结论,以增强除责任方之外的预期使用者对鉴证对象信息信任程度的业务。可以从以下几个方面来理解鉴证业务:

(1)鉴证业务的主体是注册会计师。即鉴证业务是注册会计师的法定业务。鉴证业务准则所称注册会计师,是指取得注册会计师证书并在会计师事务所执业的人员,有时也指其所在的会计师事务所。

(2)鉴证业务的客体是鉴证对象信息。鉴证对象信息是按照标准对鉴证对象进行评价和计量的结果。例如，在财务报表审计中，鉴证对象是被审计单位的财务状况、经营成果和现金流量，而鉴证对象信息就是对此进行确认、计量和列报形成的财务报表。

(3)鉴证业务的三方关系。三方分别是注册会计师、责任方和预期使用者。责任方是指下列组织或人员：在直接报告业务中，对鉴证对象负责的组织或人员；在基于责任方认定的业务中，对鉴证对象信息负责并可能同时对鉴证对象负责的组织或人员。预期使用者是指预期使用鉴证报告的组织或人员。责任方可能是预期使用者，但不是唯一的预期使用者。

(4)签证业务的结果是提出结论。注册会计师应当出具含有鉴证结论的书面报告，该鉴证结论应当说明注册会计师就鉴证对象信息获取的保证。

(5)鉴证业务的目的是增强除责任方之外的预期使用者的信任程度。注册会计师对由责任方负责的鉴证对象或鉴证对象信息提出结论，以增强除责任方之外的预期使用者对鉴证对象信息的信任程度。

(二)鉴证业务的种类

鉴证业务包括历史财务信息审计业务、历史财务信息审阅业务和其他鉴证业务。按照是否存在责任方认定及责任方认定是否能为预期使用者获取，鉴证业务分为基于责任方认定的业务和直接报告业务；按照提供的保证程度，鉴证业务分为合理保证的鉴证业务和有限保证的鉴证业务。

1. 基于责任方认定的业务和直接报告业务

在基于责任方认定的业务中，责任方对鉴证对象进行评价或计量，鉴证对象信息以责任方认定的形式为预期使用者获取。如在财务报表审计中，被审计单位管理层(责任方)对财务状况、经营成果和现金流量(鉴证对象)进行确认、计量和列报(评价或计量)而形成的财务报表(鉴证对象信息)即为责任方的认定，该财务报表可为预期报表使用者获取，注册会计师针对财务报表出具审计报告。这种业务属于基于责任方认定的业务。

在直接报告业务中，注册会计师直接对鉴证对象进行评价或计量，或者从责任方获取对鉴证对象评价或计量的认定，而该认定无法为预期使用者获取，预期使用者只能通过阅读鉴证报告获取鉴证对象信息。如在内部控制鉴证业务中，注册会计师可能无法从管理层(责任方)获取其对内部控制有效性的评价报告(责任方认定)，或虽然注册会计师能够获取该报告，但预期使用者无法获取该报告，注册会计师直接对内部控制的有效性(鉴证对象)进行评价并出具鉴证报告，预期使用者只能通过阅读该鉴证报告获得内部控制有效性的信息(鉴证对象信息)。这种业务属于直接报告业务。

2. 合理保证的鉴证业务和有限保证的鉴证业务

合理保证的鉴证业务的目标是注册会计师将鉴证业务风险降至该业务环境下可接受的低水平，以此作为以积极方式提出结论的基础。如在历史性财务信息审计中，要求注册会计师将审计风险降至可接受的低水平，对审计后的财务信息提供高水平保证(合理保证)，在审计报告中采用积极方式提出结论。这种业务属于合理保证的鉴证业务。

有限保证的鉴证业务的目标是注册会计师将鉴证业务风险降至该业务环境下可接受的水平，以此作为以消极方式提出结论的基础。如在历史性财务信息审阅中，要求注册会计师将审阅风险降至该业务环境下可接受的水平(高于历史性财务信息审计中可接受的低水平)，对审阅后的财务信息提供低于高水平的保证(有限保证)，在审阅报告中采用消极方式提出结论。这种业务属于有限保证的鉴证业务。

表 2—2 列示了合理保证与有限保证业务的区别。

表 2—2 合理保证与有限保证业务的区别

业务类型	合理保证（财务报表审计）	有限保证（财务报表审阅）
目标	在可接受的低审计风险下，以积极方式对财务报表整体发表审计意见，提供高水平的保证	在可接受的审阅风险下，以消极方式对财务报表整体发表审阅意见，提供有意义的保证。该保证水平低于审计业务的保证水平
证据收集程序	通过一个不断修正的、系统化的执业过程，获取充分、适当的证据，证据收集程序包括检查记录或文件、检查有形资产、观察、询问、函证、重新计算、重新执行、分析程序等	通过一个不断修正的、系统化的执业过程，获取充分、适当的证据，证据收集程序受到有意识的限制，主要采用询问和分析程序获取证据
所需证据数量	较多	较少
检查风险	较低	较高
财务报表的可信性	较高	较低
提出结论的方式	以积极方式提出结论。例如："我们认为，ABC公司财务报表在所有重大方面按照企业会计准则和《××会计制度》的规定编制，公允反映了ABC公司20×5年12月31日的财务状况以及20×5年度的经营成果和现金流量"	以消极方式提出结论。例如："根据我们的审阅，我们没有注意到任何事项使我们相信，ABC公司财务报表没有按照企业会计准则和《××会计制度》的规定编制，未能在所有重大方面公允反映被审阅单位的财务状况、经营成果和现金流量"

（三）鉴证业务五要素

鉴证业务五要素是指鉴证业务的三方关系人、鉴证对象、标准、证据和鉴证报告。审计是最典型的鉴证业务，本书主要内容是财务报表审计，接下来，结合财务报表审计来理解鉴证业务五要素。

1. 鉴证业务的三方关系人

鉴证业务涉及的三方关系人包括注册会计师、责任方和预期使用者。

责任方是指下列组织或人员：(1)在直接报告业务中，对鉴证对象负责的组织或人员；(2)在基于责任方认定的业务中，对鉴证对象信息负责并可能同时对鉴证对象负责的组织或人员。责任方可能是鉴证业务的委托人，也可能不是委托人。例如，在财务报表审计中，被审计单位管理层即责任方，被审计单位财务报表审计有可能是其自身委托，也可能是其他预期使用者如母公司委托。

预期使用者是指预期使用鉴证报告的组织或人员。责任方可能是预期使用者，但不是唯一的预期使用者。

2. 鉴证对象

鉴证对象与鉴证对象信息具有多种形式，例如，当鉴证对象为财务业绩或状况时（如历史或预测的财务状况、经营成果和现金流量），鉴证对象信息是财务报表；当鉴证对象为某种系统和过程时（如企业的内部控制或信息技术系统），鉴证对象信息可能是关于其有效性的认定。

3. 标准

标准是指用于评价或计量鉴证对象的基准，当涉及列报时，还包括列报的基准。标准可以是正式的规定，也可以是某些非正式的规定。标准应当能够为预期使用者获取，以使预期使用者了解鉴证对象的评价或计量过程。

在财务报表审计中，审计标准就是财务报告编制基础。财务报告编制基础分为通用目的编制基础和特殊目的编制基础：(1)通用目的编制基础，是指旨在满足广大财务报表使用者共同的财务信息需求的财务报告编制基础，主要是指会计准则和会计制度。(2)特殊目的编制基础，是指旨在满足财务报表特定使用者对财务信息需求的财务报告编制基础，包括计税核算基础、监管机构的报告要求和合同的约定等。针对中国境内上市实体的财务报告，编制基础通常为企业会计准则。

4. 证据

注册会计师应当以职业怀疑态度计划和执行鉴证业务，获取有关鉴证对象信息是否不存在重大错报的充分、适当的证据。注册会计师应当及时对制定的计划、实施的程序、获取的相关证据以及得出的结论作出记录。在财务报表审计中，注册会计师应当获取充分、适当的审计证据作为发表审计意见的基础，审计证据要完整、规范地体现在审计工作底稿中。

5. 鉴证报告

注册会计师应当出具含有鉴证结论的书面报告，该鉴证结论应当说明注册会计师就鉴证对象信息获取的保证。在财务报表审计中，注册会计师应当针对财务报表在所有重大方面是否符合适当的财务报告编制基础编制，是否公允反映被审计单位的财务状况、经营成果和现金流量发表审计意见，并以积极方式表达意见于审计报告中。

第二节　质量管理准则

如前所述，2020 年 11 月，财政部发布了拟订(修订)后的 3 项准则，《会计师事务所质量管理准则第 5101 号——业务质量管理》《会计师事务所质量管理准则第 5102 号——项目质量复核》《中国注册会计师审计准则第 1121 号——对财务报表审计实施的质量管理》，目的在于回应社会各界对审计质量的关切，指导会计师事务所建立健全质量管理体系，提高会计师事务所质量管理能力，提升审计质量，防范审计风险。

一、会计师事务所质量管理体系

(一)质量管理体系的目标

会计师事务所的目标是，针对所执行的财务报表审计业务、财务报表审阅业务、其他鉴证业务和相关服务业务，设计、实施和运行质量管理体系，为会计师事务所在下列方面提供合理保证：(1)会计师事务所及其人员按照适用的法律法规和职业准则的规定履行职责，并根据这些规定执行业务；(2)会计师事务所和项目合伙人出具适合具体情况的报告。

(二)质量管理体系的组成要素

会计师事务所应当设计、实施和运行在全所范围内(包括分所或分部)统一的质量管理体系。在设计、实施和运行质量管理体系时，会计师事务所应当运用职业判断，并考虑会计师事务所及其业务的性质和具体情况。会计师事务所应当建立并严格执行一体化管理机制，实现人事、财务、业务、技术标准和信息管理五方面的统一管理，对于合并的分所(或分部)也不应当例外。

会计师事务所质量管理体系包括下列八个组成要素：(1)会计师事务所的风险评估程序；

(2)治理和领导层;(3)相关职业道德要求;(4)客户关系和具体业务的接受与保持;(5)业务执行;(6)资源;(7)信息与沟通;(8)监控和整改程序。质量管理体系各组成要素应当有效衔接、互相支撑、协同运行,以保障会计师事务所能够积极有效地实施质量管理。

二、项目质量复核

(一)项目质量复核的概念

项目质量复核,是指在报告日或报告日之前,项目质量复核人员对项目组作出的重大判断及据此得出的结论作出的客观评价。项目质量复核人员,是指会计师事务所中实施项目质量复核的合伙人或其他类似职位的人员,或者由会计师事务所委派实施项目质量复核的外部人员。

(二)项目质量控制复核的要求

会计师事务所应当就项目质量复核制定政策和程序,并对下列业务实施项目质量复核:(1)上市实体财务报表审计业务;(2)法律法规要求实施项目质量复核的审计业务或其他业务;(3)会计师事务所认为,为应对一项或多项质量风险,有必要实施项目质量复核的审计业务或其他业务。

项目质量复核不同于项目组内部复核,二者主要区别如下:(1)复核的主体不同。项目质量复核是由独立于项目组的项目质量复核人员执行;项目组内部复核是由项目组内部人员执行的复核,通常包括多个复核层级。(2)适用的业务范围不同。项目质量复核仅适用于上市实体财务报表审计业务、法律法规要求实施项目质量复核的审计业务或其他业务,以及会计师事务所政策和程序要求实施项目质量复核的审计业务或其他业务;项目组内部复核适用于所有业务。(3)复核的内容不同。项目质量复核主要聚焦于复核项目组作出的重大判断和根据重大判断得出的结论;项目组内部复核的内容比较宽泛,涉及项目的各个方面。

表 2—3 列示了业务准则与质量管理准则的区别和联系。

表 2—3　　业务准则与质量管理准则的区别和联系

项目	对象	性质	内　容	相同点
业务准则	执行具体业务的注册会计师	注册会计师执业的技术标准	规范与业务过程相关的能力、过程及报告质量的要求	1. 都是注册会计师执业准则体系的组成部分 2. 都是为了保证业务工作质量
质量管理准则	会计师事务所	会计师事务所管理标准	为确保审计质量而建立和实施的控制政策和程序	

第三节　职业道德守则

为了顺应经济社会发展对注册会计师诚信和职业道德水平提出的更高要求,规范中国注册会计师协会会员的职业行为,进一步提高职业道德水平,维护职业形象,保持与国际职业会计师道德守则的持续动态趋同,注册会计师协会对《中国注册会计师职业道德守则(2009)》和《中国注册会计师协会非执业会员职业道德守则(2009)》进行了全面修订。其中,修订后的《中国注册会计师职业道德守则(2020)》具体包括《中国注册会计师职业道德守则第 1 号——职业道德基本原则》《中国注册会计师职业道德守则第 2 号——职业道德概念框架》《中国注册会计师职业道德守则第 3 号——提供专业服务的具体要求》《中国注册会计师职业道德守则第 4

号——审计和审阅业务对独立性的要求》《中国注册会计师职业道德守则第5号——其他鉴证业务对独立性的要求》。2024年12月31日，财政部印发了《中国注册会计师独立性准则第1号——财务报表审计和审阅业务对独立性的要求》。

一、职业道德的基本原则

注册会计师应当遵守职业道德守则，履行相应的社会责任，维护公众利益。与职业道德有关的基本原则包括：(1)诚信；(2)客观公正；(3)独立性；(4)专业胜任能力和勤勉尽责；(5)保密；(6)良好职业行为。

(一)诚信

诚信是我国社会主义核心价值观的重要组成部分，是社会主义道德建设的重要内容，是构建社会主义和谐社会的重要纽带，同时也是社会主义市场经济运行的基础。对注册会计师行业来说，诚信是注册会计师行业存在和发展的基石，在职业道德基本原则中居于首要地位。诚信，是指诚实、守信。也就是说，一个人言行与内心思想一致，不虚假；能够履行与别人的约定而取得对方的信任。诚信原则要求注册会计师应当在所有的职业关系和商业关系中保持正直和诚实，秉公处事、实事求是。

注册会计师如果认为业务报告、申报资料、沟通函件或其他方面的信息存在下列问题，不得与这些有问题的信息发生关联：(1)含有虚假记载、误导性陈述；(2)含有缺乏充分根据的陈述或信息；(3)存在遗漏或含糊其词的信息，而这种遗漏或含糊其词可能会产生误导。注册会计师如果注意到已与有问题的信息发生关联，应当采取措施消除关联。如果注册会计师按照职业准则的规定出具了恰当的业务报告(例如，在审计业务中，出具恰当的非无保留意见审计报告)，则不被视为违反上述要求。

(二)客观公正

注册会计师应当遵循客观公正原则，公正处事，实事求是，不得由于偏见、利益冲突或他人的不当影响而损害自己的职业判断。如果存在对职业判断产生过度不当影响的情形，注册会计师不得从事与之相关的职业活动。

(三)独立性

独立性是鉴证业务的灵魂，在执行审计和审阅业务、其他鉴证业务时，注册会计师应当遵循独立性原则，从实质上和形式上保持独立性，不得因任何利害关系影响其客观公正。在市场经济条件下，投资者主要依赖财务报表判断投资风险，在投资机会中做出选择。如果注册会计师不能与客户保持独立性，就很难取信于社会公众。

独立性包括：(1)实质上的独立性。实质上的独立性是一种内心状态，使得注册会计师在提出结论时不受损害职业判断的因素影响，诚信行事，遵循客观公正原则，保持职业怀疑。(2)形式上的独立性。形式上的独立性是一种外在表现，使得一个理性且掌握充分信息的第三方，在权衡所有相关事实和情况后，认为会计师事务所及项目团队成员没有损害诚信原则、客观公正原则或职业怀疑。

(四)专业胜任能力和勤勉尽责

专业胜任能力和勤勉尽责原则要求注册会计师应当：(1)获取并保持应有的专业知识和技能，确保为客户提供具有专业水准的服务；(2)做到勤勉尽责。

注册会计师应当通过教育、培训和执业实践获取和保持专业胜任能力。在运用专业知识和技能时，注册会计师应当合理运用职业判断。

注册会计师应当勤勉尽责，即遵守职业准则的要求并保持应有的职业怀疑，认真、全面、及时地完成工作任务。注册会计师应当采取适当措施，确保在其授权下从事专业服务的人员得到应有的培训和督导。在适当时，注册会计师应当使客户或专业服务的其他使用者了解专业服务的固有局限。

（五）保密

注册会计师能否与客户维持正常的关系，有赖于双方能否自愿而又充分地进行沟通和交流，不掩盖任何重要的事实和情况。只有这样，注册会计师才能有效地完成工作。注册会计师与客户的沟通，必须建立在为客户信息保密的基础上。这里所说的客户信息，通常是指涉密信息。一旦涉密信息被泄露或被利用，往往会给客户造成损失。因此，许多国家规定，在会计师事务所工作的注册会计师，在没有取得客户同意的情况下，不能泄露任何客户的涉密信息。

保密原则要求注册会计师应当：(1)警觉无意中泄密的可能性，包括在社会交往中无意中泄密的可能性，特别要警觉无意中向关系密切的商业伙伴或近亲属泄密的可能性；(2)对所在会计师事务所内部的涉密信息保密；(3)对职业活动中获知的涉及国家安全的信息保密；(4)对拟承接的客户向其披露的涉密信息保密；(5)在未经客户授权的情况下，不得向会计师事务所以外的第三方披露其所获知的涉密信息，除非法律法规或职业准则规定注册会计师在这种情况下有权利或义务进行披露；(6)不得利用因职业关系而获知的涉密信息为自己或第三方谋取利益；(7)不得在职业关系结束后利用或披露因该职业关系获知的涉密信息；(8)采取适当措施，确保下级员工以及为注册会计师提供建议和帮助的人员履行保密义务。

在终止与客户的关系后，注册会计师应当对以前职业活动中获知的涉密信息保密。如果变更工作单位或获得新客户，注册会计师可以利用以前的经验，但不得利用或披露以前职业活动中获知的涉密信息。

在某些情况下，保密原则是可以豁免的：(1)法律法规要求披露，例如为法律诉讼准备文件或提供其他证据，或者向适当机构报告发现的违反法律法规行为。(2)法律法规允许披露，并取得了客户的授权。(3)注册会计师有职业义务或权利进行披露，且法律法规未予禁止，主要包括下列情形：接受注册会计师协会或监管机构的执业质量检查；答复注册会计师协会或监管机构的询问或调查；在法律诉讼、仲裁中维护自身的合法权益；遵守职业准则的要求，包括职业道德要求；法律法规和职业准则规定的其他情形。

（六）良好职业行为

注册会计师应当遵循良好职业行为原则，爱岗敬业，遵守相关法律法规，避免发生任何可能损害职业声誉的行为。

注册会计师在向公众传递信息以及推介自己和工作时，应当客观、真实、得体，不得有下列行为：(1)夸大宣传提供的服务、拥有的资质或获得的经验；(2)贬低或无根据地比较他人的工作。

二、职业道德概念框架

（一）职业道德概念框架的内涵

实务中，注册会计师会遇到对遵循职业道德基本原则产生不利影响的具体情形。在职业道德守则中，不可能对各式各样的情形予以逐一界定并给出相应的应对措施。因此，中国注册会计师职业道德守则提出职业道德概念框架，即解决职业道德问题的思路和方法，用以指导注册会计师：(1)识别对职业道德基本原则的不利影响；(2)评价不利影响的严重程度；(3)必要时采取防范措施消除不利影响或将其降低至可接受的水平。

注册会计师应当识别对职业道德基本原则的不利影响。如果发现存在可能违反职业道德基本原则的情形，注册会计师应当评价其对职业道德基本原则的不利影响。如果确定识别出的不利影响超出可接受的水平，注册会计师应当通过采取下列措施应对不利影响：(1)消除产生不利影响的情形，包括利益或关系；(2)采取可行并有能力采取的防范措施将不利影响降低至可接受的水平；(3)拒绝或终止特定的职业活动。

（二）对职业道德基本原则的不利影响因素

可能对职业道德基本原则产生不利影响的因素包括自身利益、自我评价、过度推介、密切关系和外在压力。

1. 自身利益产生的不利影响

某项经济利益或其他利益可能不当影响注册会计师的判断或行为，从而对职业道德基本原则产生的不利影响。例如：(1)注册会计师在客户中拥有直接经济利益；(2)会计师事务所的收入过分依赖某一客户；(3)会计师事务所以较低的报价获得新业务，而该报价过低，可能导致注册会计师难以按照适用的职业准则要求执行业务；(4)注册会计师与客户之间存在密切的商业关系；(5)注册会计师能够接触到涉密信息，而该涉密信息可能被用于谋取个人私利；(6)注册会计师在评价所在会计师事务所以往提供的专业服务时，发现了重大错误。

2. 自我评价导致的不利影响

注册会计师在执行当前业务的过程中，其判断需要依赖其本人或所在会计师事务所以往执行业务时作出的判断或得出的结论，而该注册会计师可能不恰当地评价这些以往的判断或结论，从而对职业道德基本原则产生的不利影响。例如：(1)注册会计师在对客户提供财务系统的设计或实施服务后，又对该系统的运行有效性出具鉴证报告；(2)注册会计师为客户编制用于生成有关记录的原始数据，而这些记录是鉴证业务的对象。

3. 过度推介导致的不利影响

因过度推介产生的不利影响，是指注册会计师倾向客户的立场，导致该注册会计师的客观公正原则受到损害而产生的不利影响。例如：(1)注册会计师推介客户的产品、股份或其他利益；(2)当客户与第三方发生诉讼或纠纷时，注册会计师为该客户辩护；(3)注册会计师站在客户的立场上影响某项法律法规的制定。

4. 关联关系导致的不利影响

注册会计师由于与客户存在长期或密切的关系，导致过于偏向客户的利益或过于认可客户的工作，从而对职业道德基本原则产生的不利影响。例如：(1)审计项目团队成员的主要近亲属或其他近亲属担任审计客户的董事或高级管理人员；(2)鉴证客户的董事、高级管理人员，或所处职位能够对鉴证对象施加重大影响的员工，最近曾担任注册会计师所在会计师事务所的项目合伙人；(3)审计项目团队成员与审计客户之间长期存在业务关系。

5. 外在压力导致的不利影响

注册会计师迫于实际存在的或可感知到的压力，导致无法客观行事而对职业道德基本原则产生的不利影响。例如：(1)注册会计师因对专业事项持有不同意见而受到客户解除业务关系或被会计师事务所解雇的威胁；(2)由于客户对所沟通的事项更具有专长，注册会计师面临服从该客户判断的压力；(3)注册会计师被告知，除非其同意审计客户某项不恰当的会计处理，否则计划中的晋升将受到影响；(4)注册会计师接受了客户赠予的重要礼品，并被威胁将公开其收受礼品的事情。

(三) 应对不利影响的措施

1. 总体原则

如果发现存在可能违反职业道德基本原则的情形，注册会计师应当评价其对职业道德基本原则的不利影响。如果确定识别出的不利影响超出可接受的水平，注册会计师应当通过采取下列措施应对不利影响：(1)消除产生不利影响的情形，包括利益或关系；(2)采取可行并有能力采取的防范措施将不利影响降低至可接受的水平；(3)拒绝或终止特定的职业活动。通常，如果能够消除产生不利影响的情形，事情将会变得很简单。如果不能消除，则要考虑能否采取防范措施。如果无法通过采取防范措施将不利影响降低至可接受的水平，只能够通过拒绝或终止特定的职业活动予以应对。

2. 防范措施

在特定情况下可能能够应对不利影响的防范措施包括：(1)向已承接的项目分配更多时间和有胜任能力的人员，可能能够应对因自身利益产生的不利影响；(2)由项目组以外的适当复核人员复核已执行的工作或在必要时提供建议，可能能够应对因自我评价产生的不利影响；(3)向鉴证客户提供非鉴证服务时，指派鉴证业务项目团队以外的其他合伙人和项目组，并确保鉴证业务项目组和非鉴证服务项目组分别向各自的业务主管报告工作，可能能够应对因自我评价、过度推介或密切关系产生的不利影响；(4)由其他会计师事务所执行或重新执行业务的某些部分，可能能够应对因自身利益、自我评价、过度推介、密切关系或外在压力产生的不利影响；(5)由不同项目组分别应对具有保密性质的事项，可能能够应对因自身利益产生的不利影响。

自我测试题

一、单项选择题

1. 衡量注册会计师审计质量合格与否的标准是(　　)。

A. 注册会计师执业准则

B. 注册会计师职业道德准则

C. 会计准则及国家其他有关财务会计制度

D. 审计质量管理准则

2. 下列有关注册会计师执行的业务提供的保证程度的说法中，正确的是(　　)。

A. 鉴证业务提供合理保证

B. 代编财务信息提供合理保证

C. 财务报表审阅提供有限保证

D. 对财务信息执行商定程序提供有限保证

3. 鉴证业务的三方关系人不包括(　　)。

A. 预期使用者　　B. 责任方　　C. 证券监管机构　　D. 注册会计师

4. 下列有关审计报告预期使用者的说法中，错误的是(　　)。

A. 预期使用者可能包括被审计单位的管理层

B. 预期使用者可能不是审计业务的委托人

C. 注册会计师应当识别所有的预期使用者
D. 预期使用者不包括执行审计业务的注册会计师
5. 财务报表审计中，鉴证对象不包括（　　）。
A. 财务状况　　B. 现金流量　　C. 财务报表　　D. 经营成果
6. 下列有关项目质量复核与项目组内部复核的说法中，错误的是（　　）。
A. 项目质量复核仅适用于上市实体财务报表审计业务
B. 项目质量复核只能由项目组外的人员执行
C. 项目组内部复核的内容涉及项目的各个方面
D. 项目质量复核内容可能包括项目内部复核时有争议的项目
7. 注册会计师在提供下列业务中的（　　）时，不需要保持独立性。
A. 财务报表审计　　B. 财务报表审阅　　C. 验资　　D. 执行商定程序
8. 注册会计师（　　）属于禁止披露客户的有关信息。
A. 出于第三方利益使用客户信息
B. 取得客户的授权
C. 根据法规要求，为法律诉讼准备文件或提供证据，以及向监管机构报告发现的违反法规行为
D. 接受同业复核以及注册会计师协会和监管机构依法进行的质量检查

二、多项选择题

1. 下列各项中，属于注册会计师执行的直接报告业务的有（　　）。
A. 对甲公司 2022 年度财务报表进行审计
B. 对甲公司 2022 年 1—12 月 IT 系统有效运行进行鉴证
C. 对甲公司 2022 年度预测性财务信息进行审核
D. 对甲公司 2022 年 1—5 月研发的新产品进行质量鉴证
2. 下列各项中，关于鉴证业务三方关系人，表述正确的有（　　）。
A. 在鉴证业务中，责任方就是仅对鉴证对象负责的组织和人员
B. 责任方和预期使用者可能是同一方，也可能不是同一方
C. 某些情况下责任方也会成为预期使用者
D. 是否存在三方关系人是判断某项业务是否属于鉴证业务的重要标准之一
3. 下列各项中，属于上市公司财务报表审计业务“预期使用者”的有（　　）。
A. 股东及潜在投资者　　B. 债权人
C. 管理层　　D. 证券交易机构
4. 下列各项中，属于会计师事务所质量管理体系的框架包括的要素的有（　　）。
A. 内部环境　　B. 资源
C. 监控和整改程序　　D. 相关职业道德要求
5. 如果注册会计师接受客户的款待，一般对注册会计师职业道德基本原则会产生不利影响的有（　　）。
A. 客观公正　　B. 诚信
C. 专业胜任能力　　D. 良好职业行为

三、判断题

1. 当鉴证对象为财务业绩或状况时，鉴证对象信息是财务报表。（ ）
2. 在合理保证的鉴证业务中，审计人员应该以消极方式提出结论。（ ）
3. 注册会计师提供非鉴证业务，不需要提供保证程度。（ ）
4. 注册会计师提供非鉴证业务，仍需要保持独立性。（ ）
5. 执行商定程序属于鉴证业务。（ ）
6. 注册会计师若与被审计单位的某位员工有近亲属关系，就不得执行该客户的审计业务。（ ）
7. 在终止客户关系十年后，注册会计师可以不对以前的职业活动中获知的涉密信息保密。（ ）
8. ABC 会计师事务所派遣审计小组同时为 C 公司提供内部控制设计和财务报表审计业务，这种行为是不正确的，存在密切关系的威胁。（ ）

四、案例分析题

1. XYZ 会计师事务所为 ABC 股份有限公司(以下简称 ABC 公司，该公司系上市公司)提供包括财务报表审计业务在内的多项业务。2022 年 5 月、7 月和 10 月，XYZ 会计师事务所承担了 ABC 公司第一季度季报、半年报和第三季度季报的审阅工作。在实施审阅工作时，XYZ 会计师事务所的项目负责人主要是审查了 ABC 公司通过电子邮件和邮政快递发来的有关财务资料及相关信息，并且通过电话与 ABC 公司的财务经理沟通了一些具体情况。2022 年 8 月，ABC 公司聘请 XYZ 事务所对其下属子公司 A 公司的内部控制进行审核，由于 A 公司管理层已对本公司的内部控制出具了自查报告，ABC 公司要求 XYZ 事务所对该报告发表意见。2022 年 9 月，ABC 公司聘请 XYZ 事务所负责其财务信息系统的升级工作，并同其签订了业务约定书，XYZ 事务所拟由其咨询部门来完成此项工作。2022 年 12 月，ABC 公司决定继续聘请 XYZ 事务所来完成其 2022 年度财务报表的审计工作，XYZ 事务所正在考虑是否接受该项委托。

要求：请根据上述资料回答如下问题：

(1)XYZ 会计师事务所承担的季报和半年报审阅工作属于何种类型的鉴证业务？这种业务与财务报表审计业务在提供的保证程度、证据数量和提出结论的方式这些方面有何不同？

(2)XYZ 会计师事务所在审阅业务中采取的工作方法是否适当？财务报表审计是否可以采取相同的工作方法？

(3)XYZ 会计师事务所承担的 A 公司内部控制审核业务属于何种类型的鉴证业务？在此项业务中，鉴证对象、鉴证对象信息、责任方、预期使用者分别是谁？

(4)XYZ 会计师事务所是否可以接受 ABC 公司 2022 年度财务报表的审计工作？如果考虑接受，应采取何种措施以保证遵守职业道德规范的相关要求？

2. 甲银行拟申请公开发行股票，委托 ABC 会计师事务所审计其 2020 年度、2021 年度和 2022 年度财务报表，双方于 2022 年底签订审计业务约定书。假定存在以下情况：

(1)ABC 会计师事务所与甲银行签订的审计业务约定书约定：审计费用为 150 万元，甲银行在 ABC 会计师事务所提交审计报告时支付 50%的审计费用，剩余 50%视股票能否发行上市决定是否支付。

(2)甲银行要求ABC会计师事务所在提供财务报表审计业务的同时，对银行部分重要资产的价值进行评估。银行与事务所就报表审计与资产评估业务签订了业务约定书。

(3)2022年7月，ABC会计师事务所按照正常借款程序和条件，向甲银行以抵押贷款方式借款1 000万元，用于购置办公用房。

(4)审计小组成员B注册会计师的妻子自2011年度起一直担任甲银行的统计员。

(5)ABC会计师事务所与甲银行信贷部开展业务合作：由信贷部介绍需要审计的贷款客户，ABC会计师事务所负责审计工作。相关审计费用由会计师事务所与信贷部对半分成。

要求：请分别上述5种情况，判断ABC会计师事务所或相关注册会计师的独立性是否会受到损害，并简要说明理由。

补充测试题

第三章　财务报表审计的目标与流程

【学习目标】

熟悉财务报表审计的总目标；掌握被审计单位管理层认定的内涵；掌握财务报表审计具体目标；熟悉财务报表审计的流程。

【学习重点】

学习重点：管理层认定；财务报表审计具体目标。

【导入案例】

深圳证监局对大华会计师事务所的行政处罚

2016 年 6 月 7 日，长园集团以现金方式收购长园和鹰 80%股权。该收购存在业绩承诺，即长园和鹰在 2016 年度、2017 年度累积合并报表口径扣除非经常性损益后净利润不少于 3.5 亿元；若长园和鹰业绩未达承诺目标，则业绩补偿义务人须进行业绩补偿。长园集团披露，长园和鹰 2016 年度、2017 年度两年扣除非经常性损益后净利润合计约 3.3 亿，业绩承诺完成率约 95%，接近达标。后来，长园和鹰被曝通过虚构海外销售、提前确认收入、重复确认收入、签订"阴阳合同"、项目核算不符合会计准则等多种方式虚增业绩。2020 年 10 月 22 日，深圳证监局对长园集团财务造假行为作出行政处罚。

大华所为长园集团 2016 年、2017 年年度报告提供审计服务，分别于 2017 年 3 月 10 日、2018 年 4 月 20 日对长园集团 2016 年、2017 年财务报表出具标准无保留意见的审计报告。深圳证监局对大华所对长园集团年报审计案进行了立案调查、审理，2022 年 5 月 16 日下午，公布了对大华所的行政处罚决定书。

深圳证监局调查认为，(1)大华所出具的长园集团 2016 年、2017 年年度审计报告存在虚假记载；(2)大华所在对长园集团 2016 年、2017 年年度财务报表审计时未勤勉尽责。

最后作出的处罚决定为：对大华所责令改正，没收业务收入 3 867 924.53 元，并处以 7 735 849.06 元罚款；对两年所涉四名注册会计师给予警告，并分别处以 6 万元罚款。

请扫码阅读完整案例资料，然后思考以下问题：

1. 长园和鹰为什么要进行财务造假？

2. 针对存在业绩承诺的企业合并行为，存在什么样的重大错报风险？管理层会违背哪些应该要做到的认定？

3. 你认为大华所对长园集团的审计是否实现了审计目标？如果否，最主要的原因是什么？

第一节　财务报表审计的目标

一、财务报表审计的总体目标

（一）财务服表审计总目标的含义

根据《中国注册会计师审计准则第 1101 号——注册会计师的总体目标和审计工作的基本要求》，在执行财务报表审计工作时，注册会计师的总体目标是：

（1）对财务报表整体是否不存在由于舞弊或错误导致的重大错报获取合理保证，使得注册会计师能够对财务报表是否在所有重大方面按照适用的财务报告编制基础编制发表审计意见；

（2）按照审计准则的规定，根据审计结果对财务报表出具审计报告，并与管理层和治理层沟通。

注册会计师是否按照审计准则的规定执行了审计工作，取决于注册会计师在具体情况下实施的审计程序，由此获取的审计证据的充分性和适当性，以及根据总体目标和对审计证据的评价结果而出具审计报告的恰当性。

在任何情况下，如果不能获取合理保证，并且在审计报告中发表保留意见也不足以实现向财务报表预期使用者报告的目的，注册会计师应当按照审计准则的规定出具无法表示意见的审计报告，或者在法律法规允许的情况下终止审计业务或解除业务约定。

（二）财务报表审计总目标的相关概念

1. 舞弊或错误导致的重大错报

错报可能是由错误和舞弊所导致。错误和舞弊的区别在于，导致财务报表发生错报的行为是故意的还是无意的。在评价识别出的错报是否为重大错报时，注册会计师应当运用重要性概念。要求财务报表在所有方面绝对正确是不现实也是不必要的，因此，基于重要性的概念，注册会计师只能也只需要对财务报表的所有重大方面发表意见。

2. 合理保证

合理保证是注册会计师在财务报表审计中提供的一种高度但并非绝对的保证水平。

一方面，合理保证是一种高度的保证。当注册会计师获取充分、适当的审计证据，将审计风险降低至可接受的低水平时，所出具的审计结论就具有高度可靠性，就获取了高度的合理保证。另一方面，合理保证并非绝对保证。由于审计存在固有限制，注册会计师只能提供合理保证而不能提供绝对保证。

3. 适用的财务报告编制基础

适用的财务报告编制基础，是指法律法规要求采用的财务报告编制基础；或者管理层和治理层（如适用）在编制财务报表时，就被审计单位性质和财务报表目标而言，采用的可接受的财务报告编制基础。

财务报告编制基础分为通用目的编制基础和特殊目的编制基础。通用目的编制基础，是指旨在满足广大财务报表使用者共同的财务信息需求的财务报告编制基础，主要是指会计准则和会计制度。特殊目的编制基础，是指旨在满足财务报表特定使用者对财务信息需求的财务报告编制基础，包括计税核算基础、监管机构的要求和合同约定等。

4. 与管理层和治理层沟通

管理层，是指对被审计单位经营活动的执行负有经营管理责任的人员。治理层，是指对被审计单位战略方向以及管理层履行经营管理责任负有监督责任的人员或组织。治理层的责任包括监督财务报告过程。在某些被审计单位，管理层包括部分或全部的治理层成员，如治理层中负有经营管理责任的人员，或参与日常经营管理的业主(以下简称业主兼经理)；而治理层也可能包括管理层，如治理层中负有经营管理责任的人员，或业主兼经理。

财务报表是由被审计单位管理层在治理层的监督下编制的。管理层和治理层作为内部人员，对被审计单位的情况更为了解，更能做出适合企业特点的会计处理决策和判断，因此，管理层和治理层理应对编制财务报表承担完全责任。管理层和治理层认可与财务报表相关的责任，是注册会计师执行审计工作的前提。尽管在审计过程中，注册会计师可能向管理层和治理层提出调整建议，甚至在不违反独立性的前提下，为管理层编制财务报表提供一些协助，但管理层仍然对编制财务报表承担责任，并通过签署财务报表确认这一责任。如果财务报表存在重大错报，而注册会计师通过审计没有能够发现，也不能因为财务报表已经由注册会计师审计这一事实而减轻管理层和治理层对财务报表的责任。

与管理层和治理层的沟通，能使其了解注册会计师拟在审计报告中所强调的特定事项的性质，并在必要时为其提供向注册会计师做出进一步澄清的机会。

二、管理层认定

(一)管理层认定的含义

认定，是指管理层针对财务报表要素的确认、计量和列报(包括披露)做出的一系列明确或暗含的意思表达。注册会计师在识别和评估重大错报风险时使用认定来考虑可能发生的错报的不同类型。

当管理层声明财务报表已按照适用的财务报告编制基础编制，在所有重大方面做出公允反映时，就意味着管理层对财务报表各组成要素的确认、计量、列报以及相关的披露做出了认定。

例如，被审计单位管理层在资产负债表中列报：

“存货………3 000 万元”

意味着管理层做出了以下认定：

(1)记录的存货是存在的。虽然管理层并未明确说出这句话，但既然已经入账并且最终反映在财务报表上，那就表明存货是存在的，这是理所当然的。

(2)存货记录的金额是恰当的。具体而言，所有存货的计价是准确的，应该要计提的减值损失都已经充分计提，这是管理层应该要做到的。

(3)所有的存货均已记录。反映在财务报表中的存货当然应该是企业全部的存货，没有应当入账而未入账的存货。

(4)所有记录的存货都属于被审计单位所有。所有权不属于被审计单位的存货当然不能反映在被审计单位的账面上，换而言之，所有已经记录的存货都属于被审计单位所有。

管理层做出了以上认定，是否可信？注册会计师持职业怀疑态度。注册会计师的审计工作就是要确定管理层的认定是否恰当。

（二）管理层认定的分类

1. 关于所审计期间各类交易、事项及相关披露的认定

（1）发生：记录或披露的交易和事项已发生，且这些交易和事项与被审计单位有关。例如，如果没有真实发生销售交易，但却开出单据并记录了一笔销售，则违背了该认定。

（2）完整性：所有应当记录的交易和事项均已记录，所有应当包括在财务报表中的相关披露均已包括。例如，如果真实发生了销售交易，但却没有开出单据并进行记账处理，则违背了该认定。

（3）准确性：与记录的交易和事项有关的金额及其他数据已恰当记录，相关披露已得到恰当计量和描述。例如，如果在销售交易中，发出商品的数量与账单上的数量不符，或是开账单时使用了错误的销售价格，然后以错误的金额登记入账，则违背了该认定。

（4）截止：交易和事项已记录于正确的会计期间。例如，如果将本期发生的销售交易推迟到下期入账，或将下期才发生的交易提前到本期入账，均违背了该认定。

（5）分类：交易和事项已记录于恰当的账户。例如，如果将出售经营性固定资产所得的收入记录为营业收入，则违背了该认定。

（6）列报：交易和事项已被恰当地汇总或分解且表述清楚，依据适用的财务报告编制基础，相关披露是相关的、可理解的。例如，在财务报表附注中进行关联方关系和交易披露时，没有披露某重大关联方关系或交易，则违背了该认定。

2. 关于期末账户余额及相关披露的认定

（1）存在：记录的资产、负债和所有者权益是存在的。例如，如果不存在某顾客的应收账款，在应收账款明细表中却列入了对该顾客的应收账款，则违背了该认定。

（2）完整性：所有应当记录的资产、负债和所有者权益均已记录，所有应当包括在财务报表中的相关披露均已包括。例如，如果存在某顾客的应付账款，而应付账款明细表中却没有列入，则违背了该认定。

（3）权利和义务：记录的资产由被审计单位拥有或控制，记录的负债是被审计单位应当履行的偿还义务。例如，将他人寄售商品列入被审计单位的存货中，则违背了权利认定；将不属于被审计单位的债务记入账内，则违背了义务认定。

（4）准确性、计价和分摊：资产、负债和所有者权益以恰当的金额包括在财务报表中，与之相关的计价或分摊调整已恰当记录，相关披露已得到恰当计量和描述。例如，期末没有按照成本与可变现净值孰低法计提存货跌价准备则违背了该认定。

（5）分类：资产、负债和所有者权益已记录于恰当的账户。例如，未将一年内到期的长期负债列为流动负债，则违背了分类认定。

（6）列报：资产、负债和所有者权益已被恰当地汇总或分解且表述清楚，依据适用的财务报告编制基础，相关披露是相关的、可理解的。例如，如果存货在资产中所占比重较大，但是被审计单位未能在财务报表附注披露其中原材料、在产品、产成品等存货的明细类别，则违背了可理解性认定。

对与记录的各类交易、事项或账户余额并非直接相关的披露，注册会计师在考虑可能发生的错报的不同类型时，也可以运用以上描述的认定（可适当调整）。例如，适用的财务报告编制基础可能要求被审计单位描述金融工具导致的风险敞口（包括风险是如何产生的），风险管理的目标、政策及流程，以及计量风险的方法等。

三、审计的具体目标

审计的具体目标是指对财务报表具体项目进行审计时所要达到的目标。具体审计目标与认定密切相关,注册会计师的基本职责就是确定被审计单位管理层对其财务报表的认定是否恰当。对于不同的报表项目,认定存在错误的情况不一样,注册会计师了解了认定,就很容易确定每个项目的具体审计目标。例如有些报表项目容易虚增,即管理层很可能违背“发生”或者“存在”认定,则注册会计师针对该报表项目确定的具体审计目标主要就是验证其“发生”或者“存在”认定。

(一)与所审计期间各类交易、事项及相关披露相关的审计目标

(1)发生:由发生认定推导的审计目标是确认被审计单位已记录的交易和事项是真实的。此目标所要解决的问题是管理层是否把那些不曾发生的项目列入财务报表,它主要与财务报表组成要素的高估有关。

(2)完整性:由完整性认定推导的审计目标是确认被审计单位已发生的交易和事项确实已经记录。

发生和完整性两者强调的是相反的关注点。发生目标针对多记、虚构交易(高估),而完整性目标则针对漏记交易(低估)。

(3)准确性:由准确性认定推导出的审计目标是确认被审计单位已记录的交易和事项是按正确的金额反映的。

(4)截止:由截止认定推导出的审计目标是确认接近于资产负债表日的交易和事项记录于恰当的期间。

(5)分类:由分类认定推导出的审计目标是确认被审计单位记录的交易和事项经过适当分类。

(6)列报:由列报推导出的审计目标是确认交易和事项已被恰当地汇总或分解且表述清楚,依据适用的财务报告编制基础,相关披露是相关的、可理解的。

(二)与期末账户余额及相关披露相关的审计目标

(1)存在:由存在认定推导的审计目标是确认被审计单位账面上记录的资产、负债和所有者权益确实存在。

(2)完整性:由完整性认定推导的审计目标是确认被审计单位已存在的资产、负债和所有者权益均已记录。

(3)权利和义务:由权利和义务认定推导的审计目标是确认被审计单位所记录的资产归属于被审计单位,所记录的负债属于被审计单位的义务。

(4)准确性、计价和分摊:由准确性、计价和分摊认定推导的审计目标是确认资产、负债和所有者权益以恰当的金额包括在财务报表中,与之相关的计价或分摊调整已恰当记录,相关披露已得到恰当计量和描述。

(5)分类:由分类认定推导的审计目标是确认资产、负债和所有者权益已记录于恰当的账户。

(6)列报:由列报认定推导的审计目标是确认资产、负债和所有者权益已被恰当地汇总或分解且表述清楚,依据适用的财务报告编制基础,相关披露是相关的、可理解的。

四、认定、审计目标和审计程序的关系

通过上面介绍可知，认定是确定具体审计目标的基础。针对交易和账户分解管理层认定的目的在于确定审计目标，而不同项目的审计目标是不一样的，比如资产主要侧重于确认存在与否，负债则主要侧重于确认完整与否。注册会计师相应地确定一项或多项重点的具体审计目标，然后通过执行审计程序获取充分适当的审计证据，以实现审计目标。

对于审计总目标、认定、审计的具体目标和审计程序之间的关系如图 3—1 所示。

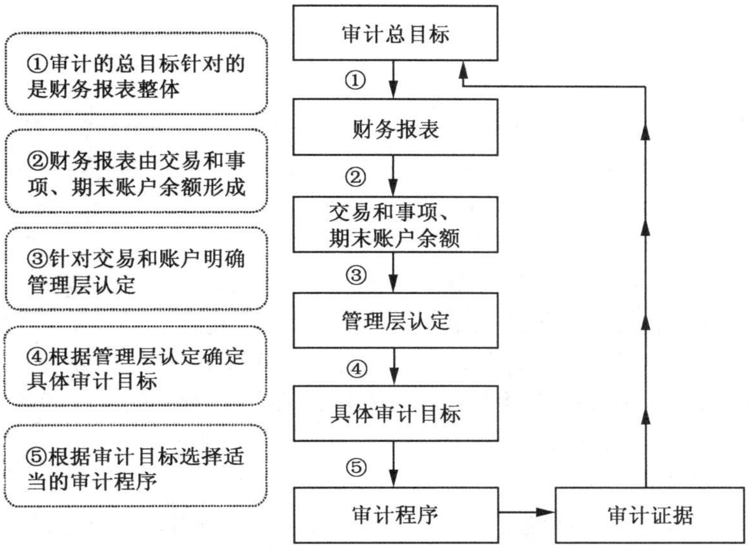

图 3—1　审计目标、认定和审计程序关系示意图

图 3—1 对认定、审计目标和审计程序之间的关系进行了表达，下面举例来进行说明，见表 3—1。

表 3—1　认定、审计目标和审计程序之间的关系举例

认定	审计目标（注册会计师需确认）	审计程序
存在	资产负债表列示的存货真实存在	实施检查期末存货实物的程序
完整性	销售收入包括了所有已发货的交易	检查发货单和销售发票的编号以及销售明细账
准确性	应收账款反映的销售业务是否基于正确的价格和数量，计算是否准确	比较价格清单与发票上的价格、发货单与销售订购单上的数量是否一致，重新计算发票上的金额
截止	销售业务记录在恰当的期间	比较资产负债表日前后若干天的发货日期、开票日期与记账日期
权利和义务	资产负债表中的固定资产确实为被审计单位拥有或控制	查阅所有权证书、购货合同、结算单和保险单
计价和分摊	以净值记录应收款项	检查应收账款账龄分析表、评估计提的坏账准备是否充足

第二节　财务报表审计流程

财务报表的审计流程也就是审计目标的实现过程，风险导向审计模式要求注册会计师在审计过程中，以重大错报风险的识别、评估和应对作为工作主线，因此风险的识别、评估和应对是财务报表审计的主要工作。具体来说，财务报表审计流程大致包括以下内容。

一、接受业务委托

（一）实施初步业务活动

初步业务活动的主要目的是判断能否承接业务或保持客户关系，包括接受新客户的业务、保持现有业务和接受现有客户的新业务。简单而言，在做出判断时应该考虑业务的双方，即客户和注册会计师。首先，客户是否诚信；其次，注册会计师是否具备执行业务所需的素质、能力、时间和资源；最后，彼此之间是否具有独立性。

站在事务所的角度，很容易评价自身的状况，因此重点在于客户的诚信。因此，签订审计业务约定书之前，注册会计师应了解被审计单位基本情况，初步调查相关内部控制制度，初步确定审计风险。例如，如果注册会计师发现潜在客户正面临财务困难，或者发现现有客户曾做出虚假陈述，那么可以认为接受或者保持客户关系的风险非常高，甚至于无法接受。此时应该慎重考虑能够承接业务或继续保持客户关系。

（二）签订审计业务约定书

如果决定接受业务或者保持客户关系，注册会计师应当确定客户不存在对审计业务约定条款的误解，签订审计业务约定书。签订审计业务约定书之后，注册会计师的工作进入审计计划阶段。

二、计划审计工作

审计工作是一个系统的过程，如果没有恰当的计划，不仅会影响审计的效率，也会导致无法获取充分、适当的审计证据，影响审计的效果。为了保证审计目标的实现，注册会计师必须在执行审计程序之前，制定审计计划，对审计工作进行科学合理的安排。

审计计划包括两个层次，即总体审计策略和具体审计计划。总体审计策略用以确定审计范围、时间和方向，并指导制定具体审计计划；具体审计计划主要针对风险评估和风险应对的工作。需要指出的是计划审计工作并不是一个孤立阶段，而是一个持续的、不断修正的过程，贯穿于整个审计过程的始终。

三、实施风险评估

所谓风险评估，是指注册会计师在了解被审计单位及其环境的基础上，实施风险评估程序，以识别和评估财务报表层次及认定层次的重大错报风险。所谓风险评估程序，是指注册会计师为了了解被审计单位及其环境并识别和评估重大错报风险而实施的审计程序。风险评估程序是必要的审计程序，了解被审计单位及其环境为注册会计师在许多关键环节做出职业判断提供了重要基础。

正如对所有事物的认识规律一样，注册会计师对于被审计单位的了解也是一个逐渐深入的过程，因此，重大错报风险的评估是一个连续、动态地收集、更新与分析信息的过程，贯穿于整个审计过程的始终。

四、实施风险应对

针对风险评估的结果，注册会计师要进行风险应对，这是审计工作的主体。风险应对的主要内容包括：

(1)针对评估的财务报表层次的重大错报风险，确定总体应对策略；

(2)针对评估的认定层次的重大错报风险，设计和实施进一步审计程序，以将审计风险降低至可接受水平。

进一步审计程序一般按照业务循环来进行，包括控制测试和实质性程序。控制测试是指用于评价内部控制在防止或发现并纠正认定层次重大错报方面的运行有效性的审计程序；实质性程序是指用于发现认定层次重大错报的审计程序，包括对各类交易、账户余额和披露的细节测试以及实质性分析程序。

注册会计师设计和实施的进一步审计程序的性质、时间和范围，应当与评估的认定层次的重大错报风险具备明确的对应关系。

需要注意的是，计划审计工作和实施风险评估、风险应对并没有绝对的界限，很多工作往往是穿插在一起的，见图 3—2。

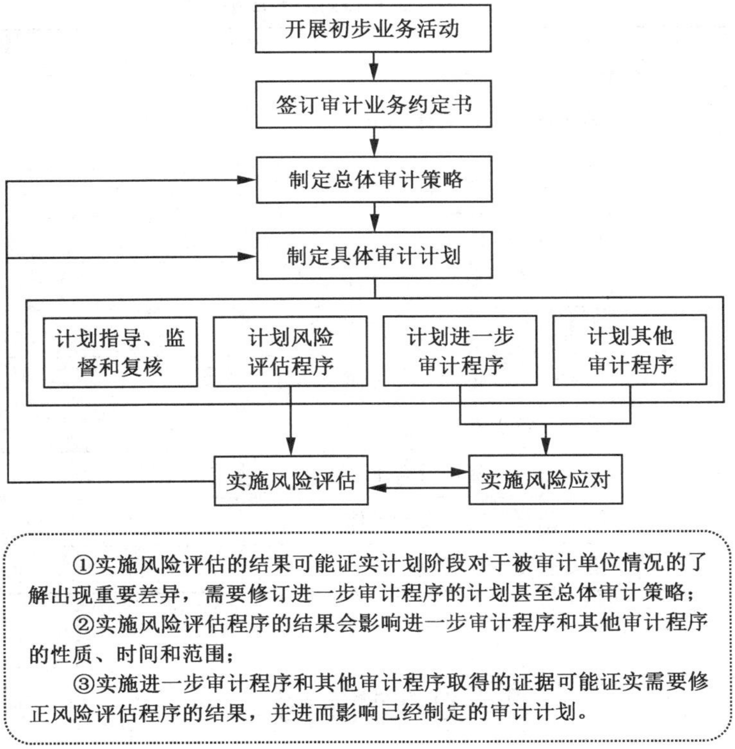

图 3—2　审计计划和实施流程示意图

五、完成审计工作并出具审计报告

注册会计师完成被审计单位所有业务循环的进一步审计程序之外，还应当按照有关审计准则的规定做好审计完成阶段的工作，并根据所获取的审计证据，合理运用职业判断，形成适当的审计意见。需要说明的是，完成审计阶段的很多工作可能是穿插在业务循环进一步审计程序之中的，前后并没有明确的界限。总体而言，审计完成阶段的工作包括但不限于以下内容：

(1) 完成特殊项目审计，包括持续经营假设的审计、首次审计业务涉及的期初余额的审计、期后事项的审计、或有负债的审计、比较信息的审计、关联方和关联方交易的审计等。

(2)评价审计过程中的重大发现和发现的错报。

(3)复核审计工作底稿和财务报表，评价审计结果。

(4)与被审计单位管理层和治理层进行沟通。

(5)获取管理层声明和其他必要声明书。

(6)确定审计意见类型和审计报告措辞。

(7)编制并致送审计报告。

本书的主要内容是财务报表审计，因此关于财务报表审计的各个阶段在本书后面的章节都会相继进行介绍，内容对应见表 3—2。

表 3—2　　财务报表审计流程各阶段对应的内容

阶　段	对应内容
接受业务委托	第四章　计划审计工作
计划审计工作	
实施风险评估	第七章　风险评估
实施风险应对	第八章　风险应对
	第九章　销售与收款循环审计
	第十章　采购与付款循环审计
	第十一章　生产与存货循环审计
	第十二章　筹资与投资循环审计
	第十三章　货币资金审计
完成审计工作并出具审计报告	第十四章　完成审计工作
	第十五章　审计报告

自我测试题

一、单项选择题

1. 注册会计师在审查销售业务时，发现甲公司销售给乙公司一批商品的收入记录了 100

万元，通过实质性程序确认，该笔销售实际取得收入 90 万元（将 10%的商业折扣也计入了收入），以上事项违反了营业收入的（　　）认定。

A. 发生　　B. 完整性　　C. 准确性　　D. 分类

2. 对于下列项目中的（　　），注册会计师应以核实其是否完整为主。

A. 固定资产　　B. 应收账款　　C. 长期借款　　D. 主营业务收入

3. 对于下列项目中的（　　），注册会计师应以核实其是否存在为主。

A. 主营业务成本　　B. 应收账款

C. 应付账款　　D. 主营业务收入

4. 甲公司将 2021 年度的主营业务收入列入 2022 年度的财务报表，则该公司 2021 年度财务报表存在错误的认定是（　　）。

A. 存在　　B. 计价和分摊　　C. 发生　　D. 完整性

5. 甲公司将固定资产的处置收入计入主营业务收入，则该公司财务报表存在错误的认定是（　　）。

A. 存在　　B. 分类　　C. 发生　　D. 完整性

6. 如果注册会计师怀疑被审计单位虚增收入，则主要验证的管理层认定是（　　）。

A. 发生　　B. 存在　　C. 完整性　　D. 准确性

7. 下列有关认定与具体审计目标的说法中，错误的是（　　）。

A. 将出售经营性固定资产所得的收入记录为营业收入，将导致分类错误，违反了分类认定

B. 如果不存在某笔应收账款，却将其列入了应收账款明细账中，违反了完整性认定

C. 将他人寄售商品列入被审计单位的存货中，违反了权利和义务认定

D. 检查存货的主要类别是否披露恰当，是否将一年内到期的长期负债列为流动负债，与列报认定相关

8. 实质性程序的目标是（　　）。

A. 测试控制运行的有效性　　B. 识别认定层次的错报

C. 测试财务报表整体的错报　　D. 分析财务报表的合理性

二、多项选择题

1. 关于注册会计师执行财务报表审计工作的总体目标，下列说法中，正确的有（　　）。

A. 对财务报表整体是否不存在重大错报获取合理保证，使得注册会计师能够对财务报表是否在所有重大方面按照适用的财务报告编制基础编制发表审计意见

B. 对被审计单位是否具有持续经营能力提供合理保证

C. 对被审计单位内部控制是否存在值得关注的缺陷提供合理保证

D. 按照审计准则的规定，根据审计结果对财务报表出具审计报告，并与管理层和治理层沟通

2. 在上市公司财务报表审计中，对于下列项目中的（　　），注册会计师应以核实其是否存在为主。

A. 固定资产　　B. 应收账款　　C. 应付账款　　D. 主营业务收入

3. 下列各项中，注册会计师在财务报表审计中发现的事实违背应收账款的计价和分摊认定的有（　　）。

A. 将属于A客户的应收账款计入B客户的明细账中
B. 应收账款的年末预计未来现金流量现值小于应收账款的账面价值，但是年末没有计提减值准备
C. 外币应收账款没有按期末汇率折算
D. 某客户的应收账款入账价值是商业折扣前的金额

4. 下列有关认定与具体审计目标的说法中，正确的是(　　)。
A. 将出售经营性固定资产所得的收入记录为营业收入，将导致分类错误，违反了分类认定
B. 如果不存在某笔应收账款，却将其列入了应收账款明细账中，违反了完整性认定
C. 将他人寄售商品列入被审计单位的存货中，违反了权利和义务认定
D. 检查存货的主要类别是否披露恰当，是否将一年内到期的长期负债列为流动负债，与列报认定相关

5. 下列有关财务报表审计流程的说法中，正确的是(　　)。
A. 在风险导向审计模式中，以重大错报风险的识别、评估和应对作为工作主线
B. 风险评估程序不是审计过程中必须执行的审计程序
C. 控制测试不是审计过程中必须执行的审计程序
D. 进一步审计程序包括控制测试和实质性程序

三、判断题

1. 财务报表审计不涉及为如何利用信息提供建议。(　　)
2. 审计的最终产品是审计报告和已审计财务报表。(　　)
3. 被审计单位的治理层和管理层应该要做到职责分离、界限分明。(　　)
4. 财务报表在被审计之前存在重大错报是被审计单位管理层的责任，审计之后如果仍然存在重大错报则是注册会计师的责任。(　　)
5. 管理层将其他企业寄售的商品列入被审计单位的存货中，违背了存在认定。(　　)
6. 发生认定对应的是该不该入账的问题，准确性认定对应的是入账金额是否准确的问题。(　　)
7. 实质性程序包括对各类交易、账户余额、披露的细节测试以及实质性分析程序。(　　)
8. 注册会计师在财务报表审计中实施的主要工作内容是重大错报风险的评估与应对。(　　)

四、案例分析题

A注册会计师在实施乙公司2022年度财务报表审计业务时，根据对重大错报风险的评估结果，确定存货项目为乙公司的重点审计领域。在此基础上，根据乙公司管理层对财务报表的认定确定存货项目的具体审计目标，并选择相应的审计程序以保证审计目标的实现。可供选择的审计程序包括：(1)检查现行销售价目表；(2)检查财务报表附注；(3)在监盘存货时，选择一定样本，确定其是否包括在盘点表内；(4)选择一定量存货会计记录，检查支持记录的购货合同、发票；(5)监盘存货时，从盘点表中选择一定数量的存货，确定是否存在；(6)测试直接人工费用的合理性。

要求：假定A注册会计师已选定下表中的具体审计目标，请代为确定与具体审计目标最相关的管理层认定和最恰当的审计程序。

管理层认定	具体审计目标	审计程序
	确认乙公司账面记录的存货是否都真实存在	
	确认乙公司对资产负债表上的存货是否均拥有所有权	
	确认乙公司记录的存货数量是否已包括了乙公司所有的在库存货	
	确认乙公司是否已按成本与可变现净值孰低法调整期末存货价值	
	确认乙公司存货成本计算是否准确	
	确认乙公司存货的主要类别和计价基础是否已在财务报表恰当披露	

补充测试题

第四章　计划审计工作

【学习目标】

掌握审计风险的内涵、审计风险模型；掌握重要性的内涵、特征及运用；熟悉初步业务活动的目的及内容；了解总体审计策略及具体审计计划的编制。

【学习重点】

学习重点：审计风险、审计重要性。

【导入案例】

众华会计师事务所被处罚

2021 年 11 月 24 日，中国证监会对富控互动作出处罚决定，原因是富控互动存在在定期报告中虚增利润总额、未及时披露及未在定期报告中披露对外担保等违法事实。

富控互动 2013 年年度报告虚增利润 0.27 亿元，2014 年年度报告虚增利润 1.09 亿元，2015 年年度报告虚增利润 1.4 亿元。而众华所为富控互动 2013 年至 2015 年年度报表提供审计服务，并连续 3 年出具了标准无保留意见的审计报告。

证监会认为众华所出具的富控互动 2013 年至 2015 年年度审计报告存在虚假记载，在富控互动 2013 年至 2015 年年度财务报表审计过程中未勤勉尽责。证监会指出，从实践来看，作出业绩承诺的企业具有更强的舞弊动机，因而在审计计划的制定和执行中应当给予相应的审慎关注。众华所在连续 3 年的总体审计策略审计工作底稿中，对可能存在重大错报风险的领域均描述为高估收入、低估成本，拟采取的应对措施均为加大控制测试量，然而众华所未按照总体审计策略的要求，对专利使用费收入等纯收入类业务的销售与收款流程执行了解内部控制及控制测试程序，也未对未执行上述程序的原因予以说明。

2022 年 4 月 24 日，证监会做出了最终的处罚决定：责令众华所改正，没收众华所业务收入 3 962 264.14 元，并处以 3 962 264.14 元罚款；对两名当事签字注册会计师给予警告，并分别处以 6 万元的罚款。

请扫码阅读完整案例资料，然后思考以下问题：

1. 什么是总体审计策略？

2. 你认为针对存在高估收入、低估成本的重大错报风险的情况，注册会计师应该如何制定具体审计计划？

3. 注册会计师可以不按照审计计划的安排来执行审计工作吗？

第一节　初步业务活动

财务报表审计属于受托审计，会计师事务所应当按照执业准则的规定，谨慎决策是否接受或保持某客户关系和具体审计业务。

一、初步业务活动的目的和内容

（一）初步业务活动的目的

在本期审计业务开始时，注册会计师需要开展初步业务活动，以实现以下三个主要目的：(1)注册会计师具备执行业务所需的独立性和能力；(2)不存在因管理层诚信问题而可能影响注册会计师保持该项业务的意愿的事项；(3)与被审计单位之间不存在对业务约定条款的误解。

（二）初步业务活动的内容

注册会计师应当在本期审计业务开始时开展以下初步业务活动。

1. 针对客户关系和审计业务的接受与保持实施相应的质量管理程序

注册会计师应当按照《中国注册会计师审计准则第 1121 号——对财务报表审计实施的质量管理》及《会计师事务所质量管理准则第 5101 号——业务质量管理》对业务质量管理的要求，开展初步业务活动。

连续审计时，注册会计师通常执行针对保持客户关系和具体审计业务的质量控制程序，而在首次接受审计委托时，注册会计师需要执行针对建立有关客户关系和承接具体审计业务的质量控制程序。不论是连续审计还是首次接受委托，注册会计师均应当考虑下列主要事项：

(1)被审计单位的主要股东、关键管理人员和治理层是否诚信；

(2)项目组是否具备执行审计业务的专业胜任能力以及必要的时间和资源；

(3)会计师事务所和项目组能否遵守职业道德。

在实务中，会计师事务所可以区别首次接受审计委托和连续审计的情况制定不同的质量控制程序，以提高审计工作的效率及效果。

2. 评价遵守职业道德规范的情况

注册会计师应当按照《中国注册会计师审计准则第 1121 号——对财务报表审计实施的质量管理》的规定，评价遵守相关职业道德要求(包括独立性要求)的情况。虽然保持客户关系及具体审计业务和评价职业道德的工作贯穿审计业务的全过程，但是初始进行这两项活动需要安排在其他重要审计工作之前，以确保注册会计师已具备执行业务所需要的独立性和专业胜任能力，且不存在因管理层诚信问题影响注册会计师保持该项业务意愿等情况。在连续审计的业务中，这些初步业务活动通常是在上期审计工作结束后不久或将要结束时就已经开始了。

3. 及时签订或修改审计业务约定书

在做出接受或保持客户关系及具体审计业务的决策后，注册会计师应当按照《中国注册会计师审计准则第1111号——就审计业务约定条款达成一致意见》的规定，在审计业务开始前，与被审计单位就审计业务约定条款达成一致意见，签订或修改审计业务约定书，以避免双方对审计业务的理解产生分歧。

二、初步业务活动的程序

初步业务活动的程序见表4—1。

表4—1 **初步业务活动程序表**

索引号：

被审计单位： 编制人： 编制日期：

截止日期： 复核人： 复核日期：

初步业务活动程序	索引号	执行人
1. 如果首次接受审计委托，实施下列程序： (1)与被审计单位相关人员面谈，讨论下列事项： 1)审计的目标 2)审计报告的用途 3)管理层对财务报表的责任 4)审计范围 5)执行审计工作的安排，包括出具审计报告的时间要求； 6)审计报告格式和对审计结果的其他沟通形式； 7)管理层提供必要的工作条件和协助； 8)注册会计师不受限制地接触任何与审计有关的记录、文件和所需要的其他信息； 9)利用被审计单位专家或内部审计人员工作的程度(必要时)； 10)审计收费。 (2)初步了解被审计单位及其环境，并予以记录。 (3)征得被审计单位书面同意后，与前任注册会计师沟通。		
2. 如果是连续审计，实施下列程序： (1)了解审计的目标、审计报告的用途、审计范围和时间安排等； (2)查阅以前年度审计工作底稿，重点关注非标准审计报告涉及的说明事项、管理建议书的具体内容、重大事项概要等； (3)初步了解被审计单位及其环境发生的重大变化，并予以记录； (4)考虑是否需要修改业务约定条款，以及是否需要提醒被审计单位注意现有的业务约定条款。		
3. 评价是否具备执行该项审计业务所需要的独立性和专业胜任能力。		
4. 完成业务承接评价表或业务保持评价表。		
5. 签订审计业务约定书(适用于首次接受业务委托，以及连续审计中修改长期审计业务约定书条款的情况)。		

三、审计业务约定书

(一) 审计业务约定书的含义

审计业务约定书是指会计师事务所与被审计单位签订的，用以记录和确认审计业务的委托与受托关系、审计目标和范围、双方的责任以及报告的格式等事项的书面协议。会计师事务所承接任何审计业务，都应与被审计单位签订审计业务约定书。

《中国注册会计师审计准则第 1111 号——就审计业务约定条款达成一致意见》指出，注册会计师应当就审计业务约定条款与管理层或治理层(如适用)达成一致意见，并将达成一致意见的审计业务约定条款记录于审计业务约定书或其他适当形式的书面协议中。

(二)审计业务约定书的内容

审计业务约定条款应当包括下列主要内容：(1)财务报表审计的目标与范围；(2)注册会计师的责任；(3)管理层的责任；(4)指出用于编制财务报表所适用的财务报告编制基础；(5)提及注册会计师拟出具的审计报告的预期形式和内容，以及对在特定情况下出具的审计报告可能不同于预期形式和内容的说明。

审计业务约定书的具体内容可以参考下文范例。

审计业务约定书

索引号：

甲方：华夏股份有限公司

乙方：××会计师事务所

兹由甲方委托乙方对 2022 年度财务报表进行审计，经双方协商，达成以下约定：

一、审计的目标和范围

1. 乙方接受甲方委托，对甲方按照企业会计准则编制的 2022 年 12 月 31 日的资产负债表，2022 年度的利润表、现金流量表、所有者权益(或股东权益)变动表以及相关财务报表附注(以下统称财务报表)进行审计。

2. 乙方审计工作的目标是对财务报表整体是否不存在由于舞弊或错误导致的重大错报获取合理保证，并出具包含审计意见的审计报告。合理保证是高水平的保证，但并不能保证按照审计准则执行的审计在某一重大错报存在时总能发现。错报可能由于舞弊或错误导致，如果合理预期错报单独或汇总起来可能影响财务报表使用者依据财务报表作出的经济决策，则通常认为错报是重大的。

3. 乙方通过执行审计工作，对财务报表的下列方面发表审计意见：(1)财务报表是否在所有重大方面按照企业会计准则的规定编制；(2)财务报表是否在所有重大方面公允反映了甲方 2022 年 12 月 31 日的财务状况以及 2022 年度的经营成果和现金流量。

二、甲方的责任

1. 根据《中华人民共和国会计法》及《企业财务会计报告条例》，甲方及甲方负责人有责任保证会计资料的真实性和完整性。因此，甲方管理层有责任妥善保存和提供会计记录(包括但不限于会计凭证、会计账簿及其他会计资料)，这些记录必须真实、完整地反映甲方的财务状况、经营成果和现金流量。

2. 按照企业会计准则的规定编制和公允列报财务报表是甲方管理层的责任，这种责任包括：(1)按照企业会计准则的规定编制财务报表，并使其实现公允反映；(2)设计、执行和维护必要的内部控制，以使财务报表不存在由于舞弊或错误导致的重大错报。

3. 在编制财务报表时，甲方管理层负责评估甲方的持续经营能力，必需时披露与持续经营相关的事项，并运用持续经营假设，除非管理层计划清算、终止运营或别无其他现实的选择。甲方治理层负责监督甲方的财务报告过程。

4. 及时为乙方的审计工作提供与审计有关的所有记录、文件和所需的其他的信息(在2022年____月____日之前提供审计所需的全部资料,如果在审计过程中需要补充资料,亦应及时提供),并保证所提供资料的真实性和完整性。

5. 确保乙方不受限制地接触其认为必要的甲方内部人员和其他合适人员。

6. 甲方管理层对其作出的与审计有关的声明予以书面确认。

7. 为乙方派出的有关工作人员提供必要的工作条件和协助,乙方将于外勤工作开始前提供主要事项清单。

8. 按照本约定书的约定及时足额支付审计费用以及乙方人员在审计期间的交通、食宿和其他相关费用。

9. 乙方的审计不能减轻甲方及甲方管理层的责任。

三、乙方的责任

1. 乙方按照中国注册会计师审计准则(以下简称审计准则)的规定执行审计工作。审计准则要求注册会计师遵守中国注册会计师职业道德守则。在执行审计的过程中,乙方需要运用职业判断,保持职业怀疑。

2. 乙方识别和评估由于舞弊或错误导致的财务报表重大错报风险,设计和实施审计程序以应对这些风险,并获取充分、适当的审计证据,作为发表审计意见的基础。由于舞弊可能涉及串通、伪造、故意遗漏、虚假陈述或凌驾于内部控制之上,未能发现由于舞弊导致的重大错报的风险高于未能发现由于错误导致的重大错报的风险。

3. 乙方了解与审计相关的内部控制,以设计恰当的审计程序,但目的并非对内部控制的有效性发表意见(如果注册会计师结合财务报表审计对内部控制的有效性发表意见,应当删除"但目的并非对内部控制的有效性发表意见"的措辞)。

4. 乙方评价管理层选用会计政策的恰当性和作出会计估计及相关披露的合理性。

5. 乙方对甲方管理层使用持续经营假设的恰当性得出结论。同时,根据获取的审计证据,就可能导致对甲方持续经营能力产生重大疑虑的事项或情况是否存在重大不确定性得出结论。如果乙方得出结论认为存在重大不确定性,应当在审计报告中提请报表使用者注意财务报表中的相关披露;如果披露不充分,乙方应当发表非无保留意见。乙方的结论基于截止审计报告日可获得的信息。然而,未来的事项或情况可能导致甲方不能持续经营。

6. 乙方评价财务报表的总体列报、结构和内容(包括披露),并评价财务报表是否公允反映相关交易和事项。

7. 乙方从与甲方治理层沟通过的事项中,确定对本期财务报表审计最为重要的事项(关键审计事项),并在审计报告中描述这些事项(如适用)。这些事项的应对以对财务报表整体进行审计并形成审计意见为背景,乙方不对这些事项单独发表意见。

8. 在审计过程中,乙方若发现甲方存在乙方认为值得关注的内部控制缺陷,应以书面形式向甲方治理层或管理层通报。但乙方通报的各种事项,并不代表已全面说明所有可能存在的缺陷或已提出所有可行的改进建议。甲方在实施乙方提出的改进建议前应全面评估其影响。未经乙方书面许可,甲方不得向任何第三方提供乙方出具的沟通文件,除非法律法规另有要求。

9. 由于审计和内部控制的固有限制,即使按照审计准则的规定适当地计划和执行审计工作,仍无法避免财务报表的某些重大错报可能未被乙方发现的风险。

10. 按照约定时间完成审计工作,出具审计报告。乙方应于 2023 年____月____日前出具审计报告。

11. 除下列情况外,乙方应当对执行业务过程中知悉的甲方信息予以保密:(1)法律法规允许披露,并取得甲方的授权;(2)根据法律法规的要求,为法律诉讼、仲裁准备文件或提供证据,以及向监管机构报告发现的违法行为;(3)在法律法规允许的情况下,在法律诉讼、仲裁中维护自己的合法权益;(4)接受注册会计师协会或监管机构的执业质量检查,答复其询问和调查;(5)法律法规、执业准则和职业道德规范规定的其他情形。

四、审计收费

1. 本次审计服务的收费是以乙方各级别工作人员在本次工作中所耗费的时间为基础计算的。乙方预计本次审计服务的费用总额为人民币____万元。

2. 甲方应于本约定书签署之日起____日内支付____%的审计费用,其余款项于[审计报告草稿完成日]结清。

3. 如果由于无法预见的原因,致使乙方从事本约定书所涉及的审计服务实际时间较本约定书签订时预计的时间有明显增加或减少时,甲乙双方应通过协商,相应调整本部分第 1 段所述的审计费用。

4. 如果由于无法预见的原因,致使乙方人员抵达甲方的工作现场后,本约定书所涉及的审计服务中止,甲方不得要求退还预付的审计费用;如上述情况发生于乙方人员完成现场审计工作,并离开甲方的工作现场之后,甲方应另行向乙方支付人民币____元的补偿费,该补偿费应于甲方收到乙方的收款通知之日起____日内支付。

5. 与本次审计有关的其他费用(包括交通费、食宿费等)由甲方承担。

五、审计报告和审计报告的使用

1. 乙方按照中国注册会计师审计准则规定的格式和类型出具审计报告。

2. 乙方向甲方致送审计报告一式____份。

3. 甲方在提交或对外公布乙方出具的审计报告及其后附的已审计财务报表时,不得对其进行修改。当甲方认为有必要修改会计数据、报表附注和所作的说明时,应当事先通知乙方,乙方将考虑有关的修改对审计报告的影响,必要时,将重新出具审计报告。

六、本约定书的有效期间

本约定书自签署之日起生效,并在双方履行完毕本约定书约定的所有义务后终止。但其中第三项第 11 段,第四、五、七、八、九、十项并不因本约定书终止而失效。

七、约定事项的变更

如果出现不可预见的情况,影响审计工作如期完成,或需要提前出具审计报告,甲、乙双方均可要求变更约定事项,但应及时通知对方,并由双方协商解决。

八、终止条款

1. 如果根据乙方的职业道德及其他有关专业职责、适用的法律法规或其他任何法定的要求,乙方认为已不适宜继续为甲方提供本约定书约定的审计服务,乙方可以采取向甲方提出合理通知的方式终止履行本约定书。

2. 在本约定书终止的情况下,乙方有权就其于终止之日前对约定的审计服务项目所做的工作收取合理的费用。

九、违约责任

甲、乙双方按照《中华人民共和国民法典》的规定承担违约责任。

十、适用法律和争议解决

本约定书的所有方面均应适用中华人民共和国法律进行解释并受其约束。本约定书履行地为乙方出具审计报告所在地，因本约定书所引起的或与本约定书有关的任何纠纷或争议（包括关于本约定书条款的存在、效力或终止，或无效之后果），双方选择以下第____种解决方式：

（1）向有管辖权的人民法院提起诉讼；

（2）提交____仲裁委员会仲裁。

十一、双方对其他有关事项的约定

本约定书一式两份，甲、乙双方各执一份，具有同等法律效力。

甲方（盖章）：	乙方（盖章）：
授权代表（签章）：	授权代表（签章）：
二〇　　年　月　日	二〇　　年　月　日

第二节　总体审计策略与具体审计计划

计划审计工作对于注册会计师顺利完成审计工作和控制审计风险具有非常重要的意义。充分的计划有助于注册会计师关注重点审计领域，及时发现和解决潜在问题，并恰当地组织和管理审计工作，以使审计工作更加有效。同时，充分的审计计划还可以帮助注册会计师对项目成员进行恰当分工和指导监督，并复核其工作，还有助于协调其他注册会计师和专家的工作。审计计划分为总体审计策略和具体审计计划两个层次。

一、总体审计策略

（一）总体审计策略的基本要求

在制定总体审计策略时，注册会计师应当考虑按照《中国注册会计师审计准则第 1121 号——对财务报表审计实施的质量管理》的要求获取信息，并采取下列措施：

（1）确定审计业务的特征，以界定审计范围。

（2）明确审计业务的报告目标，以计划审计的时间安排和所需沟通的性质。

（3）根据职业判断，考虑用以指导项目组工作方向的重要因素。

（4）考虑初步业务活动的结果，并考虑项目合伙人对被审计单位执行其他业务时获得的经验是否与审计业务相关（如适用）。

（5）确定执行业务所需资源的性质、时间安排和范围。

(二)总体审计策略范例

总体审计策略

索引号:

单位名称: 编制人: 编制日期:

截止日期: 复核人: 复核日期:

一、审计范围

报告要求	
适用的会计准则和相关会计制度	
适用的审计准则	
与财务报告相关的行业特别规定	例如:监管机构发布的有关信息披露法规、特定行业主管部门发布的与财务报告相关的法规等
需审计的集团内组成部分的数量及所在地点	
需要阅读的含有已审计财务报表的文件中的其他信息	例如:上市公司年报
制定审计策略需考虑的其他事项	例如:单独出具报告的子公司范围等

二、审计业务时间安排

(一)对外报告时间安排:__________

(二)执行审计时间安排:__________

执行审计时间安排	时间
1. 期中审计	
(1)制定总体审计策略	
(2)制定具体审计计划	
……	
2. 期末审计	
(1)存货监盘	
……	

(三)沟通的时间安排

所需沟通	时间
与管理层及治理层的会议	
项目组会议(包括预备会和总结会)	
与专家或有关人士的沟通	
与其他注册会计师沟通	
与前任注册会计师沟通	
……	

三、影响审计业务的主要因素

(一)重要性

确定的重要性水平	索引号

(二)可能存在较高重大错报风险的领域

可能存在较高重大错报风险的领域	索引号

(三)重要的组成部分和账户余额

填写说明:

1. 记录所审计的集团内重要的组成部分;

2. 记录重要的账户余额,包括本身具有重要性的账户余额(如存货),以及评估出存在重大错报风险的账户余额。

重要的组成部分和账户余额	索引号
1. 重要的组成部分	
……	
2. 重要的账户余额	
……	

四、人员安排

(一)项目组主要成员

姓名	职级	主要职责

(注:在分配职责时可以根据被审计单位的不同情况按会计科目划分,或按交易类别划分。)

(二)项目质量复核人员

姓名	职级	主要职责

五、对专家或其他第三方工作的利用

(注:如果项目组计划利用专家或有关人士的工作,需要记录其工作的范围和涉及的主要会计科目等。另外,项目组还应按照相关审计准则的要求对专家或有关人士的能力、客观性及其工作等进行考虑及评估。)

(一)对内部审计工作的利用

主要报表项目	拟利用的内部审计工作	索引号
存货	内部审计部门对各仓库的存货每半年至少盘点一次。在中期审计时，项目组已经对内部审计部门盘点步骤进行观察，对其结果满意，因此项目组将审阅其年底的盘点结果，并缩小存货监盘的范围	
……		

（二）对其他注册会计师工作的利用

其他注册会计师名称	利用其工作范围及程度	索引号

（三）对专家工作的利用

主要报表项目	专家名称	主要职责及工作范围	利用专家工作的原因	索引号

（四）对被审计单位使用服务机构的考虑

主要报表项目	服务机构名称	服务机构提供的相关服务及其注册会计师出具的审计报告意见及日期	索引号

二、具体审计计划

（一）总体审计策略与具体审计计划之间的关系

尽管总体审计策略通常是在具体审计计划之前编制的，但二者是紧密联系在一起的，注册会计师需要根据实施风险评估程序的结果对总体审计策略的内容予以调整。例如甲注册会计师接受 A 公司的委托审计其 2022 年度的财务报表，甲注册会计师实施了初步业务活动，制定了总体审计策略。在了解 A 公司及其环境的过程中，甲注册会计师发现 A 公司实现了高度自动化和信息化，主要业务的处理是由复杂的自动化信息系统来完成的，自动化信息系统的可靠性及有效性对经营、管理、决策以及编制可靠的财务报告具有重大影响。因此，甲注册会计师决定在具体审计计划中针对这种情况制定相应的审计程序，并调整总体审计策略的内容，利用信息风险管理专家的工作。

通常情况下，注册会计师会将总体审计策略和具体审计计划的制定工作结合起来进行，并编制一份完整的审计计划，从而提高审计计划的制定和复核效率。

（二）具体审计计划的内容

具体审计计划应当包括下列内容：

（1）计划对项目组成员实施指导、监督并复核其工作的性质、时间安排和范围。对项目组成员的指导、监督和复核主要取决于下列因素：①被审计单位的规模和复杂程度；②审计领域；③重大错报风险；④执行审计工作的项目组成员的素质和专业胜任能力。

注册会计师应在评估重大错报风险的基础上，计划对项目组成员工作的指导、监督与复核的性质、时间和范围。当评估的重大错报风险增加时，注册会计师通常会扩大指导与监督的范围，增强指导与监督的及时性，执行更详细的复核工作。在计划复核的性质、时间和范围时，注册会计师还应考虑单个项目组成员的素质和专业胜任能力。

（2）按照《中国注册会计师审计准则第 1211 号——重大错报风险的识别和评估》的规定，计划实施的风险评估程序的性质、时间安排和范围。

（3）按照《中国注册会计师审计准则第 1231 号——针对评估的重大错报风险采取的应对措施》的规定，在认定层次计划实施的进一步审计程序的性质、时间安排和范围。

（4）根据审计准则的规定，计划应当实施的其他审计程序。计划的其他审计程序可以包括上述进一步程序的计划中没有涵盖的，根据其他审计准则的要求注册会计师应当执行的既定程序。例如，有些企业可能涉及环境事项、电子商务等，在实务中注册会计师应根据被审计单位的具体情况确定特定项目并执行相应的审计程序。

三、审计过程中对计划的更改

计划审计工作并非审计业务的一个孤立阶段，而是一个持续的、不断修正的过程，贯穿于整个审计业务的始终。由于未预期事项、条件的变化或在实施审计程序中获取的审计证据等原因，注册会计师在必要时应当对总体审计策略和具体审计计划做出更新和修改。

审计过程是一个前后紧密衔接的过程，通常情况下，前面阶段的工作结果是制定后面阶段工作计划的基础和依据，而前面阶段的工作毕竟是在当时了解到的情况下完成的，在后面阶段的工作过程中可能就会发现新的情况，这就需要对制定的相关计划进行相应的更新和修改。

第三节　审计风险

财务报表审计属于合理保证的鉴证业务，合理保证意味着审计风险始终存在。注册会计师应当通过计划和实施审计工作，获取充分、适当的审计证据，将审计风险降至可接受的低水平。

一、审计风险的含义

审计风险，是指当财务报表存在重大错报时，注册会计师发表不恰当审计意见的可能性。审计风险是一个与审计过程相关的技术术语，并不是指注册会计师执行业务的法律后果，如因诉讼、负面宣传或其他与财务报表审计相关的事项而导致损失的可能性。所有的审计业务都存在审计风险，审计风险是一种可能性，只有当可能成为现实的时候，才有可能会产生法律后果。

审计风险与合理保证是相生的，因为有审计风险，所以只能提供合理保证。如果审计风险是 5%，也就是说发表不恰当意见的可能性是 5%，即财务报表存在重大错报而未能被发现的概率是 5%，那就意味着注册会计师有 95%的把握保证发现所有的重大错报，即合理保证程度是 95%。

二、审计风险模型

审计风险取决于重大错报风险和检查风险，用模型表示为：

$$审计风险＝重大错报风险×检查风险$$

（一）重大错报风险

重大错报风险是指财务报表在审计前存在重大错报的可能性。重大错报风险与被审计单位的风险相关，且独立于财务报表审计而存在。即重大错报风险是客观存在的，注册会计师只能通过了解进行评估，而不能改变其实际情况。

重大错报风险分为财务报表层次的重大错报风险和认定层次的重大错报风险。

1. 财务报表层次重大错报风险

财务报表层次重大错报风险与财务报表整体存在广泛联系，可能影响多项认定。此类风险通常与内部环境有关，但也可能与其他因素有关，如经济萧条。此类风险难以界定于某类交易、账户余额和披露的具体认定，但此类风险增大了认定层次发生重大错报的可能性，与注册会计师考虑由舞弊引起的风险尤其相关。

2. 认定层次重大错报风险

认定层次的重大错报风险是指与各类交易、账户余额和披露认定层次相关的重大错报风险，认定层次的重大错报风险由固有风险和控制风险两部分组成。

（1）固有风险。固有风险，是指在不考虑控制的情况下，某类交易、账户余额和披露的某一认定易于发生错报（无论该错报是舞弊还是错误导致）的可能性。某些类别的交易、账户余额和披露及其认定，固有风险较高。例如，复杂的计算比简单计算更可能出错；受重大计量不确定性影响的会计估计发生错报的可能性较大。

（2）控制风险。控制风险，是指某类交易、账户余额和披露的某一认定发生了错报，该错报单独或连同其他错报可能是重大的，但控制没有及时防止或发现并纠正这个错报的可能性。控制风险取决于与财务报表编制有关的控制的设计和运行的有效性。由于控制的固有局限性，某种程度的控制风险始终存在。

需要特别说明的是，由于固有风险和控制风险不可分割地交织在一起，有时无法单独进行评估，后文通常不再单独提到固有风险和控制风险，而只是将这两者合并称为"重大错报风险"。

（二）检查风险

检查风险是指如果存在某一错报，该错报单独或连同其他错报可能是重大的，注册会计师为将审计风险降至可接受的低水平而实施程序后没有发现这种错报的风险。检查风险取决于审计程序设计的合理性和执行的有效性。由于注册会计师通常并不对所有的交易、账户余额和披露进行检查，以及其他原因，检查风险不可能降低为零。其他原因包括注册会计师可能选择了不恰当的审计程序、审计过程执行不当，或者错误解读了审计结论。这些因素可以通过适当计划、在项目组成员之间进行恰当的职责分配、保持职业怀疑态度以及监督、指导和复核项目组成员执行的审计工作得以解决。

（三）审计风险各要素之间的关系

在既定的审计风险水平下，可接受的检查风险水平与认定层次重大错报风险的评估结果成反向关系。一般而言，评估的重大错报风险越高，可接受的检查风险越低；评估的重大错报风险越低，可接受的检查风险越高。

同样，在既定的重大错报风险水平下，注册会计师可以接受的审计风险与可以接受的检查风险成正向关系。一般而言，注册会计师可以接受的审计风险越高，可以接受的检查风险的水平就越高；反之，注册会计师可以接受的审计风险越低，可以接受的检查风险的水平就越低。

例如，针对某一认定，注册会计师将可接受的审计风险水平设定为5%，注册会计师实施风险评估程序后将重大错报风险评估为25%，则根据这一模型，可接受的检查风险为20%。当然，实务中，注册会计师不一定用绝对数量表达这些风险水平，而是选用“高”“中”“低”等文字进行定性描述。

三、审计的固有限制

注册会计师不可能将审计风险降至零，因此不能对财务报表不存在由于舞弊或错误导致的重大错报获取绝对保证。这是由于审计存在固有限制，导致注册会计师据以得出结论和形成审计意见的大多数审计证据是说服性而非结论性的。

（一）财务报表的性质

管理层编制财务报表，需要根据被审计单位的事实和情况运用适用的财务报表编制基础的规定，在这一过程中需要做出判断。此外，许多财务报表项目涉及主观决策、评估或一定程度的不确定性，并且可能存在一系列可接受的解释或判断。因此，某些财务报表项目的金额本身就存在一定的变动幅度，这种变动幅度不能通过实施追加的审计程序来消除。

（二）审计程序的性质

注册会计师获取审计证据的能力受到实务和法律上的限制。例如：(1)管理层或其他人员可能有意或无意地不提供与财务报表编制相关的或注册会计师要求的全部信息；(2)舞弊可能涉及精心策划和蓄意实施以进行隐瞒；(3)审计不是对涉嫌违法行为的官方调查。

（三）财务报表的及时性和成本效益的权衡

尽管审计中的困难、时间或成本等事项本身，不能作为注册会计师省略不可替代的审计程序或满足于说服力不足的审计证据的正当理由，但信息的相关性及其价值会随着时间的推移而降低，所以需在信息的可靠性和成本之间进行权衡。要求注册会计师处理所有可能存在的信息是不切实际的，基于信息存在错误或舞弊，除非能够提供反证的假设而竭尽可能地追查每一个事项也是不切实际的。正是因为认识到这一点，财务报表使用者的期望是，注册会计师在合理的时间内以合理的成本对财务报表形成审计意见。为了在合理的时间内以合理的成本对财务报表形成审计意见，注册会计师有必要：(1)计划审计工作，以使审计工作以有效的方式得到执行；(2)将审计资源投向最可能存在重大错报风险的领域，并相应地在其他领域减少审计资源；(3)运用测试和其他方法检查总体中存在的错报。

第四节　重要性

一、重要性的含义

1. 审计准则对于重要性的定义

在企业会计准则等财务报告编制基础中，可能以不同的术语来解释重要性，而根据《中国注册会计师审计准则第1221号——计划和执行审计工作时的重要性》，重要性概念可从以下方面进行理解。

(1)如果合理预期错报（包括漏报）单独或汇总起来可能影响财务报表使用者依据财务报表做出的经济决策，则通常认为错报是重大的。

(2)对重要性的判断是根据具体环境做出的，并受错报的金额和性质的影响，或受两者共同作用的影响。

(3)判断某事项对财务报表使用者是否重大，是在考虑财务报表使用者整体共同的财务信息需求的基础上做出的。由于不同财务报表使用者对财务信息的需求可能差异很大，因此不考虑错报对个别财务报表使用者可能产生的影响。

重要性是注册会计师从财务报表使用者的角度，对财务报表错报重大程度的判断。金额上的重要性称为重要性水平，重要性水平提供了一个临界点，即判断重大错报的临界点，在该临界点之上的错报属于重大错报。评价错报是否重大时还要考虑多项小金额错报的累计影响。在有些情况下，还要考虑错报的性质。例如，舞弊导致的错报比错误导致的错报要严重，会引起履行合同义务或者会影响盈亏趋势的小金额错报也很重要。

2. 重要性的运用

从计划审计工作到评价审计结果，重要性的运用贯穿于审计的整个过程。

(1)在计划审计工作时，注册会计师必须确定一个合理的重要性水平，以：①决定风险评估程序的性质、时间安排和范围；②识别和评估重大错报风险；③确定进一步审计程序的性质、时间安排和范围。除了财务报表整体的重要性水平，还应当考虑特定交易类别、账户余额和披露的重要性水平。

(2)在执行审计工作时，注册会计师应当：①根据所获得的新信息确定是否需要更新重要性；②评价识别出的错报对审计工作的影响。

(3)在形成审计结论阶段，要使用重要性水平来评价尚未调整的错报对财务报表的影响和对审计意见的影响。

二、重要性水平的确定

注册会计师在确定计划的重要性水平时，需要考虑对被审计单位及其环境的了解、审计的目标、财务报表各项目的性质及其相互关系、财务报表项目的金额及其波动幅度。

(一)财务报表整体的重要性水平

在财务报表审计中，注册会计师要对财务报表整体是否不存在重大错报发表审计意见。因此，在制定总体审计策略时，注册会计师应当确定财务报表整体的重要性水平，只有这样，才能得出财务报表是否公允反映的结论。确定多大错报会影响到财务报表使用者所做决策，是注册会计师运用职业判断的结果。

1. 确定财务报表整体重要性水平的基本方法

重要性水平的确定要依靠注册会计师的职业判断，并没有明确的标准。通常可以先选定一个基准，再乘以某一百分比作为财务报表整体的重要性水平。即

$$财务报表整体的重要性水平=基准\times经验百分比$$

2. 基准的选择

在选择基准时，需要考虑的因素包括：(1)财务报表要素(如资产、负债、所有者权益、收入和费用)；(2)是否存在特定会计主体的财务报表使用者特别关注的项目(如为了评价财务业绩，使用者可能更关注利润、收入或净资产)；(3)被审计单位的性质、所处的生命周期阶段以及所处行业和经济环境；(4)被审计单位的所有权结构和融资方式(例如，如果被审计单位仅通过债务而非权益进行融资，财务报表使用者可能更关注资产及资产的索偿权，而非被审计单位的收益)；(5)基准的相对波动性。

适当的基准取决于被审计单位的具体情况，注册会计师通常会根据上述因素选择一个相对稳定、可预测且能够反映被审计单位正常规模的基准。表4—2列举了一些审计实务中常用的基准。

表4—2　　确定财务报表整体重要性水平常用的基准

序号	被审计单位的情况	可能选择的基准
1	企业的盈利水平保持稳定	经常性业务的税前利润
2	企业近年来经营状况大幅度波动，盈利和亏损交替发生，或者由正常盈利变为微利或微亏，或者本年度税前利润因情况变化而出现意外增加或减少	过去3～5年经常性业务的平均税前利润或亏损（取绝对值），或其他基准，例如营业收入
3	企业为新设企业，处于开办期，尚未开始经营，目前正在建造厂房及购买机器设备	总资产
4	企业处于新兴行业，目前侧重于抢占市场份额、扩大企业知名度和影响力	营业收入
5	开放式基金，致力于优化投资组合、提高基金净值、为基金持有人创造投资价值	净资产
6	国际企业集团设立的研发中心，主要为集团下属各企业提供研发服务，并以成本加成的方式向相关企业收取费用	成本与营业费用总额
7	公益性质的基金会	捐赠收入或捐赠支出总额

3. 经验百分比的确定

为选定的基准确定百分比需要运用职业判断。百分比和选定的基准之间存在一定的联系，如经常性业务的税前利润对应的百分比通常比营业收入对应的百分比要高。例如，对以营利为目的的制造行业实体，注册会计师可能认为经常性业务的税前利润的5%是适当的；而对非营利组织，注册会计师可能认为总收入或费用总额的1%是适当的。百分比的确定并没有统一的标准，因此可以称为“经验百分比”。

（二）特定类别交易、账户余额或披露的重要性水平

在确定了财务报表整体的重要性水平之后，通常认为低于重要性水平的错报是不重要的，不会影响财务报表使用者的经济决策。但是根据被审计单位的特定情况，下列因素可能表明存在一个或多个特定类别的交易、账户余额或披露，其发生的错报金额虽然低于财务报表整体的重要性，但合理预期将影响财务报表使用者依据财务报表做出的经济决策：

（1）法律法规或适用的财务报告编制基础是否影响财务报表使用者对特定项目（如关联方交易、管理层和治理层的薪酬）计量或披露的预期；

（2）与被审计单位所处行业相关的关键性披露（如制药企业的研究与开发成本）；

（3）财务报表使用者是否特别关注财务报表中单独披露的业务的特定方面（如新收购的业务）。

在根据被审计单位的特定情况考虑是否存在上述交易、账户余额或披露时，了解治理层和管理层的看法和预期通常是有用的。需要注意的是，以上所述的特定类别交易、账户余额或披露可能并不存在。

（三）实际执行的重要性水平

1. 实际执行的重要性水平的含义

实际执行的重要性，是指注册会计师确定的低于财务报表整体重要性的一个或多个金额，

旨在将未更正和未发现错报的汇总数超过财务报表整体的重要性的可能性降至适当的低水平。如果适用，实际执行的重要性还指注册会计师确定的低于特定类别的交易、账户余额或披露的重要性水平的一个或多个金额。

举个简单的例子，注册会计师初步确定的财务报表整体重要性水平是 50 万元，也就是说只有超过 50 万元的项目，才需要重点关注。这样就存在两个方面的问题：

(1)未被重点关注的非重要项目存在的错报的汇总数可能会超出 50 万元；

(2)即使对于重点项目，也可能因为抽样风险或者非抽样风险而存在未被发现的错报。

上面两点都用到了“可能”这样的表达，可能就是风险，那么，为了降低审计风险，基于谨慎性考虑，在实际执行的时候，注册会计师会把 50 万元的 50%即 25 万元作为重要性水平来执行审计工作。也就是说，注册会计师除重点关注了 50 万元以上的项目外，还需要关注 25 万～50 万元之间的项目，这样一来，虽然仍然可能存在上述两个方面的问题，但可能性会降低，即审计风险就会降低。

2. 实际执行的重要性水平的确定方法

确定实际执行的重要性并非简单机械的计算，需要注册会计师运用职业判断，并考虑下列因素的影响：

(1)对被审计单位的了解(这些了解在实施风险评估程序的过程中得到更新)；

(2)前期审计工作中识别出的错报的性质和范围；

(3)根据前期识别出的错报对本期错报做出的预期。

通常而言，实际执行的重要性通常为财务报表整体重要性的 50%～75%。

如果存在下列情况，注册会计师可能考虑选择较低的百分比(接近 50%)来确定实际执行的重要性：

(1)首次接受委托的审计项目；

(2)连续审计项目，以前年度审计调整较多；

(3)项目总体风险较高，例如处于高风险行业、管理层能力欠缺、面临较大市场竞争压力或业绩压力等；

(4)存在或预期存在值得关注的内部控制缺陷。

如果存在下列情况，注册会计师可能考虑选择较高的百分比(接近 75%)来确定实际执行的重要性：

(1)连续审计项目，以前年度审计调整较少；

(2)项目总体风险为低到中等，例如处于非高风险行业、管理层有足够能力、面临较低的业绩压力等；

(3)以前期间的审计经验表明内部控制运行有效。

3. 实际执行的重要性水平与认定层次的关系

虽然注册会计师发表意见的对象是财务报表整体，但是必须通过对认定层次即报表项目的审计来实现目标。根据审计准则的要求，注册会计师无须通过将财务报表整体的重要性平均分配或按比例分配至各个报表项目的方法来确定实际执行的重要性，而是根据对报表项目的风险评估结果，确定低于财务报表整体重要性的一个或多个金额作为实际执行的重要性。

例如，根据以前期间的审计经验和本期审计计划阶段的风险评估结果，注册会计师认为可以以财务报表整体重要性的 75%作为大多数报表项目的实际执行的重要性；与营业收入项目相关的内部控制存在控制缺陷，而且以前年度审计中存在审计调整，因此考虑以财务报表整体重要性的50%作为营业收入项目的实际执行的重要性，从而有针对性地对高风险领域执行更多的审计工作。

4. 实际执行的重要性水平的运用

实际执行的重要性在审计中的作用主要体现在以下几个方面：

(1)注册会计师在计划审计工作时可以根据实际执行的重要性确定需要对哪些类型的交易、账户余额和披露实施进一步审计程序，即通常选取金额超过实际执行的重要性的财务报表项目，因为这些财务报表项目有可能导致财务报表出现重大错报。但是，这不代表注册会计师可以对所有金额低于实际执行的重要性的财务报表项目不实施进一步审计程序，这主要出于以下考虑：

①单个金额低于实际执行的重要性的财务报表项目汇总起来可能金额重大(可能远远超过财务报表整体的重要性)，注册会计师需要考虑汇总后的潜在错报风险；

②对于存在低估风险的财务报表项目，不能仅仅因为其金额低于实际执行的重要性而不实施进一步审计程序；

③对于识别出存在舞弊风险的财务报表项目，不能因为其金额低于实际执行的重要性而不实施进一步审计程序。

(2)运用实际执行的重要性确定进一步审计程序的性质、时间安排和范围。例如，在实施实质性分析程序时，注册会计师确定的已记录金额与预期值之间的可接受差异额通常不超过实际执行的重要性；在运用审计抽样实施细节测试时，注册会计师可以将可容忍错报的金额设定为等于或低于实际执行的重要性。

(五)重要性水平的修改

由于存在下列原因，在审计过程中注册会计师可能需要修改财务报表整体的重要性水平和特定类别的交易、账户余额或披露的重要性水平(如适用)：

(1)审计过程中情况发生重大变化(如决定处置被审计单位的一个重要组成部分)。

(2)获取新信息。

(3)通过实施进一步审计程序，注册会计师对被审计单位及其经营所了解的情况发生变化。例如，注册会计师在审计过程中发现，实际财务成果与最初确定财务报表整体的重要性时使用的预期本期财务成果相比存在着很大差异，则需要修改重要性。

自我测试题

一、单项选择题

1. 下列各项中，不属于审计业务初步业务活动的是(　　)。

A. 向前任注册会计师询问在前期审计过程中与治理层通报的管理层舞弊

B. 确定审计范围和项目组成员

C. 评价遵守职业道德守则的情况

D. 签订审计业务约定书

2. 下列各项中，通常无需包含在审计业务约定书中的是(　　)。

A. 用于编制财务报表所适用的财务报告编制基础

B. 出具审计报告的日期

C. 注册会计师、管理层的责任

D. 拟出具的审计报告的预期形式和内容

3. 下列有关审计计划的说法中，正确的是(　　)。

A. 总体审计策略不受具体审计计划的影响

B. 具体审计计划的核心是确定审计的范围和审计方案

C. 制定审计计划的工作应当在实施进一步审计程序之前完成

D. 制定总体审计策略的过程通常在具体审计计划之前

4. 在制定具体审计计划时，注册会计师应当考虑的内容是(　　)。

A. 计划实施的风险评估程序的性质、时间和范围

B. 计划与管理层和治理层沟通的日期

C. 计划向高风险领域分派的项目组成员

D. 计划召开项目组会议的时间

5. 注册会计师可以通过设定审计程序而控制的风险是(　　)。

A. 固有风险　　B. 控制风险

C. 检查风险　　D. 重大错报风险

6. 在特定的审计风险水平下，检查风险与重大错报风险之间是(　　)的关系。

A. 同向变动　　B. 反向变动

C. 有时同向变动，有时反向变动　　D. 无任何关系

7. 注册会计师在确定重要性时通常选定一个基准，下列因素中，注册会计师在选择基准时不需要考虑的是(　　)。

A. 被审计单位的性质

B. 以前年度审计调整的金额

C. 基准的相对波动性

D. 是否存在财务报表使用者特别关注的项目

8. 实际执行的重要性通常为财务报表整体重要性的 50%～75%，存在下列(　　)情况时，注册会计师可能考虑选择较高的百分比(接近 75%)来确定实际执行的重要性。

A. 首次接受委托的审计项目

B. 连续审计项目，以前年度审计调整较多

C. 项目总体风险较高

D. 以前期间的审计经验表明内部控制运行有效

二、多项选择题

1. 注册会计师应当在审计业务开始时开展初步业务活动。下列各项中，属于初步业务活动的是(　　)。

A. 针对保持客户关系和具体审计业务实施相应的质量控制程序

B. 评价遵守相关职业道德要求的情况

C. 在执行首次审计业务时，查阅前任注册会计师的审计工作底稿

D. 就审计业务约定条款与被审计单位达成一致意见

2. 注册会计师对项目组成员工作的指导、监督与复核的性质、时间安排和范围主要取决

于下列(　　)因素。

A. 评估的重大错报风险

B. 审计风险

C. 被审计单位的规模和复杂程度

D. 执行审计工作的项目组成员的专业素质和胜任能力

3. 下列各项中，属于审计的固有限制来源的是(　　)。

A. 管理层可能不提供注册会计师要求的全部信息

B. 注册会计师在合理的时间内以合理的成本完成审计的需要

C. 注册会计师对重大错报风险的评估可能不恰当

D. 管理层编制财务报表时需要作出判断

4. 下列各项因素中，可能表明注册会计师需要确定特定类别交易、账户余额或披露的重要性水平的有(　　)。

A. 是否存在与被审计单位所处行业相关的关键性披露

B. 财务报表使用者是否特别关注财务报表中单独披露的业务的特定方面

C. 适用的财务报告编制基础是否影响财务报表使用者对特定项目计量或披露的预期

D. 是否存在对特定财务报表使用者的决策可能产生影响的披露

5. 对于审计过程中累积的错报，下列做法中正确的有(　　)。

A. 如果错报金额很小，就可认为这些错报是明显微小的

B. 金额低于明显微小错报临界值的错报可以不累积

C. 如果错报单独或汇总起来未超过实际执行的重要性，注册会计师可以不要求管理层更正

D. 注册会计师应当要求管理层更正审计过程中累积的所有错报

三、判断题

1. 如果注册会计师和被审计单位管理层对审计业务约定条款存在理解分歧，则不应当签订审计业务约定书。(　　)

2. 总体审计策略不受具体审计计划的影响。(　　)

3. 对于连续审计的审计业务约定条款，注册会计师应当在每期都致送新的审计业务约定书或其他书面协议。(　　)

4. 会计师事务所针对首次接受审计委托和连续审计的情况应制定统一的质量控制程序。(　　)

5. 为将审计风险模型中的审计风险控制在一定的水平，需要降低检查风险，同时可以降低重大错报风险。(　　)

6. 重大错报风险越高，表明被审计单位存在重大错报的可能性越大，相应地，检查风险应越低。(　　)

7. 注册会计师应当在制定具体审计计划时确定财务报表整体的重要性。(　　)

8. 判断错报通常是指通过测试样本估计出的总体错报减去在测试中发现的已识别的具体错报。(　　)

四、案例分析题

1. A注册会计师负责对常年审计客户甲公司2022年度财务报表进行审计，撰写了总体审计策略和具体审计计划，部分摘录如下：

(1)经初步了解，2022年度甲公司及其环境未发生重大变化，拟依赖以往审计中对管理层、治理层诚信形成的判断；

(2)因对甲公司内部审计人员的客观性和专业胜任能力存有疑惑，拟不利用内部审计工作；

(3)审计过程中对计划的重要性水平做出修正，拟通过修改计划实施的实质性程序的性质、时间和范围降低重大错报风险；

(4)假定甲公司在收入确认方面存在舞弊风险，拟将销售交易及其认定的重大错报风险评估为高水平，不再了解和评估相关控制设计的合理性并确定其是否得到执行，直接实施细节测试；

(5)因公司于2022年6月关闭某分公司并注销其银行账户，A注册会计师拟不对该账户函证；

(6)因审计工作时间安排紧张，拟不函证应收账款，直接实施替代审计程序。

要求：针对上述事项(1)至(6)，逐项指出A注册会计师拟定的计划是否存在不当之处。如有不当之处，简要说明理由。

2. 甲会计师事务所承接了乙上市公司2022年度财务报表审计业务，该公司2022年度利润总额为150万元。甲会计师事务所在审计过程中，关于重要性水平确定和修订的工作底稿的内容如下：

(1)在确定重要性水平时，注册会计师既要根据具体环境对错报的金额进行判断，也要对错报的性质进行判断。同时，还要满足个别财务报表使用者对财务信息的特殊需求。

(2)财务报表使用者非常重视公司的盈利能力，虽然乙公司本年经营情况不稳定，注册会计师还是决定将本年税前利润作为重要性水平的基准。

(3)在审计过程中，注册会计师发现一些应收账款金额高估的错报，由于每笔金额都接近并小于重要性水平，单独考虑影响不大，注册会计师认为，无需提请乙公司调整，因此将这些错报视为明显微小错报。

(4)注册会计师将乙公司财务报表整体重要性水平确定为200万元，在审计过程中，注册会计师发现营业收入高估100万元，营业成本低估80万元，由于每项错报都低于重要性水平，注册会计师没有将其认定为重大错报。

要求：针对上述四种情况指出，注册会计师做出的与重要性有关的角色或结论是否合理，简要说明理由。

补充测试题

第五章 审计证据、审计程序与审计工作底稿

【学习目标】

熟悉审计证据的概念和类型;掌握审计证据的特征;熟悉获取审计证据的审计程序;了解审计工作底稿的含义、编制目的及编制要求;熟悉审计工作底稿的基本要素;掌握审计工作底稿的复核和归档要求。

【学习重点】

审计证据的特征;审计程序种类;审计工作底稿复核和归档要求。

【导入案例】

九好集团造假案

九好集团为达到借壳上市目的粉饰财务报表。2013—2015 年三年间,九好集团虚增收入分别为 0.17 亿元、0.87 亿元、1.6 亿元,逐年递增,增长幅度逐年加大。2015 年,九好集团虚构 3 亿元银行存款,且未披露借款 3 亿元的质押。2016 年 4 月 21 日,利安达会计师事务所(以下简称“利安达”)出具审计报告,对九好集团 2013—2015 年度财务表发表了标准无保留意见。

九好集团是信息披露违法行为的责任主体。郭丛军、宋荣生、陈恒文是对九好集团信息披露违法行为直接负责的主管人员。中国证券监督管理委员会(以下简称“证监会”)责令九好集团改正,给予警告,并处以 60 万元罚款;对郭丛军、宋荣生、陈恒文给予警告,并分别处以 30 万元罚款。

证监会在调查中认定,利安达对九好集团 2013 至 2015 年度财务报表审计时,未勤勉尽责,未执行充分的审计程序,出具的审计报告存在虚假记载,存在如下问题:对银行存款审计程序不到位;对函证审计程序不到位;对收入的审计程序不到位;利安达对供应商和客户的现场走访工作存在瑕疵和矛盾。鉴于此,2017 年 9 月 20 日,证监会对利安达的行政处罚如下:没收利安达业务收入 150 万元,并处以 750 万元罚款;对签字注册会计师给予警告,并分别处以 10 万元罚款。

请扫码阅读完整案例资料,然后思考以下问题:

1. 九好集团舞弊手段有哪些?
2. 利安达会计师事务所实施的审计程序获取的审计证据是否充分?
3. 利安达会计师事务所审计工作底稿记录是否规范?

第一节　审计证据

根据《中国注册会计师审计准则第 1301 号——审计证据》，针对审计证据，注册会计师的目标是，通过恰当的方式设计和实施审计程序，获取充分、适当的审计证据，以得出合理的结论，作为形成审计意见的基础。

一、审计证据的概念

审计证据，是指注册会计师为了得出审计结论和形成审计意见而使用的信息。审计证据包括构成财务报表基础的会计记录所含有的信息和其他信息。

（一）会计记录中含有的信息

会计记录，是指对初始会计分录形成的记录和支持性记录。根据账务处理程序，会计记录主要包括原始凭证、记账凭证、总分类账和明细分类账、未在记账凭证中反映的对财务报表的其他调整，以及支持成本分配、计算、调节和披露的手工计算表和电子数据表。

依据会计记录编制财务报表是被审计单位管理层的责任，注册会计师应当测试会计记录以获取审计证据。但是，仅对会计记录进行测试以获取审计证据具有很大的局限性，例如，虚假的交易形成的会计记录本身是真实的，注册会计师仅通过检查会计记录并不能发现该错报。因此，会计记录所包含的信息本身并不足以提供充分的审计证据作为对财务报表发表审计意见的基础，注册会计师还应该获取用作审计证据的其他信息。

（二）其他信息

可用作审计证据的其他信息包括注册会计师从被审计单位内部或外部获取的会计记录以外的信息，如被审计单位会议记录、内部控制手册、询证函的回函、分析师的报告、与竞争者的比较数据等；通过询问、观察和检查等审计程序获取的信息，如通过检查存货获取存货存在的证据等；以及自身编制或获取的可以通过合理推断得出结论的信息，如注册会计师编制的各种计算表、分析表等。

审计证据的关系可以见图 5－1。

通过以上分析可以得出，财务报表依据的会计记录中包含的信息和其他信息共同构成了审计证据，两者缺一不可。如果没有前者，审计工作将无法进行；如果没有后者，可能无法识别重大错报风险。只有将两者结合在一起，才能将审计风险降至可接受的低水平，为注册会计师发表审计意见提供合理基础。

二、审计证据的类型

对审计证据按一定的依据进行分类，有助于理解审计证据的特征，即充分性和适当性。

我国审计证据通常可以按其外形特征分为实物证据、书面证据、口头证据和环境证据四大类。

（一）实物证据

实物证据是指通过实际观察或清点所取得的，用以确定某些实物资产是否确实存在的证据。如库存现金、有价证券、存货和固定资产等均可通过监盘方式或实地观察加以验证。

实物证据通常被认为是最可靠的证据，具有很强的证明力。实物证据只能有效地证明实

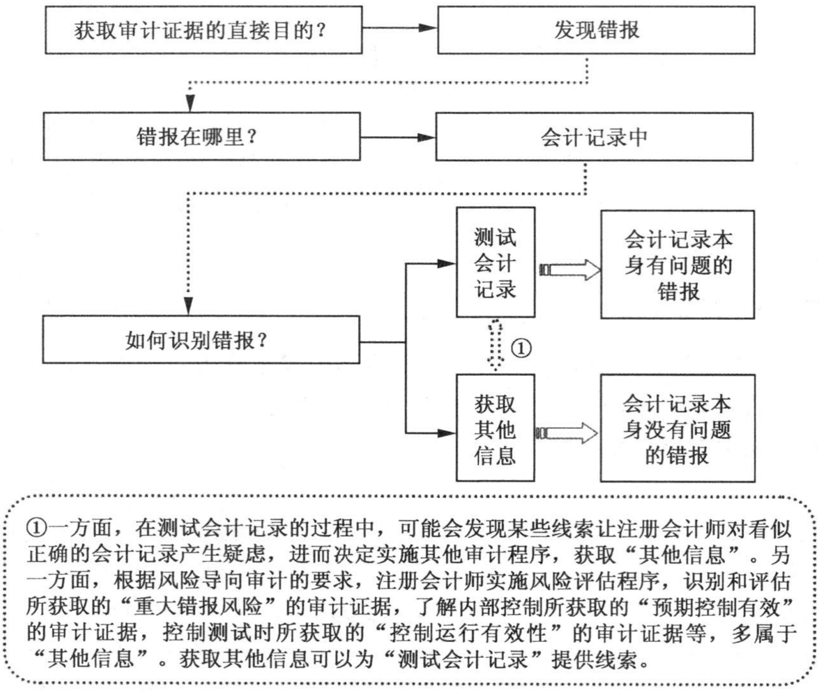

图 5—1　审计证据关系示意图

物资产的存在性，但实物资产的存在并不能完全证实被审计单位对其拥有所有权。例如，年终盘点的存货可能包括其他企业寄售或委托加工的部分，或者已经销售而等待发运的商品；固定资产可能有经营性租赁的。某些实物资产在数量相符的情况下，其质量好坏却难以通过清点来确定，如次品或过时产品等。所以，对于取得实物证据的资产还应就其所有权归属以及其价值情况等搜集另外的审计证据。

（二）书面证据

书面证据是指审计人员所获取的以文字记载的内容来证明被审计事项的书面资料。主要包括与审计有关的各种原始凭证、记账凭证、会计账簿、会计报表、各种会议记录和文件、合同、报告书及函件等。书面证据是审计证据的最主要的组成部分，被称为基本证据。这类证据不仅数量多，而且来源广泛，搜集时必须辨明真假。

书面证据按其来源可以分为内部证据和外部证据两类。

1. 内部证据

内部证据是由被审计单位的内部机构或职员编制的书面证据。主要包括被审计单位的会计记录、被审计单位管理当局声明书等。一般来说，内部证据不如外部证据可靠。但是，如果内部证据在外部流转，并获得其他单位或个人的承认（如销货发票、付款支票等），则具有较强的可靠性。即使只在被审计单位内部流转的书面证据，其可靠程度也因被审计单位内部控制的强弱而有差别。如内部证据（如收料单与发料单）经过了被审计单位内部不同部门的审核、签章，且所有凭证预先都有连续编号并依次处理，则这些证据也具有较强的可靠性。

2. 外部证据

外部证据是由被审计单位以外的组织机构或人士所编制的书面证据。它一般具有较强的证明效力。外部证据包括以下三种形式：

(1)由被审计单位以外的机构或人士编制并由其直接递交给审计人员的书面证据，如应收账款函证回函，保险公司、证券经纪人的证明等，此类证据因为未经被审计单位有关职员之手，排除了伪造、更改凭证的可能性，因而证明力是最强的。

(2)由被审计单位以外的机构或人士编制，但为被审计单位持有并提交审计人员的书面证据，如银行对账单、购货发票、应收票据、顾客订购单、合同等，由于此类证据已经被审计单位职员之手，在评价其可靠性时，审计人员应当考虑其被涂改、伪造的可能性。虽然这类外部证据的可靠性不如由被审计单位以外的机构或人士编制并由其直接递交给审计人员的书面证据，但相对于内部证据而言，它仍具有较高的可靠性。

(3)由审计人员为证明某个事项而自己动手编制的各种计算表或分析表等书面证据。

(三)口头证据

口头证据是指被审计单位有关人员对审计人员的提问做口头答复所形成的审计证据。一般来说，口头证据本身并不足以证明事情的真相，往往需要得到其他相关证据的支持，但审计人员往往可以通过口头证据发掘一些重要线索，有利于对某些需要审核的情况做进一步的调查，以搜集到更为可靠的证据。在审计过程中，审计人员还应把各种重要的口头证据尽快做成记录，并注明是何人、何时、在何种情况下所做的口头陈述，必要时还应获得被询问者的签名确认。

(四)环境证据

环境证据是指对审计事项产生影响的各种环境事实，主要包括被审计单位的内部控制情况，被审计单位管理人员的素质、各种管理条件和管理水平等。例如，当审计人员获知被审计单位有着良好的内部控制制度，并且管理水平较高时，就可以认为被审计单位现行的内部控制制度为会计报表项目的真实性提供了强有力的环境证据。环境证据一般不属于主要的审计证据，但它可帮助审计人员了解被审计单位及其经济活动所处的环境，是审计人员进一步审计必须掌握的资料。

由于各种审计证据证明力的强弱不同，取证方法也不同。因此，审计人员必须选择适当的证据，才能保证审计结论的客观、公正。

三、审计证据的特征

注册会计师应当保持职业怀疑态度，运用职业判断，评价审计证据的充分性和适当性。此处的充分和适当正是审计证据的两大特征，其内容如图5—2所示。下面分别予以说明。

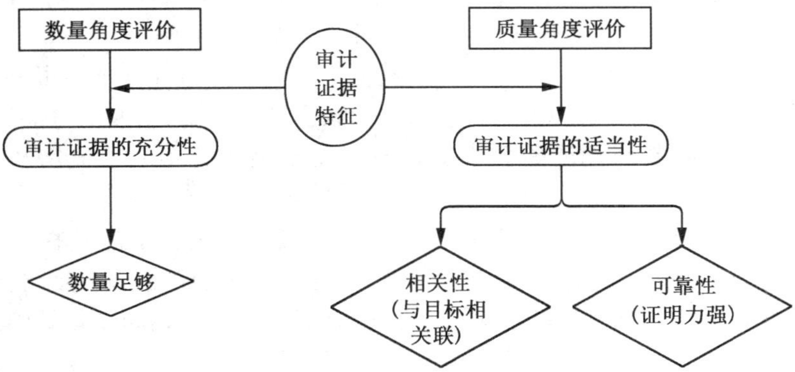

图5—2　审计证据的基本特征

(一)审计证据的充分性

审计证据的充分性是对审计证据数量的衡量,主要与注册会计师确定的样本量有关。例如,对某个审计项目实施某一选定的审计程序,从200个样本项目中获得的证据要比从100个样本项目中获得的证据更充分。获取的审计证据应当充分,足以将与每个重要认定相关的审计风险限制在可接受的水平。

注册会计师需要获取的审计证据的数量受其对重大错报风险评估的影响(评估的重大错报风险越高,需要的审计证据可能越多),并受审计证据质量的影响(审计证据质量越高,需要的审计证据可能越少,然而,注册会计师仅靠获取更多的审计证据可能无法弥补其质量上的缺陷)。

(二)审计证据的适当性

审计证据的适当性,是对审计证据质量的衡量,即审计证据在支持审计意见所依据的结论方面具有的相关性和可靠性。相关性和可靠性是审计证据适当性的核心内容,只有相关且可靠的审计证据才是高质量的。

1. 审计证据的相关性

相关性,是指用作审计证据的信息与审计程序的目的和所考虑的相关认定之间的逻辑联系。用作审计证据的信息的相关性可能受测试方向的影响。例如,如果某审计程序的目的是测试应付账款的计价高估,则测试已记录的应付账款可能是相关的审计程序。如果某审计程序的目的是测试应付账款的计价低估,则测试已记录的应付账款不是相关的审计程序,相关的审计程序可能是测试期后支出、未支付发票、供应商结算单以及发票未到的收货报告单等。

特定的审计程序可能只为某些认定提供相关的审计证据,而与其他认定无关。例如,检查期后应收账款收回的记录和文件可以提供有关存在和计价的审计证据,但未必提供与截止测试相关的审计证据。类似地,有关某一特定认定(如存货的存在认定)的审计证据,不能替代与其他认定(如该存货的计价认定)相关的审计证据。但另一方面,不同来源或不同性质的审计证据可能与同一认定相关。

控制测试旨在评价内部控制在防止或发现并纠正认定层次重大错报方面的运行有效性。设计控制测试以获取相关审计证据,包括识别一些显示控制运行的情况(特征或属性),以及显示控制未恰当运行的偏差情况。然后,注册会计师可以测试这些情况是否存在。

实质性程序旨在发现认定层次重大错报,包括细节测试和实质性分析程序。设计实质性程序包括识别与测试目的相关的情况,这些情况构成相关认定的错报。

2. 审计证据的可靠性

审计证据的可靠性是指证据的可信程度,受其来源和性质的影响,并取决于获取的具体环境。注册会计师在判断审计证据的可靠性时,通常会考虑下列原则:

(1)从外部独立来源获取的审计证据比从其他来源获取的审计证据更可靠。从外部独立来源获取的审计证据没有在被审计单位流转,从而减少了被伪造、篡改的可能性,因而一般具有较强的证明效力。如银行询证函回函、应收账款询证函回函、保险公司等机构出具的证明等。从外部非独立来源或者被审计单位内部取得的证据可靠性就会弱些。

(2)内部控制有效时内部生成的审计证据比内部控制薄弱时内部生成的审计证据更可靠。如果被审计单位内部控制设计合理,并且执行有效,会计记录的可信赖程度将会增加。例如,如果与销售业务相关的内部控制有效,注册会计师就能从销售发票和发货单中取得比内部控制不健全时更加可靠的审计证据。

(3)直接获取的审计证据比间接获取或推论得出的审计证据更可靠。例如,注册会计师观察某项内部控制的运行得到的证据比询问被审计单位某项内部控制的运行得到的证据更可靠。间接获取的证据有被涂改或伪造的可能性，降低了可信赖程度。推论得出的审计证据，其主观性较强，人为因素较多，可信赖程度也受到影响。例如，注册会计师亲自检查存货所获得的证据，就比被审计单位管理层提供给注册会计师的存货数据更可靠。

(4)以文件、记录形式(无论是纸质、电子或其他介质)存在的审计证据比口头形式的审计证据更可靠。例如，会议的同步书面记录比对讨论事项事后的口头表述更可靠。口头证据本身并不足以证明事实的真相，仅仅提供了一些重要线索，为进一步调查确认所用。如注册会计师在对应收账款进行账龄分析后，可以向应收账款负责人询问逾期应收账款收回的可能性。如果该负责人的意见与注册会计师自行估计的坏账损失基本一致，则这一口头证据就可成为证实注册会计师对有关坏账损失判断的重要证据。但在一般情况下，口头证据往往需要得到其他相应证据的支持。

(5)从原件获取的审计证据比从传真件或复印件获取的审计证据更可靠。注册会计师可审查原件是否有被涂改或伪造的迹象，排除伪证，提高证据的可信赖程度。而传真件或复印件容易是篡改或伪造的结果，可靠性较低。

注册会计师在按照上述原则评价审计证据的可靠性时，还应当注意可能出现的重要例外情况。例如，审计证据虽然是从独立的外部来源获得，但如果该证据是由不知情者或不具备资格者提供，审计证据也可能是不可靠的。同样，如果注册会计师不具备评价证据的专业能力，那么即使是直接获取的证据，也可能不可靠。

(三)充分性和适当性之间的关系

充分性和适当性是审计证据的两个重要特征，两者缺一不可，只有充分且适当的审计证据才是有证明力的。

注册会计师需要获取的审计证据的数量受审计证据质量的影响。审计证据质量越高，需要的审计证据数量可能越少。也就是说，审计证据的适当性会影响审计证据的充分性。例如，被审计单位内部控制健全时生成的审计证据更可靠，注册会计师只需获取适量的审计证据，就可以为发表审计意见提供合理的基础。

需要注意的是，尽管审计证据的充分性和适当性相关，但如果审计证据的质量存在缺陷，那么注册会计师仅靠获取更多的审计证据可能无法弥补其质量上的缺陷。例如，注册会计师应当获取与销售收入完整性相关的证据，实际获取到的却是有关销售收入真实性的证据，审计证据与完整性目标不相关，即使获取的证据再多，也证明不了收入的完整性。同样的，如果注册会计师获取的证据不可靠，那么证据数量再多也难以起到证明作用。

第二节　获取证据的审计程序

在财务报表审计中，注册会计师的主要工作就是设计并实施审计程序，以获取充分、适当的审计证据来对财务报表发表审计意见。所谓审计程序，是指注册会计师获取审计证据的方法或者方法的集合。

一、审计程序的种类

总体审计程序(审计程序执行的三个阶段)按实施审计程序获取审计证据的目的划分，可以将审计程序分为三类：风险评估程序、控制测试（有必要时或决定测试时）和实质性程序。这三类审计程序在实施时，会用到多种具体的方法即具体审计程序。通常说到获取审计证据的审计程序时，指的是具体审计程序。

目前较通用的具体审计程序包括：检查、观察、询问、函证、重新计算、重新执行和分析程序等。注册会计师可将具体审计程序单独或组合起来用于总体审计程序。总体审计程序与具体审计程序的关系如表5—1所示。

表5—1　　总体审计程序与具体审计程序关系

风险评估程序	检查、观察、询问、分析性程序
控制测试	检查、观察、询问、重新执行
实质性程序	检查、观察、询问、函证、重新计算、分析性程序

二、具体审计程序的内容

（一）检查

1. 检查记录或文件

检查记录或文件是指注册会计师对被审计单位内部或外部生成的，以纸质、电子或其他介质形式存在的记录和文件进行审查。

检查记录或文件可以提供可靠程度不同的审计证据，审计证据的可靠性取决于记录或文件的性质和来源，而在检查内部记录或文件时，其可靠性则取决于生成该记录或文件的内部控制的有效性。

检查程序具有方向性，按照检查顺序与账务处理程序的关系，可分为顺查法和逆查法。

（1）顺查法

顺查法是指注册会计师按照交易或事项发生的会计处理程序依次检查的方法。即以原始凭证为起点，经过记账凭证、明细账和总账，最终追查到财务报表。顺查法主要针对完整性的认定。顺查法实施的流程如图5—3所示。

图5—3　顺查法

（2）逆查法

逆查法是指注册会计师按照交易或事项发生的会计处理程序反向检查的一种方法。即以分析检查会计报表为起点，发现疑虑，确定重点审计问题和重点审计领域。然后追查至相关的明细账和总账，通过账账、账实的检查核对，进一步确定需要检查的记账凭证。最后，核对记账凭证直至原始凭证，查明问题的原因和过程。逆查法主要针对“发生”和“存在”认定。逆查法实施的流程如图5—4所示。

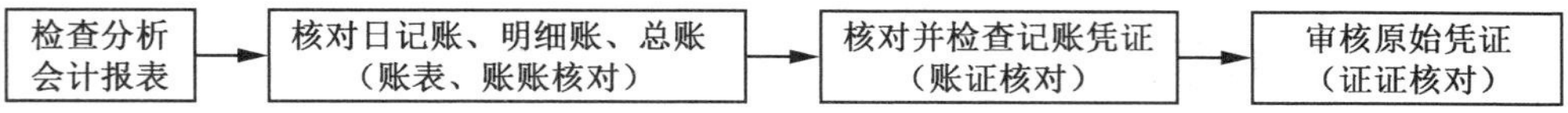

图5—4　逆查法

在审计具体项目时，顺查法和逆查法一般会结合使用，不过通常会有侧重点。

2. 检查有形资产

检查有形资产是指注册会计师对实物资产的审查，一般用于对现金、存货和固定资产的审计，也适用于对有价证券、应收票据等的验证。检查有形资产可为其存在提供可靠的审计证据，但不一定能够为权利和义务或计价等认定提供可靠的审计证据。

检查有形资产时同样可以用顺查或逆查的方法，只是在顺查时，有形资产是起点，在逆查时，有形资产是终点。

（二）观察

观察是指注册会计师察看相关人员正在从事的活动或实施的程序。例如，注册会计师对被审计单位人员执行的存货盘点或控制活动进行观察。观察可以提供执行有关过程或程序的审计证据，但观察所提供的审计证据仅限于观察发生的时点，而且被观察人员的行为可能因被观察而受到影响，这也会使观察提供的审计证据受到限制。

（三）询问

询问是指注册会计师以书面或口头方式，向被审计单位内部或外部的知情人员获取财务信息和非财务信息，并对答复进行评价的过程。作为其他审计程序的补充，询问广泛应用于整个审计过程中。

一方面，知情人员对询问的答复可能为注册会计师提供尚未获悉的信息或佐证证据；另一方面，对询问的答复也可能提供与注册会计师已获取的其他信息存在重大差异的信息，注册会计师可能考虑修改审计程序或实施追加的审计程序。

询问本身不足以发现认定层次存在的重大错报，也不足以测试内部控制运行的有效性，注册会计师还应当实施其他审计程序获取充分、适当的审计证据。

（四）函证

函证，是指注册会计师直接从第三方（被询证者）获取书面答复以作为审计证据的过程，书面答复可以采用纸质、电子或其他介质等形式。

1. 函证的形式

注册会计师可采用积极的或消极的函证方式实施函证，也可将两种方式结合使用。

（1）积极的函证方式。如果采用积极的函证方式，注册会计师应当要求被询证者在所有情况下必须回函，确认询证函所列示信息是否正确，或填列询证函要求的信息。

（2）消极的函证方式。如果采用消极的函证方式，注册会计师只要求被询证者仅在不同意询证函列示信息的情况下才予以回函。当同时存在下列情况时，注册会计师可考虑采用消极的函证方式：重大错报风险评估为低水平；涉及大量余额较小的账户；预期不存在大量的错误；没有理由相信被询证者不认真对待函证。

2. 函证的对象

（1）注册会计师应当对银行存款（包括零余额账户和在本期内注销的账户）、借款及与金融机构往来的其他重要信息实施函证程序，除非有充分证据表明某一银行存款、借款及与金融机构往来的其他重要信息对财务报表不重要且与之相关的重大错报风险很低。如果不对这些项目实施函证程序，注册会计师应当在审计工作底稿中说明理由。

（2）注册会计师应当对应收账款实施函证程序，除非有充分证据表明应收账款对财务报表不重要，或函证很可能无效。如果认为函证很可能无效，注册会计师应当实施替代审计程序，获取相关、可靠的审计证据。如果不对应收账款函证，注册会计师应当在审计工作底稿中说明理由。

(3)注册会计师可以根据具体情况和实际需要对下列内容(包括但并不限于)实施函证:交易性金融资产;应收票据;其他应收款;预付账款;由其他单位代为保管、加工或销售的存货;长期股权投资;应付账款;预收账款;保证、抵押或质押;或有事项;重大或异常的交易。

3. 函证程序实施的范围

如果采用审计抽样的方式确定函证程序的范围,无论采用统计抽样方法,还是非统计抽样方法,选取的样本应当足以代表总体。根据对被审计单位的了解、评估的重大错报风险以及所测试总体的特征等,注册会计师可以确定从总体中选取特定项目进行测试。选取的特定项目可能包括:金额较大的项目;账龄较长的项目;交易频繁但期末余额较小的项目;重大关联方交易;重大或异常的交易;可能存在争议、舞弊或错误的交易。

4. 函证的时间

注册会计师通常以资产负债表日为截止日,在资产负债表日后适当时间内实施函证。如果重大错报风险评估为低水平,注册会计师可选择资产负债表日前适当日期为截止日实施函证,并对所函证项目自该截止日起至资产负债表日止发生的变动实施实质性程序。

5. 管理层要求不实施函证时的处理

当被审计单位管理层要求对拟函证的某些账户余额或其他信息不实施函证时,注册会计师应当考虑该项要求是否合理,并获取审计证据予以支持。如果认为管理层的要求合理,注册会计师应当实施替代审计程序,以获取与这些账户余额或其他信息相关的充分、适当的审计证据。如果认为管理层的要求不合理,且被其阻挠而无法实施函证,注册会计师应当视为审计范围受到限制,并考虑对审计报告可能产生的影响。

(五)重新计算

重新计算是指注册会计师对记录或文件中的数据计算的准确性进行核对。重新计算可通过手工方式或电子方式进行。只能验证计算结果本身是否正确,不能说明据以计算的数据是否准确。

(六)重新执行

重新执行是指注册会计师独立执行原本作为被审计单位内部控制组成部分的程序或控制。重新执行只能用于控制测试。例如,重新编制银行存款余额调节表。

(七)分析程序

分析程序,是指注册会计师通过分析不同财务数据之间以及财务数据与非财务数据之间的内在关系,对财务信息做出评价。分析程序还包括在必要时对识别出的、与其他相关信息不一致或与预期值差异重大的波动或关系进行调查。

1. 分析程序的适用性

(1)分析程序应用于风险评估程序,以了解被审计单位及其环境。例如,分析程序可以帮助注册会计师发现财务报表中的异常变化,或者预期发生而未发生的变化,识别存在潜在重大错报风险的领域。

(2)分析程序可用于实质性程序。当使用分析程序比细节测试能更有效地将认定层次的检查风险降至可接受的水平时,注册会计师可以考虑单独或结合细节测试,运用实质性分析程序。此时运用分析程序可以减少细节测试的工作量,节约审计成本,降低审计风险,使审计工作更有效率和效果。

(3)分析程序应用于在审计结束或临近结束时对财务报表进行总体复核。这是对财务报表整体合理性的最终把关，评价报表仍然存在重大错报风险而未被发现的可能性，考虑是否需要追加审计程序，以便为发表审计意见提供合理基础。

从以上表述可以看出，注册会计师在风险评估阶段和审计结束时的总体复核阶段必须运用分析程序；在实施实质性程序阶段可选用分析程序；在控制测试时不会用到分析程序，因为分析程序运用的条件是要有财务数据，而内部控制中并不涉及财务数据。

2. 分析程序的方法

（1）在实施分析程序时，注册会计师应当考虑将被审计单位的财务信息与下列各项信息进行比较：①以前期间的可比信息；②被审计单位的预期结果或者注册会计师的预期数据；③所处行业或同行业中规模相近的其他单位的可比信息。

（2）注册会计师实施分析程序可以使用不同的方法，包括：①简单比较；②比率分析；③结构百分比分析；④趋势分析；⑤回归分析；等等。

三、具体审计程序的综合运用

在审计过程中，注册会计师可以根据需要单独或综合运用具体审计程序，以获取充分、适当的审计证据。对于具体审计程序的组合，比较经典的属于存货的监盘，存货监盘程序是观察和检查程序的结合。

（1）在被审计单位盘点存货前，注册会计师应先观察盘点现场，确定应纳入盘点范围的存货是否经过整理和排列，并附有盘点标识，防止遗漏或重复盘点。

（2）在被审计单位人员盘点存货时，注册会计师应进行监盘（观察程序），观察被审计单位人员是否按照盘点指令和程序去进行盘点。在监盘的过程中，注册会计师还要检查存货，确认有无存货已毁损、变质等，为存货的计价和分摊认定提供证据。

（3）更重要的是，注册会计师除了要观察被审计单位的人员执行盘点外，还要执行抽盘（检查程序），即从存货盘点记录中选取项目追查至存货实物，以及从存货实物中选取项目追查至盘点记录，以获取关于盘点记录的准确性（真实性）和完整性的审计证据。

（4）在被审计单位存货盘点结束前注册会计师还要观察盘点现场，以确定所有应纳入盘点范围的存货是否均已盘点。

第三节　审计工作底稿

一、审计工作底稿的含义和编制目的

（一）审计工作底稿的含义

审计工作底稿，是指注册会计师对制定的审计计划、实施的审计程序、获取的相关审计证据，以及得出的审计结论做出的记录。审计工作底稿是审计证据的载体，是注册会计师在审计过程中形成的审计工作记录和获取的资料。它形成于审计过程，也反映整个审计过程。

（二）审计工作底稿的编制目的

审计工作底稿在计划和执行审计工作中发挥着关键作用。注册会计师应当及时编制审计工作底稿，以实现下列主要目的：

（1）提供证据，作为注册会计师得出实现总体目标结论的基础；

(2)提供证据，证明注册会计师按照审计准则和相关法律法规的规定计划和执行了审计工作。

除上述目的外，编制审计工作底稿还可以实现下列其他目的：

(1)有助于项目组计划和执行审计工作；

(2)有助于负责督导的项目组成员按照《中国注册会计师准则第 1121 号——对财务报表审计实施的质量管理》的规定，履行指导、监督与复核审计工作的责任；

(3)便于项目组说明其执行审计工作的情况；

(4)保留对未来审计工作持续产生重大影响的事项的记录；

(5)便于会计师事务所实施项目质量复核、其他类型的项目复核以及质量管理体系中的监控活动；

(6)便于监管机构和注册会计师协会根据相关法律法规或其他相关要求，对会计师事务所实施执业质量检查。

二、审计工作底稿的编制要求

注册会计师应当及时编制审计工作底稿。注册会计师编制的审计工作底稿，应当使未曾接触该项审计工作的有经验的专业人士清楚地了解：

(1)按照审计准则和相关法律法规的规定实施的审计程序的性质、时间安排和范围；

(2)实施审计程序的结果和获取的审计证据；

(3)审计中遇到的重大事项和得出的结论，以及在得出结论时做出的重大职业判断。

有经验的专业人士，是指会计师事务所内部或外部的具有审计实务经验，并且对下列方面有合理了解的人士：

(1)审计过程；

(2)审计准则和相关法律法规的规定；

(3)被审计单位所处的经营环境；

(4)与被审计单位所处行业相关的会计和审计问题。

三、审计工作底稿的性质

(一)审计工作底稿的存在形式

审计工作底稿可以以纸质、电子或其他介质形式存在。

随着信息技术的广泛运用，审计工作底稿的形式从传统的纸质形式扩展到电子或其他介质形式。但无论审计工作底稿以哪种形式存在，会计师事务所都应当针对审计工作底稿设计和实施适当的控制，以实现下列目的：

(1)使审计工作底稿清晰地显示其生成、修改及复核的时间和人员；

(2)在审计业务的所有阶段，尤其是在项目组成员共享信息或通过互联网将信息传递给其他人员时，保护信息的完整性和安全性；

(3)防止未经授权改动审计工作底稿；

(4)允许项目组和其他经授权的人员为适当履行职责而接触审计工作底稿。

在实务中，为便于复核，注册会计师可以将以电子或其他介质形式存在的审计工作底稿通过打印等方式，转换成纸质形式的审计工作底稿，并与其他纸质形式的审计工作底稿一并归档，同时，单独保存这些以电子或其他介质形式存在的审计工作底稿。

（二）审计工作底稿通常包括的内容

按照审计的流程，审计工作底稿通常包括业务约定书、总体审计策略、具体审计计划、分析表、问题备忘录、重大事项概要、询证函回函和声明、核对表、有关重大事项的往来函件（包括电子邮件），被审计单位文件记录的摘要或复印件（如重大的或特定的合同和协议）、项目组内部或项目组与被审计单位举行的会议记录、与其他人士（如其他注册会计师、律师、专家等）的沟通文件、错报汇总表、管理建议书等。需要注意的是，审计工作底稿并不能代替被审计单位的会计记录。

在实务中，会计师事务所通常统一制定某些格式、索引及涵盖内容等相对固定的审计工作底稿模板和范例，注册会计师再根据各具体业务的特点加以必要的修改，制定适用于具体项目的审计工作底稿。

（三）审计工作底稿通常不包括的内容

审计工作底稿通常不包括已被取代的审计工作底稿的草稿或财务报表的草稿、反映不全面或初步思考的记录、存在印刷错误或其他错误而作废的文本，以及重复的文件记录等。由于这些草稿、错误的文本或重复的文件记录不直接构成审计结论和审计意见的支持性证据，因此，注册会计师通常无须保留这些记录。

四、审计工作底稿的要素

通常，审计工作底稿包括下列全部或部分要素：审计工作底稿的标题；审计过程记录；审计结论；审计标识及其说明；索引号及编号；编制者姓名及编制日期；复核者姓名及复核日期；其他应说明事项。

（一）审计工作底稿的标题

每张底稿应当包括被审计单位的名称、审计项目的名称以及资产负债表日或底稿覆盖的会计期间（如果与交易相关）。

（二）审计过程记录

注册会计师在记录实施的审计程序的性质、时间安排和范围时，应当特别注意以下几个重点方面：

1. 记录具体项目或事项的识别特征

注册会计师应当记录测试的具体项目或事项的识别特征。识别特征是指被测试的项目或事项表现出的征象或标志。对某一个具体项目或事项而言，其识别特征通常具有唯一性，这种特性可以使其他人员根据识别特征在总体中识别该项目或事项并重新执行该测试。

下面通过对被审计单位生成的发货单进行检查来说明识别特征：

首先，在对发货单进行检查时，可以以发货单的唯一编号作为测试发货单的识别特征。如果被审计单位没有对发货单进行唯一编号，则应先确定唯一编号的方法。

其次，对发货单进行检查要采用抽样的方式，抽样之前要进行分层，可以以金额作为识别特征，注册会计师可以记录××金额以上的全部测试，××金额以下的进行抽样。

最后，对于××金额以下的进行系统抽样，注册会计师可以记录抽样的起点及抽样间隔来识别已选取的样本。例如，对全年的发货记录，从第 0125 号发运单开始每隔 100 号系统抽取发运单。

2. 记录重大事项及相关重大职业判断

注册会计师应当根据具体情况判断某一事项是否属于重大事项。重大事项通常包括：引起特别风险的事项；实施审计程序的结果，该结果表明财务信息可能存在重大错报，或需要修正以前对重大错报风险的评估和针对这些风险拟采取的应对措施；导致注册会计师难以实施必要审计程序的情形；导致出具非标准审计报告的事项。

注册会计师应当记录与管理层、治理层和其他人员对重大事项的讨论，包括所讨论的重大事项的性质以及讨论的时间、地点和参加人员。

注册会计师应当考虑将分散在不同底稿中的重大事项进行汇总，形成重大事项概要，以利于有效地复核和检查审计工作底稿，并评价重大事项的影响。重大事项概要包括审计过程中识别的重大事项及其如何得到解决，或对其他支持性审计工作底稿的交叉索引。

3. 记录针对重大事项如何处理不一致的情况

如果识别出的信息与针对某重大事项得出的最终结论不一致，注册会计师应当记录如何处理不一致的情况。

（三）审计结论

审计工作的每一部分都应包含与已实施审计程序的结果及其是否实现既定审计目标相关的结论，还应包括审计程序识别出的例外情况和重大事项如何得到解决的结论。在记录审计结论时需注意，在审计工作底稿中记录的审计程序和审计证据是否足以支持所得出的审计结论。

（四）审计标识及其说明

审计工作底稿中可使用各种审计标识，但应说明其含义，并保持前后一致。

（五）索引号及编号

审计工作底稿需要注明索引号及顺序编号，相关审计工作底稿之间需要保持清晰的勾稽关系。利用计算机编制工作底稿时，可以采用电子索引和链接。

（六）编制人员和复核人员及执行日期

为了明确责任，在各自完成与特定工作底稿相关的任务之后，编制者和复核者都应在工作底稿上签名并注明编制日期和复核日期。在需要项目质量控制复核的情况下，还需要注明项目质量控制复核人员及复核的日期。

五、审计工作底稿的归档

（一）审计工作底稿归档工作的性质

在出具审计报告前，注册会计师应完成所有必要的审计程序，取得充分、适当的审计证据并得出适当的审计结论。由此，在审计报告日后将审计工作底稿归整为最终审计档案是一项事务性的工作，不涉及实施新的审计程序或得出新的结论。

如果在归档期间对审计工作底稿做出的变动属于事务性工作，注册会计师可以作出变动，主要包括：(1)删除或废弃被取代的审计工作底稿；(2)对审计工作底稿进行分类、整理和交叉索引；(3)对审计档案归整工作的完成核对表签字认可；(4)记录在审计报告日前获取的、与审计项目组相关成员进行讨论并取得一致意见的审计证据。

（二）审计工作底稿的归档期限

注册会计师应当按照会计师事务所质量控制政策和程序的规定，及时将审计工作底稿归整为最终审计档案。审计工作底稿的归档期限为审计报告日后 60 天内。如果注册会计师未能完成审计业务，审计工作底稿的归档期限为审计业务中止后的 60 天内。

(三)审计工作底稿归档后的变动

虽然在完成归档工作后，注册会计师不得在规定的保存期届满前删除或废弃审计工作底稿，但如果发现有必要，可以修改现有审计工作底稿或增加新的审计工作底稿。无论修改或增加的性质如何，注册会计师均应当记录下列事项：(1)修改或增加审计工作底稿的具体理由；(2)修改或增加审计工作底稿的时间和人员，以及复核的时间和人员。

(四)审计工作底稿的保管期限

会计师事务所应当自审计报告日起，对审计工作底稿至少保存十年。如果注册会计师未能完成审计业务，会计师事务所应当自审计业务中止日起，对审计工作底稿至少保存十年。在完成最终审计归整工作后，注册会计师不应在规定的保存期届满前删除或废弃任何性质的审计工作底稿。

自我测试题

一、单项选择题

1. 注册会计师获取的被审计单位有关人员口头答复所形成的书面记录，属于(　　)。

A. 书面证据　　B. 口头证据　　C. 实物证据　　D. 环境证据

2. (　　)是审计证据的主要组成部分，也可称之为基本证据。

A. 实物证据　　B. 书面证据　　C. 口头证据　　D. 环境证据

3. 注册会计师对重大错报风险的估计水平与所需审计证据的数量(　　)。

A. 成同向变动关系　　B. 成反向变动关系

C. 成比例变动关系　　D. 不存在关系

4. 审计证据的相关性是指审计证据必须与(　　)相关。

A. 审计内容　　B. 审计目标　　C. 审计范围　　D. 审计程序

5. 在以下注册会计师所实施的审计程序中，属于专供注册会计师实施控制测试时采用的审计程序有(　　)。

A. 根据被审计单位当期专门借款计算其资本化金额，并与当期相应的在建工程或已结转的固定资产成本进行明细核对

B. 将被审计单位审计年度的毛利率与去年同期比较

C. 向被审计单位在审计年度发生过业务往来的银行发出询证函

D. 实施重新执行程序

6. 为证实W公司所记录的资产是否由W公司拥有或控制，记录的负债是否均为W公司应当履行的偿还义务，注册会计师采用(　　)程序能够获取充分、适当的审计证据。

A. 检查有形资产　　B. 检查文件或记录

C. 重新执行　　D. 询问

7. 以下关于审计工作底稿表述不正确的是(　　)。

A. 审计工作底稿，是指注册会计师对制定的审计计划、实施的审计程序、获取的相关审计证据，以及得出的审计结论作出的记录

B. 审计证据是审计工作底稿的载体

C. 审计工作底稿是出具审计报告的基础
D. 审计工作底稿形成于审计过程，也反映整个审计过程
8. 下列关于对审计工作底稿的归整和保存的表述中，正确的是（　　）。
A. 在完成最终审计档案的归整工作后，不得修改现有审计工作底稿或增加新的审计工作底稿
B. 在审计报告日后将审计工作底稿归整为最终审计工作档案，可能涉及实施新的审计程序或得出新的审计结论
C. 如果注册会计师未能完成审计业务，则可以不保存审计工作底稿
D. 即使注册会计师未能完成审计业务，也应当对审计工作底稿的归档期限作出限制

二、多项选择题

1. 注册会计师取得的审计证据中，属于会计记录中含有的信息的有（　　）。
A. 销售发运单和发票、顾客对账单以及顾客的汇款通知单
B. 附有验货单的订购单、购货发票和对账单
C. 与竞争者的比较数据
D. 注册会计师编制的计算表
2. 注册会计师审计中，需要考虑审计证据的充分性，下列说法中正确的有（　　）。
A. 审计证据的充分性受评估的重大错报风险和审计证据质量的影响
B. 评估的重大错报风险越大，需要的审计证据可能越多
C. 审计证据的充分性能够弥补审计证据适当性的缺陷
D. 审计证据的质量越高，需要的审计证据可能越多
3. 关于重新计算，下列说法中正确的有（　　）。
A. 重新计算可以通过手工方式或电子方式进行
B. 重新计算可以证明期末存货的计价和分摊认定
C. 重新计算可以证明期末截止认定
D. 重新计算可以证明销售成本的准确性认定
4. 下列关于审计工作底稿的表述中，正确的有（　　）。
A. 审计工作底稿是注册会计师在审计过程中形成的审计工作记录和获取的资料
B. 审计工作底稿形成于审计过程，也反映整个审计过程
C. 审计工作底稿不可用于质量控制复核
D. 审计工作底稿能够提供证据证明会计师事务所是否按审计准则规定执行了审计工作
5. 关于以电子或其他介质形式存在的审计工作底稿的表述，以下说法中正确的有（　　）。
A. 以电子或其他介质形式存在的审计工作底稿，不应与其他纸质形式的审计工作底稿一并归档
B. 以电子或其他介质形式存在的审计工作底稿，应与其他纸质形式的审计工作底稿一并归档
C. 实务中，注册会计师应该单独保存以电子或其他介质形式存在的审计工作底稿
D. 实务中，注册会计师不应该单独保存以电子或其他介质形式存在的审计工作底稿

三、判断题

1. 会计记录中含有的信息是注册会计师对财务报表发表审计意见的基础，注册会计师只需要收集充分适当的会计记录信息。 （ ）

2. 审计证据说服力的两个决定因素是充分性和可靠性。 （ ）

3. 证据的充分性和适当性相关，如果证据的质量存在缺陷，注册会计师靠获取更多的证据可以弥补其质量上的缺陷。 （ ）

4. 某一审计目标相关的证据不见得与另一目标相关，大多数证据都与一个以上的审计目标相关，但并不是与所有审计目标都相关。 （ ）

5. 实物检查是验证资产确实存在的直接手段，故而常常用于确定存在资产是否已记录。它被认为是最可靠、最有用的审计证据类型之一。 （ ）

6. 重新计算是指注册会计师以人工方式或使用计算机辅助审计技术，重新独立执行作为被审计单位内部控制组成部分的程序或控制。 （ ）

7. 按照编制审计工作底稿标准编制的工作底稿，可以确保任何复核该工作底稿的人都能清楚地识别注册会计师执行过的程序，以及注册会计师做出这些结论、提出这些建议的理由。 （ ）

8. 在完成最终审计档案的归整工作后，注册会计师在主任会计师及被审计公司高管书面同意的情况下可以在规定的保存期届满前删除或废弃审计工作底稿。 （ ）

四、案例分析题

1. 注册会计师在对甲公司进行审计时，发现该公司内部控制制度具有严重缺陷。在此情况下，注册会计师能否依赖下列证据并说明理由：(1)销货发票副本；(2)监盘客户的存货(不涉及检查相关的所有权凭证)；(3)律师提供的声明书；(4)会计记录；(5)管理当局声明书；(6)对行业成本变化趋势的分析。

2. ABC会计师事务所的A注册会计师负责对甲公司2022年度财务报表进行审计。2023年2月15日，A注册会计师完成审计业务，并于5月15日将审计工作底稿归整为最终审计档案。2023年5月20日，A注册会计师意识到甲公司存在舞弊行为，私下修改了部分审计工作底稿。2023年6月1日，甲公司财务舞弊案爆发，A注册会计师擅自销毁了甲公司审计工作底稿。

要求：根据审计工作底稿准则和会计师事务所质量控制准则，回答下列问题：

(1)A注册会计师在归整审计档案时是否存在问题，并简要说明理由。

(2)在归整审计档案后，A注册会计师私下修改审计工作底稿是否存在问题，并简要说明理由。

(3)ABC会计师事务所在保存审计工作底稿方面是否存在问题，简要说明理由。

补充测试题

第六章　审计抽样

【学习目标】

熟悉审计抽样的含义和种类;掌握审计抽样及其他选择测试项目方法的适用范围;掌握抽样风险和非抽样风险相关概念;理解审计抽样的基本步骤。

【学习重点】

审计抽样的适用范围;审计抽样风险和非抽样风险相关概念。

【导入案例】

美国法尔莫公司会计报表舞弊案例

法尔莫公司是位于美国俄亥俄州的一家连锁药店。法尔莫的发展速度远超同行,在十几年的发展历程中,法尔莫从一家药店发展到全国300余家药店。但这一切辉煌都是建立在通过存货资产造假来制造虚假利润的基础上,法尔莫公司的舞弊行为最终导致了破产。

法尔莫公司的创始人莫纳斯是一个雄心勃勃的人。为了把他的小店扩展到全国,他实施的策略是通过提供大比例折扣来销售商品。莫纳斯把并不盈利且未经审计的药店报表拿来后,用笔为其加上并不存在的存货和利润,这种夸张的造假让他在一年之内骗得了足够收购8家药店的资金。

在长达10年的过程中,莫纳斯精心设计、如法炮制,制造了至少5亿美元的虚假利润。法尔莫公司的财务总监对于低于成本出售商品的扩张方式提出疑问,但是莫纳斯坚持认为只要公司发展得足够大就可以掩盖住一切。所以,在多年中,法尔莫公司都保持了两套账簿,一套应付外部审计,一套反映真实情况。

财务部门之所以可以隐瞒存货短缺是因为注册会计师只对300家药店中的4家进行了存货监盘,而且他们会提前数月通知法尔莫公司他们将检查哪些药店。管理人员随之将那4家药店堆满实物存货,而把那些虚增的部分分配到其余的296家药店。

注册会计师过于相信客户、在错误的假设下执行审计。审计机构为他们的不够谨慎付出了沉重的代价。这项审计失败使会计师事务所在民事诉讼中损失了3亿美元。法尔莫公司最终破产,财务总监被判33个月的监禁,莫纳斯本人则被判入狱5年。

请扫码阅读完整案例资料,然后思考以下问题:

1. 为何注册会计师一直未发现舞弊迹象？

2. 哪些因素影响审计证据充分性的？

3. 注册会计师只对 300 家药店中的 4 家进行存货抽样检查获取的证据是否充分？

第一节　审计抽样概述

一、审计抽样的含义

审计抽样，是指注册会计师对具有审计相关性的总体中低于百分之百的项目实施审计程序，使所有抽样单元都有被选取的机会，为注册会计师针对整个总体得出结论提供合理基础。

总体，是指注册会计师从中选取样本并期望据此得出结论的整个数据集合；抽样单元，是指构成总体的个体项目；被选中的抽样单元即为样本。

审计抽样应当具备三个基本特征：

(1)对某类交易或账户余额中低于百分之百的项目实施审计程序；

(2)所有抽样单元都有被选取的机会；

(3)可以根据样本项目的测试结果推断出有关抽样总体的结论。

简单地说，审计抽样是指注册会计师在实施某项具体审计程序时，不需要针对总体的全部项目，而是从总体中选取一定数量的样本进行测试，并根据样本测试结果推断总体特征。可见，审计抽样是运用于具体审计程序的一种技术方法。

二、审计抽样的种类

(一)按照审计抽样决策的依据分类

审计抽样按决策的依据可分为统计抽样和非统计抽样。

1. 统计抽样

统计抽样，是指同时具备下列特征的抽样方法：(1)随机选取样本项目；(2)运用概率论评价样本结果，包括计量抽样风险。如果注册会计师严格按照随机原则选取样本，却没有对样本结果进行统计评估，或者基于非随机选样进行统计评估，都不能认为使用了统计抽样。

统计抽样有助于注册会计师高效地设计样本，计量所获取证据的充分性，以及定量评价样本结果。但统计抽样又可能发生额外的成本。

2. 非统计抽样

不同时具备统计抽样两个基本特征的抽样方法为非统计抽样。统计抽样能够客观地计量抽样风险，并通过调整样本规模精确地控制风险，这是与非统计抽样最重要的区别。不计量抽样风险的抽样方法都是非统计抽样，即便注册会计师按照随机原则选取样本项目，或使用统计抽样的表格确定样本规模，如果没有对样本结果进行统计评估，仍然是非统计抽样。注册会计师使用非统计抽样时，也必须考虑抽样风险并将其降至可接受水平，但无法精确地测定抽样风险。

注册会计师在统计抽样与非统计抽样方法之间进行选择时主要考虑成本效益。不管统计抽样还是非统计抽样，两种方法都要求注册会计师在设计、选取和评价样本时运用职业判断。

如果设计适当，非统计抽样也能提供与统计抽样方法同样有效的结果。

值得注意的是，非统计抽样和统计抽样的选用，主要涉及的是审计程序实施的范围，并不影响运用于样本的审计程序的选择，也不影响获取单个样本项目证据的适当性，以及审计人员对发现的样本错误所做的适当反应。因为这些事项都需要审计人员运用其职业经验和判断。

（二）按照审计抽样目的分类

审计抽样按目的不同可分为属性抽样和变量抽样。

1. 属性抽样

属性抽样是一种用来对总体中某一事件发生率得出结论的统计抽样方法。属性抽样在审计中最常见的用途是测试某一设定控制的偏差率，以支持注册会计师评估的控制风险水平。审计人员在进行控制测试时，通常采用固定样本量抽样、停—走抽样、发现抽样等属性抽样法。

2. 变量抽样

变量抽样是指用来估计总体金额而采用的一种方法。根据实质性程序中细节测试的目的和特点所采用的审计抽样称为变量抽样。审计人员在进行实质性程序中的细节测试时，通常采用均值估计抽样、比率估计抽样等变量抽样法。

属性抽样和变量抽样的区别如表6—1所示。

表6—1　　属性抽样与变量抽样的区别

抽样技术	适用的审计程序	目　标
属性抽样	控制测试	估计总体既定控制的偏差率
变量抽样	实质性程序之细节测试	估计总体总金额或者总体中的错误金额

一般而言，属性抽样得出的结论与总体发生率有关，而变量抽样得出的结论与总体的金额有关。但有一个例外，即变量抽样中的货币单元抽样，却运用属性抽样的原理得出以金额表示的结论。

三、审计抽样与其他选取测试项目的方法的适用范围

在设计审计程序时，注册会计师应当确定选取测试项目的适当方法。选取测试项目是为了确定实施审计程序的范围，即实施审计程序的数量。选取测试项目的方法一般包括：选取全部项目；选取特定项目；审计抽样。

（一）选取全部项目的适用范围

选取全部项目适用于细节测试，不适用于控制测试。实施细节测试时，在某些情况下，基于重要性水平或风险的考虑，注册会计师可能认为需要测试总体中的全部项目。

当存在下列情形之一时注册会计师应当考虑选取全部项目进行测试：

（1）总体由少量的大额项目构成。某类交易或账户余额中所有项目的单个金额都较大时，注册会计师可能需要测试所有项目，这种情况下项目的数量通常会较少。

（2）存在特别风险，且其他方法未能提供充分、适当的审计证据。这种情况主要包括：①管理层高度参与的或错报可能性较大的交易、事项和账户余额；②非常规的交易事项和账户余额，特别是与关联方有关的交易和余额；③长期不变的账户余额，如滞销的存货余额和账龄较长的应收账款余额；④可疑的非正常项目和明显的不规范项目；⑤以前发生过错误的项目；⑥期末人为调整的项目；⑦其他存在特别风险的项目。

(3)对总体全部项目进行测试符合成本效益的原则。由于信息系统自动执行的计算或其他程序具有重复性，注册会计师可运用计算机辅助审计技术对全部项目进行测试。

(二)选取特定项目的适用范围

选取特定项目是指对总体中的特定项目进行针对性测试。选取的特定项目可能包括：

(1)大额或关键项目。

(2)超过某一金额的全部项目。

(3)被用于获取某些信息的项目。

(4)被用于测试控制活动的项目。

需要注意的是，虽然选取特定项目进行测试，也是对某类交易或账户余额中低于百分之百的项目实施审计程序，但不属于审计抽样，只能属于抽查，因为不符合审计抽样的特征之一，即总体中所有抽样单元都有被选中的机会。既然如此，选取的特定项目就不具有代表性，不能够用以推断总体的特征。

(三)审计抽样的适用范围

注册会计师拟实施的审计程序将对运用审计抽样产生重要影响。有些审计程序可以使用审计抽样，有些审计程序则不宜使用审计抽样，见表6—2，现详细说明如下：

风险评估程序通常不涉及审计抽样。如果注册会计师在了解控制的设计和确定控制是否得到执行的同时计划和实施控制测试，则可能涉及审计抽样，但此时审计抽样仅适用于控制测试。

当控制的运行留下轨迹时，注册会计师可以考虑使用审计抽样实施控制测试。对于未留下运行轨迹的控制，注册会计师通常实施询问、观察等审计程序，以获取有关控制运行有效性的审计证据，此时不宜使用审计抽样。此外，在被审计单位采用信息技术处理各类交易及其他信息时，注册会计师通常只需要测试信息技术一般控制，并从各类交易中选取一笔或几笔交易进行测试，就能获取有关信息技术应用控制运行有效性的审计证据，此时不需使用审计抽样。

实质性程序包括对各类交易、账户余额和披露的细节测试，以及实质性分析程序。在实施细节测试时，注册会计师可以使用审计抽样获取审计证据，以验证有关财务报表金额的一项或多项认定(如应收账款的“存在”认定)，或对某些金额作出独立估计(如存货的价值)。如果注册会计师将某类交易或账户余额的重大错报风险评估为可接受的低水平，也可不实施细节测试，此时不需使用审计抽样。实施实质性分析程序时，注册会计师的目的不是根据样本项目的测试结果推断有关总体的结论，因而不宜使用审计抽样。

表6—2　　审计抽样的适用范围

审计程序	具体内容	是否适宜抽样
(1)风险评估	所有	否(通常不涉及审计抽样)
(2)控制测试	留下控制运行轨迹的控制执行	是
	未留下控制运行轨迹的控制执行	否
(3)实质性程序	细节测试	是
	实质性分析	否

四、抽样风险和非抽样风险

(一)抽样风险

抽样风险,是指注册会计师根据样本得出的结论,可能不同于如果对整个总体实施与样本相同的审计程序得出的结论的风险。抽样风险是由抽样引起的,与样本规模和抽样方法相关。对于抽样风险的理解见图6—1。

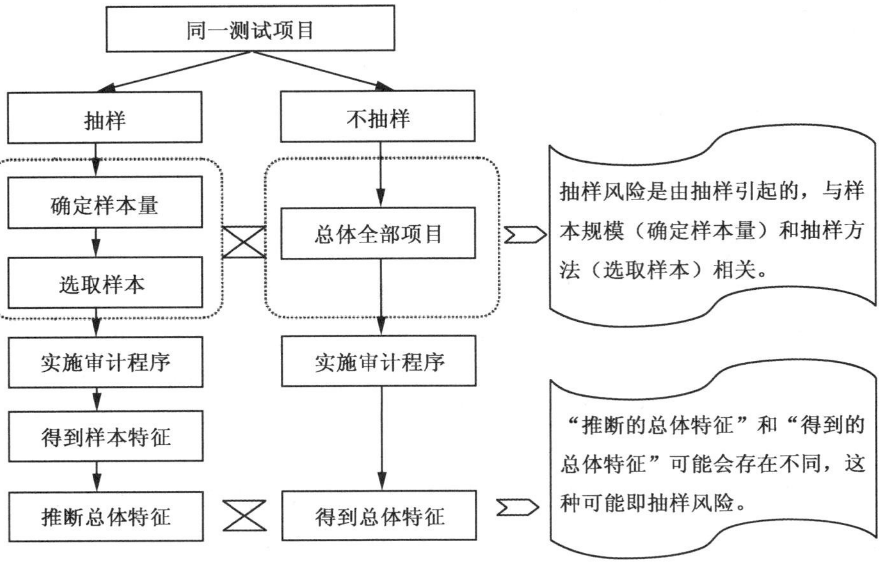

图6—1 审计风险示意图

1. 审计抽样用于控制测试的风险

审计人员在进行控制测试时,应关注以下抽样风险:

(1)信赖不足风险。信赖不足风险是指推断的内部控制的有效性低于其实际有效性的风险。即抽样结果使注册会计师未能信赖或未能充分信赖可以信赖的内部控制。信赖不足风险与审计的效率有关。当审计人员评估的内部控制有效性低于其实际有效性时,评估的重大错报风险水平偏高,审计人员可能增加不必要的实质性程序。在这种情况下,审计效率可能降低。

(2)信赖过度风险。信赖过度风险是指推断的内部控制的有效性高于其实际有效性的风险。即抽样结果使注册会计师过度信赖了所测试的内部控制。信赖过度风险与审计的效果有关。当审计人员评估的内部控制有效性高于其实际有效性时,评估的重大错报风险水平偏低,审计人员可能不适当地减少从实质性程序中获取的证据,因此审计的有效性下降。对于审计人员而言,信赖过度风险更容易导致其发表不恰当的审计意见,因而更应予以关注。

2. 审计抽样用于实质性程序的风险

审计人员在进行实质性测试时,应关注以下抽样风险:

(1)误拒风险。误拒风险是指注册会计师推断所测试的项目存在重大错报而实际上不存在的可能性。与信赖不足风险类似,误拒风险影响审计效率。如果账户余额不存在重大错报而审计人员认为其存在重大错报，审计人员会扩大实质性测试的范围并考虑获取其他审计证据，最终得出恰当的审计结论。在这种情况下，审计效率可能降低。

(2)误受风险。误受风险是指注册会计师推断所测试的项目不存在重大错报而实际上存在的可能性。如果账户余额存在重大错报而审计人员认为其不存在重大错报时，审计人员通常会停止对该账户余额继续进行测试，并根据样本结果得出账户余额无重大错报的结论。与信赖过度风险类似，误受风险影响审计效果，容易导致审计人员发表不恰当的审计意见，因此审计人员更应关注。

需要注意的是，只要使用了审计抽样，抽样风险就总会存在。抽样风险与样本规模反方向变动，无论是控制测试还是细节测试，注册会计师都可以通过扩大样本规模降低抽样风险。换言之，如果对总体中的所有项目都实施检查，就不存在抽样风险，此时审计风险完全由非抽样风险产生。

(二)非抽样风险

非抽样风险，是指注册会计师由于任何与抽样风险无关的原因而得出错误结论的风险。注册会计师即使对某类交易或账户余额的所有项目实施审计程序，也可能仍未能发现重大错报或控制失效。

在审计过程中，可能导致非抽样风险的原因包括下列情况：

(1)注册会计师选择的总体不适合于测试目标。例如，注册会计师在测试销售收入完整性认定时将主营业务收入日记账界定为总体。

(2)注册会计师未能适当地定义误差(包括控制偏差或错报)，导致注册会计师未能发现样本中存在的偏差或错报。例如，注册会计师在测试现金支付授权控制的有效性时，未将签字人未得到适当授权的情况界定为控制偏差。

(3)注册会计师选择了不适于实现特定目标的审计程序。例如，注册会计师依赖应收账款函证来揭露未入账的应收账款。

(4)注册会计师未能适当地评价审计发现的情况。例如，注册会计师错误解读审计证据可能导致没有发现误差。注册会计师对所发现误差的重要性的判断有误，从而忽略了性质十分重要的误差，也可能导致得出不恰当的结论。

非抽样风险对审计效率和效果都有一定的影响。非抽样风险无法量化，但审计人员可通过对审计工作适当地计划、指导和监督，坚持质量控制标准，以有效降低非抽样风险。

抽样风险和非抽样风险对审计工作的影响如表6—3所示。

表6—3　　抽样风险和非抽样风险对审计工作的影响

审计程序种类	抽样风险种类	对审计工作的影响
控制测试	信赖过度风险	效果
	信赖不足风险	效率
实质性测试	误受风险	效果
	误拒风险	效率

注：两种测试中的非抽样风险对审计效率、效果都有影响。

第二节　审计抽样的基本步骤

一、样本设计阶段

审计抽样用于具体的审计程序，具体的审计程序是为了实现具体的审计目标，因此，在设计样本时，注册会计师首先应考虑拟实现的具体目标，并结合总体的特点确定能够实现该目标的审计程序，以及如何在实施审计程序时运用审计抽样。样本设计阶段的工作主要包括以下几个步骤。

（一）确定测试目标

审计抽样必须紧紧围绕审计测试的目标展开，因此确定测试目标是样本设计阶段的第一项工作。一般而言，控制测试是为了获取关于某项控制运行是否有效的证据，而细节测试的目的是确定某类交易或账户余额的金额是否正确，获取与存在的错报有关的证据。

（二）定义总体与抽样单元

1. 总体

如前所述，总体是指注册会计师从中选取样本并期望据此得出结论的整个数据集合。在实施抽样之前，注册会计师必须仔细定义总体，确定抽样总体的范围。

总体可以包括构成某类交易或账户余额的所有项目，也可以只包括某类交易或账户余额中的部分项目。例如，如果应收账款中没有单个重大项目，注册会计师直接对应收账款账面余额进行抽样，则总体包括构成应收账款期末余额的所有项目。如果注册会计师已使用选取特定项目的方法将应收账款中的单个重大项目挑选出来单独测试，只对剩余的应收账款余额进行抽样，则总体只包括构成应收账款期末余额的部分项目。

注册会计师应当确保总体的适当性和完整性。

(1)适当性。注册会计师应确定总体适合于特定的审计目标，包括适合于测试的方向。

例如，在控制测试中，如果要测试用以保证所有发运商品都已开具发票的控制是否有效运行，注册会计师确定的总体应该是发运商品所形成的文件如发货单，而不是发票，因为从发票开始进行检查并不能发现已发货却未开票的误差。

(2)完整性。在实施审计抽样时，注册会计师需要实施审计程序，以获取有关总体的完整性的审计证据。注册会计师应当从总体项目内容和涉及时间等方面确定总体的完整性。

例如，如果注册会计师将发货单作为审计总体，则必须实施审计程序，以确认所有的发货单都已归档，否则注册会计师不能对该期间的所有发货业务得出结论。

2. 抽样单元

抽样单元，是指构成总体的个体项目。抽样单元通常是实物项目（如发货单、销售发票、应收账款余额、支票簿上列示的支票信息、银行对账单上的贷方记录等），也可能是货币单元（金额加权选样时）。

在定义抽样单元时，注册会计师应使其与审计测试目标保持一致。注册会计师在定义总体时通常都指明了适当的抽样单元。

3. 分层

如果总体项目存在重大的变异性，注册会计师可以考虑将总体分层。分层，是指将总体划分为多个子总体的过程，每个子总体由一组具有相同特征（通常为货币金额）的抽样单元组成。

分层可以降低每一层中项目的变异性，从而在抽样风险没有成比例增加的前提下减小样本规模，提高审计效率。注册会计师应当仔细界定子总体，以使每一抽样单元只能属于一个层。

在实施细节测试时，注册会计师通常根据金额对总体进行分层，以将更多审计资源投向金额较大的项目。同样，注册会计师也可以按照显示较高错报风险的某一特定特征对总体分层。对某一层中的样本项目实施审计程序的结果，只能用于推断构成该层的项目。如果对整个总体得出结论，注册会计师应当考虑与构成整个总体的其他层有关的重大错报风险。表6—4是应收账款的分层举例。

表6—4　　应收账款分层举例

层次	明细账余额	该层明细账户数量	该层余额合计	准备测试的明细账户的数量	函证方式
第一层	大于50万元	20	1 500万元	20	积极式
第二层	20万～50万元	100	3 200万元	40	积极式
第三层	5万～20万元	500	3 500万元	50	积极式
第四层	小于5万元	1 500	2 300万元	50	消极式
合计		2 120	10 500万元	160	

从上表可以看出，采用分层的方法，可以以大概7.5%的样本数量验证至少30%的样本金额。如果不采用分层的办法，样本数量与可验证的样本金额的比例应该是相当的。同时，应收账款存在错报的倾向被高估，那么检查高金额的项目更容易查出高估的重大错报。

(三)定义误差构成条件

注册会计师必须事先准确定义构成误差的条件，否则执行审计程序时就没有识别误差的标准。

(1)在控制测试中，误差是指控制偏差。注册会计师应根据对内部控制的理解，确定哪些特征能够显示被测试控制的运行情况，据此定义偏差构成条件。例如，设定的控制要求每笔付款都要有付款凭单，付款凭单后附有发票、收据、验收报告和订货单等书面证据，核对无误付款后要在付款凭单上加盖“已付”戳记。注册会计师认为，各种单据信息一致并加盖了“已付”戳记的付款凭单足以证明付款控制的有效运行。偏差就可以被定义为：①没有付款凭单；②付款凭单没有“已付”戳记；③单据之间存在信息不一致。那么，如果在检查中发现以上任何一种情况，均可以认为内部控制出现了偏差。

(2)在细节测试中，误差是指错报，注册会计师要确定哪些情况构成错报。

(四)确定审计程序

注册会计师必须确定能够最好地实现测试目标的审计程序或审计程序组合。例如，如果注册会计师的审计目标是通过测试某一阶段的适当授权证实交易的有效性，审计程序就是检查特定人员已在某文件上签字以示授权的书面证据。此时选用的审计程序就是控制测试里的检查记录或文件。

二、选取样本阶段

(一)确定样本规模

样本规模是指从总体中选取样本的数量。如果样本规模过小，抽样风险就会过高，导致审计抽样得出的结论不恰当。如果样本规模过大，就会增加不必要的工作量，加大审计成本，降低审计效率，就会失去审计抽样的意义。因此，注册会计师应当确定适当的样本规模。

1. 影响样本规模的因素

(1)可接受的抽样风险。可接受的抽样风险与样本规模呈反向变动关系。

可接受的抽样风险，在控制测试中指的是信赖过度风险，在细节测试中指的是误受风险。信赖不足风险和误拒风险只会影响审计的效率，而不会影响审计的效果，并不构成真正意义上的风险。

(2)可容忍误差。可容忍误差是指注册会计师在认为测试目标已实现的情况下准备接受的总体最大误差。可容忍误差越小，所需选取的样本量越大。

在控制测试中，可容忍误差是指可容忍偏差率。可容忍偏差率是指在既定的内部控制的可信赖程度下，注册会计师能够接受的最大偏差数量，如果偏差超过这一数量则减少或取消对内部控制程序的信赖。

在实质性测试中，可容忍误差是指可容忍错报。可容忍错报是实际执行的重要性这个概念在特定抽样程序中的运用。可容忍错报可能等于或低于实际执行的重要性。

(3)预计总体误差。预计总体误差是指注册会计师根据以前对被审计单位的经验或实施风险评估程序的结果而估计总体中可能存在的误差。预计总体误差越大，可容忍误差也应当越大；但预计总体误差不应超过可容忍误差。在既定的可容忍误差下，预计总体误差越大，表明审计风险越高，所需的样本规模越大。

(4)总体变异性。总体变异性是指总体各项目的某一特征(如金额)的差异程度。在细节测试中，注册会计师确定适当的样本规模时需要考虑特征的变异性。总体项目的变异性越低，通常样本规模越小。注册会计师可以通过分层，将总体分为相对同质的组，以尽可能降低每一组中变异性的影响，从而减小样本规模。

(5)总体规模。除非总体非常小，一般而言，总体规模对样本规模的影响几乎为零。注册会计师通常将抽样单元超过 5 000 个的总体视为大规模总体。对大规模总体而言，总体的实际容量对样本规模几乎没有影响。

影响样本规模的因素可归纳为表 6—5。

表 6—5　　影响样本规模的因素

影响因素	控制测试	细节测试	与样本规模的关系
可接受的抽样风险	可接受的信赖过度风险	可接受的误受风险	反向变动
可容忍误差	可容忍偏差率	可容忍错报	反向变动
预计总体误差	预计总体偏差率	预计总体错报	同向变动
总体变异性	—	总体变异性	同向变动
总体规模	总体规模	总体规模	影响很小

2. 确定样本规模的方法

使用统计抽样方法时，注册会计师必须对影响样本规模的因素进行量化，并利用根据统计公式开发的专门的计算机程序或专门的样本量表来确定样本规模。在非统计抽样中，注册会计师可以只对影响样本规模的因素进行定性的估计，并运用职业判断确定样本规模。

表 6—6 提供了在控制测试中确定的可接受信赖过度风险为 10%时所使用的样本量。如

果注册会计师需要其他信赖过度风险水平的抽样规模，必须使用统计抽样参考资料中的其他表格或计算机程序。

例如，假定在控制测试中，注册会计师确定的可接受信赖过度风险为10%，可容忍偏差率是5%，预计总体误差率是0.5%，则从表6—6中进行查找，应当选取的样本是77(1)个，括号内的数字是可接受的偏差数。

表6—6　控制测试统计抽样样本规模(信赖过度风险10%)

预计总体偏差率(%)	可容忍偏差率						
	2%	3%	4%	5%	6%	7%	8%
0.00	114(0)	76(0)	57(0)	45(0)	38(0)	32(0)	28(0)
0.25	194(1)	129(1)	96(1)	77(1)	64(1)	55(1)	48(1)
0.50	194(1)	129(1)	96(1)	77(1)	64(1)	55(1)	48(1)
0.75	265(2)	129(1)	96(1)	77(1)	64(1)	55(1)	48(1)
1.00		176(2)	96(1)	77(1)	64(1)	55(1)	48(1)
1.25		221(3)	132(2)	77(1)	64(1)	55(1)	48(1)
1.50			132(2)	105(2)	64(1)	55(1)	48(1)
1.75			166(3)	105(2)	88(2)	55(1)	48(1)

(二)选取样本

不管使用统计抽样或非统计抽样，在选取样本项目时，注册会计师都应当使总体中的每个抽样单元都有被选取的机会。选取样本的方法包括随机选样、系统选样和随意选样。

1. 随机选样

随机选样是指对审计对象总体或次级总体的所有项目，按随机规则选取样本。随机选样通常使用随机数表或计算机辅助审计技术选样。表6—7就是5位随机数表的一部分。

表6—7　随机数表(部分列示)

	1	2	3	4	5	6	7	8	…
1	59 408	66 368	36 016	26 247	25 965	49 487	26 968	86 021	…
2	77 681	83 458	21 540	62 651	69 454	78 197	20 643	67 297	…
3	76 413	66 306	51 671	54 964	87 683	30 372	39 469	97 434	…
4	48 306	32 560	19 098	13 843	70 490	19 383	21 278	90 912	…
5	78 226	85 384	40 527	48 987	60 602	16 085	29 971	61 279	…
6	43 021	92 980	27 768	26 916	27 783	84 572	78 483	39 820	…
7	61 459	39 073	79 242	20 372	21 048	87 088	34 600	74 636	…
8	63 171	58 247	12 907	50 303	28 814	40 422	97 895	61 421	…
…	…	…	…	…	…	…	…	…	…

应用随机数表选样的步骤如下：

(1)建立抽样单元与随机数的一一对应关系。使用随机数选样的前提是总体中的每一项目都有不同的编号，即使事先没有编号，注册会计师也应该选择合理的方法进行编号。

例如，发货单的编号是0001～2000，那么，将随机数表的后四位数字与发货单的编号对应。（请思考，为什么不能用前四位数字与发货单的编号对应呢？）

（2）确定抽样起点与抽样路线。

接上例，确定抽样起点是第三行第二列，抽样路线是逐行向右查找。

（3）选取样本。

接上例，如果需要100个样本，选中的发货单编号分别是1671、0327、0490、1278……依次取数，直到选中100个不同的数字。

从上面的过程可以看出，随机选择不应采用人工的方式进行（没有效率），而应该利用计算机来完成。

2. 系统选样

系统选样也称等距选样，是指按照相同的间隔从审计对象总体中等距离地选取样本的一种选样方法。

采用系统选样法的步骤如下：

（1）计算抽样区间（或称抽样间隔）。

抽样区间＝总体规模÷样本规模

例如，发货单的编号为0001～2000，样本规模100，则抽样区间等于20。

（2）确定选样起点。

接上例，抽样区间是20，那么注册会计师从1～20中选取一个随机数作为抽样起点。假设选择9作为选样起点。

（3）等距抽取样本。

接上例，第一个被选中作为样本的发货单的编号是9，其余的99个样本的编号是29（9＋20）、49（29＋20）……依此类推。

系统选样方法的主要优点是使用方便，比其他选样方法节省时间，并可用于无限总体。系统选样可以在非统计抽样中使用，在总体随机分布时也可适用于统计抽样。

3. 随意选样

随意选样是指审计人员不带任何偏见地选取样本，即不考虑样本项目的性质、金额大小、位置、外观或其他特征而选取总体项目。随意选样的缺点在于很难完全无偏见地选取样本项目。在使用统计抽样时，运用随意选样是不恰当的。

（三）对样本实施审计程序

注册会计师应当针对选取的每个样本，实施适合具体审计目的的审计程序，发现并记录样本中存在的误差。

三、评价样本结果阶段

（一）分析样本误差

注册会计师应当调查识别出的所有偏差或错报的性质和原因，并评价其对审计程序的目的和审计的其他方面可能产生的影响。无论是统计抽样还是非统计抽样，对样本结果的定性评估和定量评估一样重要。即使样本的统计评价结果在可以接受的范围内，注册会计师也应对样本中的所有误差（包括控制测试中的控制偏差和细节测试中的金额错报）进行定性分析。

如果注册会计师发现许多误差具有相同的特征，如交易类型、地点、生产线或时期等，则应考虑该特征是不是引起误差的原因，是否存在其他尚未发现的具有相同特征的误差。此时，注册会计师应将具有该共同特征的全部项目划分为一层，并对层中的所有项目实施审计程序，以发现潜在的系统误差。同时，注册会计师仍需分析误差的性质和原因，考虑存在舞弊的可能性。如果将某一误差视为异常误差，注册会计师应当实施追加的审计程序，以高度确信该误差对总体误差不具有代表性。

在极其特殊的情况下，如果认为样本中发现的某项偏差或错报是异常误差，注册会计师应当对该项偏差或错报对总体不具有代表性获取高度保证。异常误差，是指对总体中的错报或偏差明显不具有代表性的错报或偏差。在获取这种高度保证时，注册会计师应当实施追加的审计程序，获取充分、适当的审计证据，以确定该项偏差或错报不影响总体的其余部分。

（二）推断总体误差

当实施控制测试时，注册会计师应当根据样本中发现的偏差率推断总体偏差率，并考虑这一结果对特定审计目标及审计的其他方面的影响。控制测试中样本偏差率就是注册会计师对总体偏差率的最佳估计。

当实施细节测试时，注册会计师应当根据样本中发现的错报金额推断总体错报金额，并考虑这一结果对特定审计目标及审计的其他方面的影响。注册会计师在细节测试中使用的统计抽样方法主要包括传统变量抽样和概率比例规模抽样法。两种统计抽样方法的区别主要体现在确定样本规模和推断总体两个方面。以下就传统变量抽样推断总体的方法进行介绍。

1. 均值估计抽样

均值估计抽样简称均值法，是指通过抽样审查确定样本的平均值，再根据样本平均值推断总体的平均值和总值的一种变量抽样方法。使用这种方法时，注册会计师先计算样本中所有项目审定金额的平均值，然后用这个样本平均值乘以总体规模，得出总体金额的估计值。总体估计金额和总体账面金额之间的差额就是推断的总体错报。

例如，注册会计师从总体规模为 1 000 个、账面金额为 1 000 000 元的存货项目中选择了 200 个项目作为样本。在确定了正确的采购价格并重新计算了价格与数量的乘积之后，注册会计师将 200 个样本项目的审定金额加总后除以 200，确定样本项目的平均审定金额为 980 元。然后计算估计的存货余额为 980 000 元（980×1 000）。推断的总体错报就是 20 000 元（1 000 000－980 000）。

2. 差额估计抽样

差额估计抽样简称差额法，是以样本账面金额与审定金额的平均差额来估计总体实际金额与账面金额的平均差额，然后再以这个平均差额乘以总体规模，从而求出总体的账面金额与审定金额的差额（即总体错报）的一种方法。使用这种方法时，注册会计师先计算样本项目的平均错报，然后根据这个样本平均错报推断总体。

例如，注册会计师从总体规模为 1 000 个的存货项目中选取了 200 个项目进行检查。总体的账面金额总额为 1 040 000 元。注册会计师逐一比较 200 个样本项目的审定金额和账面金额并将账面金额（208 000 元）和审定金额（196 000 元）之间的差异加总，本例中为 12 000 元。12 000 元的差额除以样本项目个数 200，得到样本平均错报 60 元。然后注册会计师用这个平均错报乘以总体规模，计算出总体错报为 60 000 元（60×1 000）。

3. 比率估计抽样

比率估计抽样简称比率法，是指以样本的实际金额与账面金额之间的比率关系来估计总体实际金额与账面金额之间的比率关系，然后再以这个比率去乘总体的账面金额，从而求出估计的总体实际金额的一种抽样方法。

接上例，如果注册会计师使用比率估计抽样，样本审定金额合计与样本账面金额的比例则为0.94（196 000÷208 000）。注册会计师用总体的账面金额乘以该比例0.94，得到估计的存货余额977 600元（1 040 000×0.94）。推断的总体错报则为62 400元（1 040 000－977 600）。

如果未对总体进行分层，注册会计师通常不使用均值估计抽样，因为此时所需的样本规模可能太大，不符合成本效益原则。比率估计抽样和差额估计抽样都要求样本项目存在错报。如果样本项目的审定金额和账面金额之间没有差异，这两种方法使用的公式所隐含的机理就会导致错误的结论。如果注册会计师决定使用统计抽样，且预计只发现少量差异，就不应使用比率估计抽样和差额估计抽样，而考虑使用其他的替代方法，如均值估计抽样或PPS抽样。表6－8对均值法、差额法和比率法三种传统变量抽样的计算公式和适用范围进行了总结。

表6－8 **传统变量抽样计算方式**

传统变量抽样方法	计算公式	适用范围
均值法	样本审定金额的平均值＝样本审定金额÷样本规模 估计的总体金额＝样本审定金额的平均值×总体规模 推断的总体错报＝总体账面金额－估计的总体金额	未对总体进行分层，不适用均值法；预计样本项目只存在少量差异
差额法	样本平均错报＝（样本账面金额－样本审定金额）÷样本规模 推断的总体错报＝样本平均错报×总体规模 估计的总体金额＝总体账面金额－推断的总体错报	要求样本项目存在错报；错报金额与项目数紧密相关
比率法	比率＝样本审定金额/样本账面金额 估计的总体金额＝总体账面金额 ×比率 推断的总体错报＝总体账面金额－估计的总体金额	要求样本项目存在错报；错报金额与项目金额紧密相关

注册会计师在使用传统变量抽样时通常运用计算机程序确定样本规模，一般不需懂得这些方法所用的数学公式。注册会计师在确定样本规模时要考虑可容忍错报和误受风险，有时也需要考虑误拒风险。

（三）形成审计结论

注册会计师应当评价样本结果，以确定对总体相关特征的评估是否得到证实或需要修正。

1. 控制测试中的样本结果评价

在控制测试中，注册会计师应当将总体偏差率与可容忍偏差率比较，但必须考虑抽样风险。

（1）统计抽样。在统计抽样中，注册会计师通常使用表格或计算机程序计算抽样风险。用以评价抽样结果的大多数计算机程序都能根据样本规模、样本结果，计算在注册会计师确定的信赖过度风险条件下可能发生的偏差率上限的估计值。该偏差率上限的估计值即总体偏差率与抽样风险允许限度之和。

如果估计的总体偏差率上限低于可容忍偏差率，则总体可以接受。这时注册会计师对总体得出结论，样本结果支持计划评估的控制有效性，从而支持计划的重大错报风险评估水平。

如果估计的总体偏差率上限大于或等于可容忍偏差率，则总体不能接受。这时注册会计师对总体得出结论，样本结果不支持计划评估的控制有效性，从而不支持计划的重大错报风险评估水平。此时注册会计师应当修正重大错报风险评估水平，并增加实质性程序的数量。

注册会计师也可以对影响重大错报风险评估水平的其他控制进行测试，以支持计划的重大错报风险评估水平。

如果估计的总体偏差率上限低于但接近可容忍偏差率，注册会计师应当结合其他审计程序的结果，考虑是否接受总体，并考虑是否需要扩大测试范围，以进一步证实计划评估的控制有效性和重大错报风险水平。

(2)非统计抽样。在非统计抽样中，抽样风险无法直接计量。注册会计师通常将样本偏差率(即估计的总体偏差率)与可容忍偏差率相比较，以判断总体是否可以接受。

如果样本偏差率大于可容忍偏差率，则总体不能接受。

如果样本偏差率大大低于可容忍偏差率，注册会计师通常认为总体可以接受。如果样本偏差率虽然低于可容忍偏差率，但两者很接近，注册会计师通常认为总体实际偏差率高于可容忍偏差率的抽样风险很高，因而总体不可接受。如果样本偏差率与可容忍偏差率之间的差额不是很大也不是很小，以至于不能认定总体是否可以接受时，注册会计师则要考虑扩大样本规模，以进一步收集证据。

2. 细节测试中的样本结果评价

当实施细节测试时，注册会计师应当根据样本中发现的错报推断总体错报。注册会计师首先必须根据样本中发现的实际错报要求被审计单位调整账面记录金额。将被审计单位已更正的错报从推断的总体错报金额中减掉后，注册会计师应当将调整后的推断总体错报与该类交易或账户余额的可容忍错报相比较，但必须考虑抽样风险。如果推断错报高于确定样本规模时使用的预期错报，注册会计师可能认为，总体中实际错报超出可容忍错报的抽样风险是不可接受的。考虑其他审计程序的结果有助于注册会计师评估总体中实际错报超出可容忍错报的抽样风险，获取额外的审计证据可以降低该风险。

(1)统计抽样。在统计抽样中注册会计师利用计算机程序或数学公式计算出总体错报上限，并将计算的总体错报上限与可容忍错报比较。计算的总体错报上限等于推断的总体错报(调整后)与抽样风险允许限度之和。

如果计算的总体错报上限低于可容忍错报，则总体可以接受。这时注册会计师对总体得出结论，所测试的交易或账户余额不存在重大错报。

如果计算的总体错报上限大于或等于可容忍错报，则总体不能接受。这时注册会计师对总体得出结论，所测试的交易或账户余额存在重大错报。在评价财务报表整体是否存在重大错报时，注册会计师应将该类交易或账户余额的错报与其他审计证据一起考虑。通常，注册会计师会建议被审计单位对错报进行调查，且在必要时调整账面记录。

(2)非统计抽样。在非统计抽样中，注册会计师运用其经验和职业判断评价抽样结果。

如果调整后的总体错报大于可容忍错报，或虽小于可容忍错报但两者很接近，注册会计师通常得出总体实际错报大于可容忍错报的结论。也就是说，该类交易或账户余额存在重大错报，因而总体不能接受。如果对样本结果的评价显示，对总体相关特征的评估需要修正，注册会计师可以单独或综合采取下列措施：提请管理层对已识别的错报和存在更多错报的可能性进行调查，并在必要时予以调整；修改进一步审计程序的性质、时间安排和范围；考虑对审计报告的影响。

如果调整后的总体错报远远小于可容忍错报，注册会计师可以得出总体实际错报小于可容忍错报的结论，即该类交易或账户余额不存在重大错报，因而总体可以接受。

如果调整后的总体错报虽然小于可容忍错报但两者之间的差距很接近(既不是很小又不是很大)，注册会计师必须特别仔细地考虑，总体实际错报超过可容忍错报的风险是否能够接受,并考虑是否需要扩大细节测试的范围,以获取进一步的证据。

自我测试题

一、单项选择题

1. 注册会计师在以下审计程序中,可以采用审计抽样技术的有(　　)。

A. 了解被审计单位及其环境

B. 对留下运行轨迹的内部控制实施检查程序

C. 对未留下运行轨迹的内部控制实施询问、观察程序

D. 对于大量、含有可预期关系的数据实施分析程序

2. 变量抽样是对(　　)得出结论的统计抽样方法。

A. 某一控制的偏差率　　B. 某一控制的偏差金额

C. 总体金额　　D. 总体偏差

3. 有关抽样风险与非抽样风险的下列表述中,注册会计师不能认同的是(　　)。

A. 信赖不足风险与误拒风险会降低审计效率

B. 信赖过度风险与误受风险会影响审计效果

C. 非抽样风险对审计工作的效率和效果都有影响

D. 审计抽样只与审计风险中的检查风险相关

4. 在细节测试抽样过程中,注册会计师要特别注意的风险是(　　)。

A. 误拒风险　　B. 误受风险

C. 信赖不足风险　　D. 信赖过度风险

5. 注册会计师要验证被审计单位2022年的销售收入是否发生,在实施审计抽样时应当定义的总体是(　　)。

A. 2022年12月主营业务收入明细账　　B. 2022年12月的发运单

C. 2022年1—12月主营业务收入明细账　　D. 2022年1—12月所有的发运单

6. 在细节测试中,以下因素中对样本规模几乎没有影响的是(　　)。

A. 预计总体错报　　B. 可接受的误受风险

C. 总体规模　　D. 可容忍错报

7. 下列有关细节测试的样本规模的说法中,错误的是(　　)。

A. 可接受的误受风险与样本规模反向变动

B. 可接受的误拒风险与样本规模同向变动

C. 可容忍错报与样本规模反向变动

D. 总体项目的变异性越低,通常样本规模越小

8. A注册会计师负责审计甲公司2022年度财务报表,A注册会计师从账面金额合计500 000元、总体规模为4 000个的存货项目中选择了200个项目作为样本。样本的审定金额为22 560元,样本的账面金额为24 000元,A注册会计师采用比率法进行审计,则推断错报为(　　)。

A. 28 560元　　B. 30 000元　　C. 28 800元　　D. 48 800元

二、多项选择题

1. 下列各项中，属于审计抽样基本特征的有（　　）。

A. 对具有审计相关性的总体中低于百分之百的项目实施审计程序

B. 可以根据样本项目的测试结果推断出有关抽样总体的结论

C. 所有抽样单元都有被选取的机会

D. 可以基于某一特征从总体中选出特定项目实施审计程序

2. 下列有关审计抽样的说法中，错误的有（　　）。

A. 统计抽样和非统计抽样都可以利用概率论来量化、控制抽样风险

B. 统计抽样的样本量可以量化，非统计抽样的样本量无法量化

C. 使用的抽样方法不影响对选取的样本项目所实施的审计程序

D. 在统计抽样中不涉及注册会计师的职业判断

3. 下列各项中，会导致非抽样风险的有（　　）。

A. 注册会计师选择的总体不适合于测试目标

B. 注册会计师未能适当地定义误差

C. 注册会计师未对总体中的所有项目进行测试

D. 注册会计师未能适当地评价审计发现的情况

4. 下列有关抽样风险的说法中，正确的有（　　）。

A. 误受风险和信赖过度风险影响审计效果

B. 误受风险和信赖不足风险影响审计效果

C. 误拒风险和信赖不足风险影响审计效率

D. 误拒风险和信赖过度风险影响审计效率

5. 关于影响控制测试样本规模的因素，下列说法中正确的有（　　）。

A. 计划评估的控制有效性越低，可容忍偏差率越高，样本规模越小

B. 在既定的可容忍偏差率下，预计总体偏差率越高，样本规模越大

C. 拟信赖控制运行的相关期间越长，样本规模越大

D. 注册会计师在评估风险时对相关控制的依赖程度增加，样本规模减小

三、判断题

1. 从总体中选取金额高于 50 万元的项目进行测试属于审计抽样。（　　）

2. 信赖不足风险和误受风险会影响审计的效率。（　　）

3. 在抽样执行过程中，如果出现挑选了不恰当的审计程序或方法这样的误差，应视为抽样风险。（　　）

4. 账户余额实际上不存在重大错报，而审计抽样结果表明账户余额存在重大错报，这种可能性称为误受风险。（　　）

5. 只要使用了审计抽样，抽样风险总会存在。（　　）

6. 注册会计师使用非统计抽样时，不需要考虑抽样风险。（　　）

7. 样本具有代表性意味着根据样本测试结果推断的错报与总体中的错报相同。（　　）

8. 可接受的信赖过度风险与样本规模同向变动。（　　）

四、业务处理题

1. 注册会计师负责审计甲公司 2022 年度财务报表。在针对存货实施细节测试时，A 注册会计师决定采用传统变量抽样方法实施统计抽样。甲公司 2022 年 12 月 31 日存货账面余额合计为 150 000 000 元，A 注册会计师确定的总体规模为 3 000，样本规模为 200，样本账面余额合计为 12 000 000 元，样本审定金额合计为 8 000 000 元。

要求：代 A 注册会计师分别采用均值法、差额法和比率法计算推断的总体错报金额。

2. A 注册会计师负责审计甲公司 2022 年度财务报表。甲公司本年度银行存款账户数一直为 60 个。甲公司财务制度规定，每月月末由与银行存款核算不相关的财务人员 H 针对每个银行存款账户编制银行存款余额调节表。A 注册会计师决定运用统计抽样方法测试该项控制在全年的运行有效性。相关事项如下：

(1)A 注册会计师计算了各银行存款账户在 2022 年 12 月 31 日余额的标准差，作为确定样本规模的一个因素。

(2)在确定样本规模后，A 注册会计师采用随机数表的方式选取样本。选取的一个银行存款账户余额极小，A 注册会计师另选了一个余额较大的银行存款账户予以代替。

(3)在对选取的样本项目进行检查时，A 注册会计师发现其中一张银行存款余额调节表由甲公司银行存款出纳 I 代为编制，A 注册会计师复核后发现该表编制正确，未将其视为控制偏差。

(4)在对选取的样本项目进行检查后，A 注册会计师将样本中发现的偏差数量除以样本规模得出的数值作为该项控制运行总体偏差率的最佳估计。

要求：

(1)计算确定总体规模。

(2)针对上述第(1)至(4)项，假设上述事项互不关联，逐项指出 A 注册会计师的做法是否恰当。如不恰当，简要说明理由。

补充测试题

第七章　风险评估

【学习目标】

了解风险评估的含义、程序与内容；熟悉内部控制的要素；掌握重大错报风险的识别和评估。

【学习重点】

内部控制的要素；重大错报风险的识别和评估。

【导入案例】

财务造假终身禁入，蓝山科技实控人遭重罚

蓝山科技是集通信设备的研发、生产、销售等一系列服务于一体的光传输接入设备及其解决方案提供商。2017—2019 年，蓝山科技通过未如实披露的关联方以及外部客户、供应商虚构无实际生产、无实物流转的采购销售循环业务，在采购、生产、销售、库管、物流运输、财务记账等各个环节实施全链条造假。2017 年至 2019 年，蓝山科技及其全资子公司北京中经赛博科技有限公司通过虚构采购销售循环业务虚增收入共计 81 092.26 万元，虚增销售利润（毛利）共计 24 588.96 万元，虚增存货共计 10 610.68 万元，虚增应收账款共计 6 303.33 万元。

通过分析发现，中兴财所负责审计蓝山科技的会计师并未严格执行审计程序，会计师在审计过程中并未获取准确、充分的审计证据，且对被审计单位提供的审计资料未审查其真实性。如审计项目组负责人未能直接与银行工作人员对接银行对账单，而是从蓝山科技出纳人员处获取；负责审计的会计师同样在审计时未保持应有的职业怀疑，如其从未对蓝山科技财报上呈现的过高的研发支出和资本化率，及较之前几年而言突增的销售业务产生过怀疑。中兴财所在审计时对蓝山科技在 2017—2019 年间发生的销售业务、物流环节和研发支出未获取充分适当的审计证据，致使其未能识别出蓝山科技相关信息造假的事实。同时，注册会计师未严格实施审计程序，对蓝山科技与其客户及合作研发机构存在的关联关系未能及时识别。

证监会对蓝山科技责令改正，给予警告，并处以 400 万元罚款。中兴财所签字会计师刘某、李某某、赵某某均受到了证监会相应处罚。

请扫码阅读完整案例资料，思考：

（1）注册会计师应如何识别审计风险？

（2）如果注册会计师缺乏被审计单位有关行业的专业知识，应如何处理？

第一节　风险识别和评估概述

环境的变化，尤其是20世纪60年代针对注册会计师职业界的“诉讼”的发生，引发并推动了审计技术的革命，审计模式已从最初的账项导向审计发展到现在的风险导向审计。风险导向审计的基本理念，就是审计的实施要以评估风险为切入点，将对审计风险的识别、评估和应对贯穿整个审计过程，将审计风险降至可接受的水平，为经审计的财务报表不存在重大错报提供合理保证。可见，风险识别和评估是现代审计的一项重要程序。

一、风险识别和评估的含义

《中国注册会计师审计准则第1101号——财务报表审计的目标和一般原则》规定，注册会计师在计划和实施审计工作时，应当运用职业判断，保持职业怀疑，识别可能存在导致财务报表发生重大错报的情形。《中国注册会计师审计准则第1211号——重大错报风险的识别和评估》指出，注册会计师应当设计和实施风险评估程序，以获取审计证据，识别、评估财务报表层次和认定层次重大错报风险，以设计进一步审计程序。

风险识别和评估，是指注册会计师通过设计、实施风险评估程序，识别和评估财务报表层次及认定层次的重大错报风险。其中，风险识别是指找出财务报表层次和认定层次的重大错报风险；风险评估是指对重大错报发生的可能性和后果严重程度进行评估。

二、风险识别和评估的总体要求

根据《中国注册会计师审计准则第1211号——重大错报风险的识别和评估》，注册会计师应当实施风险评估程序，以了解下列方面：

(1)被审计单位及其环境，包括：①组织结构、所有权和治理结构、业务模式(包括该业务模式利用信息技术的程度)；②行业形势、法律环境、监管环境和其他外部因素；③财务业绩的衡量标准，包括内部和外部使用的衡量标准。

(2)适用的财务报告编制基础、会计政策以及变更会计政策的原因。

(3)基于对上述第(1)项和第(2)项的了解，被审计单位在按照适用的财务报告编制基础编制财务报表时，固有风险因素怎样影响各项认定易于发生错报的可能性以及影响的程度。

(4)被审计单位内部控制体系各要素。

注册会计师实施风险评估程序，以了解被审计单位及其环境、适用的财务报告编制基础和内部控制体系各要素是一个连续和动态地收集、更新与分析信息的过程，贯穿于整个审计过程的始终。注册会计师应当运用职业判断确定需要了解的程度。评价了解的程度是否恰当，关键是看注册会计师获得的了解是否足以为识别、评估财务报表层次及认定层次重大错报风险和设计进一步审计程序提供依据。如果足以为之提供依据，那么，了解的程度就是恰当的。

了解被审计单位及其环境不是可有可无的程序，而是必须实施的程序，它为注册会计师在下列关键环节合理运用职业判断提供重要基础：(1)确定重要性水平，并随着审计工作的进程评估对重要性水平的判断是否仍然适当；(2)考虑会计政策的选择和运用是否恰当，以及财务报表的列报是否适当；(3)识别与财务报表中金额或披露相关的需要特别考虑的领域，包括关联方交易、管理层运用持续经营假设的合理性，或交易是否具有合理的商业目的等；(4)确定在实施分析程序时所使用的预期值；(5)设计和实施进一步审计程序，以将审计风险降至可接受的低水平；(6)评价所获取审计证据的充分性和适当性。

三、风险评估程序和信息来源

风险评估程序，是指注册会计师为识别和评估财务报表层次以及认定层次的重大错报风险，而设计和实施的审计程序。注册会计师应当实施下列风险评估程序，以了解被审计单位及其环境等方面的情况：(1)询问管理层和被审计单位内部其他合适人员，包括内部审计人员；(2)分析程序；(3)观察和检查。

(一)询问被审计单位管理层和内部其他合适人员

询问被审计单位管理层和内部其他合适人员是注册会计师了解被审计单位及其环境的一个重要的程序和重要信息来源。

注册会计师可以考虑向管理层和负责财务报告的人员询问下列事项：(1)管理层所关注的主要问题，如新的竞争对手、主要客户和供应商的流失、新的税收法规的实施以及经营目标或战略的变化等；(2)被审计单位最近的财务状况、经营成果和现金流量；(3)可能影响财务报告的交易和事项，或者目前发生的重大会计处理问题，如重大的购并事宜等；(4)被审计单位发生的其他重要变化，如所有权结构、组织结构的变化，以及内部控制的变化等。

注册会计师通过询问获取的大部分信息来自管理层和负责财务报告的人员，但为了更好地识别和评估风险，注册会计师还应当考虑询问内部审计人员、采购人员、生产人员、销售人员等其他人员。通过询问不同层次的员工，可以从不同的角度获取对识别重大错报风险有用的信息。

(二)分析程序

分析程序是指注册会计师通过研究不同财务数据之间以及财务数据与非财务数据之间的内在关系，对财务信息作出评价。实施分析程序有助于识别异常的交易或事项，以及对财务报表和审计产生影响的金额、比率和趋势，确定重点审计领域和事项，以较低的成本实现审计的目标。

在实施分析程序时，注册会计师应当预期各种数据之间可能存在的合理关系，并与被审计单位记录的金额、依据记录金额计算的比率或趋势相比较。分析程序也包括将公司财务报表的本期数与上期数、预算数以及同行业标准进行比较。如果发现未预期到关系或异常波动，注册会计师应当在识别重大错报风险时考虑这些发现。例如，毛利率是销售毛利对销售收入的比率，它体现了销售收入与销售成本之间的内在联系，如果本期的生产及销售情况没有重大变化，那么本期的毛利率与上期的毛利率也应大体相等；如果由于原材料价格上升导致产品成本大幅度提高而毛利率却没有变化，说明销售成本的列报可能存在重大错报风险，应实施进一步程序加以核实。

(三)观察和检查

观察和检查程序可以支持对管理层和其他相关人员的询问结果，并可以提供有关被审计单位及其环境等方面情况的信息。观察和检查程序包括以下五个方面。

(1)观察被审计单位的生产经营活动。例如，通过观察被审计单位人员正从事的生产活动和内部控制活动，可以增加注册会计师对被审计单位人员如何进行生产经营活动及实施内部控制的了解。

(2)检查有关书面文件和记录。这里提及的文件和记录包括被审计单位的章程，被审计单位与其他单位签订的合同、协议，股东大会、董事会会议、高级管理层会议的会议记录或纪要，各业务流程操作指引的内部控制手册，各种会计资料、内部凭证和单据等。

(3)阅读由管理层和治理层编制的报告。例如，阅读被审计单位年度和中期财务报告、管理层的讨论和分析资料、经营计划和战略、管理层和治理层对重要经营环节和外部因素的评价、内部管理报告以及其他特殊目的报告（如新投资项目的可行性分析报告）。

(4)实地察看被审计单位的生产经营场所和设备。现场访问和实地察看被审计单位的生产经营场所和设备，可以帮助注册会计师了解被审计单位的性质及其经营活动。

(5)追踪交易在财务报表信息系统中的处理过程（穿行测试）。通过追踪几笔或某几笔交易在业务流程中如何生成、记录、处理和报告，以及相关内部控制如何执行，注册会计师可以确定被审计单位的交易流程和内部控制是否与之前通过其他程序所获得的了解一致，并确定内部控制是否得到执行。

（四）其他审计程序和信息来源

(1)其他审计程序。除了采用上述的程序从被审计单位内部获得信息以外，如果根据职业判断认为从被审计单位外部获取的信息也有助于识别重大错报风险，注册会计师应当实施其他程序以获取这些信息。例如，询问被审计单位聘请的外部法律顾问、专业评估师、投资顾问和财务顾问等；阅读外部信息，如证券分析师、银行、评级机构出具的有关被审计单位及其所处的行业的经济或市场环境等状况的报告，贸易与经济方面的报纸杂志、法规或金融出版物，以及政府部门或民间组织发布的行业报告和统计数据等。

(2)其他信息来源。在承接新的审计业务或保持既有审计业务的时候，注册会计师都会对被审计单位及其环境有一个初步的了解，以确定是否承接或续接该业务，所以注册会计师在实施风险评估程序时应当考虑在这个过程中获取的信息。当然，对于连续审计业务，如果拟利用在以前期间获得的信息，注册会计师应当确定被审计单位及其环境是否已发生变化，以及该变化是否可能影响这些信息的相关性。

另外，注册会计师还可以考虑通过向被审计单位提供其他服务（如中期财务报表审阅业务）所获得的经验是否有助于识别重大错报风险。

为了有效地实施风险评估程序，准确识别和评估重大错报风险，审计业务项目组成员应就财务报表存在重大错报风险的可能性进行讨论。讨论的目的是互通信息，交流意见，使每个人都了解在自己负责的领域发生重大错报风险的可能性，了解各自实施的审计程序对其他人工作的影响以及对确定进一步审计程序的影响，明确在整个审计过程中保持职业怀疑态度的重要性，对可能发生重大错报风险的迹象保持足够的警惕。

第二节　了解被审计单位及其环境和适用的财务报告编制基础

如前所述，注册会计师实施风险评估程序，需要了解被审计单位及其环境、适用的财务报告编制基础和内部控制体系各要素。本节主要阐述了解被审计单位及其环境的三个方面，适用的财务报告编制基础、会计政策以及变更会计政策的原因，以及基于上述两个方面的了解，被审计单位在按照适用的财务报告编制基础编制财务报表时，固有风险因素怎样影响各项认定易于发生错报的可能性以及影响的程度。

一、了解被审计单位及其环境

（一）组织结构、所有权和治理结构、业务模式

1. 组织结构

注册会计师应当了解被审计单位的组织结构，考虑复杂组织结构可能导致的重大错报风险。例如，被审计单位可能是单一实体，也可能在多个地区拥有子公司、部门或其他组成部分。通常来说，组织结构越复杂，越容易出现导致重大错报风险的可能性有所增加的因素。相关问题可能包括对商誉、合营企业、投资或特殊目的实体的会计处理是否恰当，以及财务报表是否已对这些事项作出充分披露。

2. 所有权结构

注册会计师应当了解被审计单位的所有权结构，以及所有者与其他人员或实体之间的关系，包括关联方。例如，注册会计师应当了解被审计单位是属于国有企业、外商投资企业、民营企业，还是属于其他类型的企业，还应当了解其直接控股母公司、间接控股母公司、最终控股母公司和其他股东的构成，以及所有者与其他人员或实体（如控股母公司控制的其他企业）之间的关系等。

3. 治理结构

良好的治理结构可以对被审计单位的经营和财务运作以及财务报告实施有效的监督，从而降低财务报表发生重大错报的风险。了解被审计单位的治理结构可能有助于注册会计师了解被审计单位监督内部控制体系的能力，这一了解也可能提供内部控制体系存在缺陷的证据，从而表明被审计单位的财务报表产生重大错报风险的可能性有所增加。

注册会计师可以考虑下列事项，以了解被审计单位的治理结构：(1)治理层人员是否参与对被审计单位的管理；(2)董事会中的非执行人员（如有）是否与负责执行的管理层相分离；(3)治理层人员是否在被审计单位法律上的组织结构下的组成部分中任职，例如担任董事；(4)治理层是否下设专门机构，例如审计委员会，以及该专门机构的责任；(5)治理层监督财务报告的责任，包括批准财务报表。注册会计师应当考虑治理层是否能够在独立于管理层的情况下对被审计单位事务包括财务报告作出客观判断。

4. 业务模式

注册会计师了解被审计单位的目标、战略和业务模式有助于从战略层面和整体层面了解被审计单位，并了解被审计单位承担和面临的经营风险。由于多数经营风险最终都会产生财务后果，从而影响财务报表，因此，了解影响财务报表的经营风险有助于注册会计师识别重大错报风险。

例如，不同业务模式的被审计单位可能以不同方式依赖信息技术：(1)被审计单位在实体店销售鞋履，并使用先进的库存和销售终端系统记录鞋履的销售；(2)被审计单位在线销售鞋履，所有销售交易均在信息技术环境中处理，包括通过网站发起交易。对于以上两类被审计单位，尽管二者都从事鞋履销售，但由于业务模式明显不同，因此产生的经营风险也有显著差异。

注册会计师并非需要了解被审计单位业务模式的所有方面。经营风险比财务报表重大错报风险范围更广，注册会计师没有责任了解或识别所有的经营风险，因为尽管多数经营风险最终都会导致财务后果，从而影响财务报表，但并非所有的经营风险都会导致重大错报风险。

(二)行业形势、法律环境、监管环境及其他外部因素

1. 行业形势

了解行业形势，如竞争环境、供应商和客户关系、技术发展情况等，有助于注册会计师识别与被审计单位所处行业有关的重大错报风险。

注册会计师可能需要考虑的事项包括：(1)市场与竞争，包括市场需求、生产能力和价格竞争；(2)生产经营的季节性和周期性；(3)与被审计单位产品相关的生产技术；(4)能源供应与成本。

被审计单位经营所处的行业可能由于其经营性质或监管程度导致产生特定的重大错报风险。例如，在建造行业中，长期合同可能涉及对收入和费用作出重要估计，从而导致重大错报风险。在这种情况下，项目组中包括具有适当胜任能力的成员是很重要的。

2. 法律环境和监管环境

由于相关法律法规或监管要求可能对被审计单位经营活动有重大影响，如不遵守可能导致停业等严重后果，某些法规或监管要求或者规定了被审计单位的责任和义务，或规定了被审计单位需要遵循的行业惯例和核算要求，所以，注册会计师应当了解被审计单位所处的法律环境和监管环境。

法律环境和监管环境包括适用的财务报告编制基础、法律和社会环境及其变化等。注册会计师可能需要考虑的事项包括：(1)受管制行业的法规框架，如与审慎监管相关的监管框架，包括相关披露；(2)对被审计单位经营活动产生重大影响的法律法规，如劳动法和相关法规；(3)税收相关法律法规；(4)目前对被审计单位开展经营活动产生影响的政府政策，如货币政策(包括外汇管制)、财政政策、关税或贸易限制政策等；(5)影响行业和被审计单位经营活动的环保要求。

3. 其他外部因素

注册会计师考虑的影响被审计单位的其他外部因素可能包括总体经济情况、利率、融资的可获得性、通货膨胀水平或币值变动等。

4. 了解的重点和程度

注册会计师应当考虑被审计单位所处行业形势、法律环境、监管环境及其他外部因素是否可能导致特定的重大错报风险，考虑项目组成员是否配备了具有相关知识和经验的成员。例如，对从事计算机硬件制造的被审计单位，注册会计师可能会更关心市场和竞争以及技术进步的情况；对金融机构，注册会计师可能会更关心宏观经济走势以及货币、财政等方面的宏观经济政策；对化工、纺织等产生污染的行业，注册会计师可能会更关心相关环保法规。

(三)被审计单位财务业绩的衡量标准

被审计单位内部或外部对财务业绩的衡量和评价可能对被审计单位管理层产生压力，促使其采取行动改善财务业绩或歪曲财务报表，因此，注册会计师应当了解被审计单位财务业绩的衡量和评价情况，考虑这种压力是否可能导致管理层采取行动，以至于增加财务报表发生重大错报风险。

在了解被审计单位财务业绩衡量和评价情况时，注册会计师应当关注下列信息：(1)关键业绩指标(财务或非财务的)、关键比率、趋势和经营统计数据；(2)同期财务业绩比较分析；(3)预算、预测、差异分析，分部信息和分部、部门或其他不同层次的业绩报告；(4)员工业绩考核与激励性报酬政策；(5)被审计单位与竞争对手的业绩比较；(6)外部机构提出的报告。

在了解的这些信息中，注册会计师应当关注被审计单位内部财务业绩衡量所显示的未预

期到的结果或趋势、管理层的调查结果和纠正措施，以及相关信息是否显示财务报表可能存在重大错报。如果拟利用被审计单位内部信息系统生成的财务业绩衡量指标，注册会计师应当考虑相关信息是否可靠，以及利用这些信息是否可以实现审计目标。

二、适用的财务报告编制基础、会计政策及变更会计政策的原因

注册会计师应当了解适用的财务报告编制基础、会计政策及变更会计政策的原因，并评价被审计单位的会计政策是否适当、是否与适用的财务报告编制基础一致。

在了解被审计单位适用的财务报告编制基础，以及如何根据被审计单位及其环境的性质和情况运用该编制基础时，注册会计师可能需要考虑的事项包括：

（1）被审计单位与适用的财务报告编制基础相关的财务报告实务，例如：①会计政策和行业特定惯例，包括特定行业财务报表中的相关交易类别、账户余额和披露（如银行业的贷款和投资、医药行业的研究与开发活动）；②收入确认；③金融工具以及相关信用损失的会计处理；④外币资产、负债与交易；⑤异常或复杂交易（包括在有争议或新兴领域的交易）的会计处理（如对加密货币的会计处理）。

（2）就被审计单位对会计政策的选择和运用（包括发生的变化以及变化的原因）获得的了解，可能包括下列事项：①被审计单位用于确认、计量和列报（包括披露）重大和异常交易的方法；②在缺乏权威性标准或共识时的争议或新兴领域采用重要会计政策产生的影响；③环境变化，例如适用的财务报告编制基础的变化或税制改革可能导致被审计单位的会计政策变更；④新颁布的财务报告准则、法律法规，被审计单位采用的时间以及如何采用或遵守这些规定。

如果被审计单位变更了重要的会计政策，注册会计师应当考虑会计政策变更的原因及其适当性，确定：（1）会计政策的变更是否符合法律、行政法规或者适用的会计准则和相关会计制度的规定；（2）会计政策的变更能否提供更可靠、更相关的会计信息；（3）会计政策的变更是否得到了恰当的披露。

此外，注册会计师还应当考虑被审计单位是否按照适用的会计准则和相关会计制度的规定恰当地进行了列报，并披露了重要事项。

三、固有风险因素的影响

（一）固有风险因素的概念

了解被审计单位及其环境和适用的财务报告编制基础有助于注册会计师识别出一些事项和情况，这些事项和情况的特征可能影响各类交易、账户余额和披露的认定易于发生错报的可能性，这些特征即为固有风险因素。具体而言，固有风险因素，是指在不考虑内部控制的情况下，导致交易类别、账户余额和披露的某一认定易于发生错报（无论该错报是由舞弊还是错误导致）的因素。固有风险因素可能通过影响错报发生的可能性和严重程度来影响认定易于发生错报的可能性。

固有风险因素可能是定性或定量的，包括复杂性、主观性、变化、不确定性以及由影响固有风险的管理层偏向或其他舞弊风险因素导致易于发生错报的其他因素。

（1）复杂性。这是由信息的性质或编制所需信息的方式导致的，包括编制过程本身较为复杂的情况。例如，计算供应商返利准备可能有必要考虑与很多不同供应商签订的不同商业条款，或与计算到期返利相关的很多相互关联的商业条款。

（2）主观性。由于知识或信息的可获得性受到限制，客观编制所需信息的能力存在固有局

限性，因此，管理层可能需要对采取的适当方法和财务报表中的相关信息作出选择或主观判断。由于编制所需信息的方法不同，适当地运用适用的财务报告编制基础可能也会导致不同结果。随着知识或数据受到更多的限制，具有适当知识和独立性的人员作出判断的主观性以及可能的判断结果的多样性也将有所增加。

（3）变化。随着时间的变化，被审计单位的经营、经济环境、会计、监管、所处行业或经营环境中其他方面的事项或情况也会产生变化，其影响反映在所需信息中。这些事项或情况的变化可能在财务报告期间内或不同期间之间发生。例如，变化可能是由于适用的财务报告编制基础的要求、被审计单位及其业务模式或经营环境的变化导致的。这些变化可能影响管理层的假设和判断，包括管理层对会计政策的选择、如何作出会计估计或如何确定相关披露。

（4）不确定性。不能仅通过直接观察可验证的充分精确和全面的数据编制所需信息时，会导致不确定性。在这种情况下，可能需要运用具备的知识并采用适当的方法，尽可能使用充分精确和全面的可观察数据以及能够被最适当的可用数据所支持的合理假设来编制信息。获取知识或数据的能力受到限制，且管理层不能控制这些限制（包括受到成本的限制），是产生不确定性的原因。该不确定性对编制所需信息的影响无法消除。例如，如果无法精确确定所需的货币金额并且在财务报表完成日之前无法确定估计的结果，则会导致估计不确定性。

（5）由影响固有风险的管理层偏向或其他舞弊风险因素导致易于发生错报的其他因素。管理层偏向的可能性，是由于管理层有意或无意地在信息编制过程中未保持中立而导致的。管理层偏向通常与特定情况相关，这些情况可能导致管理层在作出判断时未保持中立（潜在管理层偏向的迹象），从而导致信息产生重大错报，如果管理层是故意的，则导致舞弊。这些迹象包括影响固有风险的使管理层不保持中立的动机或压力（例如，追求实现预期结果，如预期利润目标或资本比率）以及机会。

（二）固有风险因素对某类交易、账户余额和披露的影响

某类交易、账户余额和披露由于其复杂性或主观性而导致易于发生错报的可能性，通常与其变化或不确定性的程度密切相关。例如，如果被审计单位存在一项基于假设的会计估计，其假设的选择涉及重大判断，则这项会计估计的计量可能受到主观性和不确定性的影响。

某类交易、账户余额和披露由于其复杂性或主观性而导致易于发生错报的可能性越大，注册会计师越有必要保持职业怀疑。如果某类交易、账户余额和披露由于其复杂性、主观性、变化或不确定性而导致易于发生错报，这些固有风险因素可能为管理层偏向（无论无意或有意）创造了机会，并影响由管理层偏向导致的易于发生错报的可能性。

（三）可能表明财务报表存在重大错报风险的事项和情况

1. 复杂性

（1）在高度复杂的监管环境中开展业务；

（2）存在复杂的联营或合资企业；

（3）涉及复杂过程的会计计量；

（4）使用表外融资、特殊目的实体以及其他复杂的融资安排。

2. 主观性

（1）某项会计估计具有多种可能的衡量标准，例如，管理层确认折旧费用或建造收入和费用；

（2）管理层对非流动资产（如投资性房地产）的估值技术或模型的选择。

3. 变化

(1)在经济不稳定(如货币发生重大贬值或经济发生严重通货膨胀)的国家或地区开展业务;

(2)在不稳定的市场开展业务(如期货交易);

(3)持续经营和资产流动性出现问题,包括重要客户流失;

(4)被审计单位经营所处的行业发生变化;

(5)供应链发生变化;

(6)开发新产品或提供新服务,或进入新的业务领域;

(7)开辟新的经营场所;

(8)被审计单位发生变化,如发生重大收购、重组或其他非常规事项;

(9)拟出售分支机构或业务分部;

(10)关键人员变动(包括核心执行人员的离职);

(11)信息技术环境发生变化;

(12)安装新的与财务报告相关的重大信息技术系统;

(13)采用新的会计准则;

(14)获取资本或借款的能力受到新的限制;

(15)经营活动或财务业绩受到监管机构或政府机构的调查;

(16)与环境保护相关的新立法的影响。

4. 不确定性

(1)涉及重大计量不确定性(包括会计估计)的事项或交易及相关披露;

(2)存在未决诉讼和或有负债(如售后质量保证、财务担保和环境补救)。

5. 由影响固有风险的管理层偏向或其他舞弊风险因素导致易于发生错报的其他因素

(1)管理层和员工编制虚假财务报告的机会,包括遗漏披露应包含的重大信息或信息晦涩难懂;

(2)从事重大的关联方交易;

(3)发生大额非常规或非系统性交易(包括公司间的交易和在期末发生大量收入的交易);

(4)按照管理层特定意图记录的交易(如债务重组、资产出售和交易性债券的分类)。

其他可能表明存在财务报表层次重大错报风险的事项或情况包括:(1)缺乏具备会计和财务报告技能的员工;(2)控制缺陷,尤其是内部环境、风险评估和内部监督中的控制缺陷和管理层未处理的内部控制缺陷;(3)以往发生的错报或错误,或者在本期期末出现重大会计调整。

第三节　了解被审计单位内部控制体系

一、内部控制体系概述

1. 内部控制的含义

内部控制,是指被审计单位为实现控制目标所制定的政策和程序。政策,是指被审计单位为了实施控制而作出的应当或不当采取某种措施的规定。政策是通过被审计人员采取相关行动或限制该人员采取与政策相冲突而得以贯彻的。程序,是指为执行政策而采取的行动。程序可能是通过正式文件或由管理层采取其他形式明确规定的,也可能是被审计单位组织文化中约定俗成的。程序还可能通过被审计单位的信息技术应用程序及信息技术环境的其他方面所允许的行动来实施。

2. 内部控制体系(内部控制五要素)

内部控制体系,是指由治理层、管理层和其他人员设计、执行和维护的体系,以合理保证被审计单位能够实现财务报告的可靠性,提高经营效率和效果,以及遵守适用的法律法规等目标。该体系包含以下五个相互关联的要素:(1)内部环境(控制环境);(2)风险评估;(3)信息与沟通(信息系统与沟通);(4)控制活动;(5)内部监督。

3. 与审计相关的控制

注册会计师应当了解与审计相关的内部控制,以识别潜在错报的类型,考虑导致重大错报风险的因素,以及设计和实施进一步审计程序的性质、时间和范围。被审计单位通常有一些与目标相关但与审计无关的控制,注册会计师无须对其加以考虑。注册会计师应当运用职业判断,考虑一项控制单独或连同其他控制是否与评估重大错报风险以及针对评估的风险设计和实施进一步审计程序有关。

4. 对内部控制了解的深度

对内部控制了解的深度,是指在了解被审计单位及其环境时对内部控制了解的程度,包括评价控制的设计,并确定其是否得到执行。

注册会计师在了解内部控制时,应当评价控制的设计,并确定其是否得到执行。评价控制的设计是指考虑一项控制单独或连同其他控制是否能够有效防止或发现并纠正重大错报。控制得到执行是指某项控制存在且被审计单位正在使用。设计不当的控制可能表明内部控制存在重大缺陷,注册会计师在确定是否考虑控制得到执行时,应当首先考虑控制的设计。

5. 了解内部控制的程序

注册会计师通常实施下列风险评估程序,以获取有关控制设计和执行的审计证据:

(1)询问被审计单位的人员;

(2)观察特定控制的运用;

(3)检查文件和报告;

(4)追踪交易在财务报告信息系统中的处理过程(穿行测试)。

需要注意的是,询问本身并不足以评价控制的设计以及确定其是否得到执行,注册会计师应当将询问与其他风险评估程序结合使用。

对于自动化控制来说,除非存在某些可以使控制得到一贯运行的自动化控制,注册会计师对控制的了解并不能够代替对控制运行有效性的测试。

6. 内部控制的局限性

内部控制存在固有局限性,无论如何设计和执行,只能对财务报告的可靠性提供合理保证。内部控制存在固有局限性主要包括:

(1)在决策时人为判断可能出现和由于人为失误而导致内部控制失效。例如,被审计单位信息技术人员没有完全理解系统如何处理销售交易,为使系统能够处理新型产品的销售,可能错误地对系统进行更改;或者对系统的更改是正确的,但是,程序员没能把更改转化为正确的程序代码。

(2)可能由于两个或更多的人员进行串通或管理层凌驾于内部控制之上而被规避。例如,管理层可能与客户签订背后协议,对标准的销售合同做出变动,从而导致确认收入发生错误。再如,软件中的编辑控制旨在发现和报告超过赊销信用额度的交易,但这一控制可能被逾越或规避。

二、了解被审计单位的内部环境

（一）内部环境的概念

内部环境包括治理职能和管理职能，以及治理层和管理层对内部控制体系及其重要性的态度、认识和行动。内部环境设定了被审计单位的内部控制基调，影响员工的内部控制意识，并为被审计单位内部控制体系中其他要素的运行奠定了总体基础。

（二）了解内部环境的风险评估程序

注册会计师为了解与财务报表编制相关的内部环境，应当实施以下风险评估程序：

1. 了解涉及内部环境的控制、流程和组织结构

（1）管理层如何履行其管理职责，例如，被审计单位的组织文化，管理层是否重视诚信、道德和价值观；

（2）在治理层与管理层分离的体制下，治理层的独立性以及治理层监督内部控制体系的情况；

（3）被审计单位内部权限和职责的分配情况；

（4）被审计单位如何吸引、培养和留住具有胜任能力的人员；

（5）被审计单位如何使其人员致力于实现内部控制体系的目标。

2. 对内部环境进行评价

在评价内部环境的设计时，注册会计师应当考虑构成内部环境的因素，以及这些要素如何被纳入被审计单位的业务流程。在了解之后，应进行评价：

（1）在治理层的监督下，管理层是否营造并保持了诚实守信和合乎道德的文化。

（2）根据被审计单位的性质和复杂程度，内部环境是否为内部控制体系的其他要素奠定了适当的基础。

（3）识别出的内部环境方面的控制缺陷是否会削弱被审计单位内部控制体系的其他要素。

在评价内部环境各个要素时，注册会计师应当考虑内部环境各个要素是否得到执行。被审计单位可能建立了合理的内部控制，但却未有效执行。在确定构成内部环境的要素是否得到执行时，注册会计师应当考虑将询问与观察和检查等风险评估程序结合运用以获取审计证据。通过询问管理层和员工，注册会计师可能了解管理层如何就业务规模和道德价值观念与员工进行沟通；通过观察和检查，可能了解管理层是否建立了正式的行为守则，在日常工作中行为守则是否得到遵守，以及管理层如何处理违反行为守则的情形。

内部环境对重大错报风险的评估具有广泛的影响，注册会计师应当考虑内部环境的总体优势是否为内部控制的其他要素提供了适当的基础，并且未被内部环境中存在的缺陷所削弱。因为内部环境本身并不能防止或发现并纠正各类交易、账户余额和披露认定层次的重大错报，所以注册会计师在评估重大错报风险时应当将内部环境连同其他内部控制要素产生的影响一并考虑。

三、了解被审计单位的风险评估

（一）风险评估的概念

任何经济组织在经营活动中都会面临各种各样的风险，风险对其生存和竞争能力产生影响。很多风险并不为经济组织所控制，但管理层应当确定可以承受的风险水平，识别这些风险并采取一定的应对措施。

公司的风险可能来自内部因素，也可能来自外部因素。就外部因素而言，技术的发展会影响研究与开发的性质及时间，或导致采购方式的改变；顾客需求的变化会影响产品的开发、价格、保证及服务；新的法律法规会强迫经营者改变政策及战略；经济环境的改变会影响到财务、资本支出及扩张的决策。内部的风险因素包括：信息处理程序的崩溃、员工的素质及培训、管理层职责的改变、由于公司活动的性质及员工对资产接触而产生的不当机会或无效的审计委员会。

此外，某些情况会增加风险。这些情况包括：监管及经营环境的变化、新员工的加入、采用新信息系统或对原系统进行升级、业务快速发展、新技术、新生产型号产品和业务活动、企业重组、发展海外经营、新的会计准则等。

企业必须设立可辨认、分析和管理相关风险的机制，以了解自身所面临的风险，并适时加以处理。现代社会是一个充满激烈竞争的社会，每一个企业都面临着成功的挑战和失败的风险，对风险的管理成为现代企业管理的主要内容之一。风险影响着每个企业的生存和发展，也影响其在行业的竞争力以及在市场上的声誉和形象。管理人必须密切注意各层次的风险，并采取必要的管理措施。对财务报表审计来说，主要关注的风险评估过程包括识别与财务报告相关的经营风险以及针对这些风险采取的措施。

（二）了解风险评估的风险评估程序

注册会计师应当了解被审计单位的风险评估过程。如果管理层对风险进行了有效的评估和应对，那么，注册会计师就可以因为控制风险较低而减少收集审计证据的数量。

注册会计师为了解被审计单位与财务报表编制相关的风险评估工作，应当实施以下风险评估程序：

1. 了解被审计单位进行风险评估所完成的工作

被审计单位实施与财务报表编制相关的风险评估，应当完成以下工作：(1)识别与财务报告目标相关的经营风险；(2)评估上述风险的重要程度和发生的可能性；(3)应对上述风险。

2. 对风险评估进行评价

注册会计师应当根据被审计单位的性质和复杂程度，评价其风险评估工作是否适合其具体情况。

在评价被审计单位风险评估过程的设计与执行时，注册会计师应当确定管理层如何识别与财务报告相关的经营风险，如何评估该风险的重要性，如何评估风险发生的可能性，以及如何采取措施管理这些风险。注册会计师应当询问管理层识别出的经营风险，并考虑这些风险是否可能导致重大错报。

如果注册会计师识别出重大错报风险，而管理层未能识别出这些风险，注册会计师应当判断这些风险是否是被审计单位风险评估工作应当识别出的风险。如果注册会计师认为，这些风险是被审计单位风险评估工作应当识别出的风险，则应当了解被审计单位风险评估工作未能识别出这些风险的原因，考虑评价“被审计单位风险评估工作是否适合其具体情况”的结论。

四、了解被审计单位的信息系统与沟通

（一）信息系统与沟通的概念

1. 与财务报告相关的信息系统

与财务报表编制相关的信息系统由一系列的活动和政策、会计记录和支持性记录组成。被审计单位设计和建立这些活动、政策和记录旨在：

(1)生成、记录和处理交易(以及获取、处理和披露与交易以外的事项和情况相关的信息),以及为相关资产、负债和所有者权益明确受托责任;

(2)解决不正确处理交易的问题,如自动生成暂记账户文件,以及及时按照程序清理暂记项目;

(3)处理并解释凌驾于控制之上或规避控制的情况;

(4)将从交易处理系统中获取的信息过入总账(例如,将明细账中的累计交易过入总账);

(5)针对除交易以外的事项和情况获取并处理与财务报表编制相关的信息,如资产的折旧和摊销、可回收性的改变等;

(6)确保适用的财务报告编制基础规定披露的信息得到收集、记录、处理和汇总,并适当包含在财务报表中,包括用以生成、记录、处理和报告交易、事项和情况,对相关资产、负债和所有者权益履行经营管理责任的程序和记录。

与财务报告相关的信息系统应当与业务流程相适应。与财务报告相关的信息系统所生成信息的质量,对管理层能否做出恰当的经营管理决策以及编制可靠的财务报告具有重大影响。

2. 与财务报告相关的沟通

与财务报告相关的沟通包括使员工了解各自在与财务报告相关的内部控制方面的角色和职责,员工之间的工作联系,以及向适当级别的管理层报告例外事项的方式。沟通可以采用政策手册、会计和财务报告手册以及备忘录等形式,也可以采用电子方式或口头方式,以及通过管理层的行动来实现。

(二)了解信息与沟通的风险评估程序

注册会计师为了解被审计单位与财务报表编制相关的信息与沟通,应当实施以下风险评估程序:

1. 了解与财务报告相关的信息系统

注册会计师应当了解被审计单位的信息处理活动(包括数据和信息),在这些活动中使用的资源,针对相关交易类别、账户余额和披露的信息处理活动的政策。具体包括:

(1)信息在被审计单位信息系统中的传递情况,包括交易如何生成,与交易相关的信息如何进行记录、处理、更正、结转至总账、在财务报表中报告,以及其他方面的相关信息如何获取、处理、在财务报表中披露;

(2)与信息传递相关的会计记录、财务报表特定项目以及其他支持性记录;

(3)被审计单位的财务报告过程;

(4)与前三点相关的被审计单位资源,包括信息技术环境。

了解被审计单位的业务流程(包括交易产生的方式),有助于注册会计师以适合被审计单位具体情况的方式了解信息系统。注册会计师可实施多种程序了解信息系统,包括:

(1)向相关人员询问用于生成、记录、处理和报告交易的程序或被审计单位的财务报告过程;

(2)检查有关被审计单位信息系统的政策、流程手册或其他文件;

(3)观察被审计单位人员对政策或程序的执行情况;

(4)选取交易并追踪交易在信息系统中的处理过程(即实施穿行测试)。

2. 了解与财务报告相关的沟通

注册会计师应当了解被审计单位如何沟通与财务报表编制相关的重大事项,以及信息系统和内部控制体系其他要素中的相关报告责任。具体包括:

(1)被审计单位内部人员之间的沟通,包括与财务报告相关的岗位职责和相关人员的角色进行的沟通;

(2)管理层与治理层之间的沟通;

(3)被审计单位与监管机构等外部各方的沟通。

注册会计师在对沟通进行了解和评估时,考虑的主要问题一般包括:

(1)管理层对于员工的职责和控制责任是否进行了有效沟通;

(2)对于可疑的不当事项和行为是否建立了沟通渠道;

(3)组织内部沟通的充分性是否能够使人员有效地履行职责;

(4)对于与客户、供应商、监管者和其他外部人士的沟通,管理层是否及时采取适当的进一步行动;

(5)被审计单位是否受到某些监管机构发布的监管要求的约束;

(6)外部人士,如客户和供应商在多大程度上了解审计单位的行为守则。

3. 对信息系统与沟通的评价

在了解的基础上,注册会计师应当评价被审计单位的信息与沟通是否能够为被审计单位按照适用的财务报告编制基础编制财务报表提供适当的支持。

五、了解被审计单位的控制活动

(一)控制活动的概念

控制活动是指为了保证管理指令得到实施而制定并执行的控制政策和程序。注册会计师应当按照审计准则的规定识别控制活动要素中的控制。这些控制包括信息处理控制和信息技术一般控制,两类控制均可能属于人工控制或自动化控制。管理层利用和依赖的与财务报告相关的自动化控制或涉及自动化方面的控制的程度越高,被审计单位执行信息技术一般控制(应对信息处理控制自动化方面的持续运行)可能就越重要。

控制活动包括与授权和批准、调节、验证、实物或逻辑控制、职责分离等相关的活动。

(1)授权和批准。注册会计师应当了解与授权和批准有关的控制活动,授权的目的在于保证交易在管理层授权范围内进行。授权包括一般授权和特别授权。一般授权是指管理层制定的要求组织遵守的普遍适用于某些交易或行动的政策。特别授权是指管理层针对特定类别的交易或活动逐一设置的授权,如重大资本支出和股票发行等。特别授权也可能用于超过一般授权限制的常规交易。例如,同意因某些特别原因,对某个不符合一般信用条件的客户赊购商品。

(2)调节。即将两项或多项数据要素进行比较。如果发现差异,则采取措施使数据相一致。调节通常应对所处理交易的完整性或准确性。

(3)验证。即将两个或多个项目互相进行比较,或将某个项目与政策进行比较,如果两个项目不匹配或者某个项目与政策不一致,则可能对其执行跟进措施。验证通常应对所处理交易的完整性、准确性或有效性。

(4)实物或逻辑控制。包括应对资产安全的控制,以防止未经授权的访问、获取、使用或处置资产。注册会计师应当了解实物控制,主要包括对资产和记录采取适当的安全保护措施,对访问计算机程序和数据文件设置授权,以及定期盘点并将盘点记录与会计记录核对。例如,现金、有价证券和存货的定期盘点控制。实物控制的效果影响资产安全,从而对财务报表的可靠性及审计产生影响。

(5)职责分离。即将交易授权、交易记录以及资产保管等不相容职责分配给不同员工。职责分离旨在降低同一员工在正常履行职责过程中实施并隐瞒舞弊或错误的可能性。注册会计师应当了解职责分离，主要包括了解被审计单位如何将交易授权、交易记录以及资产保管等职责分离给不同员工，以防范同一员工在履行多项职责时可能发生的舞弊和错误。当信息技术在信息系统中运用时，职责分离可以通过设置安全控制来实现。

(二)了解控制活动的风险评估程序

在了解控制活动时，注册会计师应当重点考虑一项控制活动单独或连同其他控制活动，是否能够以及如何防止或发现并纠正各类交易、账户余额和披露认定存在的重大错报。注册会计师的工作重点是，识别和了解针对重大错报风险更高的领域的控制活动。

注册会计师为了解控制活动，应当实施以下风险评估程序：

1. 了解与财务报表编制相关的控制活动

注册会计师在了解与财务报表编制相关的控制活动时，应当：

(1)识别用于应对认定层次重大错报风险的控制，包括：①应对特别风险的控制；②与会计分录相关的控制，这些会计分录包括用以记录非经常性的、异常的交易，以及用于调整的非标准会计分录；③注册会计师拟测试运行有效性的控制，包括用于应对仅实施实质性程序不能提供充分、适当审计证据的重大错报风险的控制；④注册会计师根据职业判断认为适当的、能够有助于其实现与认定层次重大错报风险有关目标的其他控制。

(2)基于上述识别的控制，识别哪些信息技术应用程序及信息技术环境的其他方面，可能面临运用信息技术导致的风险。

(3)针对上述识别的信息技术应用程序及信息技术环境的其他方面，进一步识别：①运用信息技术导致的相关风险；②被审计单位用于应对这些风险的信息技术一般控制。

2. 对控制活动进行评价

针对上述识别出的每项控制，注册会计师应当：

(1)评价控制的设计是否有效，即这些控制能否应对认定层次重大错报风险或为其他控制的运行提供支持；

(2)询问被审计单位内部人员，并运用其他风险评估程序以确定控制是否得到执行。

六、了解被审计单位对控制的监督

(一)对控制的监督的概念

对控制的监督是指被审计单位评价内部控制在一段时间内运行有效性的过程，该过程可以及时评价控制的设计和运行，以及根据情况的变化采取必要的纠正措施。例如，管理层对是否定期编制银行存款余额调节表进行复核，内部注册会计师评价销售人员是否遵守公司关于销售合同条款的政策，法律部门定期监控公司的道德规范和商务行为准则是否得以遵循等。监督对控制的持续有效运行十分重要，假如没有对银行存款余额调节表是否得到及时和准确的编制进行监督，该项控制可能无法得到持续的执行。

通常情况下，被审计单位会通过持续的监督活动和专门评价活动或两者相结合，来实现对控制的监督。

持续监督活动通常贯穿于被审计单位的日常经营活动与常规管理工作中。被审计单位可能使用内部注册会计师或具有类似职能的人员对内部控制设计和执行专门的评价以找出内部控制的优点和不足，并提出改进建议。被审计单位也可能利用与外部有关各方沟通或交流所获得的信息监督相关的控制活动。

(二)对控制的监督的风险评估程序

注册会计师为了解被审计单位对与财务报表编制相关的内部控制体系的监督工作，应当实施以下风险评估程序：

1. 了解被审计单位对控制的监督

(1)了解被审计单位实施的持续性评价和单独评价，以及识别出控制缺陷的情况和整改的情况；

(2)了解被审计单位的内部审计，包括内部审计的性质、职责和活动；

(3)了解被审计单位在监督内部控制体系的过程中所使用信息的来源，以及管理层认为这些信息足以信赖的依据。

注册会计师在对被审计单位整体层面的监督进行了解和评估时，主要考虑的问题一般包括：(1)被审计单位是否定期评价内部控制；(2)被审计单位人员在履行正常职责时，能够在多大程度上获得内部控制是否有效运行的证据；(3)与外部的沟通能够在多大程度上证实内部控制产生的信息或者指出存在的问题；(4)管理层是否会采纳内部注册会计师和注册会计师有关内部控制的建议；(5)管理层及时纠正控制运行偏差的方法；(6)管理层处理监管机构的报告及建议的方法；(7)是否存在协助管理层监督内部控制的职能部门。

用于监督活动的很多信息都由被审计单位的信息系统产生，这些信息可能会存在错报，从而导致管理层从监督活动中得出错误的结论。所以，注册会计师应当了解被审计单位监督活动相关的信息来源，以及管理层认为信息具有可靠性的依据。如果拟利用被审计单位监督活动使用的信息(包括内部审计报告)，注册会计师应当考虑该信息是否具有可靠的基础，是否足以实现审计的目标。

2. 对控制的监督的评价

注册会计师应当根据被审计单位的性质和复杂程度，评价被审计单位对内部控制体系的监督是否适合其具体情况。

七、在整体层面和业务流程层面了解内部控制的步骤

在实务中，注册会计师应当从被审计单位整体层面和业务流程层面分别了解和评价被审计单位的内部控制。整体层面的控制(包括对管理层凌驾于内部控制之上的控制)和信息技术一般控制通常在所有业务活动中普遍存在。业务流程层面控制主要是对工薪、销售和采购等交易的控制。整体层面的控制对内部控制在所有业务流程中得到严格的设计和执行具有重要影响。

在初步计划审计工作时，注册会计师需要确定在被审计单位财务报表中存在重大错报风险的相关交易类别、账户余额和披露及相关认定。为实现此目的，通常采取下列步骤：(1)确定被审计单位的重要业务流程和相关交易类别；(2)了解相关交易类别的流程，并记录获得的了解；(3)确定可能发生错报的环节；(4)识别和了解相关控制；(5)执行穿行测试，证实对交易流程和相关控制的了解；(6)进行初步评价和风险评估。

第四节 识别和评估重大错报风险

本章前两节阐述了注册会计师在财务报表审计中，应当如何实施风险评估程序获取对被审计单位及其环境等方面情况的了解。获取这些了解的目的是识别和评估财务报表层次以及各类交易、账户余额和披露认定层次的重大错报风险。识别和评估重大错报风险是风险评估阶段的最后步骤。

一、识别和评估财务报表层次和认定层次的重大错报风险

注册会计师识别和评估重大错报风险能为风险应对提供方向性指引，有助于注册会计师确定总体应对措施和用于获取充分、适当的审计证据的进一步审计程序的性质、时间安排和范围，这些证据使其最终能够以可接受的低审计风险水平对财务报表发表审计意见。

（一）识别和评估重大错报风险的步骤

(1)利用实施风险评估程序所了解的信息。注册会计师应当在实施风险评估程序，了解被审计单位及其环境、适用的财务报告编制基础和内部控制体系各要素的整个过程中识别风险。

(2)识别两个层次的重大错报风险。注册会计师应当识别重大错报风险，并确定其存在于财务报表层次，还是各类交易、账户余额和披露的认定层次。注册会计师应当在考虑相关控制之前识别重大错报风险(即固有风险)。

(3)评估两个层次的重大错报风险。在识别和评估两个层次的重大错报风险时，都应当考虑固有风险和控制风险两个因素的影响，但审计准则要求针对识别出的认定层次重大错报风险，注册会计师应当分别评估固有风险和控制风险。

(4)评价审计证据的适当性。对于实施风险评估程序获取的审计证据，能否为识别和评估重大错报风险提供适当依据，注册会计师应当作出评价。如果不能提供适当依据，注册会计师应当实施追加的风险评估程序，直至获取的审计证据能够提供这样的依据。

(5)修正识别或评估的结果。随着审计过程的推进，如果注册会计师获取新信息，与之前识别或评估重大错报风险时所依据的审计证据不一致，注册会计师应当修正之前对重大错报风险的识别或评估结果，并考虑对风险应对的影响。

（二）识别和评估报表层次的重大错报风险

1. 报表层次重大错报风险的识别

如果判断某风险因素对财务报表整体存在广泛联系，并可能影响多项认定，注册会计师应当将其识别为财务报表层次重大错报风险。例如，在经济不稳定的国家和地区开展业务、资产的流动性出现问题、重要客户流失、融资能力受限等，可能导致注册会计师对被审计单位的持续经营能力产生重大疑虑。又如，管理层缺乏诚信，或承受异常的压力，或管理层凌驾于控制之上可能引发舞弊风险，这些风险与财务报表整体相关。

2. 报表层次重大错报风险的评估

对于识别出的财务报表层次重大错报风险，注册会计师应当从下列两方面对其进行评估：

(1)评价这些风险对财务报表整体产生的影响；

(2)确定这些风险是否影响对认定层次风险的评估结果。

注册会计师对财务报表层次重大错报风险的识别和评估，受到其对被审计单位内部控制

体系各要素的了解的影响。财务报表层次的风险可能源于内部环境存在的缺陷或某些外部事项或情况(如经济下滑)。薄弱的内部环境带来的风险可能对财务报表产生广泛影响,而不仅限于某类交易、账户余额、列报,注册会计师应当采取总体应对措施。

由舞弊导致的重大错报风险,可能与注册会计师对财务报表层次重大错报风险的考虑尤其相关。例如,注册会计师通过询问管理层了解到,被审计单位的财务报表将用于申请贷款,从而确保被审计单位获得进一步融资以维持营运资本。注册会计师可能因此认为,影响固有风险的舞弊风险因素导致易于发生错报的可能性(即虚假财务报告风险导致的财务报表易于发生错报的可能性)更高,如为了确保被审计单位能够获得融资,多计资产和收入以及少计负债和费用。

注册会计师识别和评估财务报表层次重大错报风险,以确定风险是否对财务报表具有广泛的影响,有助于其决定是否需要采取总体应对措施。由于财务报表层次重大错报风险还可能影响个别认定,因此,识别和评估这些风险,还可以帮助注册会计师评估认定层次重大错报风险,并设计进一步审计程序,以应对该风险。

(三)识别和评估认定层次的重大错报风险

1.认定层次重大错报风险的识别

如果判断某固有风险因素可能导致某项认定发生重大错报,但与财务报表整体不存在广泛联系,注册会计师应当将其识别为认定层次的重大错报风险。例如,被审计单位存在复杂的联营或合资,这一事项表明长期股权投资账户的认定可能存在重大错报风险。又如,被审计单位存在重大的关联方交易,该事项表明关联方及关联方交易的披露认定可能存在重大错报风险。

注册会计师应当识别确定哪些认定是“相关认定”,进而确定哪些交易类别、账户余额和披露是“相关交易类别、账户余额和披露”。如果注册会计师识别出交易类别、账户余额和披露的某项认定存在重大错报风险,那么,该项认定是相关认定。存在相关认定的交易类别、账户余额和披露则被称为相关交易类别、账户余额和披露。确定相关认定和相关交易类别、账户余额和披露,为注册会计师确定了解被审计单位信息系统的范围提供了基础,这些了解可以进一步帮助注册会计师识别和评估重大错报风险。值得注意的是,注册会计师识别确定某项认定是否属于相关认定,应当依据其固有风险,而不考虑相关控制的影响。注册会计师识别出相关认定后,在评估认定层次重大错报风险时,才应当考虑相关控制的影响。

2.认定层次重大错报风险的评估

(1)总体要求。对于识别出的认定层次重大错报风险,注册会计师应当分别评估固有风险和控制风险。这里强调针对认定层次先依据固有风险识别出相关认定及相关交易类别、账户余额和披露,这样有利于注册会计师把认定层次重大错报风险的评估工作做细做实,避免在认定层次将固有风险和控制风险简单混合起来作出粗略的、不适当的风险评估。

(2)评估固有风险。对于识别出的认定层次重大错报风险,注册会计师应当通过评估错报发生的可能性和重要程度来评估固有风险。在评估时,注册会计师应当考虑:

①固有风险因素如何以及在何种程度上影响相关认定易于发生错报的可能性;

②财务报表层次重大错报风险如何以及在何种程度上影响认定层次重大错报风险中固有风险的评估。

对于识别的认定层次重大错报风险,固有风险因素会影响注册会计师评估错报发生的可能性和重要程度。某类交易、账户余额和披露越易于发生错报,评估的固有风险可能越高。注册会计师考虑固有风险因素在何种程度上影响认定易于发生错报的可能性有助于其适当评估认定层次重大错报风险的固有风险，并设计更精确的应对措施。

（3）评估控制风险。注册会计师在拟测试控制运行有效性的情况下，应当评估控制风险。如果拟不测试控制运行的有效性，则应当将固有风险的评估结果作为重大错报风险的评估结果。

注册会计师应当采取适当方式对识别的各类交易、账户余额和披露认定层次的重大错报风险予以汇总和评估，这样更便于确定进一步审计程序的性质、时间和范围。使用评估认定层次的重大错报风险汇总表（见表7—1）即可达到这个目的。

表7—1　　评估认定层次的重大错报风险汇总

相关账户	相关认定	识别的重大错报风险	风险评估结果
列示重大账户。例如：应收账款	列示相关认定。例如：存在、完整、计价或分摊等	汇总实施审计程序识别的与该重大账户的某项认定相关的重大错报风险	评估该认定的重大错报风险水平（应考虑控制设计是否合理、是否得到执行）
……	……	……	……

注：注册会计师也可以在该表中记录针对评估认定层次的重大错报风险相应制定的审计方案。

【例7—1】　A公司主要从事小型电子消费品的生产和销售，公司产品主要销售给国内各主要城市的电子消费品经销商。甲和乙注册会计师负责审计A公司2022年度财务报表。甲和乙注册会计师在审计工作底稿中记录了所了解的A公司及其环境的情况，部分内容摘录如下：

（1）在2021年度实现销售收入增长10%的基础上，A公司董事会确定的2022年销售收入增长目标为20%。A公司管理层实行年薪制，总体薪酬水平根据上述目标的完成情况上下浮动。A公司所处行业2022年的平均销售增长率是12%。

（2）A公司财务总监已为A公司工作超过6年，于2022年8月劳动合同到期后被A公司的竞争对手高薪聘请。由于工作压力大，A公司的会计部门人员流动频繁，除会计主管服务期超过4年外，其余人员的平均服务期少于2年。

（3）A公司的产品面临快速更新换代的压力，市场竞争激烈，为巩固市场占有率，A公司于2022年4月将主要产品（C产品）的销售下调了8%至10%。另外，A公司在2022年8月推出了D产品（C产品的改良型号），市场表现良好，计划在2023年全面扩大产量，并在2023年2月停止C产品的生产。为加快资金流动，A公司于2023年2月针对C产品开始实施新一轮的降价促销，平均降幅达到10%。

要求：针对上述资料，请逐项指出资料所列事项是否可能表明存在重大错报风险。如果认为存在，请简明说明理由，并指明该风险是属于财务报表层次还是认定层次。

分析：

（1）存在重大错报风险。A公司管理层可能为了达到董事会确定的高于行业平均增长率12%的增长率，而会去虚增收入。属于认定层次的风险。

（2）存在重大错报风险。A公司管理人员变动，并且由于会计人员频繁变动，缺少具有胜任能力的会计人员，均可能存在重大错报风险。属于财务报表层次的风险。

（3）存在重大错报风险。A公司新产品D的开发，同时停止C产品的生产，均可能存在重大错报风险。属于认定层次的风险。

（四）内部控制对财务报表可审计性的影响

如果通过对内部控制的了解发现下列情况，并对财务报表局部或整体的可审计性产生疑问，注册会计师应当考虑出具保留意见或无法表示意见的审计报告。

(1)被审计单位会计记录的状况和可靠性存在重大问题，不能获取充分、适当的审计证据以发表无保留意见；

(2)对管理层的诚信存在严重疑虑。

必要时，注册会计师应当考虑解除业务约定。

二、需要特别考虑的重大错报风险

作为风险评估一部分，注册会计师应当运用职业判断，确定识别的风险哪些是需要特别考虑的重大错报风险（简称特别风险）。

注册会计师应根据风险的性质、潜在错报的重要程度（该风险是否可能导致多项错误）和发生的可能性，判断是否属于特别风险。在确定风险性质时，注册会计师应当考虑下列事项：(1)风险是否属于舞弊风险；(2)风险是否与近期经济环境、会计处理方法和其他方面的重大变化有关；(3)交易的复杂程度；(4)财务信息计量的主观程度，特别是对不确定事项的计量存在较大的区间；(5)风险是否涉及重大的关联交易；(6)风险是否涉及异常或超出正常经营过程的重大交易。

特别风险通常与重大的非常规交易和判断事项有关，而日常的、简单的、常规处理的交易不大可能产生特别风险。非常规交易是金额或性质异常而不经常发生的交易，在这类交易中，管理层更多地介入会计处理，数据收集和处理将涉及更多的人工成分，业务处理涉及复杂的计算或会计处理方法，因此，可能会存在重大错报的风险。对于重大判断事项，需要做出合理的会计估计，而估计往往有着不同的理解与判断，有很强的主观性和不可预见性，所以，这也可能导致更高的重大错报风险。

由于与重大非常规交易或判断事项相关风险很少受到日常控制的约束，所以，被审计单位应当针对特别风险设计和实施控制。注册会计师应当了解和评价被审计单位针对特别风险的控制的设计情况，并确定其是否已经得到执行。

如果管理层没有实施控制以恰当应对特别风险，注册会计师应当认为内部控制存在重大缺陷，并考虑其对风险评估的影响。在此情况下，注册会计师应当考虑就此类事项与治理层沟通。

三、对风险评估的修正

注册会计师对认定层次重大错报风险的评估应以获取的审计证据为基础，并可能随着不断获取审计证据而做出相应的变化。例如，注册会计师对重大错报风险可能基于预期控制运行有效这一判断，相关控制可以防止或发现并纠正认定层次的重大错报。但在测试控制运行有效时，注册会计师获取的证据可能表明相关控制在被审计期间并未有效运行。同样，在实施实质性测试后，注册会计师可能发现错报的金额和频率比在风险评估时预计的金额和频率要高。存在这样的情况，注册会计师应当修正风险评估的结果，并相应地修改原计划实施的进一步审计程序。

被审计单位管理层有责任在治理层的监督下，建立、执行和维护有效的内部控制，以合理保证企业经营目标的实现。注册会计师在了解和测试内部控制的过程中可能会注意到内部控制存在的重大缺陷，将其告知适当层次的管理层或治理层，并与之进行充分的沟通，这有助于管理层或治理层履行其在内部控制方面的职责。

注册会计师需要运用职业判断采用适当的记录方式，比如文字叙述、问卷调查、核对表和流程图等，对下列内容形成审计工作记录：

(1)项目组对由于舞弊或错误导致财务报表发生重大错报的可能性进行的讨论，以及得出的重要结论；

(2)注册会计师对被审计单位及其环境各个方面的了解要点(包括对内部控制各项要素的了解要点)、信息来源以及实施的风险评估程序；

(3)注册会计师在财务报表层次和认定层次识别、评估出的重大错报风险；

(4)注册会计师识别出的特别风险和仅通过实质性程序无法应对的重大错报风险，以及对相关控制的评估。

自我测试题

一、单项选择题

1. 在实施风险评估程序时，下列各项中，注册会计师通常可执行的程序是(　　)。

A. 重新编制银行存款余额调节表

B. 实地查看被审计单位生产经营场所和设备

C. 函证银行存款余额

D. 重新执行内部控制

2. 下列有关经营风险对重大错报风险的影响的说法中，错误的是(　　)。

A. 多数经营风险最终都会产生财务后果，从而可能导致重大错报风险

B. 经营风险通常不会对财务报表层次重大错报风险产生直接影响

C. 经营风险可能对认定层次重大错报风险产生直接影响

D. 注册会计师在评估重大错报风险时，没有责任识别或评估对财务报表没有重大影响的经营风险

3. 下列有关内部环境的说法中，正确的是(　　)。

A. 内部环境对重大错报风险的评估具有广泛的影响

B. 有效的内部环境本身可以防止或发现并纠正各类交易、账户余额和披露认定层次的重大错报

C. 薄弱的内部环境很可能导致认定层次重大错报风险

D. 在审计业务承接阶段，注册会计师无需了解和评价内部环境

4. 注册会计师在执行财务报表审计时，首先应了解被审计单位及其环境，以识别和评估(　　)。

A. 可接受的检查风险　　B. 审计风险水平

C. 控制风险水平　　D. 重大错报风险

5. 在了解被审计单位及其环境时，注册会计师要了解被审计单位的目标、战略与经营风险，以下与此相关的说法中，不正确的是(　　)。

A. 被审计单位开发新产品或提供新服务可能会产生经营风险

B. 经营风险最终都会产生财务后果，从而影响财务报表，导致重大错报风险

C. 注册会计师了解被审计单位的经营风险有助于识别被审计单位财务报表的重大错报

风险

D. 并非所有的经营风险都与财务报表相关，注册会计师没有责任识别或评估对财务报表没有影响的经营风险

6. 下列各项中，不属于实物控制的是（　　）。

A. 对资产和记录采取适当的安全保护措施

B. 对访问计算机程序和数据文件设置授权

C. 定期盘点并将盘点记录与会计记录相核对

D. 将交易记录与资产保管的职责分配给不同员工

7. 在对重大错报风险进行初步评价后，A注册会计师确定可接受的检查风险水平为低水平，则选择实质程序的策略为（　　）。

A. 以实质性分析程序为主　　B. 以细节测试为主

C. 以控制测试为主　　D. 以风险评估程序为主

8. 下列各项中，与被审计单位财务报表层次重大错报风险评估最相关的是（　　）。

A. 被审计单位应收账款周转率呈明显下降趋势

B. 被审计单位持有大量高价值且易被盗窃的资产

C. 被审计单位的生产成本计算过程相当复杂

D. 被审计单位内部环境薄弱

二、多项选择题

1. 下列有关注册会计师了解内部控制的说法中，正确的有（　　）。

A. 注册会计师在了解被审计单位内部控制时，应当确定其是否得到一贯执行

B. 注册会计师不需要了解被审计单位所有的内部控制

C. 注册会计师对内部控制的了解通常不足以测试控制运行的有效性

D. 注册会计师询问被审计单位人员不足以评价内部控制设计的合理性

2. 下列各项程序中，通常用作风险评估程序的有（　　）。

A. 检查　　B. 重新执行　　C. 观察　　D. 分析程序

3. 在确定特别风险时，注册会计师的下列做法中，正确的有（　　）。

A. 直接假定被审计单位的存货确认存在特别风险

B. 将被审计单位管理层舞弊导致的重大错报风险确定为特别风险

C. 直接假定被审计单位的收入确认存在特别风险

D. 将被审计单位管理层凌驾于控制之上的风险确定为特别风险

4. 在对内部控制进行初步评价并进行风险评估后，注册会计师通常需要在审计工作底稿中形成结论的有（　　）。

A. 控制本身的设计是否有效　　B. 控制是否得到执行

C. 是否信赖控制并实施控制测试　　D. 是否实施实质性程序

5、在了解被审计单位的内部控制时，应实施的审计程序有（　　）。

A. 选择若干具有代表性的交易和事项进行穿行测试

B. 重新执行重要的内部控制

C. 检查内部控制生成的文件和记录

D. 询问被审计单位的有关人员，并查阅相关内部控制文件

三、判断题

1. 注册会计师对防止或发现舞弊负有主要责任。 ( )
2. 良好的内部控制可完全杜绝串通舞弊。 ( )
3. 在审计业务承接阶段，注册会计师无须了解和评价内部环境。 ( )
4. 项目组通过讨论可以使成员更好地了解在各自负责的领域中，由于舞弊或错误导致财务报表重大错报的可能性。 ( )
5. 注册会计师实施风险评估程序是为了识别和评估财务报表重大错报风险。 ( )
6. 注册会计师应当实施的风险评估程序包括询问管理层和被审计单位内部其他人员、分析程序、观察和检查。 ( )
7. 如果项目组需要拥有信息技术或其他特殊技能的专家，这些专家不用参与讨论。 ( )
8. 注册会计师应当在了解被审计单位及其环境的每一个方面实施询问、观察、检查和分析程序。 ( )

四、案例分析题

公开发行股票的华夏股份有限公司（以下简称华夏公司）系 ABC 会计师事务所的审计客户。甲和乙注册会计师负责对华夏公司 2022 年度财务报表进行审计，经初步了解，华夏公司 2022 年度的经营形势、管理和经营机构与 2021 年度比较未发生重大变化，且未发生重大重组行为。甲和乙注册会计师获取的华夏公司营业收入与营业成本的数据如下表所示。

金额单位：万元

项目	营业收入		营业成本	
	2021 年	2022 年	2021 年	2022 年
A 产品	5 000	6 000	4 000	3 500
B 产品	2 400	2 500	1 800	1 850
合计	7 400	8 500	5 800	5 350

会计期间：2022 年度　　金额单位：万元

项目	1 季度	2 季度	3 季度	4 季度
A 产品营业收入	1 250	1 200	1 200	2 350
B 产品营业收入	600	550	580	770

要求：

（1）针对以上资料，运用分析程序，指出华夏公司可能存在的重大错报风险。

（2）针对华夏公司存在的重大错报风险指出注册会计师应实施的主要审计程序。

补充测试题

第八章　风险应对

【学习目标】

理解财务报表层次重大错报风险的总体应对措施；理解认定层次重大错报风险的进一步审计程序；掌握控制测试与实质性审计程序的应用。

【学习重点】

控制测试与实质性审计程序的应用。

【导入案例】

千山药机内控失效，瑞华无计可施

千山药机于2011年成功上市。千山药机自上市以来业绩增长迅速。但在2015年，公司经营面临困难，这种情况下，千山药机通过提前确认收入、虚减应收账款和坏账准备的方式使得2015扣非净利利润大幅增加、2016年转亏为盈。然而“纸包不住火”，瑞华对千山药机2017年财务报告出具了无法表示意见的审计报告。2020年7月13日中国证监会对千山药机的财务舞弊做出行政处罚。

本案例中，千山药机账面显示收到华冠花炮开具的应收票据，瑞华所审计人员对应收票据已背书未到期的票据进行统计，然而统计的应收票据前手记录里并无华冠花炮，这和千山药机的账面记录存在明显差异。然而千山药机的审计人员竟未能察觉到该背书不连续的异常状况。针对银行存款函证，审计准则中明确指出应当对所有的银行账户进行函证，包括零余额账户和本期注销的账户，而瑞华所的审计人员却没有对所有的银行账户进行函证。对营业收入进行审计时，针对产品未运输至客户即公司能够对销售商品实施有效的控制、销售商品所有权上主要风险和报酬未转移的情况，瑞华所的审计人员依然认为其符合收入确认条件。在货币资金是高风险项目的情况下，针对银行对账单这种重要的审计证据，注册会计师未能亲自前往银行获取而且没有验证被审计单位提供的对账单的真伪而选择直接接受。

在千山药机进行财务舞弊期间，面对千山药机的充满漏洞的财务信息，瑞华会计师事务所仍对2015—2016年财务报告出具标准无保留意见，导致瑞华所出具的2015年、2016年的审计报告存在虚假记载。针对瑞华所上述违法行为，证监会于2021年4月12日对其进行了处罚，没收收入140万元，罚款280万元。

请扫码阅读完整案例资料，思考：

(1)注册会计师应如何应对重大错报风险？

(2)在评估财务报表层次重大错报风险时，对内控环境缺陷应作何考虑？

第一节 针对财务报表层次重大错报风险的总体应对措施

审计人员在采用风险评估程序了解被审计单位及其环境，充分认识和评估财务报表的重大错报风险之后，便要考虑如何应对评估的重大错报风险问题，包括针对评估的财务报表层次重大错报风险确定总体应对措施，以及针对评估的认定层次重大错报风险设计和实施进一步审计程序，将审计风险降至可接受的低水平。

一、财务报表层次重大错报风险的总体应对措施

在确定针对财务报表层次重大错报风险的总体应对措施时，注册会计师要运用职业判断。一般来说，针对评估的财务报表层次重大错报风险的总体应对措施包括以下方面：

(1)向项目组强调在收集和评价审计证据过程中保持职业怀疑态度的必要性。

(2)分派更有经验或具有特殊技能的审计人员，或利用专家的工作。来自不同行业的审计客户，在经营业务、经营风险、财务报告、法规和监管要求等方面可能各具特点，注册会计师的选派必须针对客户的特殊性，项目组成员中应有一定比例的人员曾经参与过被审计单位以前年度的审计工作，或具有被审计单位所处行业的相关审计经验，必要时，还应考虑利用专家的工作。

(3)提供更多的督导。对财务报表层次重大错报风险较高的被审计单位，项目组的高级注册会计师应强化对一般注册会计师的督导，严格复核一般会计师的工作。

(4)注意增加进一步审计程序的不可预见性。被审计单位人员，尤其是管理层，如果熟悉注册会计师的审计套路，就可能采取种种规避手段，掩盖财务报告中的舞弊行为。因此，在设计拟实施审计程序的性质、时间和范围时，为了避免既定思维对审计方案的限制，避免对审计效果的人为干涉，从而使得针对重大错报风险的进一步审计程序更加有效，注册会计师要考虑使某些程序不被被审计单位管理层预见或事先了解。

(5)对拟实施审计程序的性质、时间和范围做出总体修改。根据风险评估结果对拟实施审计程序的性质、时间和范围做适当的调整。

二、对源于内部环境的财务报表层次重大错报风险的考虑

财务报表层次重大错报风险很可能源于薄弱的内部环境。薄弱的内部环境带来的风险可能对财务报表产生广泛影响，而不仅限于某类交易、账户余额和列报。注册会计师对内部环境的了解影响其对财务报表层次重大错报风险的评估。有效的内部环境可以使注册会计师增强对内部的控制和被审计单位内部产生的证据的信赖程度。如果内部环境存在缺陷，注册会计师在对拟实施审计程序的性质、时间和范围做出总体修改时应当考虑以下方面：

(1)在期末而非期中实施更多的审计程序。内部环境的缺陷通常会削弱期中获得的审计证据的可信赖程度。

(2)主要依赖实质性程序获取审计证据。良好的控制环境是其他控制要素发挥作用的基

础。内部环境存在缺陷通常会削弱其他控制要素的作用，因此，这可能会导致注册会计师无法信赖内部控制，需主要依赖实施实质性程序获取审计证据。

(3)修改审计程序的性质，获取更具说服力的审计证据。修改审计程序的性质主要是指调整拟实施审计程序的类别及组合。

(4)扩大审计程序的范围。例如，扩大样本规模，或采用更详细的数据实施分析程序。

三、财务报表层次的重大错报风险及其总体应对措施对总体方案的影响

财务报表层次重大错报风险可能对财务报表的多项认定产生广泛影响，并相应地增加注册会计师对认定层次重大错报的评估难度。因此。注册会计师评估的财务报表层次重大错报风险以及采取的总体应对措施，对拟实施进一步审计程序的总体方案具有重大影响。进一步审计程序包括控制测试和实质性程序，而实质性程序又包括细节测试和实质性分析程序。

注册会计师对财务报表层次重大错报风险拟实施的进一步审计程序的总体方案包括实质性方案和综合性方案。实质性方案是指注册会计师实施的进一步审计程序以实质性程序为主；综合性方案是指注册会计师在实施进一步审计程序时，将控制测试与实质性程序结合使用。当评估的财务报表层次重大错报风险属于高风险水平时，拟实施进一步审计程序的总体方案往往更倾向于实质性方案。反之，则采用综合性方案。

第二节　针对认定层次重大错报风险的进一步审计程序

注册会计师应当针对评估的认定层次重大错报风险设计和实施进一步审计程序，包括审计程序的性质、时间和范围。

一、进一步审计程序的内涵和要求

(一)进一步审计程序的内涵

进一步审计程序相对于风险评估程序而言，是指注册会计师针对评估的各类交易、账户余额、披露认定层次重大错报风险实施的审计程序，包括控制测试和实质性程序。

注册会计师应当针对评估的认定层次重大错报风险设计和实施进一步审计程序，包括审计程序的性质、时间和范围。应当与评估的认定层次重大错报风险具备明确的对应关系。注册会计师实施的审计程序应具有目的性和针对性，有的放矢地配置审计资源，提高审计效率和效果。进一步审计程序内容的界定如图8—1所示。

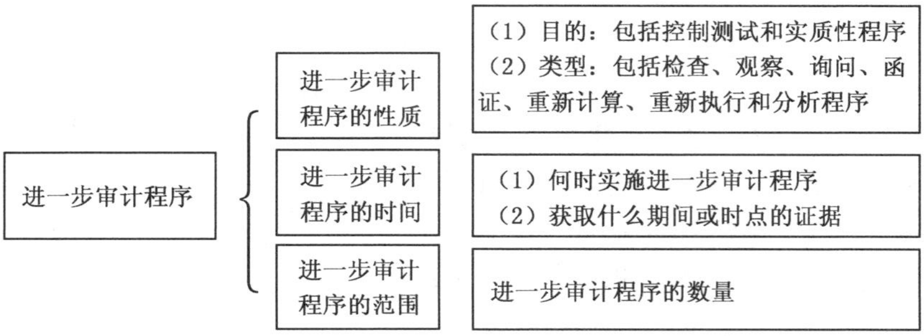

图8—1　进一步审计程序内容的界定

(二)设计进一步审计程序时应考虑的因素

在设计进一步审计程序时，注册会计师应考虑下列因素：

(1)风险的重要性。风险后果越严重，就越需要注册会计师关注和重视，越需要精心设计有针对性的进一步审计程序。

(2)重大错报发生的可能性。重大错报发生的可能性越大，越需要注册会计师精心设计进一步审计程序。

(3)涉及的各类交易、账户余额和列报的特征。不同的交易、账户余额和列报，产生的认定层次的重大错报风险也会存在差异，适用的审计程序也有差别，需要注册会计师区别对待，并设计有针对性的进一步审计程序予以应对。

(4)被审计单位采用的特定控制的性质。不同性质的控制(尤其是人工控制还是自动化控制)对注册会计师设计进一步的审计程序具有重要影响。

(5)注册会计师是否拟获取审计证据，以确定内部控制在防止或发现并纠正重大错报方面的有效性。如果注册会计师拟在风险评估时预期内部控制运行有效，随后拟实施的进一步审计程序必须包括控制测试，且实质性程序自然会受到之前控制测试结果的影响。

(三)进一步审计程序总体方案的选择

注册会计师应当根据对认定层次重大错报风险的评估结果，恰当选用实质性方案或综合性方案。在通常情况下，注册会计师出于成本效益的考虑可以采用综合性方案设计进一步审计程序，即将控制运行的有效性测试与实质性程序结合使用。但在某些情况下，如仅通过实质性程序无法应对的重大错报风险，则注册会计师必须通过实施控制测试，才可能有效应对评估出的某一认定的重大错报风险；而在另一些情况下，注册会计师可能认定为仅实施实质性程序是适当的。

无论选择何种方案，注册会计师都应当对所有重大的各类交易、账户余额、列报设计和实施实质性程序。此外，小型被审计单位可能不存在能够被注册会计师识别的控制活动，注册会计师实施的进一步审计程序可能主要是实质性程序。

二、进一步审计程序的性质

(一)进一步审计程序的性质的含义

进一步审计程序的性质是指进一步审计程序的目的和类型。目的包括通过实施控制测试以确定内部控制运行的有效性，通过实施实质性程序以发现认定层次的重大错报。类型包括检查、观察、询问、函证、重新计算、重新执行和分析等。

(二)确定进一步审计程序的性质应考虑的因素

(1)认定层次重大错报风险的评估结果。评估的认定层次重大错报风险越高，对通过实质性程序获取的审计证据的相关性和可靠性的要求越高，从而可能影响进一步审计程序的类型及其综合运用。例如，当注册会计师判断某类交易协议的完整性存在更高的重大错报风险时，除了检查文件以外，注册会计师还可能决定向第三方询问或函证协议的完整性。

(2)评估的认定层次重大错报风险产生的原因。例如，注册会计师可能判断某特定类别的交易即使不存在相关控制的情况下发生重大错报的风险仍较低，此时注册会计师可能认为仅实施实质性程序就可以获取充分、适当的审计证据。再如，对于经由被审计单位信息系统日常处理和控制的某类交易，如果注册会计师预期此类交易在内部控制运行有效的情况下发生重大错报的风险较低，且拟在控制运行有效的基础上设计实质性程序，注册会计师就会决定先实施控制测试。

三、进一步审计程序的时间

(一)进一步审计程序的时间的含义

进一步审计程序的时间的含义是指注册会计师何时实施进一步审计程序,或审计证据适用的期间或时点。因此,当提交进一步审计程序的时间时,在某些情况下指的是审计程序的实施时间,在另一些情况下是指需要获取审计证据适用的期间或时点。

(二)确定进一步审计程序的时间应考虑的因素

从理论上讲,注册会计师可以在期中或期末实施控制测试或实质性程序。当重大错报风险较高时,注册会计师应当考虑在期末或接近期末实施实质性程序;或采用不通知的方式,或在管理层不能预见的时间实施审计程序。

虽然在期末实施审计程序在很多情况下非常必要,但注册会计师在期中实施审计程序也可以发挥积极的作用。在期中实施进一步审计程序,可能有助于注册会计师在审计工作初期识别重大事项,并在管理层协助下及时解决这些事项;或针对这些事项制订有效的实质性方案或综合方案。当然在期中实施进一步审计程序也存在很大的局限。首先,注册会计师往往难以仅凭在期中实施的进一步审计程序获取有关期中以前的充分、适当的审计证据;其次,即使能够获取充分、适当的审计证据,但从期中到期末这段时间还往往会发生重大的交易或事项,从而对审计期间的财务报表认定产生重大影响;再次,被审计单位管理层也完全有可能在注册会计师于期中实施了进一步审计之后对期中以前的相关会计记录做出调整甚至篡改。为此,注册会计师在期中实施了进一步审计程序,还应当针对剩余期间获取审计证据。

注册会计师在确定何时实施进一步审计程序时应当考虑以下几项因素:

(1)控制环境。良好的控制环境可以抵消在期中实施进一步审计程序的局限性,使注册会计师在确定实施进一步审计程序的时间时有更大的灵活性。

(2)何时能得到相关的信息。例如,某些控制活动可能仅在期中(或期中以前)发生,而之后可能难以再被观察到;再如,某些电子化的交易和账户文档如未能及时取得,可能会被覆盖。在某些情况下,注册会计师如果希望获取相关信息,则需要考虑能够获取相关信息的时间。

(3)错报风险的性质。例如,被审计单位可能为了保证盈利目标的实现,而在会计期末伪造销售合同以虚增收入,此时注册会计师需要考虑在期末(即资产负债表日)这个特定时点获取被审计单位截至期末所能提供的所有的销售合同及相关资料,以防范被审计单位在资产负债表日后伪造销售合同虚增收入的做法。

(4)审计证据适用的期间或时点。注册会计师应当根据需要获取的特定审计证据确定何时实施进一步审计程序。例如,为了获取资产负债表日的存货余额证据,显然不宜在与资产负债日间隔过长的期中时点或期末以后时点实施存货监盘等相关审计程序。

四、进一步审计程序的范围

进一步审计程序的范围是指实施进一步审计程序的数量,包括抽取的样本量,对某项控制活动的观察次数等。

在确定审计程序的范围时,注册会计师应当考虑下列因素:

(1)确定的重要性水平。确定的重要性水平越低,注册会计师实施进一步审计程序的范围越广。

（2）评估的重大错报风险。评估的重大错报风险越高，对拟获取审计证据的相关性、可靠性的要求越高，因此，注册会计师实施的进一步审计程序的范围也越广。

（3）计划获取的保证程度。计划获取的保证程度越高，对测试结果的可靠性要求越高，注册会计师实施的进一步审计程序的范围越广。

第三节　控制测试

一、控制测试的含义与适用性

控制测试是指为了评价内部控制在防止或发现并纠正认定层次重大错报方面的运行有效性而实施的审计程序。

当存在下列情形之一时，注册会计师应当设计和实施控制测试，针对相关控制运行的有效性，获取充分、适当的审计证据：

（一）在评估认定层次重大错报风险时，预期控制的运行是有效的

只有认为控制设计合理、能够防止或发现并纠正认定层次的重大错报（即在确定实质性程序的性质、时间安排和范围时，注册会计师拟信赖控制运行的有效性），注册会计师才实施控制测试；如果被审计单位在所审计期间内的不同时期使用了显著不同的控制，注册会计师要分别考虑不同时期的控制。

测试控制运行的有效性与了解控制是否得到执行所需获取的审计证据是不同的。在实施风险评估程序以获取控制是否得到执行的审计证据时，注册会计师应当确定某项控制是否存在，被审计单位是否正在使用。在测试控制运行的有效性时，注册会计师应当从下列方面获取关于控制是否有效运行的审计证据：控制在所审计期间的不同时点是如何运行的；控制是否得到一贯执行；控制由谁执行；控制以何种方式运行。

虽然某些风险评估程序并非专为控制测试设计，但可以提供有关控制运行有效性的审计证据，从而也能够作为控制测试。例如，注册会计师实施的风险评估程序可能包括：询问管理层对预算的使用；观察管理层对月度预算费用与实际费用的比较；检查预算金额与实际金额之间的差异报告。通过实施这些审计程序，注册会计师可以了解被审计单位预算管理制度的设计及其是否得到执行，同时也可以获取关于这些制度在预防或发现费用的重大错报方面运行的有效性的审计证据。

（二）仅实施实质性程序并不能够提供认定层次充分、适当的审计证据

在某些情况下，注册会计师可能发现仅通过实施有效的实质性程序无法获取认定层次的充分、适当的审计证据。例如，被审计单位采用信息技术处理业务，除信息系统中的信息外不生成或保留任何与业务相关的文件记录。在这种情况下，注册会计师需要对相关控制实施测试。

在设计和实施控制测试时，对控制有效性的信赖程度越高，注册会计师应当获取的审计证据应更有说服力。当注册会计师采取的总体审计方案主要以控制测试为主，尤其是仅通过实施实质性程序无法或不能获取充分、适当的审计证据时，注册会计师可能需要获取有关控制运行有效性的更高水平的保证。

二、控制测试的性质

控制测试的性质是指控制测试所使用的审计程序的类型及其组合。

(1)询问。询问即向被审计单位的有关人员询问,获取与内部控制运行情况相关的信息。虽然询问是一种有效的手段,但询问本身并不足以测试控制运行的有效性,注册会计师应当将询问与其他审计程序结合使用,以获取有关控制运行有效的审计证据。

(2)观察。观察是测试未留下书面记录的控制(如职责分离)的运行情况的有效方法。通常情况下,注册会计师通过观察直接获取的证据比间接获取的证据更可靠。

(3)检查。对运行情况留有书面证据的控制,检查非常适用。书面说明、复核下的记号或其他记录在偏差报告中的标志,都可以被当作控制运行情况的证据。

(4)重新执行。通常只有当询问、观察和检查程序结合在一起仍无法获得充分证据时,注册会计师才考虑通过重新执行来证实控制是否有效运行。

将询问与检查或重新执行结合使用,通常能够比仅实施询问和观察获取更高的保证。例如,被审计单位针对处理收到的邮政汇款单设计和执行了相关的内部控制,注册会计师通过询问和观察程序往往不足以测试此类控制的运行有效性,还需检查能够证明此类控制在所审计期间的其他时段有效运行的文件和凭证,以获取充分、适当的审计证据。

三、控制测试的时间

控制测试的时间包含两层含义:一是何时实施控制测试;二是测试所针对的控制适用的时点或期间。如果测试的是特定时点的控制,注册会计师仅得到该时点控制运行有效性的审计证据;如果测试的是某一期间的控制,注册会计师可以获取控制在该期间有效运行的审计证据。

如果仅需要测试控制在特定时点的运行有效性(如对被审计单位期末存货盘点进行控制测试),注册会计师只需要获取该时点的审计证据。如果需要获取控制在某一期间有效运行的审计证据,仅获取与时点相关的审计证据是不充分的,注册会计师应当辅以其他控制测试,包括测试被审计单位对控制的监督。所谓的"其他控制测试"应当具备的功能是,能提供相关控制在所有相关时点都运行有效的审计证据。被审计单位对控制的监督起到的就是一种检验相关控制在所有相关时点是否都有效运行的作用。

四、控制测试的范围

控制测试的范围是指某项控制活动的测试次数。

注册会计师在确定某项控制测试的范围时通常考虑的因素有:

(1)在整个拟信赖的期间,被审计单位执行控制的频率。控制执行的频率越高,控制测试的范围越大。

(2)在所审计期间,注册会计师拟信赖控制运行有效性的时间长度。拟信赖期间越长,控制测试的范围越大。

(3)为证实控制能够防止或发现并纠正认定层次重大错报,所需获取审计证据的相关性和可靠性。对审计证据的相关性和可靠性要求越高,控制测试的范围越大。

(4)通过测试与认定相关的其他控制获取的审计证据的范围。针对同一认定,可能存在不同的控制,当针对其他控制获取的审计证据的充分性和适当性较高时,测试该控制的范围可适当缩小。

(5)控制的预期偏差。预期偏差可以用控制未得到执行的预期次数占控制应当得到执行的次数的比率加以衡量。控制的预期偏差率越高,需要实施控制测试的范围越大。如果控制的预期偏差率过高,注册会计师应当考虑控制可能不足以将认定层次的重大错报风险降至可接受的低水平,从而针对某一认定实施的控制测试可能是无效的。

五、对内部控制的再次评价

进行控制测试后,注册会计师对内部控制再次进行评价,评价的结果一般分为以下三个类型:

(1)高信赖程度。若企业具有健全、合理的内部控制,并且均能有效地发挥作用,经济业务和会计记录发生差错的可能性很小,则注册会计师可以较多地依赖、利用内部控制,相应减少实质性程序的数量和范围。

(2)中信赖程度。企业的内部控制较好,但存在一定的缺陷或薄弱环节,在一定程度上有可能影响会计记录的真实性和可靠性,则注册会计师应扩大内部控制的测试范围,增加抽样样本数量,或增加会计报表项目实质性程序的数量和范围。

(3)低信赖程度。重要的内部控制明显失效,大部分经济业务和会计记录失控,各项资料和数据经常出现差错,从而导致对内部控制难以信赖和利用。在这种情况下,注册会计师应扩大对经济业务和会计报表项目实施实质性程序的数量和范围,以获取足够的审计证据,编写审计报告。情况严重时,可考虑取消审计业务约定。

第四节　实质性程序

一、实质性程序的含义和要求

(一)实质性程序的含义

实质性程序是指注册会计师针对评估的重大错报风险实施的直接用以发现认定层次重大错报的审计程序。实质性程序包括对各类交易、账户余额、披露的细节进行测试以及实质性分析程序。注册会计师应当针对评估的重大错报风险设计和实施实质性程序以发现认定层次的重大错报。

由于注册会计师对重大错报风险的评估是种判断,可能无法充分识别所有重大的错报风险,加之内部控制固有局限性,所以无论评估的重大错报风险结果如何,注册会计师都应当针对所有重大的各类交易、账户余额、披露的细节实施实质性程序。

(二)实施实质性程序的总体要求

注册会计师实施的实质性程序应当包括下列与财务报表编制完成阶段相关的审计程序:

(1)将财务报表与其所依据的会计记录相核对。

(2)检查财务报表编制过程做出的重大会计分录和其他会计调整。

如果认为评估的认定层次重大错报风险是特别风险,注册会计师应当专门针对该风险实施实质性程序。例如,如果认为管理层面临实现盈利指标压力而可能提前确认收入,注册会计师在设计询证函时不仅应当考虑函证应收账款的账户余额,还应当考虑询证销售协议的细节条款(如交货、结算及退货条款);注册会计师还可考虑在实施函证的基础上针对销售协议及其变动情况询问被审计单位的非财务人员。

二、实质性程序的性质

实质性程序的性质是指实质性程序的类型及其组合。实质性程序的两种基本类型包括细节测试和实质性分析程序。细节测试是对各类交易、账户余额、披露的具体细节进行测试,目的在于直接识别财务报表认定是否存在错报。实质性分析程序主要是通过研究数据间关系评价信息,以识别各类交易、账户余额、披露及相关认定是否存在错报。

注册会计师应当根据各类交易、账户余额、披露的性质选择实质性程序的类型,细节测试适用于对各类交易、账户余额、披露认定的测试,尤其是对存在或发生、计价认定的测试;对在一段时期内存在可预期关系的在大量交易,注册会计师可以考虑实施实质性分析程序。

三、实质性程序的时间

如果在期中实施了实质性程序,注册会计师应当针对剩余期间实施进一步的实质性程序,或将实质性程序和控制测试结合使用,以将期中测试得出的结论合理延伸至期末。在期中实施实质性程序,一方面消耗了审计资源,另一方面期中实施实质性程序获取的审计证据又不能直接作为期末财务报表认定的审计证据,注册会计师仍然需要消耗更多的审计资源使期中审计证据能够合理延伸至期末。因此,注册会计师需要权衡这两部分审计资源的总和是否能够显著小于完全在期末实施实质性程序所需消耗的审计资源。

四、实质性程序的范围

在确定实质性程序的范围时,注册会计师应当考虑评估的认定层次重大错报风险和实施控制测试的结果。注册会计师评估的认定层次的重大错报风险越高,需要实施实质性程序的范围越广。如果对控制测试结果不满意,注册会计师应当考虑扩大实质性程序的范围。

自我测试题

一、单项选择题

1. 下列做法中,无助于提高审计程序的不可预见性的是(　　)。

A. 针对销售收入和销售退回延长截止测试期间

B. 向以前没有询问过的被审计单位员工询问

C. 对以前通常不测试的金额较小的项目实施实质性程序

D. 对被审计单位银行存款年末余额实施函证

2. 下列审计程序,通常仅适用于控制测试的是(　　)。

A. 重新计算　　B. 检查　　C. 穿行测试　　D. 重新执行

3. 下列关于控制测试的说法中,不正确的是(　　)。

A. 控制测试并非在任何情况下都需要实施

B. 如果通过实施实质性程序未发现某项认定存在错报,可以推定与该认定有关的控制是

有效运行的
C. 控制测试采用的审计程序包括询问、观察、检查和重新执行
D. 当拟实施的进一步审计程序主要以控制测试为主，尤其是仅实施实质性程序无法或不能获取充分、适当的审计证据时，注册会计师应当获取有关控制运行有效性的更高的保证水平

4. 在确定审计程序的范围时，注册会计师考虑的下列因素中不恰当的是(　　)。
A. 评估的重大错报风险越高，注册会计师实施的进一步审计程序的范围越广
B. 计划获取的保证程度越高，注册会计师实施的进一步审计程序的范围越广
C. 计算机辅助审计技术利用程度越高，注册会计师实施的进一步审计程序的范围越小
D. 确定的重要性水平越低，注册会计师实施进一步审计程序的范围越广

5. 下列审计程序中，不适用于细节测试的是(　　)。
A. 函证　　B. 检查　　C. 询问　　D. 重新执行

6. 下列有关控制测试程序的说法中，正确的是(　　)。
A. 穿行测试通常应用于控制测试
B. 检查程序适用于所有控制测试
C. 观察程序对于所有控制测试都不适用
D. 当认为控制设计合理、能够防止或发现并纠正认定层次的重大错报，注册会计师才有必要对控制运行的有效性实施测试

7. 下列有关控制测试和实质性程序的说法中，错误的是(　　)。
A. 无论是否实施控制测试，注册会计师均应当对所有重大类别交易、账户余额和披露实施实质性程序
B. 如果仅通过实施实质性程序无法获取充分、适当的审计证据，注册会计师应当实施控制测试
C. 注册会计师可以同时实施控制测试和实质性程序，以达到双重目的
D. 注册会计师应当针对特别风险同时实施控制测试和实质性程序

8. 对于财务报表审计业务，在决定是否信赖以前审计获取的有关控制运行有效性的审计证据时，下列各项中，注册会计师通常无需考虑的是(　　)。
A. 控制是否是自动化控制　　B. 控制发生的频率
C. 控制是否是复杂的人工控制　　D. 控制在本年是否发生变化

二、多项选择题

1. 在设计进一步审计程序时，下列各项因素中，注册会计师应当考虑的有(　　)。
A. 风险的重要性
B. 重大错报发生的可能性
C. 涉及的各类交易、账户余额和披露的特征
D. 被审计单位采用的特定控制的性质

2. 在识别出被审计单位的特别风险后，采取的下列应对措施中，正确的有(　　)。
A. 将特别风险所影响的财务报表项目与具体认定相联系
B. 对于管理层应对特别风险的控制，无论是否信赖，都需要进行了解
C. 应当专门针对识别的特别风险实施实质性程序

D. 对于管理层应对特别风险的控制，无论是否信赖，都需要进行测试

3. 下列关于控制测试的表述中，正确的有（　　）。

A. 如果并不打算信赖内部控制，注册会计师就没有必要进一步了解业务流程层面的控制

B. 如果不打算信赖内部控制，注册会计师就没有必要进行穿行测试

C. 针对特别风险，注册会计师应当实施控制测试

D. 如果认为仅通过实质性程序无法获取认定层次的充分、适当的审计证据，注册会计师应当实施相关的控制测试

4. 注册会计师在测试一项自动化应用控制的运行有效性时，通常需要获取的审计证据有（　　）。

A. 抽取多笔交易进行检查获取的审计证据

B. 对多个不同时点进行观察获取的审计证据

C. 该项控制得到执行的审计证据

D. 信息技术一般控制运行有效性的审计证据

5. 下列有关控制测试采用的审计程序的说法中，正确的有（　　）。

A. 仅通过询问不能获取控制运行有效性的充分审计证据

B. 观察是测试留下书面记录的控制运行情况的有效方法

C. 检查是测试未留下书面记录的控制运行情况的有效方法

D. 观察提供的证据仅限于观察发生的时点

三、判断题

1. 如果通过实施实质性程序未发现某项认定存在错报，可以从一定程度上说明与该认定有关的控制是有效运行的。（　　）

2. 实施控制测试的结果不影响实质性程序的范围。（　　）

3. 注册会计师在期中实施实质性程序而未在其后实施追加程序，将增加期末可能存在错报而未被发现的风险，并且该风险随着剩余期间的延长而增加。（　　）

4. 由于管理层凌驾于控制之上的行为发生方式不可预见，这种风险属于特别风险。（　　）

5. 在选择了综合性方案设计进一步审计程序时，可以不对重大交易、账户余额和列报实施实质性程序。（　　）

6. 所谓审计程序的时间是指审计程序的实施时间或需要获取的审计证据适用的期间或时点。（　　）

7. 对于任何认定，注册会计师都不能够利用以前审计中实施实质性程序获取的审计证据。（　　）

8. 如果拟信赖以前年度审计获取的有关控制运行有效性的审计证据，注册会计师应当通过询问程序获取这些控制是否已经发生变化的审计证据。（　　）

四、案例分析题

ABC 会计师事务所负责审计甲公司 2022 年度财务报表，审计工作底稿中与内部控制相关的部分内容摘录如下：

(1)经注册会计师评估后认为甲公司营业收入的发生认定不存在特别风险。相关控制在

2021年度审计中经测试运行有效，审计项目组拟继续予以信赖，并依赖了上年审计获取的有关这些控制运行有效的审计证据。

（2）考虑到甲公司2022年固定资产的采购主要发生在下半年，审计项目组从下半年固定资产采购中选取样本实施控制测试。

（3）甲公司与原材料采购批准相关的控制每日运行数次，审计项目组确定样本规模25个。考虑到该控制自2022年7月1日起发生重大变化，审计项目组从上半年和下半年的交易中分别选取12个和13个样本实施控制测试。

（4）审计项目组对银行存款实施了实质性程序，未发现错报，因此认为甲公司与银行存款相关的内部控制运行有效。

（5）甲公司内部控制制度规定，财务经理每月应复核销售返利计算表，检查销售收入金额和返利比例是否准确，如有异常进行调查并处理，复核完成后签字存档。审计项目组选取了3个月的销售返利计算表，检查了财务经理的签字，认为该控制运行有效。

（6）审计项目组拟信赖与固定资产折旧计提相关的自动化应用控制。因该控制在2021年度审计中测试结果满意，且在2022年未发生变化，审计项目组仅对信息技术一般控制实施测试。

（7）审计项目组在期中对应付账款实施了实质性程序，为将期中测试得出的结论合理延伸至期末，注册会计师针对剩余期间测试了与应付账款有关的控制活动。

要求：针对上述第（1）至第（7）项，逐项指出审计项目组的做法是否恰当。如不恰当，简要说明理由。

补充测试题

第九章　销售与收款循环审计

【学习目标】

熟悉销售业务和收款业务的主要凭证和记录；熟悉销售业务和收款业务的内部控制，了解销售业务和收款业务的内部控制测试；掌握销售业务和收款业务的实质性程序。

【学习重点】

销售业务和收款业务的实质性程序。

【导入案例】

瑞幸咖啡收入造假

2020 年 1 月 31 日，知名做空机构浑水声称，收到了一份长达 89 页的匿名做空报告，直指瑞幸数据造假。2 月 3 日，瑞幸否认浑水所有指控。2020 年 4 月 2 日，因虚假交易额 22 亿元人民币，瑞幸咖啡盘前暴跌 85%。2020 年 4 月 2 日，安永表示，在对瑞幸 2019 年年度财务报告进行审计工作的过程中，发现其部分管理人员在 2019 年第二季度至第四季度通过虚假交易虚增了公司相关期间的收入、成本及费用。

2020 年 4 月 3 日，中国证监会高度关注瑞幸咖啡财务造假事件，对该公司财务造假行为表示强烈的谴责。不管在何地上市，上市公司都应当严格遵守相关市场的法律和规则，真实准确完整地履行信息披露义务。中国证监会将按照国际证券监管合作的有关安排，依法对相关情况进行核查，坚决打击证券欺诈行为，切实保护投资者权益。

2020 年 7 月 31 日，证监会宣布，瑞幸咖啡财务造假调查处置工作取得了重要进展。财政部、国家市场监管总局、证监会将依法对瑞幸咖啡境内运营主体及相关责任人、协助造假及帮助虚假宣传的多家第三方公司、两家新三板关联公司及相关责任人予以行政处罚。证监会信息显示，证监会已向涉案当事人送达行政处罚事先告知书。相关责任主体如涉嫌犯罪的，将依法移送公安司法机关进一步追责。

2020 年 9 月 18 日，市场监管总局及上海、北京市场监管部门，对瑞幸咖啡（中国）有限公司、瑞幸咖啡（北京）有限公司等公司作出行政处罚决定。

请扫码阅读完整案例资料，然后思考以下问题：

1. 瑞幸咖啡的收入造假事件说明其内部控制存在哪些缺陷？
2. 对于同类型企业而言，如何完善内部控制以防范类似的造假行为产生？
3. 瑞幸咖啡的收入造假事件会带来哪些财务表现？
4. 注册会计师可以采用哪些审计程序去发现瑞幸咖啡虚增收入？

第一节　销售与收款循环概述

一、销售与收款循环的主要业务活动

销售业务由接受顾客提出订货要求开始，经审批信用条件、发运商品、开具发票、登记应收账款或应收票据、处理销售退回与销售折让、计提坏账准备、注销坏账等业务，并最终转化为货币而结束。

（一）接受顾客订单

顾客提出订货要求是整个销售与收款循环的起点。对于企业而言，管理层一般均列出了已批准销售的顾客名单。顾客的订购单只有在符合企业管理层的授权标准时，才能被接受。销售部门在决定是否同意接受某顾客的订单时，应将已批准销售的顾客名单作为依据。如果该顾客未被列入，则需要由销售部门的主管或其上级领导来决定是否同意销售。

企业在批准了顾客订单之后，应编制一式多联的销售单。销售单是证明销售业务的“发生”认定的凭证之一，也是销售业务交易轨迹的起点。

（二）批准赊销信用

为避免销售人员为扩大销售而使企业承受不适当的信用风险，赊销审批不能由销售部门执行，应设立专门的信用管理部门履行此职责。信用管理部门根据管理层的赊销政策在每个客户已授权信用额度内进行赊销批准。收到销售部门的销售单后，将销售单与该客户信用额度以及欠款余额加以比较。在信用额度之内的，由系统自动审批或由员工审批，超过信用额度的，由信用管理部门主管会同其他部门负责人集体决策审批。

无论批准赊销与否，信用管理部门的授权人员都要在销售单上签署意见，然后再将已签署意见的销售单送回销售部门。信用批准控制能有效降低坏账风险，与应收账款账面余额的“计价和分摊”认定有关。

（三）按销售单供货

仓库只有在收到经过批准的销售单时才能供货，并将销售单和实物一起交给发运部门。设立这项控制的目的是防止仓库在未经授权的情况下擅自发货。因此，已批准的销售单的一联通常用于送达仓库，作为按销售单供货和向装运部门发货的依据。

（四）按销售单装运货物

将按经批准的销售单供货与按销售单装运货物职责相分离，有助于避免负责装运货物的职员在未经授权的情况下装运产品。在装运之前，装运部门职员进行独立验证，确定从仓库提取的商品附有经批准的销售单，所提取商品的内容与销售单一致。

装运凭证是指一式多联的、连续编号的提货单，可由电脑或人工编制。按序归档的装运凭证通常由装运部门保管。装运凭证提供了商品确实已装运的证据，因此它是证实销售交易“发生”认定的另一种形式的凭证。定期检查以确定在编制的每张装运凭证后均已附有相应的销售发票，有助于保证销售交易"完整性"认定的正确性。

(五)向顾客开具账单

开具账单包括编制和向顾客寄送事先连续编号的销售发票。这项功能所针对的主要问题是：是否对所有装运的货物都开具了账单("完整性"认定问题)；是否只对实际装运的货物开具账单，有无重复开具账单或虚构交易("发生"认定问题)；是否按已授权批准的商品价目表所列价格计价开具账单("准确性"认定问题)。

(六)记录销售

记录销售的过程包括区分赊销、现销，按销售发票编制转账记账凭证或现金、银行存款收款凭证，再据以登记销售明细账和应收账款明细账或库存现金、银行存款日记账。

只依据附有有效装运凭证和销售单的销售发票记录销售。装运凭证和销售单能证明销售交易的发生及发生的日期。记录销售的职责应与处理销售交易的其他功能相分离。对记录过程中所涉及的有关记录的接触予以限制，以减少未经授权批准的记录发生。定期向客户寄送对账单，要求客户将任何例外情况直接向指定的未执行或记录销售交易的会计主管报告。

(七)办理和记录现金、银行存款收入

在办理和记录现金、银行存款收入时，最应关心的是货币资金失窃的可能性。在这方面，汇款通知书起着很重要的作用。采用汇款通知书能使现金立即存入银行，可以提高对资产保管的控制。汇款通知书应注明客户的姓名、销售发票号码、销售单位开户银行账号以及金额等内容。汇款通知书与销售发票一起寄给客户，由客户在付款时再寄回销售单位。

(八)办理和记录销售退回、销售折扣与折让

顾客如果对商品不满意，销售企业一般都会同意接受退货，或者给予一定的销售折让；顾客如果提前支付货款，销售企业则可能会给予一定的销售折扣。发生折扣与折让须经授权批准，确保与办理此事有关的部门和职员各司其职，分别控制实物流和会计处理。

折扣与折让不是财务报表项目，它的漏记导致财务报表相关项目违反"准确性"或"计价和分摊"认定，而非主营业务收入的"发生"认定。在这方面，严格使用贷项通知单无疑会起到关键的作用。贷项通知单是一种用来表示由于销售退回或经批准的折让而引起的应收销货款减少的凭证。这种凭证的格式通常与销售发票的格式相同，只不过它不是用来证明应收账款的增加，而是用来证明应收账款的减少。

(九)注销坏账

当某项货款无法收回时，就必须注销这笔货款。坏账审批表是一种用来批准将某些应收款项注销为坏账，仅在企业内部使用的凭证。注销坏账的处理方法是获取货款无法收回的确凿证据，经管理当局审批后，及时进行相应的会计处理。已冲销的应收账款应登记在备查簿中，加以控制，以防已冲销的应收账款后期又收回时被相关人员贪污。如果欠款客户仍在，应继续追款。

(十)提取坏账准备

坏账准备提取的数额必须能够抵补企业以后无法收回的销货款。

二、销售与收款循环的主要凭证和会计记录

销售与收款循环所涉及的主要凭证和账簿资料包括以下内容。

(一)顾客订购单

顾客订购单是顾客提出的书面购货要求。企业可以通过销售人员或其他途径，如采用电

话、信函和向现有的及潜在的顾客发送订货单等方式接受订货，取得顾客订货单。顾客订购单作为一种外部证据，是一项销售交易发生的起点，是“发生”认定的证据。

（二）销售单

销售单是企业处理客户订购单的内部凭据，列示所订商品的名称、规格、数量及其他有关信息，全程反映销售交易的轨迹。赊销审批、出库、发货、开票、记账都与其相关。

（三）发运凭证

发运凭证是在发运货物时编制的凭据，用以反映发出商品的规格、数量和其他有关内容。发运凭证的一联给客户，其余企业保留，可用作向客户开具账单的依据。

（四）销售发票

销售发票用来表明已销售商品的名称、规格、数量、价格、销售金额、运费和保险费、开票日期、付款条件等内容。以增值税发票为例，销售发票的抵扣联和记账联，一联寄送客户，一联由企业保留。

（五）商品价目表

商品价目表是已经授权批准的、可供销售的各种商品的价格清单。商品价目表是开具销售发票的依据。销售发票的单价要与商品价目表一致，数量要与发运凭证一致。

（六）应收账款账龄分析表

应收账款账龄分析表一般按月编制，反映月末尚未收回的应收账款总额和账龄，并详细反映每个顾客月末尚未偿还的应收账款数额和账龄。

（七）应收账款明细账

应收账款明细账是用来记录每个顾客各项赊销、还款、销售退回及折让的明细账。各应收账款明细账的余额合计数应与应收账款总账的余额相等。

（八）主营业务收入明细账

主营业务收入明细账是记录销售交易的明细账，记载和反映不同类别商品或服务的营业收入的明细发生情况和总额。

（九）折扣与折让明细账

企业可能为及早收回销售货款而给予客户销售折扣，也可能因商品品种、质量等原因而给予客户销售折让。折扣与折让明细账反映折扣和折让的情况。企业也可以不设置折扣与折让明细账，而将该类业务记录于主营业务收入明细账。

（十）贷项通知单

贷项通知单是一种用来表示由于销售退回或经批准的折让而引起的应收销货款减少的凭证。格式与销售发票相同，是用来证明应收账款减少的凭证。

（十一）汇款通知书

汇款通知书是注明客户姓名、销售发票号码、销售单位开户银行账号以及金额等内容，与销售发票一起寄给客户，由客户在付款时寄回销售单位的凭证。如客户没有将汇款通知书随同货款一并寄回，一般应由收受邮件的人员在开拆邮件时再代编一份汇款通知书。

（十二）库存现金日记账和银行存款日记账

库存现金日记账和银行存款日记账是记录应收账款的收回或现销收入以及其他各种现金、银行存款收入和支出的日记账。

（十三）坏账审批表

坏账审批表是一种用来批准将应收款项注销为坏账，仅在企业内部使用的凭证。

（十四）顾客月末对账单

顾客月末对账单是一种按月寄送给客户，用于购销双方定期核对账目的凭证。顾客月末对账单应注明应收账款的月初余额、本月各项销售交易的金额、本月已收到的货款、各贷项通知单的数额以及月末余额等内容。

（十五）转账凭证和收款凭证

销售与收款循环的记账凭证一般有转账凭证和收款凭证，转账凭证是指根据转账业务（不涉及现金、银行存款收付的各项业务）原始凭证编制的记账凭证，收款凭证是指用来记录现金和银行存款收入业务的记账凭证。

第二节　销售与收款循环的内部控制及控制测试

一、销售与收款循环的内部控制

企业销售与收款循环的内部控制应围绕主要业务活动展开，并贯彻不相容职务相分离的原则，使不同的职能分别由不同的部门或人员负责，从而加强内部牵制，有效防止错误和舞弊行为的发生。

在销售与收款循环主要业务活动中，主要的业务活动和可能的错报环节及其关键控制点如表9—1所示。

表9—1　　销售与收款循环可能的错报和关键控制点

业务活动	可能的错报	关键控制点
接受顾客订单	可能把商品销售给未经授权的顾客	确定每位顾客都在已批准的顾客清单上； 每次销售都有已批准的销售单； 特殊销售的审批应得到特别授权
审批顾客信用	承担了不适当的信用风险而蒙受损失	信用部门须对所有新顾客做信用调查； 在销售前检查顾客的信用额度； 要求被授权的信用部门人员在销售单上签署意见
按销售单发货及装运货物	所发出、装运的货物可能与被订购的货物不符； 可能有未经授权的发出、装运货物的情况	发货、装运货物都须有已批准的销售单； 按销售单发货和装运的职责相分离
开具发票	可能对虚构的交易开具发票或重复开票； 销售发票可能计价有误	每张发票须有与之匹配的销售单； 由独立人员对销售发票的编制做内部核查
记录销售	发票可能未入销售账和应收账款明细账	销售发票应与销售账的金额一致； 购销单据应与应收账款明细账的金额一致； 每月定期给顾客寄送对账单

审计人员通过查阅被审计单位的有关规章制度、文件资料，向有关人员询问或现场调查等方式，了解被审计单位销售与收款循环的内部控制制度，并运用适当的方法进行描述，记入审计工作底稿。销售与收款循环内部控制调查表的格式如表9—2、表9—3所示。

表 9—2　　销售内部控制调查表

索引号：

被审计单位名称：　　编制人(签名)：　　编制日期：

截止日/期间：　　复核人(签名)：　　复核日期：

调查问题	是	否	不适用	备注
1. 所有顾客订货单是否适当控制？				
2. 销售部门是否根据顾客订货单编制多联式销售通知单？				
3. 所有销售通知单是否均经信用部门审核？				
4. 信用部门是否与销售部门保持独立？				
5. 销售通知单是否预先连续编号？				
6. 发货部门是否根据销售通知单发货？				
7. 出库单是否预先连续编号？				
8. 销售发票是否由专人负责保管？				
9. 开具的销售发票是否由其他人员独立复核？				
10. 作废的销售发票是否加盖“作废”戳记并保留在发票本上？				
11. 销售日记账和总账的登记是否分离？				
12. 销售日记账和总账是否定期核对？				
13. 销售退回与折让是否经过专人审批？				
问题与评价				

表 9—3　　应收账款内部控制调查表

索引号：

被审计单位名称：　　编制人(签名)：　　编制日期：

截止日/期间：　　复核人(签名)：　　复核日期：

调查问题	是	否	不适用	备注
1. 信用部门是否与应收账款部门独立？				
2. 向顾客赊销商品是否得到信用部门的批准？				
3. 应收账款的总账与明细账是否由专人定期核对？				
4. 应收账款明细账与总账之间的差异是否由专人进行追查？				
5. 是否定期编制应收账款账龄分析表？				
6. 是否按期估计坏账损失？				
7. 坏账准备的计提是否由授权人员审批？				
8. 坏账的注销是否由授权人员审批？				
9. 是否建立已注销坏账登记簿？				
10. 过期应收账款是否及时催收？				
11. 是否定期向顾客发送对账单？				
问题与评价				

根据上述调查表，可以了解被审计单位在销售与收款循环内部控制方面存在的薄弱环节，审计人员可以执行穿行测试，以证实对交易流程和相关控制的了解是否正确和完整，并对其控制风险做出初步的评价。如果被审计单位的相关内部控制不存在，或者被审计单位的相关内部控制未得到有效执行，则注册会计师不应再继续实施控制测试，而应直接实施实质性程序。

二、销售与收款循环的控制测试

如果在评估认定层次重大错报风险时预期控制的运行是有效的，注册会计师应当实施控制测试，就控制在相关期间或时点的运行有效性获取充分、适当的审计证据。这意味着注册会计师无须测试针对销售与收款交易的所有控制活动。只有认为控制设计合理、能够防止或发现并纠正认定层次的重大错报，注册会计师才有必要对控制运行的有效性实施测试。

控制测试所使用的审计程序的类型主要包括询问、观察、检查、重新执行和穿行测试等，注册会计师应当根据特定控制的性质选择所需实施审计程序的类型。销售与收款循环的控制测试包括以下内容：

（一）抽取销售发票

注册会计师在执行控制测试时，可以抽取一定数量的销售发票，做如下检查：

(1)检查发票是否连续编号，作废发票的处理是否正确。

(2)核对销售发票与销售通知单、发货单（或提货单）所载明的品名、规格、数量、价格是否一致。

(3)检查销售通知单上是否有负责信用核准人员的签字。

(4)复核销售发票中所列的数量、单价和金额是否正确。

(5)从销售发票追查至有关的记账凭证、应收账款明细账及主营业务收入明细账，确定企业是否正确、及时地登记有关的凭证和账簿。

（二）抽查发货单（或提货单）

抽取一定数量的发货单（或提货单），检查发货单（或提货单）是否连续编号，并与相关的销售发票核对，检查已发出的商品是否均已向顾客开出发票。

（三）抽查主营业务收入的相关账簿记录

从主营业务收入明细账中抽取一定数量的会计记录，并与有关的记账凭证和销售发票进行核对，以确定是否存在收入高估或低估的情况。

（四）检查销售调整业务的相关凭证

抽取一定数量的销售调整业务的会计凭证，检查销售退回、折扣、折让的核准与会计核算。

(1)确定销售退回与折让的批准与贷项通知单的签发职责是否分离。

(2)确定现金折扣是否经过适当授权，授权人和收款人的职责是否分离。

(3)检查销售退回和折让是否附有按顺序编号并经主管人员核准的贷项通知单。

(4)检查退回的商品是否具有仓库签发的退货验收报告（或入库单），并将验收报告的数量、金额与贷项通知单等进行核对。

(5)确定退货、折扣、折让的会计记录是否正确。

（五）抽查应收账款的相关记录

抽取一定数量的记账凭证和应收账款明细账，做如下检查：

(1)从应收账款明细账中抽取一定的记录并与相应的记账凭证进行核对，比较二者登记的时间和金额是否一致。

(2)从应收账款明细账中抽查一定数量的坏账注销的业务,并与相应的记账凭证和原始凭证进行核对,确定坏账的注销是否合乎有关法规的规定,企业主管人员是否核准等。

(3)确定企业是否定期与顾客对账,在可能的情况下,将企业一定期间的对账单与相应的应收账款明细账的余额进行核对,如有差异,则应进行追查。

(六)观察

观察职员获得或接触资产、凭证和记录(包括存货、销售通知单、发货单、销售发票、凭证和账簿、现金和支票等)的途径,并观察职员在执行授权、发货、开票等职责时的表现,确定企业是否存在必要的职务分离,内控的执行过程中是否存在弊端。

(七)评价内部控制

在对客户的内部控制制度进行必要的了解和测试之后,审计人员应当对其控制风险做出评价,并考虑是否需要调整对重大错报风险的评估水平,进而对实质性程序的内容做出相应的调整。同时,对测试过程中发现的问题,应当在工作底稿中做出记录,并以适当的形式告知被审计单位管理层。

第三节 销售与收款循环的实质性程序

一、主营业务收入的实质性程序

(一)主营业务收入的审计目标

(1)确定本期已入账的主营业务收入是否已真实发生;

(2)确定所有应当记录的主营业务收入是否均已记录;

(3)确定与主营业务收入有关的金额是否正确,包括对销售退回、销售折扣与折让的处理是否适当;

(4)确定主营业务收入是否已记录于正确的会计期间;

(5)确定主营业务收入是否已记录于恰当的账户;

(6)确定主营业务收入是否已按照企业会计准则的规定在财务报表中做出恰当的列报。

(二)主营业务收入的实质性程序

1. 获取或编制主营业务收入明细表

获取或编制主营业务收入明细表,复核加计正确,并与总账数和明细账合计数核对是否相符,结合其他业务收入科目与报表营业收入核对相符。

2. 检查主营业务收入的确认原则和方法

检查主营业务收入的确认条件、方法是否符合企业会计准则,前后期是否一致;关注周期性、偶然性的收入是否符合既定的收入确认原则、方法。根据《企业会计准则第 14 号——收入》的规定,当企业与客户之间的合同同时满足下列条件时,应当在客户取得相关商品控制权时确认收入:

(1)合同各方已批准该合同并承诺将履行各自义务;

(2)该合同明确了合同各方与所转让商品或提供劳务相关的权利和义务;

(3)该合同有明确的与所转让商品相关的支付条款;

(4)该合同具有商业实质,即履行该合同将改变企业未来现金流量的风险、时间分布或金额;

(5)企业因向客户转让商品而有权取得的对价很可能收回。

因此,对主营业务收入的实质性程序,应在了解被审计单位确认产品销售收入的会计政策的基础上,重点测试被审计单位是否依据上述五个条件确认产品销售收入。需要注意的是,被审计单位采取的销售方式不同,确认销售的时点也是不同的。

3. 实施实质性分析程序

(1)将本期的主营业务收入与上期的主营业务收入、销售预算或预测数等进行比较,分析主营业务收入及其构成的变动是否异常,并分析异常变动的原因;

(2)比较本期各月各类主营业务收入的波动情况,分析其变动趋势是否正常,是否符合被审计单位季节性、周期性的经营规律,查明异常现象和重大波动的原因;

(3)计算本期重要产品的毛利率,与预算数据或同行业企业进行对比分析,检查是否存在异常,各期之间是否存在重大波动,查明原因;

(4)计算本期对重要客户的销售额及相关产品的毛利率,与上期数进行比较,分析是否存在异常;

(5)将账面销售收入、销售清单和增值税销项清单进行核对。

4. 对本期业务进行一定的检查

(1)获取产品价格目录,抽查售价是否符合价格政策,并注意销售给关联方或关系密切的重要客户的产品价格是否合理,有无以低价或高价结算的方法相互之间转移利润的现象。

(2)抽查销售业务的原始凭证(发票和发货单等),并追查至相应的记账凭证和明细账,确定销售收入是否真实、销售记录是否完整。

(3)从主营业务收入明细账中挑选若干样本,并与相应的发票、订单、发货单(或提货单)的内容进行核对,并验算发票金额的正确性。

5. 函证本期销售额

主营业务收入通常不需要进行函证,可结合对应收账款实施的函证程序,选择主要客户函证本期销售额。

6. 实施销售的截止测试

对主营业务收入实施截止测试,其目的主要在于确定被审计单位主营业务收入的会计记录归属期是否正确,应记入本期或下期的主营业务收入有否被推延至下期或提前至本期。

在审计中应该把握三个与主营业务收入确认有着密切关系的日期:一是发票开具日期或者收款日期;二是记账日期;三是发货日期。这里的发票开具日期是指开具增值税专用发票或普通发票的日期;记账日期是指被审计单位确认主营业务收入实现并将该笔经济业务记入主营业务收入账户的日期;发货日期是指仓库开具出库单并发出库存商品的日期。检查三者是否归属于同一适当会计期间是主营业务收入截止测试的关键所在。

实施销售的截止测试可以采用以下方法:

(1)选取资产负债表日前后若干天一定金额以上的发运凭证,与应收账款和收入明细账进行核对;同时,从应收账款和收入明细账选取在资产负债表日前后若干天一定金额以上的凭证,与发运凭证核对,以确定销售是否存在跨期现象。前者以发运凭证为起点,后者以账簿记录为起点,是两种常用的截止测试的路线。

(2)复核资产负债表日前后销售和发货水平,确定业务活动水平是否异常,并考虑是否有必要追加实施截止测试程序。

(3)取得资产负债表日后所有的销售退回记录,检查是否存在提前确认收入的情况。

(4)结合对资产负债表日应收账款的函证程序,检查有无未取得对方认可的大额销售。

在截止测试中,如果发现存在跨年度的大额销售项目则应予以调整。销售截止测试检查表如表 9—4 所示。

表 9—4　　**销售截止检查情况**

索引号:A1—7

被审计单位名称:华夏公司　　编制人(签名):王五　　编制日期:2023 年 1 月 27 日

截止日/期间:2022 年 12 月 31 日　　复核人(签名):赵六　　复核日期:2023 年 1 月 29 日

单位:元

发票编号	客户名称	发票内容					入账日期	核对		
		日期	品名	数量	单价	总价		1	2	3
11123	甲	2022.12.28	A1	500	100	50 000	2022.12.29	√	√	√
11124	乙	2022.12.29	A2	1 000	90	90 000	2022.12.30	√	√	√
11125	丙	2022.12.30	A3	1 200	110	132 000	2022.12.31	√	√	√
11126	丁	2023.01.01	A4	1 200	105	126 000	2023.01.02	×	√	√
11127	戊	2023.01.03	A5	1 000	98	98 000	2023.01.04	√	√	√
审计说明: 11126 发票对应的发货日期为 2022 年 12 月 30 日,故应确认为 2022 年的收入,相应的主营业务成本为 100 000 元。 调整分录如下: 借:应收账款——丁　142 380 　贷:主营业务收入——A4　126 000 　　应交税费——应交增值税(销项税额)　16 380 借:主营业务成本——A4　100 000 　贷:库存商品——A4　100 000							核对说明: 1. 品名、数量与发货单核对相符; 2. 发生的交易均正确过入主营业务收入和应收账款的明细账; 3. 正确过入总账。			

7. 检查特殊的销售处理业务

(1)存在销货退回的,检查相关手续是否符合规定,结合原始销售凭证检查其会计处理是否正确,结合存货项目审计关注其真实性。

(2)存在销售折扣与折让的,应取得被审计单位有关折扣与折让的具体规定和其他文件资料,并抽查较大的折扣与折让发生额的授权批准情况,折扣与折让的会计处理是否正确,销售折扣与折让是否及时足额提交对方,有无虚设中介、转移收入、私设账外"小金库"等情况。

(3)检查有无特殊的销售行为,如附有销售退回条件的商品销售、委托代销、售后回购、以旧换新、商品需要安装和检验的销售、分期收款销售、出口销售、售后租回等,选择恰当的审计程序进行审核。

8. 确定主营业务收入是否在利润表上恰当披露

注册会计师需要确定被审计单位的主营业务收入在利润表的列示是否恰当。

例如,在表 9—4 中,由于主营业务收入存在跨期入账的情况,故利润表中的主营业务收入和主营业务成本也需相应地进行调整,主营业务收入增加 126 000 元,主营业务成本增加 100 000 元。

同时,需要关注被审计单位是否在财务报表附注中按照企业会计准则的规定进行相关披露。

二、应收账款的实质性程序

(一)应收账款的审计目标

(1)确定应收账款是否存在;

(2)确定应收账款是否归被审计单位所有;

(3)确定应收账款的记录是否完整;

(4)确定应收账款的期末余额是否正确;

(5)确定应收账款及其预期信用损失是否已记录于恰当的账户;

(6)确定应收账款在财务报表上的披露是否恰当。

(二)应收账款的实质性程序

1. 获取或编制应收账款余额明细表

(1)复核加计正确,并与总账数和明细账合计数核对是否相符;结合坏账准备科目与报表数核对是否相符。应当注意,在资产负债表上反映的是应收账款的净值。

(2)分析有贷方余额的项目,查明原因,必要时,建议做重分类调整。

(3)结合其他应收款、预收款项等往来项目的明细余额,调查有无同一客户多处挂账、异常余额或与销售无关的其他款项。如有,应做出记录,必要时提出调整建议。

2. 实施分析程序

在进行分析程序时,应重点关注以下两点:

(1)应收账款、坏账准备的本期数与本企业的历史数据及同行业的平均水平进行比较。

(2)进行比率分析,并将本期数与本企业的历史数据及同行业的平均水平进行比较。

从表 9—5 可以看出,被审计单位的应收账款周转率有所下降,应收账款占流动资产的比重上升,说明应收账款回收方面存在一定的问题,一方面建议加强对应收账款的管理,另一方面注意坏账准备的计提是否充分。

表 9—5　　应收账款的分析举例

财务比率	计算公式	2022 年度	2023 年度
应收账款周转率	主营业务收入/应收账款平均余额	6	5.2
应收账款周转天数	360/应收账款周转率	60	69
应收账款与流动资产总额之比	应收账款/流动资产	0.20	0.25

3. 分析应收账款的账龄及余额构成

注册会计师可以通过编制或索取应收账款账龄分析表来分析应收账款的账龄,如表 9—6 所示。

表 9—6　　应收账款账龄分析表

索引号:A1—11

被审计单位名称:华夏公司　　编制人(签名):王五　　编制日期:2023 年 2 月 10 日

截止日/期间:2022 年 12 月 31 日　　复核人(签名):赵六　　复核日期:2023 年 2 月 11 日

单位:元

债务人	期末余额	账龄				
		30 天以内	30 天到半年	半年~1 年	1~3 年	3 年以上
甲	50 000	20 000	30 000	—	—	—

续表

债务人	期末余额	账　龄				
		30 天以内	30 天到半年	半年～1 年	1～3 年	3 年以上
乙	49 000	20 000	10 000	19 000	—	—
丙	60 000	30 000	30 000	—	—	—
丁	61 000	11 000	30 000	20 000	—	—
戊	45 000	15 000	20 000	—	10 000	—
……	……	……	……	……	……	……

一方面，可以测试应收账款账龄分析表计算的准确性；另一方面，可以分析各项应收账款的可收回性，进而判断坏账准备计提的充分性；还可以为确定函证的对象提供依据。

4. 应收账款函证

应收账款函证是指注册会计师直接发询证函给被审计单位的债务人，要求核实被审计单位应收账款记录是否正确的一种审计方法。

函证所获取的证据属于外部证据，具有可靠性较强的特点。通过函证应收账款，可以比较有效地证明被询证者的存在和被审计单位记录的可靠性。《中国注册会计师审计准则第 1312 号——函证》规定："注册会计师应当对应收账款实施函证程序，除非有充分证据表明应收账款对财务报表不重要，或函证很可能无效。如果认为函证很可能无效，注册会计师应当实施替代审计程序，获取充分、适当的审计证据。如果不对应收账款函证，注册会计师应当在审计工作底稿中说明理由。"

(1)函证的时间。通常以资产负债表日为截止日，在资产负债表日后适当时间函证。如重大错报风险低，可选择资产负债表日前适当日期为截止日，并对该截止日起至资产负债表日止发生的变动实施实质性程序。

(2)函证的范围和对象。函证的范围即函证的数量取决于以下因素：①应收账款在全部资产中的重要性；②被审计单位内部控制的强弱；③以前期间的函证结果。

函证的对象一般包括但不限于：①大额或账龄较长的项目；②与债务人发生纠纷的项目；③重大关联方项目；④主要客户项目；⑤交易频繁但期末余额较小甚至余额为零的项目；⑥可能产生重大错报或舞弊的非正常的项目。

(3)函证的方式。函证的方式分为积极式函证和消极式函证两种。

积极式函证是指要求被询证者直接向注册会计师回复，表明是否同意询证函所列示的信息，或填列所要求的信息的一种询证方式。积极式函证主要适用于以下情况：个别账户的欠款金额较大；有理由相信欠款可能存在争议、差错或问题。

积极式询证函如下所示：

企业询证函(积极式)

编号：

××(公司)：

本公司聘请的××会计师事务所正在对本公司××年度财务报表进行审计，按照中国注册会计师审计准则的要求，应当询证本公司与贵公司的往来账项等事项。下列数据出自本公司账簿记录，如与贵公司记录相符，请在本函下端“信息证明无误”处签章证明；如有不符，请在“信息不符”处列明不符金额。回函请直接寄至××会计师事务所。

回函地址：

邮编：　　　　电话：　　　　传真：　　　　联系人：

1. 本公司与贵公司的往来账项列示如下：

单位：元

截止日期	贵公司欠款	欠贵公司	备注
[资产负债表日]	[借方金额]	[贷方金额]	

2. 其他事项。

本函仅为复核账目之用，并非催款结算。若款项在上述日期之后已经付清，仍请及时函复为盼。

(公司盖章)

年　月　日

结论：

1. 信息证明无误。

(公司盖章)

经办人：　　　　年　月　日

2. 信息不符，请列明不符的详细情况：

(公司盖章)

经办人：　　　　年　月　日

消极式函证是指要求被询证者只有在不同意询证函所列示的信息时才直接向注册会计师回复的一种询证方式。积极式函证通常比消极式函证提供的审计证据更具可靠性。注册会计师可采用积极式或消极式的函证程序，也可以将两种方式结合使用。

除非同时满足下列条件，否则注册会计师不得将消极式函证作为唯一的实质性程序，以应对评估的认定层次重大错报风险：注册会计师将重大错报风险评估为低水平，并已就与认定相关的控制的运行有效性获取充分、适当的审计证据；需要实施消极式函证程序的总体由大量的小额、同质的账户余额、交易或事项构成；预期不符事项的发生率很低；没有迹象表明接收询证函的人员或机构不认真对待函证。

消极式询证函如下所示：

企业询证函(消极式)

编号：

××(公司)：

本公司聘请的××会计师事务所正在对本公司××年度财务报表进行审计，按照中国注册会计师审计准则的要求，应当询证本公司与贵公司的往来账项等事项。下列数据出自本公司账簿记录，如与贵公司记录相符，则无需回复；如有不符，请直接通知会计师事务所，并请在空白处列明贵公司认为是正确的信息。回函请直接寄至××会计师事务所。

回函地址：

邮编：　　　　电话：　　　　传真：　　　　联系人：

1. 本公司与贵公司的往来账项列示如下：

单位：元

截止日期	贵公司欠款	欠贵公司	备注
［资产负债表日］	［借方金额］	［贷方金额］	

2. 其他事项。

本函仅为复核账目之用，并非催款结算。若款项在上述日期之后已经付清，仍请及时函复为盼。

（公司盖章）

年　月　日

上面的信息不正确，差异如下：

（公司盖章）

经办人：

年　月　日

(4)函证的控制。当实施函证程序时，应该通过函证结果汇总表的方式对询证函的收回情况加以控制。如表 9—7 所示。

当在合理的时间内没有收到询证函回函时，注册会计师可以再次发出询证函。例如，重新确认原地址的准确性后，注册会计师再次发出询证函予以跟进。如果仍得不到回复，可以通过电话与被审计单位的客户联系或考虑实施替代程序，并根据替代程序结果判断被审计单位债权的真实性。

表 9—7　　应收账款函证结果汇总表

被审计单位名称：　　　　制表：　　　　日期：

截止日：　年　月　日　　　　复核：　　　　日期：

询证函编号	债务人名称	债务人地址及联系方式	账面金额	函证方式	函证日期		回函日期	替代程序	确认余额	差异金额及说明	备注
					第一次	第二次					
合计											

(5)不符事项。注册会计师应当调查不符事项，以确定是否表明存在错报。询证函回函中指出的不符事项可能显示财务报表存在错报或潜在错报。当识别出错报时，注册会计师需要评价该错报是否表明存在舞弊。不符事项可以为注册会计师判断来自类似的被询证者回函的质量及类似回函质量提供依据。不符事项还可能显示被审计单位与财务报表相关的内部控制

存在缺陷。

另外，某些不符事项并不表明存在错报。主要表现为：

①询证函发出时，债务人已经付款，被审计单位尚未收到；

②询证函发出时，被审计单位的货物已经发出并已做销售记录，但货物仍在途中，债务人尚未收到货物；

③债务人由于某种原因将货物退回，而被审计单位尚未收到；

④债务人对收到的货物的数量、质量及价格等方面有异议而全部或部分拒付货款等。

5. 审查未函证的应收账款

对未发询证函的应收账款，应抽查有关原始凭证，如销售通知单、销售发票等，以验证这些应收账款的真实性和可收回性；如有逾期或其他异常事项，由被审计单位做出合理解释，必要时进行函证。

6. 截止测试

结合主营业务收入的审计，在应收账款明细账余额中挑选一定数量的资产负债表日前后的样本，核对应收账款明细账与主营业务收入明细账、库存现金和银行存款日记账及相关原始凭证的金额或数量是否相符，并确定有关业务（销售、收款）是否已被记入恰当的会计期间。在赊销业务中，基本的原则是如果发货单（或提货单）与销售发票的时间属于不同年度，应以发货单（或提货单）上的时间为准来登记相关的应收账款明细账和主营业务收入明细账。

7. 所有权测试

复查董事会会议记录、银行确认函、法律信函和其他相关记录，并从管理层获取有关应收账款所有权的陈述。确定企业对其账面记录的应收账款是否具有所有权。

8. 审查本期的收款业务

除了对应收账款的收回进行截止测试以外，对于会计期间内的收款业务也应进行适当的抽查，通过将明细账户的金额与相关的会计凭证（记账凭证、支票、银行本票等）进行核对，来确定本期的收款业务是否在正确的明细账户内登记了恰当的金额。

9. 审查坏账损失的处理

（1）检查应收账款（包括应收账款、其他应收款等应收项目）中有无债务人破产，破产财产清偿后仍无法收回的款项，或者应收账款逾期三年以上等情况；

（2）检查年度内坏账损失的原因是否清楚，有无授权批准，有无已作坏账损失处理后又收回款项；

（3）按计提坏账准备的范围、标准测算已提坏账准备是否充分（采用账龄分析法测算坏账准备计提合理性，如表9—8所示），并核对坏账准备总账余额与报表数是否相符。

表9—8 **账龄分析法计提坏账的验证** 索引号：A1—15

被审计单位名称：华夏公司 审计人员：张三 编制日期：2023年2月17日

所属期间：2022年度 复核人员：李四 复核日期：2023年2月18日

单位：元

账龄	应收账款			其他应收款			坏账准备合计
	期末余额	比例	坏账准备	期末余额	比例	坏账准备	
3个月～1年	2 100 000	2%	42 000	300 000	2%	6 000	48 000
1～2年	1 030 000	8.6%	88 580	250 000	6%	15 000	103 580

续表

账龄	应收账款			其他应收款			坏账准备合计
	期末余额	比例	坏账准备	期末余额	比例	坏账准备	
2～3 年	77 500	60%	46 500	100 000	35%	35 000	81 500
3 年及以上	—	—	—	—	—	—	—
合计	3 207 500	—	177 080	650 000	—	56 000	233 080
坏账准备本期期末贷方余额:233 080 元 本期借方发生额:12 000 元 本期期初贷方余额:30 000 元 本期计提金额:233 080－(30 000－12 000)＝215 080(元) 审计结论:坏账准备期末余额、本期计提金额可以确认。							

10. 确定应收账款是否已在资产负债表上恰当披露

根据相关规定,资产负债表的“应收账款”项目应根据“应收账款”账户所属明细科目的期末余额合计减去“坏账准备”科目中有关应收账款计提的坏账准备期末余额后的金额填列。

如果被审计单位设立“预收账款”账户,应注意“应收账款”项目的数额是否根据“应收账款”和“预收账款”账户所属的明细账户的期末借方余额的合计数填列;如果被审计单位未设立“预收账款”账户,则应注意“应收账款”项目的数额是否根据“应收账款”账户所属的明细账户的期末借方余额的合计数填列。

自我测试题

一、单项选择题

1. 为了防止仓库在未经授权的情况下擅自发货,被审计单位有效的内部控制是(　　)。
A. 仓库只有在收到经过批准的销售单时才能供货
B. 仓库只有在收到经过批准的发运单时才能供货
C. 仓库只有在收到销售发票时才能供货
D. 仓库只有在会计部门登记销售明细账后才能供货

2. 为了防止虚假交易登记入账,被审计单位以下内部控制设计存在缺陷的是(　　)。
A. 只依据附有有效装运凭证和销售单的销售发票记录销售
B. 控制所有事先连续编号的销售发票
C. 独立检查已处理销售发票上的销售金额与会计记录金额的一致性
D. 定期向客户寄送对账单,并要求客户将任何例外情况直接向指定的未执行或记录销售交易的会计主管报告

3. 被审计单位针对销售交易以下内部控制设计不合理的是(　　)。
A. 在签订销售合同前,应当由两名以上人员负责谈判并签订合同
B. 在办理销售、发运、收款时应当由不同部门分别执行

C. 企业应收票据的取得和贴现由保管票据以外的人员批准

D. 赊销审批和销售审批由不同人员执行

4. 下列凭证中,不属于销售与收款循环的是(　　)。

A. 销售发票　　B. 发货单　　C. 销售通知单　　D. 存货盘点表

5. 为了确保所有发出的货物均已开具发票,注册会计师应从本年度的(　　)中抽取样本,与相关的发票核对。

A. 货运文件　　B. 销售合同　　C. 销售订单　　D. 销售记账凭证

6. 为了证实已发生的销售业务是否均已登记入账,有效的做法是(　　)。

A. 只审查销售日记账　　B. 由日记账追查有关原始凭证

C. 只审查有关原始凭证　　D. 由有关原始凭证追查销售日记账

7. 应收账款函证的回函应当(　　)。

A. 寄给被审计单位

B. 寄给被审计单位,并由被审计单位转交会计师事务所

C. 寄给会计师事务所

D. 寄给被审计单位或会计师事务所均可

8. 下列内容不属于应收账款实质性程序的是(　　)。

A. 获取或编制应收账款明细表

B. 分析应收账款账龄

C. 核对货运文件样本与相关的销售发票

D. 抽查有无不属于结算业务的债权

二、多项选择题

1. 注册会计师在设计细节测试程序时,针对被审计单位应收账款的完整性认定,应选择的程序有(　　)。

A. 以应收账款明细账为起点,追查到发运凭证

B. 以销售发票为起点,追查到应收账款明细账

C. 以发运凭证为起点,追查到应收账款明细账

D. 既可以从应收账款明细账追查到原始凭证,也可以从原始凭证追查到应收账款明细账

2. 由于购销双方登记入账的时间不同而使注册会计师收回的询证函产生差异,其主要表现包括(　　)。

A. 货物仍在途中,债务人尚未收到货物或未经验收入库

B. 债务人对收到货物的数量、质量及价格等有争议而全部或部分拒付货款

C. 记账错误

D. 债务人在函证日前已付款,而被审计单位在函证日前尚未收到款项

3. 注册会计师应采用积极式的询证函的情况包括(　　)。

A. 上年度的积极式函证回复率特别低

B. 少数几个大额账户占应收账款总额比重大

C. 余额较大的债务人

D. 被审计单位内部控制有效

4. 注册会计师对被审计单位已发生的销货业务是否均已登记入账进行审计时,常用的控

制测试程序有(　　)。

A. 检查发运凭证连续编号的完整性　　B. 检查赊销业务是否经适当的授权批准

C. 检查销售发票连续编号的完整性　　D. 观察已经寄出的对账单的完整性

5. 注册会计师确定应收账款函证数量的大小、范围时,应考虑的主要因素有(　　)。

A. 应收账款在全部资产中的重要性　　B. 被审计单位内部控制的强弱

C. 以前年度的函证结果　　D. 函证方式的选择

三、判断题

1. 应收账款函证的样本应由注册会计师和被审计单位共同商定,并由被审计单位的职员负责寄出询证函。(　　)

2. 为了充分发挥函证的作用,通常应选择与资产负债表接近的时间进行函证。(　　)

3. 注册会计师采用积极式函证方式进行函证时,要求被函证者不同意询证函列示信息的情况下才予以回函。(　　)

4. 对期末余额较大的应收账款,审计人员往往应采取积极式函证方式。(　　)

5. 注册会计师通过对应收账款进行函证,可以对有关债权回收的可能性做出合理的结论。(　　)

6. 如果函证的应收账款无差异,则表明全部应收账款余额正确。(　　)

7. 检查发货单、销售发票是否事先编号并按编号的先后顺序使用是为了验证主营业务收入的完整性认定。(　　)

8. 对大额逾期应收账款如无法获取询证函回函,则注册会计师应检查与销货有关的销售订单、发票、发运凭证等文件。(　　)

四、案例分析题

1. 以下是注册会计师在甲公司2022年度财务报表审计过程中发现的销售与收款循环存在的部分问题:

(1)销售部门根据顾客订单填制事先编号的、一式三联的销售单。经销售部门负责人核准后,销售单的第一联直接送仓库,第二联交会计部门,第三联由销售部门留存。

(2)会计部门相关人员负责在电算化信息系统中录入与应收账款交易相关的基础数据。负责系统维护管理的信息技术部门拥有修改应收账款基础数据的权限。应收账款账龄分析由计算机自动完成。

(3)注册会计师发现主营业务收入明细账记录的2022年12月31日最后一笔销售业务对应的发货单和销售发票填制日期均为12月31日,发货单编号为9236号;2023年1月1日第一笔销售业务对应的发货单和销售发票填制日期均为1月1日,发货单编号为9235号。财务人员的解释是,上述两笔业务的相关商品均在2023年1月1日发出,但由于2022年12月31日最后一笔业务的客户要求的发货时间为12月31日,故将9236号发货单和相关销售发票日期填制为12月31日。

要求:分别指出上述事项可能导致的错误(或舞弊)、公司为防止错误(或舞弊)再发生需设立的内部控制程序、注册会计师为发现错误(或舞弊)需执行的实质性程序。

2. A注册会计师负责对甲公司2022年度财务报表进行审计。A注册会计师了解到,甲公司将客户验货签收作为销售收入确认的时点,部分与销售相关的控制内容摘录如下:

(1)每笔销售业务均需与客户签订销售合同；

(2)赊销业务需由专人进行信用审批；

(3)仓库只有在收到经批准的发货通知单时才能供货；

(4)负责开具发票的人员无权修改开票系统中已设置好的商品价目表；

(5)财务人员根据核对一致的销售合同、客户签收单和销售发票编制记账凭证并确认销售收入；

(6)每月末，由独立人员对应收账款明细账和总账进行调节。

要求：

(1)针对上述(1)～(6)项所列控制，逐项指出是否与销售收入的发生认定直接相关。

(2)从所选出的与销售收入的发生认定直接相关的控制中，选出一项最应当测试的控制，并简要说明理由。

补充测试题

第十章　采购与付款循环审计

【学习目标】

熟悉采购业务和付款业务的主要凭证和记录；熟悉采购业务和付款业务的内部控制，了解采购业务和付款业务的内部控制测试；测试掌握采购业务和付款业务的实质性程序。

【学习重点】

采购业务和付款业务的实质性程序。

【导入案例】

不可能的产量、不可能的价格、不可能的产品

银广夏公司全称为广夏（银川）实业股份有限公司，现证券简称为西部创业（000557）。1994年6月上市的银广夏公司，曾因其骄人的业绩和诱人的前景而被称为“中国第一蓝筹股”。2001年8月，《财经》杂志发表《银广夏陷阱》一文，银广夏虚构财务报表事件被曝光。专家意见认为，天津广夏出口德国诚信贸易公司的为“不可能的产量、不可能的价格、不可能的产品”。以天津广夏萃取设备的产能，即使通宵达旦运作，也生产不出所宣称的数量；天津广夏萃取产品出口价格高到近乎荒谬；对德出口合同中的某些产品，根本不能用二氧化碳超临界萃取设备提取。

2002年5月中国证监会对银广夏的行政处罚决定书认定，公司自1998年至2001年期间累计虚增利润77 156.70万元。从原料购进到生产、销售、出口等环节，公司伪造了全部单据，包括销售合同和发票、银行票据、海关出口报关单和所得税免税文件。2001年9月后，因涉及银广夏利润造假案，深圳中天勤这家审计上市公司财务报表的会计师事务所实际上已经解体。财政部亦于9月初宣布，拟吊销签字注册会计师刘加荣、徐林文的注册会计师资格；吊销中天勤会计师事务所的执业资格，并会同证监会吊销其证券、期货相关业务许可证，同时，将追究中天勤会计师事务所负责人的责任。

请扫码阅读完整案例资料，然后思考以下问题：

1. 银广夏的造假事件说明其内部控制存在哪些缺陷？
2. 上市公司应如何完善内部控制以防范类似的造假行为产生？
3. 银广夏的造假事件会带来哪些财务表现？
4. 注册会计师可以采用哪些审计程序去发现银广夏的采购造假事件？

第一节　采购与付款循环概述

一、采购与付款循环的主要业务活动

采购与付款业务是指企业采购原材料、低值易耗品、包装物、固定资产等资产项目并支付相关款项的经营活动。采购业务是由填制请购单开始，经主管人员审批后选取供应商并填写采购单、验收入库、登记购货业务，最终支付款项并登记付款业务而结束。

(一)请购

生产部门或仓库保管员等根据需要填制一式两联的请购单交至采购部门，经主管人员审核批准后，采购部门填制订购单或准备购货合同。请购单是证明有关采购交易“发生”认定的凭据之一，也是采购交易轨迹的起点。

(二)采购

采购人员从公司事先确定的供应商名单中选取一家供应商，根据经审核的请购单填制一式四联的订购单(或与之签订购物合同)。订购单(或购物合同)的第一联交给供应商，第二联交给仓库的验收人员，第三联交给会计人员，第四联由采购部门留存。

订购单应正确填写所需要的商品品名、数量、价格、厂商名称和地址等，预先予以编号并经过被授权的采购人员的签名。之后，应独立检查订购单的处理，以确定是否确实收到商品并正确入账。这项检查与采购交易的“完整性”认定相关。

(三)验收入库

货物送达企业后，应由仓库人员根据订购单(或购物合同)上的数量、规格、型号进行验收，填制一式两联的入库单。第一联交给会计人员，入库单的第二联和订购单的第二联由仓库保存。定期独立检查验收单的顺序以确定每笔采购交易都已编制凭单，与采购交易的“完整性”认定有关。

(四)登记购货业务

财务部门的会计人员在收到请购单的第一联、订购单的第三联、入库单的第一联以及购货发票后，将上述四种凭证上的品名、数量、单价进行核对，并重新核对购货发票计算的正确性。核对无误后，会计人员填制一式两联的应付凭单，并且编制记账凭证，登记应付账款明细账和原材料明细账等。同时，会计人员将请购单的第一联、订购单的第三联、入库单的第一联、购货发票、应付凭单的第一联转交出纳。

(五)支付款项

在企业与供应商约定的付款日，出纳在请购单的第一联、订购单的第三联、入库单的第一联、购货发票、应付凭单的第一联核对无误的情况下，开出支票，并交由会计主管签发支票，然后将支票交给供应商。

(六)登记付款业务

出纳根据支票存根编制付款凭证，登记银行存款日记账，会计人员根据付款业务登记应付账款明细账。

二、采购与付款循环涉及的主要凭证和账簿资料

（一）请购单

请购单是由资产的使用部门或仓库管理部门填写，用于申请购买商品、劳务或其他资产的书面凭证。

（二）订购单

订购单是由采购部门填写，用来记录企业要向供应商购买订购单上所指定的商品、劳务或其他资产的名称、数量及有关资料的书面凭证。

（三）验收单

验收单是企业收到商品、资产时所编制，用来记录收到的商品、资产的名称、种类、收到数量及其他资料的凭证。

（四）卖方发票

卖方发票是供应商开具，交给买方以载明发运的货物或提供的劳务、应付款金额和付款条件以及开单日期等事项的凭证。

（五）付款凭单

付款凭单是载明已收到商品、资产或接受劳务的厂商、应付款金额和付款日期的凭证，是企业内部记录和支付负债的授权证明文件。

（六）付款凭证和转账凭证

付款凭证包括现金付款凭证和银行存款付款凭证，是用来记录现金和银行存款支出业务的记账凭证。转账凭证是记录转账业务的记账凭证，它根据有关转账业务的原始凭证编制。

（七）应付账款明细账和库存现金、银行存款日记账

企业通常应按供货单位设置应付账款明细账，用来记录企业向各供货单位的赊购金额、货款支付及应付账款金额等内容。货款的支付应及时登记库存现金日记账和银行存款日记账。

（八）卖方对账单

卖方对账单是由供货方按月编制，标明期初余额、本期购买、本期支付给卖方的款项和期末余额的凭证。卖方对账单是供货方对有关业务的陈述，如果不考虑买卖双方在收发货物上可能存在的时间差等因素，其期末余额通常与采购方相应的应付账款的期末余额一致。

三、采购与付款循环的审计目标

采购与付款业务审计的总目标是评价采购与付款循环影响的各账户余额是否按照适用会计准则进行了公允反映，具体为：

(1)确定已发生的购货与付款业务记录的完整性。由于少计或漏计应付账款而低估负债是被审计单位常见的舞弊手段，所以完整性是采购与付款循环审计的重要目标。

(2)确定采购与付款业务记录的资产是否归被审计单位所有，记录的负债是否是被审计单位承担的义务。

(3)确定采购与付款业务的真实性，主要包括两个方面：一方面是确定记录的采购与付款业务是否发生在被审计的会计期间；另一方面是确定采购与付款业务是否真实存在。

(4)确定采购与付款循环的估价或分摊是否正确，主要包括两个方面：一是确定采购金额

和付款金额是否正确；二是确定采购与付款业务涉及的账户期末余额是否正确。

(5)确定采购与付款业务所涉及的报表项目分类、表达和披露是否恰当。

第二节　采购与付款循环的内部控制及控制测试

一、采购与付款循环的内部控制

企业采购与付款循环的内部控制应围绕主要业务活动展开，并贯彻不相容职务相分离的原则，使不同的职能分别由不同的部门或人员负责，从而加强内部牵制，有效防止错误和舞弊行为的发生。

采购与付款循环主要业务活动中，主要的交易流程和可能的错报环节及其控制点如表10－1所示。

表10－1　采购与付款循环的主要交易流程及关键控制点

交易流程	可能的错报	关键控制点
请购商品和劳务	可能请购过多的商品	由经授权的专门机构或人员填制请购单；每张请购单应经过对这类支出负预算职责的主管人员签字批准
编制订购单	可能有未授权的采购	订购单一式多联，并预先连续编号，由经授权的采购人员签名
验收商品	可能收到未订购的商品；收到的商品的品种、数量、质量可能不符合要求	收到货物时，应由独立于采购、仓储、运输职能的验收部门或人员点收，根据订购单验收商品，并编制一式多联的验收报告
存储已验收的商品	商品可能被盗走	将保管和采购的其他职责相分离；只有经过授权的人员才能接近保管的资产
编制付款凭单	可能对未订购的商品或未收到的商品编制凭单	每张凭单应与订购单、验收单和供应商发票相匹配
记录负债	凭单可能未入账	独立检查每日的凭单汇总表和有关记账凭证上的金额的一致性
支付负债	可能对一张凭单重复付款；支票金额可能开错	支票签发后应立即注销已付款凭单和支付性凭证；独立检查支票金额与凭单的一致性
记录现金支出	支票可能未入账；记录支票时间可能出错	使用和控制预先编号的支票；定期独立编制银行存款调节表

审计人员通过查阅被审计单位的有关规章制度、文件资料，向有关人员询问或现场调查等方式，了解被审计单位采购与付款循环的内部控制制度，并运用适当的方法进行描述，记入审计工作底稿。采购与付款循环内部控制调查表的格式如表10－2所示。固定资产内部控制调查表如表10－3所示。

表 10—2　　**采购与付款循环内部控制调查表**

索引号：

被审计单位名称：　　编制人：　　编制日期：
会计期间：　　复核人：　　复核日期：

调查问题	是	否	不适用	备注
1. 是否所有的购货都编制了请购单?				
2. 所有的请购单都经授权了吗?				
3. 所有的购货交易都经采购部门批准了吗?				
4. 订购单是否只根据已批准的请购单编制?				
5. 是否使用预先编号的订购单,编号的连续性是否定期检查?				
6. 采购价格是否经负责的管理人员批准?				
7. 采购部门是否独立于验收部门和会计部门?				
8. 收到货物后,采购部门是否核对订购单和验收报告?				
9. 是否所有验收的商品都编制了预先编号的验收单?				
10. 所有的商品是否都由独立验收部门验收,并与订购单核对?				
11. 商品由验收部门运至仓库是否经过复检?				
12. 批准付款前,是否需要将购货发票与请购单、验收单核对?				
13. 购货发票是否与所附单据中记载的供应商、价格、数量和条件核对?				
14. 是否检验了购货发票的计算准确性?				
15. 是否使用了预先编号的付款凭单,并附有有关单据?				
16. 付款前是否必须首先核准所有的付款凭单?				
17. 签发支票时,是否复核附属单据,并加盖“付讫”字样?				
18. 每月的客户对账单是否与应付账款账户对账?				
问题与评价				

表 10—3　　**固定资产内部控制调查表**

索引号：

被审计单位名称：　　编制人：　　编制日期：
会计期间：　　复核人：　　复核日期：

调查问题	是	否	不适用	备注
1. 固定资产的购入是否有适当的授权,并经董事会批准?				
2. 是否编制固定资产年度预算计划?				
3. 固定资产购买或评估审批时是否考虑成本、种类、性能等?				
4. 自制固定资产的成本是否按工作单累计?				
5. 资本性支出与收益性支出的标准是否易于区别?				
6. 固定资产总分类账户是否均有明细记录?				

续表

调查问题	是	否	不适用	备注
7. 固定资产是否定期盘存？是否与明细记录核对？				
8. 固定资产是否按历史成本法、评估价值和其他方法计价？				
9. 固定资产出售、毁损、报废、清理等是否经过技术鉴定和审批？				
10. 固定资产的折旧政策是否符合规定，前后期是否一贯？				
11. 固定资产是否全部投保？				
12. 已提完折旧资产超期使用时，是否仍在资产账内？				
13. 小型工具是否妥善保管？				
问题与评价				

根据上述调查表，可以了解被审计单位在采购与付款循环内部控制方面存在的薄弱环节，审计人员可以执行穿行测试，以证实对交易流程和相关控制的了解是否正确和完整，并对其控制风险做出初步的评价。如果被审计单位的相关内部控制不存在，或者被审计单位的相关内部控制未得到有效执行，则注册会计师不应再继续实施控制测试，而应直接实施实质性程序。

二、采购与付款循环的控制测试

(一)检查采购与付款业务的业务凭证

审计人员从采购部门的业务档案中抽取订货样本，索取其采购与付款业务的各种凭证与记录，沿着采购业务的正常程序加以追踪，进行如下的检查：

(1)检查每一笔采购业务是否均有请购单、订购单、购货发票和验收单，核对请购单、订购单、购货发票和验收单是否一致。

(2)检查请购单、订购单和验收单的编制和购货发票的核对及付款是否有适当的职责分工。

(3)检查每一笔采购业务的请购单、订购单及付款是否经过适当授权审批。

(4)核对请购单与订购单是否一致，请购单和订购单是否连续编号。

(5)核对采购合同上确定的价格、付款日期与财会部门核准的支付条件是否一致。

(6)检查合同是否经过有关部门审查，核对购货发票上所购物品的数量、规格、品种与合同是否一致。

(二)检查采购与付款业务的账务处理

从请购单、订购单、购货发票和验收发票等原始凭证追查至应付账款明细账与总账、库存现金日记账、银行存款日记账等，以确定被审计单位编制的记账凭证是否正确，过账是否及时和正确。

(三)实地观察或询问物资的保管情况

审计人员通过询问仓库管理人员其职责情况，实地观察存货的保管情况，以确定存货是否存放在安全的地点由专人保管，并限制未经过批准的人员接触。

(四)检查账簿的核对

审计人员主要检查被审计单位是否定期核对采购与付款业务相关的明细账和总账，是否定期与供应商核对相关记录。

第三节　采购与付款循环的实质性程序

一、应付账款的实质性程序

应付账款的实质性程序主要包括以下内容：

（一）获取或编制应付账款明细表

注册会计师应获取或编制应付账款明细表（如表 10—4 所示），复核其加计是否正确，并将明细表数与明细账、报表进行核对，在连续审计的情况下，还应将应付账款的期初余额与上期的工作底稿进行核对。

表 10—4　　**应付账款明细表**　　索引号：A24—1

被审计单位名称：华夏公司　　编制人：王五　　编制日期：2023 年 2 月 19 日

会计期间：2022 年度　　复核人：赵六　　复核日期：2023 年 2 月 21 日

单位：元

明细科目	未审数	调整数	重分类	审定数
A	356 000	113 000（A24—3）		469 000
B	556 000			556 000
C	58 050			58 050
D	（200 000）		200 000（A24—5）	—
合计	77 050	113 000	200 000	1 083 050

对应付账款明细表中的内容进行核查的过程中，要重点关注两个内容：（1）分析有借方余额的明细账目，查明原因，必要时做重分类调整；（2）确定有无不属于应付账款核算范围的款项被计入应付账款的情况，必要时做重分类调整。

（二）分析程序

（1）将本年度应付账款的期末余额与年初余额相比较，如出现异常变动（主要供应商的变化、借方余额所占比重变化、账龄分析等），应调查原因。

（2）详细分析重要供货商的应付账款变动趋势，可将重要往来账户的发生额与上年同期相比较。

（三）抽查若干重要的供应商明细记录

注册会计师应抽取若干发生额（或余额）较大以及账户余额为 0 的供应商的对账单。如果对账单余额与应付账款明细账余额存在差异，应要求被审计单位根据对账单余额和相应应付账款明细账余额编制调节表，并要求其解释调节表中出现的大额调节项目和异常迹象的调节项目，注册会计师也可以根据实际情况确定是否需要对这些项目进行详细调查。

（四）审查期后付款

审查期后（资产负债表日后至审计外勤结束日止）的付款情况，确定是否存在被审计期间未入账的负债。

（五）函证应付账款

应付账款通常应采用积极式函证的方法。函证的对象包括应付账款明细账余额较大的供货商、本期与被审计单位有较大额的业务往来但应付账款余额较小的供货商、未能提供对账单的供货商等。

在被审计单位控制风险较高的情况下，注册会计师也有必要对应付账款进行函证。同时，注册会计师必须对函证的过程（包括选取需要函证的账户、询证函的起草、寄发和收回）进行控制，要求债权人直接回函，并根据回函情况编制与分析函证结果汇总表，对未回函的，应考虑是否再次函证。

如果存在未回函的重大项目，注册会计师应采用替代审计程序。比如，可以检查决算日后应付账款明细账及库存现金和银行存款日记账，核实其是否已支付，同时检查该笔债务的相关凭证资料，核实应付账款的真实性。

（六）截止测试

对于资产负债表日后一段时间的购货业务进行购货/应付账款截止测试（如表 10－5 所示）。通过审核应付账款明细账、入库单、发票和其他相关凭证来确定购货是否记录在正确的期间内。

表 10－5 **购货截止测试检查表** 索引号：A24－3

被审计单位名称：华夏公司 编制人：王五 编制日期：2023 年 2 月 22 日

会计期间：2022 年度 复核人：赵六 复核日期：2023 年 2 月 23 日

序号	订单编号	购货发票				入库单				记账凭证			过账		备注
		日期	发票编号	1	2	日期	编号	3	4	日期	5	6	7	8	
1	111	12/30	9527	√	√	12/30	101	√	√	12/30	√	√	√	√	
2	112	12/31	9528	√	√	12/31	102	√	√	12/31	√	√	√	√	
3	113	12/31	9529	√	√	12/31	103	√	√	12/31	√	√	√	√	
4	114	12/31	9530	√	√	12/31	104	√	√	01/02	√	×	√	√	
5	115	01/02	9531	√	√	01/02	105	√	√	01/03	√	√	√	√	
	…	…	…			…	…			…					

核对说明：
1. 发票所列货名、型号、规格、数量、金额与订购单核对一致；
2. 发票入账前经主管人员审核批准；
3. 入库单货名、型号、规格、数量、金额与发票核对一致；
4. 入库商品已填制预先编号的验收单；
5. 记账凭证分录正确；
6. 记账凭证时间、金额与发票核对一致；
7. 已过入原材料、应付账款明细账；
8. 已过入原材料、应付账款总账。

审计说明：

抽查 2022 年 12 月 31 日前后一周内的材料采购业务，发现＃114 订单的入账时间有误，涉及金额 117 000 元，应编制调整分录：

借：原材料 100 000

应交税费——应交增值税（进项税额） 13 000

贷：应付账款 113 000

（七）确定应付账款的报表列示是否恰当

资产负债表中的"应付账款"项目应根据"应付账款"账户所属各明细账户的期末贷方余额合计填列。对于应付账款明细账中的借方余额，应提请客户进行重分类调整，反映在资产负债表中的"预付账款"。

二、固定资产的实质性程序

固定资产的实质性程序主要包括以下内容：

（一）获取或编制固定资产和累计折旧分类汇总表

固定资产和累计折旧分类汇总表是固定资产审计的重要工作底稿，是分析固定资产账户余额变动情况的重要依据。审计人员应当注意复核固定资产及其累计折旧分类汇总表的加计数是否正确，并与明细账合计余额和总账的余额核对相符，结合累计折旧审计与报表数核对相符。固定资产和累计折旧分类汇总表如10—6所示。

表10—6　　固定资产和累计折旧分类汇总表

索引号：

被审计单位名称：　　编制人：　　编制日期：

会计期间：　　复核人：　　复核日期：

固定资产类别	固定资产					累计折旧				
	期初余额	本期增加	本期减少	期末余额	折旧方法	折旧率	期初余额	本期增加	本期减少	期末余额
合计										

（二）分析程序

固定资产的分析程序包括：(1)本期折旧费用、维修费用分别与历史数据进行比较；(2)预算中的资本性支出与实际情况进行比较；(3)进行比率分析，并与本企业的历史数据和同行业的平均水平比较。华夏公司2021年和2022年若干固定资产财务比率比较情况如表10—7所示。

表10—7　　固定资产的分析程序

财务比率	计算公式	华夏公司2021年度	华夏公司2022年度
固定资产周转率	主营业务收入/固定资产平均余额	5.28	4.93
固定资产报酬率	净利润/固定资产平均余额	0.47	0.56
固定资产与所有者权益之比	固定资产/所有者权益	0.26	0.29

（三）检查新增固定资产

固定资产的增加有多种渠道，如购置、自行建造、接受捐赠、接受投资等。在会计期末，针对新增固定资产的审查主要从以下两个方面着手：

(1)确定新增固定资产的会计记录是否正确。抽查与新增固定资产有关的发票，及其他原始凭证，凭证手续是否齐备；其计价是否正确；是否已登记入账。

(2)确定新增固定资产是否真实存在。从固定资产明细账中抽查一定的样本，然后进行实地观察，可以发现高估资产的问题；将实地抽查的部分新增固定资产与固定资产明细账进行核对，则有可能发现低估资产的问题。

检查新增固定资产的相关工作底稿如表10—8所示。

表 10—8　　新增固定资产抽查情况表　　索引号:A27—1

被审计单位名称:华夏公司　　编制人:张三　　日期:2023 年 2 月 27 日

会计期间:2022 年度　　复核人:李四　　日期:2023 年 2 月 28 日

单位:元

名称	编号	账面数量	账面原值	盘点数量	账实相符(√)	记账凭证编号	计价正确(√)	所有权	备注
电脑	A11	4	34 000	4	√	10—2	√	√	
货车	B04	1	50 000	1	√	11—9	√	√	
…									
…									

(四)检查固定资产的减少

固定资产的减少包括出售、报废、毁损、对外投资、对外捐赠等多种类型。要确定固定资产的减少是否合理,首先根据董事会和其他管理部门的会议记录,确认重要资产处理的合理性;然后通过抽查有关原始凭证及相关的会计记录,确定固定资产的减少是否有授权批准,会计处理是否正确。

(五)确定固定资产的折旧计算是否正确

注册会计师应在了解被审单位固定资产折旧政策的基础上,复核本期折旧范围是否合理,折旧金额是否正确。

《企业会计准则第 4 号——固定资产》允许企业采用的折旧方法包括年限平均法、工作量法、双倍余额递减法、年数总和法等。注册会计师需要注意:被审计单位的折旧方法选择是否恰当;折旧方法在被审计年度是否发生变动;折旧年限和残值的估计是否合理;折旧金额的计算是否正确;会计处理是否正确。

(六)确定固定资产的维修保养费用处理是否正确

抽查固定资产明细账、待摊费用等账户,确定被审计单位资本性支出与收益性支出的划分是否恰当,维护保养费用的账务处理是否合理。

(七)确定固定资产减值准备的计提是否恰当

根据《企业会计准则第 8 号——资产减值》的规定,企业应当在资产负债表日判断资产是否存在可能发生减值的迹象。存在下列迹象,表明固定资产可能发生了减值:(1)固定资产当期市价大幅度下跌,其跌幅明显高于因时间推移或正常使用而预计的下跌;(2)企业经营所处的经济、技术或法律等环境及固定资产所处的市场在当期或将在近期发生重大变化,对企业产生不利影响;(3)市场利率或其他市场投资回报率在当期已经提高,影响企业计算固定资产预计未来现金流量现值的折现率,导致固定资产可收回金额大幅度降低;(4)有证据表明固定资产陈旧过时或者其实体已经损坏;(5)固定资产已经或者将被闲置、终止使用或者计划提前处置;(6)企业内部报告的证据表明固定资产的经济绩效已经低于或者将低于预期,如固定资产所创造的净现金流量或者实现的营业利润(或者损失)远远低于(或者高于)预计金额等;(7)其他表明资产可能已经发生减值的迹象。

如固定资产存在减值迹象,导致其可收回金额低于账面价值的,应将固定资产的账面金额减记至可收回金额,将减记的金额确认为固定资产减值损失,计入当期损益,同时计提相应的固定资产减值准备。固定资产减值损失一经确认,在以后会计期间不得转回。处置固定资产时原计提的减值准备应同时结转。

(八)确定固定资产和累计折旧等项目在资产负债表上的列示是否恰当

注册会计师应当根据前述各项审计内容，结合累计折旧的审计，确定资产负债表上有关固定资产数据的正确性，并注意固定资产的确认条件、分类、计价方法和折旧方法等是否已在财务报表附注中做恰当披露。

自我测试题

一、单项选择题

1. 采购与付款循环的审计中，对于请购单的处理，正确的是(　　)。

A. 请购单只能由仓库负责填写

B. 大多数企业对正常经营所需物资的购买均作特别授权

C. 租赁合同和资本支出，企业通常不要求作特别授权

D. 每张请购单必须经过对这类支出预算负责的主管人员签字批准

2. 独立检查订购单的处理，确定是否确实收到商品并正确入账，这项检查与采购交易的(　　)认定有关。

A. 发生　　B. 完整性　　C. 准确性　　D. 截止

3. 注册会计师在常用的控制测试中通常会用到检查内部核查的标记，这项控制测试通常不会涉及的认定是(　　)。

A. 发生　　B. 完整性　　C. 准确性　　D. 截止

4. 在审查固定资产增加项目时，对于盘盈的固定资产，审计人员应审查其是否(　　)。

A. 已按重置完全价值入账　　B. 已按资产评估价值入账

C. 已按实际成本价入账　　D. 已按现值法计算的价值入账

5. 固定资产审计目标一般不包括(　　)。

A. 固定资产是否存在

B. 固定资产的预算是否合理

C. 固定资产是否归被审计单位所有

D. 固定资产的期末余额是否正确

6. 应付票据的审计目标一般不包括确定(　　)。

A. 应付票据的所有权

B. 应付票据的发生和偿还记录是否完整

C. 应付票据期末余额是否正确

D. 应付票据在财务报表上的披露是否恰当

7. 对于资产类项目审计和负债类项目审计来说，两者的最大区别是(　　)。

A. 资产类项目审计侧重于审查所有权，而负债类项目审计侧重于审查义务

B. 资产类项目审计侧重于应收账款，而负债类项目审计侧重于应付账款

C. 资产类项目审计侧重于防高估和虚列，而负债类项目审计侧重于防低估和漏列

D. 资产类项目审计与损益无关，而负债类项目审计与损益有关

8. 在审计人员为审查被审计单位未入账负债而实施的下列审计程序中，最有效的是（　　）。

A. 审查资产负债表日后货币资金支出情况

B. 审查资产负债表日前后几天的购货发票

C. 审查应付账款、应付票据的函证回函

D. 审查购货发票与债权人名单

二、多项选择题

1. 采购与付款循环的主要业务活动包括（　　）。

A. 请购商品和劳务　　B. 对外订购

C. 验收商品　　D. 付款、记账

2. 注册会计师根据被审计单位实际情况，对应付账款进行分析程序，主要包括（　　）。

A. 对本期末应付账款余额与上期期末余额进行比较，分析其波动原因

B. 对本期末应付账款构成、账龄与上期期末进行比较，分析其波动原因

C. 分析长期挂账的应付账款，要求被审计单位做出解释，判断被审计单位是否缺乏偿债能力或利用应付账款隐瞒利润

D. 计算应付账款对存货的比率、应付账款对流动负债的比率，并与以前期间对比分析，评价应付账款整体的合理性

3. 下列各类凭证中，属于采购与付款循环涉及的主要凭证有（　　）。

A. 请购单　　B. 订购单

C. 验收单　　D. 付款凭单

4. 注册会计师在验证资产负债表日应付账款是否真实存在时，通常实施的审计程序有（　　）。

A. 将应付账款清单加总

B. 从应付账款清单追查卖方发票和卖方对账单

C. 函证应付账款，重点是大额、异常项目

D. 对未列入本期的负债进行测试

5. 固定资产的审计目标应包括（　　）。

A. 确定固定资产是否存在

B. 确定固定资产及其累计折旧增减变动是否完整

C. 确定固定资产预算是否合理

D. 确定固定资产计价的期末余额是否正确

三、判断题

1. 审计人员在审查应付账款时，应查实企业所有在年度决算日以前收到的赊购发票均已计入当年度应付账款。（　　）

2. 实施实地观察审计程序时，审计人员可以以固定资产明细账为起点，进行实地追查，以证明会计记录中所列固定资产确实存在，并了解其目前的使用状况；也可以以实地为起点，追查至固定资产明细分类账，以获取实际存在的固定资产均已入账的证据。（　　）

3. 对于融资租入的固定资产应登入备查簿。（　　）

4. 即使某一应付账款明细账户年末余额为零，审计人员仍然可以将其列为函证对象。（　　）

5. 注册会计师对固定资产进行实地观察时，可以固定资产明细分类账为起点，重点观察本期新增加的重要固定资产。（　　）

6. 长期应付款的审计目标不包括未确认融资费用是否存在。（　　）

7. 对于应付账款的函证，最好的函证方式是积极式的函证。（　　）

8. 对购入固定资产审计人员实地观察的重点是本期新增加的。（　　）

四、案例分析题

B股份有限公司（以下简称B公司）产品采购以B公司仓库为交货地点。B公司目前主要采用手工会计系统。C和D注册会计师负责于2022年10月25日至11月10日对B公司的内部控制进行了解、测试与评价。

(1)对需要购买的已经列入存货清单的项目由仓库负责填写请购单，对未列入存货清单的由相关需求部门填写请购单。请购单未设置编号，但每张请购单须由对该类采购支出负责预算的主管人员签字批准。

(2)采购部收到经批准的请购单后，由其职员E进行询价并确定供应商，再由其职员F负责编制和发出预先连续编号的订购单。订购单一式四联，经被授权的采购人员签字后，分别送交供应商、负责验收的部门、提交请购单的部门和负责采购业务结算的应付凭单部门。

(3)验收部门根据订购单上的要求对所采购的材料进行验收，完成验收后，将原材料交由仓库人员存入库房，并编制预先连续编号的验收单交仓库人员签字确认。验收单一式三联，其中两联分送应付凭单部门和仓库部门，一联留存验收部门。

(4)应付凭单部门核对供应商发票、验收单和订购单，并编制预先连续编号的付款凭单。会计部门收到附有供应商发票的付款凭单后即应及时编制有关的记账凭证，并登记原材料和应付账款账簿。

要求：针对资料中第(1)至第(4)项，判断B公司的内部控制程序在设计上是否存在缺陷。请分别予以指出，并简要说明理由，如果存在缺陷，提出改进建议。

补充测试题

第十一章　生产与存货循环审计

【学习目标】

熟悉生产与存货循环的主要凭证和记录；熟悉生产与存货循环的内部控制，了解生产与存货循环内部控制的测试；掌握存货的实质性程序。

【学习重点】

存货的实质性程序。

【导入案例】

扇贝都去哪了？

獐子岛股份有限公司（以下简称“獐子岛”）是水产养殖业重点龙头企业，獐子岛2014—2020年间共三次突发公告扇贝大规模绝收、饿死事件，引起证监会、深交所等社会各方的特别关注。

2015年，2 000人实名举报称獐子岛“冷水团事件”系“弥天大谎”，多家媒体也发文质疑公司2014年大额存货核销原因存在虚假陈述的情况，再次向獐子岛发问询函，重点关注2014年受灾是否掩盖2013年提前采捕事实。獐子岛方通过核查相关航海日志，表示未涉及有船只超出计划采捕范围或提前进入受灾区域进行采捕作业的情况，否认了相关提前采捕及虚假陈述的质疑。

2016年，为了应对可能遭遇的暂停上市的危机，獐子岛决定在该年增加利润总额。獐子岛公司将虾夷扇贝捕捞区域作为成本结转的依据时，并没有船只航海日志的证明，只是由工人填报。该公司利用这个漏洞，在成本结转时少记捕捞区域来降低营业成本；此外，2016年底獐子岛公司在年初未显示捕捞情况存在的区域进行了底播，抓住水产品生产周期长的特点掩盖之前这些区域中存货缺失的情况。根据会计核算的一贯性原则，这些区域既往库存资产应进行核销处理而该公司未销。通过上述操作，獐子岛公司虚减了营业成本6 002.99万元，虚减营业外支出7 111.78万元。

2018年证监会再次对獐子岛进行调查，借助北斗卫星还原采捕面积，经过长达两年的调查取证，最终认定獐子岛财务造假。直至2020年6月24日，证监会发布对獐子岛的行政处罚和市场禁入公告，最终调查结果显示獐子岛存在虚假披露采捕信息、违规成本结转等问题。

请扫码阅读完整案例资料，然后思考以下问题：

1. 獐子岛公司存货的内部控制存在哪些缺陷？
2. 针对生物性资产存货，该如何进行风险评估？
3. 注册会计师可以采用哪些审计程序发现这些错报？

第一节　生产与存货循环概述

一、生产与存货循环的主要业务活动

生产与存货循环反映的是企业将购入的材料经过加工最后形成半成品或产成品(库存商品)的过程。生产与存货循环所涉及的业务内容主要是存货的管理和生产成本的计算等。该循环与付款循环联系紧密，主要表现为原材料的购入；与销售与收款循环联系紧密，主要表现为产成品的销售。图 11—1 为生产与存货循环的主要业务活动的示意图。

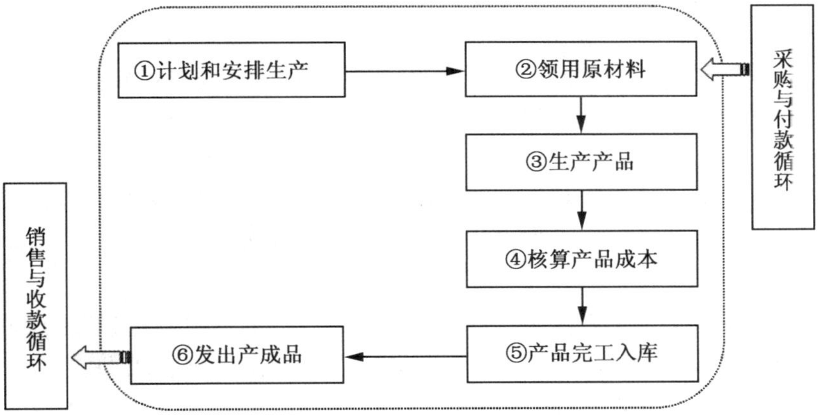

图 11—1　生产与存货循环的主要业务活动

(一)计划和安排生产

生产计划部门根据产品需求情况和自身生产能力来确定产品生产计划，并根据生产计划进行生产授权，即签发预先编号的生产通知单，同时编制材料需求报告，列示所需要的材料及其库存。

(二)领用原材料

生产部门由专人负责根据生产的需要填制领料单，向仓库领取材料。领料单上必须列示所需的材料数量和种类，以及领料部门的名称。仓库根据收到的领料单发出原材料。领料单通常一式三联，仓库发料并戳记后，将其中一联连同材料交给领料部门，另外两联经仓库登记材料明细账后，送会计部门进行材料收发核算和成本核算。

(三)生产产品

生产部门在收到生产通知单及领取原材料后，投入必要的人工成本、制造费用，进行产品的生产。在完成生产任务后，将完工的产品交验收人员查点，然后办理入库手续；或是将所完成的产品移交下一个部门，做进一步加工。

(四)核算产品成本

为了正确核算并有效控制产品成本,必须建立健全成本会计制度,将生产控制和成本核算有机结合在一起。一方面,生产过程中的各种记录、生产通知单、领料单、计工单、入库单等文件资料都要汇集到会计部门,由会计部门对其进行检查和核对,了解和控制生产过程中存货的实物流转;另一方面,会计部门要设置相应的会计账户,会同有关部门对生产过程中的成本进行核算和控制。

(五)产品完工入库

仓库在收到已完工产品时,应当进行点验和检查,然后签收。签收后,将实际入库数量通知会计部门。据此,仓库确立了本身应承担的责任,并对验收部门的工作进行验证。除此之外,仓库部门还应根据产成品的品质特征分类存放,并填制标签。

(六)发出产成品

产成品的发出须由独立的发运部门进行。装运产成品时必须持有经有关部门核准的发运通知单,并据此编制出库单。出库单至少一式四联,一联交仓库部门;一联发运部门留存;一联送交顾客;一联作为给顾客开发票的依据。

二、生产与存货循环涉及的主要凭证和会计记录

(一)生产通知单

生产通知单是企业下达制造产品等生产任务的书面文件,用以通知供应部门组织材料发放,生产车间组织产品制造,会计部门组织成本计算。

(二)领发料凭证

领发料凭证是企业为控制材料发出所采用的各种凭证,如材料发出汇总表、领料单、限额领料单、领料登记簿、退料单等。本书统一使用领料单的名称。

(三)产量和工时记录

产量和工时记录是登记工人或生产班组出勤内完成产品数量、质量和生产这些产品所耗费工时数量的原始记录。常见的产量和工时记录主要有工作通知单、工序进程单、工作班产量报告、产量通知单、产量明细表、废品通知单等。

(四)工薪汇总表及工薪费用分配表

工薪汇总表是为了反映企业全部工薪的结算情况,并据以进行工薪结算总分类核算和汇总整个企业工薪费用而编制的,它是企业进行工薪费用分配的依据。工薪费用分配表反映了各生产车间各产品应负担的生产工人工薪及福利费。

(五)材料费用分配表

材料费用分配表是用来汇总反映各生产车间的产品所耗费的材料费用的原始记录。

(六)制造费用分配汇总表

制造费用分配汇总表是用来汇总反映各生产车间各产品所应负担的制造费用的原始记录。

(七)成本计算单

成本计算单是用来归集某一成本计算对象所应承担的生产费用,计算该成本计算对象的总成本和单位成本的记录。

(八)存货明细账

存货明细账是用来反映各种存货增减变动情况和期末库存数量及相关成本信息的会计记录。存货是指企业在生产经营过程中为销售或耗用而储存的各种资产,包括购入的原材料、燃料、包装物、低值易耗品等,处于生产过程的在产品、半成品等,以及生产完工的产成品。

第二节 生产与存货循环的内部控制及控制测试

一、生产与存货循环的内部控制

生产与存货循环主要的业务活动和可能的错报环节及其关键控制点如表11—1所示。

表11—1 生产与存货循环可能的错报和关键控制点

业务活动	可能的错报	关键控制点
计划和安排生产	生产可能没有计划； 生产规模可能过量或不足； 定制生产的产品可能不符合客户的要求等	由生产计划经理签发预先按顺序编号的生产通知单； 生产开始前，获取客户对于产品设计和规格的认可
领用原材料	原材料的发出可能未经授权或者发出用于生产的原材料可能不正确； 原材料缺货可能导致生产延误； 发出的原材料可能未分配或者未正确分配到生产任务中	仓库按已批准的生产通知单和签字的领料单发出原材料； 由生产人员监督没有完成的原材料通知单，并跟进发出原材料的延误； 由生产人员分别就每个生产阶段逐个签署生产任务通知单，以表明为每一项生产任务所记录的原材料是完整和准确的
生产产品	直接人工工时可能未被记录或者未被分配至正确的生产任务； 直接机器工时可能未被记录或者未被分配至正确的任务	由管理层复核每日生产报告以及对直接人工总工时分配的调节表； 由管理层复核例外报告，并改正分配直接人工工时和机器工时中的错误
产品完工入库	仓库可能接收了生产的残次品； 仓库可能未记录接收的已完工产品	由质量控制人员检查每一生产阶段完工的存货，并签发预先按顺序编号的产成品验收单，以确保其在送达产成品仓库前符合质量标准； 仓库管理员应检查产成品验收单，并清点产成品数量，在转移单上签字
储存产成品	产成品可能被盗	对产成品进行实物保护，如仅有经授权的员工才可以进入仓库； 在产成品仓库有选择地安装监控摄像机； 由管理层持续地对存货进行盘点，并调整存货实物数量和存货余额之间的差异
核算产品成本	分配至生产的存货的成本可能存在错误，包括：分配至生产的原材料的金额发生错误；直接人工工时和机器工时未正确分配至生产任务或分配的金额不正确； 分配给在产品和产成品的间接费用成本可能没有正确计算，可能未分配至正确的生产任务，或导致应该被费用化的部分可能被计入存货成本； 已完工产品的生产成本可能没有转移到产成品中	由管理层复核每日生产报告和例外报告，并采取措施纠正在产品在各阶段转移过程中的错误和分配错误； 由管理层定期审批间接费用分配率和分配基础或分配至在产品的标准成本； 由管理层定期复核并调查标准成本差异，并根据市场中的有关销售价格考虑产品的可变现净值； 由生产管理层复核每日的产成品报告，询问并调整任何与预期不一致的成本或产量

审计人员通过查阅被审计单位的有关规章制度、文件资料，向有关人员询问或现场调查等方式，了解被审计单位生产与存货循环的内部控制制度，并运用适当的方法进行描述，记入审计工作底稿。生产与存货循环内部控制调查表的格式如表11—2所示。

表11—2　　生产与存货内部控制调查表

索引号：

被审计单位名称：　　编制人：　　编制日期：

截止日/期间：　　复核人：　　复核日期：

调查问题	是	否	不适用	备注
1. 是否由生产计划经理签发预先按顺序编号的生产通知单？				
2. 定制产品，生产开始前，是否获取客户对于产品设计和规格的认可？				
3. 仓库是否按已批准的生产单和签字的领料单发出原材料？				
4. 是否有生产人员跟进因原材料不足造成的发出原材料的延误？				
5. 是否有生产人员就每个生产阶段逐个签署生产任务通知单，以表明为每一项生产任务所记录的原材料是完整和准确的？				
6. 材料耗用汇总表是否包含在生产报告里？				
7. 是否有工时记录来记录生产产品所耗用的人工工时？				
8. 工时记录汇总表是否包括在生产报告里？				
9. 机器工时是否有专门的记录？				
10. 机器工时汇总表是否包括在生产报告里？				
11. 是否由管理层复核每日生产报告？				
12. 产品完工的各个阶段是否有质量控制人员进行检查？				
13. 是否有预先编号的验收单？				
14. 仓库管理员在收到产成品时是否在转移单上签字？				
15. 是否限制仅有经授权的员工才可以进入仓库？				
16. 是否在产成品仓库有选择地安装监控装置？				
17. 是否定期进行存货的盘点？				
18. 对于产品成本的核算，是否由管理层审批间接费用分配率和分配基础或分配至在产品的标准成本？ 是否由管理层定期复核并调查标准成本差异，并根据市场中的有关销售价格考虑产品的可变现净值？ 是否由生产管理层复核每日的产成品报告，询问并调整任何与预期不一致的成本或产量？				
19. 进行成本核算的资料是否与生产报告里的资料相调节？				
20. 结转完工产品成本的资料是否与生产报告里的资料相调节？				
结论： 生产与存货业务循环控制风险为：高(　　)　中(　　)　低(　　) 是否进行内部控制测试：是(　　)　否(　　)				

根据上述调查表，可以了解被审计单位在生产与存货循环的内部控制方面存在的薄弱环

节，了解之后，审计人员可以执行穿行测试，以证实对交易流程和相关控制的了解是否正确和完整，并对其控制风险做出初步的评价。如果被审计单位的相关内部控制不存在，或者被审计单位的相关内部控制未得到有效执行，则注册会计师不应再继续实施控制测试，而应直接实施实质性程序。

二、生产与存货循环的控制测试

(一)抽查生产通知单

针对计划和安排生产阶段，注册会计师可以抽取一定数量的生产通知单，做如下检查：

(1)检查生产通知单是否与生产计划一致。

(2)检查生产通知单是否经过批准，是否事先连续编号。

(3)对于定制生产(如适用)，生产通知单是否附有客户认可的产品设计和规格等资料。

(二)抽查领料单

针对领取原材料，注册会计师可以抽取一定数量的领料单，做如下检查：

(1)检查领料单是否经过批准，是否连续编号，并将其与生产通知单进行比较。

(2)检查领料单是否与生产报告一致，如有差异是否及时处理。

(三)抽查生产记录文件

生产记录文件包括产量和工时记录、工薪汇总表及工薪费用分配表、材料费用分配表、制造费用分配汇总表、成本计算单以及生产报告。注册会计师可以抽取一定数量的生产记录文件，进行顺查或逆查，核实信息是否一致，成本结转是否正常，如有差异是否及时处理。

(四)抽查产品的验收入库证明

针对完工产品入库，要分两个阶段即验收和入库，注册会计师可以做如下检查：

(1)抽取产成品验收单、产成品入库单并检查信息是否一致。

(2)检查仓库管理员在产成品转移单上的签字。

(五)审查对于存货报告的程序

(1)观察安保程序。

(2)观察存货控制程序，审查存货转移单。

(3)抽取原材料盘点明细表，检查其是否经适当层次复核，有关差异是否得到处理。

(4)抽取产成品存货盘点报告，检查是否经适当层次复核，有关差异是否得到处理。

(六)抽查产品成本核算的过程

成本会计制度的控制测试，包括直接材料成本控制测试、直接人工成本控制测试、制造费用控制测试和生产成本在当期完工产品与在产品之间分配的控制测试四项内容。

1. 直接材料成本控制测试

(1)对采用定额单耗的企业，可选择某一成本报告期若干种具有代表性的产品成本计算单，获取样本的生产指令或产量统计记录及其直接材料单位消耗定额，根据材料明细账或采购业务测试工作底稿中各该直接材料的单位实际成本，计算直接材料的总消耗量和总成本，与该样本成本计算单中的直接材料成本核对，并注意下列事项：生产指令是否经过授权批准；单位消耗定额和材料成本计价方法是否适当，在当年度有无重大变更。

(2)对未采用定额单耗的企业，可获取材料费用分配汇总表、材料发出汇总表(或领料单)、材料明细账(或采购业务测试工作底稿)中各该直接材料的单位成本，做如下检查：成本计算单中直接材料成本与材料费用分配汇总表中该产品负担的直接材料费用是否相符，分配标准是否合理；将抽取的材料发出汇总表或领料单中若干种直接材料的发出总量和各该种材料的实际单位成本之积，与材料费用分配汇总表中各该种材料费用进行比较，并注意领料单的签发是否经过授权批准，材料发出汇总表是否经过适当的人员复核，材料单位成本计价方法是否适当，在当年有无重大变更。

(3)对采用标准成本法的企业，获取样本的生产指令或产量统计记录、直接材料单位标准用量、直接材料标准单价及发出材料汇总表或领料单，检查下列事项：根据生产量、直接材料单位标准用量和标准单价计算的标准成本与成本计算单中的直接材料成本核对是否相符，直接材料成本差异的计算与账务处理是否正确，并注意直接材料的标准成本在当年度内有无重大变更。

2. 直接人工成本控制测试

(1)对采用计时工资制的企业，获取样本的实际工时统计记录、职员分类表和职员工薪手册(工资率)及人工费用分配汇总表，做如下检查：成本计算单中直接人工成本与人工费用分配汇总表中该样本的直接人工费用核对是否相符；样本的实际工时统计记录与人工费用分配汇总表中该样本的实际工时核对是否相符；抽取生产部门若干天的工时台账与实际工时统计记录核对是否相符；当没有实际工时统计记录时，则可根据职员分类表及职员工薪手册中的工资率，计算复核人工费用分配汇总表中该样本的直接人工费用是否合理。

(2)对采用计件工资制的企业，获取样本的产量统计报告、个人(小组)产量记录和经批准的单位工薪标准或计件工资制度，检查下列事项：根据样本的统计产量和单位工薪标准计算的人工费用与成本计算单中直接人工成本核对是否相符；抽取若干个直接人工(小组)的产量记录，检查是否被汇总计入产量统计报告。

(3)对采用标准成本法的企业，获取样本的生产指令或产量统计报告、工时统计报告和经批准的单位标准工时、标准工时工资率、直接人工的工薪汇总表等资料，检查下列事项：根据产量和单位标准工时计算的标准工时总量与标准工时工资率之积同成本计算单中直接人工成本核对是否相符；直接人工成本差异的计算与账务处理是否正确，并注意直接人工的标准成本在当年内有无重大变更。

3. 制造费用控制测试

获取样本的制造费用分配汇总表、按项目分列的制造费用明细账、与制造费用分配标准有关的统计报告及其相关原始记录，做如下检查：制造费用分配汇总表中，样本分担的制造费用与成本计算单中的制造费用核对是否相符；制造费用分配汇总表中的合计数与样本所属成本报告期的制造费用明细账总计数核对是否相符；制造费用分配汇总表选择的分配标准(机器工时数、直接人工工资、直接人工工时数、产量等)与相关的统计报告或原始记录核对是否相符，并对费用分配标准的合理性做出评估；如果企业采用预计费用分配率分配制造费用，则应针对制造费用分配过多或过少的差额，检查其是否做了适当的账务处理；如果企业采用标准成本法，则应检查样本中标准制造费用的确定是否合理，计入成本计算单的数额是否正确，制造费用差异的计算与账务处理是否正确，并注意标准制造费用在当年度内有无重大变更。

4. 生产成本在当期完工产品与在产品之间分配的控制测试

检查成本计算单中在产品数量与生产统计报告或在产品盘存表中的数量是否一致；检查在产品约当产量计算或其他分配标准是否合理；计算复核样本的总成本和单位成本，最终对当年采用的成本会计制度做出评价。

第三节　存货的实质性程序

制造业企业的生产过程、成本核算可能很复杂，在生产过程中涉及的会计科目也比较多，反映到财务报表上，影响的报表项目主要有存货、应付职工薪酬、主营业务成本等。其中主营业务成本可以通过销售业务及存货的计价测试进行验证，因此，基于重要性原则及篇幅限制的原因，本节仅对存货的实质性程序进行讲解。

一、存货审计的目标

对存货实施实质性程序，首先要明确存货审计的目标：

(1)确定存货是否存在；

(2)确定存货是否归被审计单位所有；

(3)确定存货增减变动的记录是否完整；

(4)确定存货的品质状况，存货跌价的计提是否合理；

(5)确定存货的计价方法是否恰当；

(6)确定存货年末余额是否正确；

(7)确定存货在会计报表上的披露是否恰当。

二、存货的实质性程序

为实现以上目标，注册会计师可以采用下面的实质性程序。

(一)获取或编制存货明细表

获取或编制存货明细表，复核加计正确，并与报表数、总账数及明细账数合计数核对是否相符。

(二)实施分析程序

在存货审计过程中，需要大量运用分析性程序来获取审计证据，并协助形成恰当的审计结论。主要方法是比较法和比率分析法。内容如下：

(1)比较前后各期及本年度各个月份存货余额及其构成，以评价其合理性；

(2)比较前后各期及本年度各个月份成本总额及其料、工、费构成，以评价其合理性；

(3)比较前后各期及本年度各个月份主营业务成本及其单位销售成本，以评价其合理性；

(4)比较前后各年度存货周转率、销售毛利率、存货与流动资产比等，关注异常情况，分析潜在风险。

(三)实施存货监盘

1. 存货监盘的定义和作用

存货监盘是指注册会计师现场观察被审计单位存货的盘点，并对已盘点的存货进行适当检查。存货监盘有两层含义：一是注册会计师应亲临现场观察被审计单位存货的盘点；二是在此基础上，注册会计师应根据需要抽查已盘点的存货。

出现无法实施存货监盘的特殊情况，注册会计师应当实施必要的替代程序，在绝大多数情况下都必须亲自观察存货盘点过程，实施存货监盘程序。

实施存货监盘，能获取有关期末存货数量和状况的充分、适当的审计证据；但并不能取代被审计单位管理层定期盘点存货，合理确定存货的数量和状况的责任。

存货监盘主要针对的是存货的存在认定、完整性认定以及权利和义务的认定。而在测试存货的所有权认定和完整性认定时，可能还需要实施其他审计程序。

2. 制定存货监盘计划应考虑的内容

注册会计师应当根据被审计单位存货的特点、盘存制度和存货内部控制的有效性等情况，在评价被审计单位管理层制定的存货盘点程序的基础上，编制存货监盘计划，对存货监盘做出合理安排。在编制存货监盘计划时，注册会计师需要考虑以下事项：

(1)存货项目的重要程度。存货项目的重要程度直接关系到如何恰当地分配审计资源。

(2)与存货相关的重大错报风险。例如，与时装相关的服装行业，由于服装产品的消费者对服装风格或颜色的偏好容易发生变化，因此，存货是否过时是重要的审计事项。

(3)与存货相关的内部控制。注册会计师应当了解被审计单位与存货盘点相关的内部控制。

(4)实地察看存货的存放场所。有助于熟悉在库存货及其组织管理方式，也有助于在盘点工作进行前发现潜在问题。

(5)存货盘点的时间安排。如果存货盘点在财务报表日以外的其他日期进行，注册会计师还应当实施其他审计程序，以确定存货盘点日与财务报表日之间的存货变动是否已得到恰当的记录。

(6)存货的存放地点，以确定适当的监盘地点。如果被审计单位的存货存放在多个地点，注册会计师可以要求被审计单位提供一份完整的存货存放地点清单，并考虑其完整性。

(7)被审计单位是否一贯采用永续盘存制。存货数量的盘存制度一般分为实地盘存制和永续盘存制，对于前者，注册会计师监盘安排的次数要多于后者。

(8)查阅以前年度的存货监盘工作底稿。了解被审计单位的存货情况、存货盘点程序以及其他在以前年度审计中遇到的重大问题。

(9)利用专家的工作。注册会计师可能不具备其他专业领域专长与技能。在确定资产数量或资产实物状况(如矿石堆)，或在收集特殊类别存货(如艺术品、稀有玉石、房地产、电子器件、工程设计等)的审计证据时，注册会计师可以考虑利用专家的工作。

(10)复核或与管理层讨论其存货盘点计划。

3. 存货监盘计划的主要内容

(1)存货监盘的目标、范围及时间安排。存货监盘的目标是获取被审计单位资产负债表日有关存货数量和状况的审计证据，检查存货的数量是否真实完整，是否归属被审计单位，存货是否有残次冷背状况。存货监盘范围的大小取决于存货的内容、性质以及与存货相关的内部控制的完善程度和重大错报风险的评估结果。对存放于外单位的存货，应当考虑实施适当的替代程序，以获取充分、适当的审计证据。存货监盘的时间，包括实地察看盘点现场的时间、观察存货盘点的时间和对已盘点存货实施检查的时间等，应当与被审计单位实施存货盘点的时间相协调。

(2)存货监盘的要点及关注事项。存货监盘的要点主要包括实施存货监盘程序的方法、步骤，各个环节应注意的问题以及所要解决的问题。重点关注的事项包括盘点期间的存货移动、存货的状况、存货的截止确认、存货的各个存放地点及金额等。

(3)参加存货监盘人员的分工。根据被审计单位参加存货盘点人员分工、分组情况、存货监盘工作量的大小和人员素质情况，确定参加存货监盘的人员组成，各组成人员的职责和具体的分工情况，并加强督导。

(4)检查存货的范围。根据对被审计单位存货盘点和对被审计单位内部控制的评价结果确定检查存货的范围。注册会计师在实施观察程序后，如果认为被审计单位内部控制设计良好且得到有效实施、存货盘点组织良好，可以相应缩小实施检查程序的范围。

4. 存货监盘的程序

(1)观察程序。在被审计单位盘点存货前，应当观察盘点现场，确定应纳入盘点范围的存货是否已经适当整理和排列，并附有盘点标识，防止遗漏或重复盘点。对未纳入盘点范围的存货，应当查明未纳入的原因。

(2)检查程序。对已盘点的存货进行适当检查，将检查结果与被审计单位盘点记录相核对，并形成相应记录。在实施检查程序时发现差异，很可能表明被审计单位的存货盘点在准确性或完整性方面存在错误。一方面，应当查明原因，并及时提请被审计单位更正；另一方面，应当考虑错误的潜在范围和重大程度，还可要求被审计单位重新盘点。重新盘点的范围可限于某一特殊领域的存货或特定盘点小组。

(3)需要特别关注的情况：

①存货移动情况。应当特别关注存货的移动情况，防止遗漏或重复盘点。

②存货的状况。应当特别关注存货的状况，观察被审计单位是否已经恰当区分所有残次冷背的存货。

③存货的截止。应当获取盘点日前后存货收发及移动的凭证，检查库存记录与会计记录期末截止是否正确。

(4)对特殊类型存货的监盘。对某些特殊类型的存货而言被审计单位通常使用的盘点方法和控制程序并不完全适用。这些存货通常或者没有标签，或者其数量难以估计，或者其质量难以确定，或者盘点人员无法对其移动实施控制。在这些情况下，需要运用职业判断，根据存货的实际情况，设计恰当的审计程序，可利用专家或被审计单位内部有经验人员的工作，对存货的数量和状况获取审计证据。

(5)存货监盘结束时的工作。在被审计单位存货盘点结束前，注册会计师应当：

①再次观察盘点现场，以确定所有应纳入盘点范围的存货是否均已盘点。

②取得并检查已填用、作废及未使用盘点表单的号码记录，确定其是否连续编号，查明已发放的表单是否均已收回，并与存货盘点的汇总记录进行核对。

③如果存货盘点日不是资产负债表日，注册会计师应当实施适当的审计程序，确定盘点日与资产负债表日之间存货的变动是否已得到恰当的记录。

5. 特殊情况的处理

(1)在存货盘点现场实施存货监盘不可行。如果由于存货的性质和存放地点等因素造成无法在存货盘点现场实施存货监盘，例如，存货存放在对注册会计师的安全有威胁的地点，注册会计师应当实施替代审计程序(如检查盘点日后出售盘点日之前取得或购买的特定存货的文件记录)，以获取有关存货的存在和状况的充分、适当的审计证据。

但在其他一些情况下，如果不能实施替代审计程序，或者实施替代审计程序可能无法获取有关存货的存在和状况的充分、适当的审计证据，注册会计师需要按照《中国注册会计师审计准则第 1502 号——在审计报告中发表非无保留意见》的规定发表非无保留意见。

(2)因不可预见的情况导致无法在存货盘点现场实施监盘。不可预见的情况通常不可预见，不过比较常见的两种情况包括：一是注册会计师无法亲临现场，即由于不可抗力导致其无法到达存货存放地实施存货监盘；二是气候因素，即由于恶劣的天气导致注册会计师无法实施存货监盘程序，或由于恶劣的天气无法观察存货，如木材被积雪覆盖。如果由于不可预见的情况无法在存货盘点现场实施监盘，注册会计师应当另择日期实施监盘，并对间隔期内发生的交易实施审计程序。

(3)由第三方保管或控制的存货。如果由第三方保管或控制的存货对财务报表是重要的，注册会计师应当实施审计程序，以获取有关该存货存在和状况的充分、适当的审计证据。包括向持有被审计单位存货的第三方函证存货的数量和状况；实施检查或其他适合具体情况的审计程序。考虑到第三方仅在特定时点执行存货盘点工作，在实务中，注册会计师可以事先考虑实施函证的可行性。如果预期不能通过函证获取相关审计证据，可以事先计划和安排存货监盘等工作。

(四)实施存货计价测试

进行计价测试时，注册会计师首先应对存货价格的组成内容予以审核。然后按照所了解的计价方法对所选择的存货样本进行计价测试。测试时，应尽量排除被审计单位已有计算程序和结果的影响，进行独立测试。测试结果出来后，应与被审计单位账面记录对比，编制对比分析表，分析形成差异的原因。如果差异过大，应扩大测试范围，并根据审计结果考虑是否应提出审计调整建议。

在存货计价审计中，由于被审计单位期末存货采用成本与可变现净值孰低的方法计价，所以应充分关注其对存货可变现净值的确定及存货跌价准备的计提。

当存在以下一项或若干项情况时，应当将存货账面余额全部转入当期损益：已霉烂变质的存货；已过期不可退的存货(主要指食品)；生产已不再需要，并且已无转让价值的存货；其他足以证明已无使用价值和转让价值的存货。

(五)实施存货截止测试

1. 存货截止测试的含义

所谓存货截止测试，就是检查记录已为企业所有，并且包括在年末存货盘点范围内；未购入或已经售出的存货不在年末存货盘点范围内，也不在年末存货账面记录的余额中。简言之，存货在仓库的增减与会计记录它的增减在同一个会计期间。它包括几个含义：

(1)截止盘点日以前入库的存货项目包括在盘点范围内，并已反映在截止日以前的会计记录中；在截止日期以后入库的存货项目未包括在盘点范围内，也未反映在截止日以前的会计记录中。

例如：截止盘点日前已入库但未收到购货发票的货物，在存货盘点截止日要暂估入账，存货与负债同时增加。次年初以红字冲销。

(2)截止日以前装运出库的存货项目未包括在盘点范围内，且未包括在截止日的存货账面余额中；在截止日期以后装运出库的存货项目已包括在盘点范围内。并已包括在截止日的存货账面余额中。

(3)已确认为销售但尚未装运出库的商品未包括在盘点范围内，且未包括在截止日的存货账面余额中。

(4)已记录为购货但尚未入库的存货已包括在盘点范围内，并已反映在会计记录中。

2. 存货截止测试程序

(1)检查存货盘点日前后的购货(销售)发票与验收单、入(出)库单。

(2)查阅验收部门的业务记录。业务部门年末的入(出)库记录，与其购货(销售)发票在同一会计期间入账。

(六)确定存货是否已在资产负债表上恰当披露

(1)资产负债表上存货的余额包含被审计单位全部类别的存货项目。

(2)在会计报表附注中还要披露存货的种类、计价方法和余额。

自我测试题

一、单项选择题

1. 注册会计师实施的下列存货监盘的抽查程序中,正确的是(　　)。

A. 注册会计师告知被审计单位拟抽查的项目,以提高审计的效率

B. 尽量将难以盘点的存货或隐蔽性较大的存货纳入抽查范围

C. 从存货实物选取项目追查至盘点记录,以获取有关存货完整性的审计证据

D. 如果审计时间不足,省略一部分存货监盘程序

2. 在存货盘点现场实施监盘前,注册会计师应当实施的审计程序是(　　)。

A. 评价管理层用以记录和控制存货盘点结果的指令和程序

B. 执行抽盘

C. 观察存货是否摆放有序并附有盘点表单

D. 观察管理层制订的盘点程序的执行情况

3. 下列关于存货监盘的说法中,正确的是(　　)。

A. 存货监盘的目标是获取关于存货数量的证据

B. 存货监盘的范围是存放在被审计单位经营场所的所有存货

C. 存货监盘可以在被审计单位盘点后进行

D. 对于特殊类型的存货,注册会计师可以考虑利用专家的工作

4. 关于生产与存货循环的业务活动和相关内部控制,下列说法中错误的是(　　)。

A. 生产通知单应预先顺序编号

B. 产成品的发出须由独立的发运部门进行

C. 由负责保管存货的人员单独负责盘点存货

D. 盘点表和盘点标签事先连续编号,发放给盘点人员时登记领用人员

5. 下列有关存货盘点范围的说法中,正确的是(　　)。

A. 在途存货无法实现盘点,因此不应当包括在盘点范围内

B. 被审计单位委托代销的存货不应纳入盘点范围

C. 在截止日前已确认为销售但尚未装运出库的商品应当包括在盘点范围内

D. 在截止日前已记录为购货但尚未入库的存货应当包括在盘点范围内

6. 注册会计师实施的下列审计程序中,错误的是(　　)。

A. 在被审计单位盘点存货前,注册会计师应当观察盘点现场

B. 对应纳入盘点范围的存货,注册会计师应当确定是否已经适当整理和排列,并附有盘点标识

C. 对拟执行抽盘的存货项目,注册会计师应提前做好标识

D. 如果被审计单位声明不存在受托代存存货的情况，注册会计师也应当关注是否存在某些存货不属于被审计单位的迹象

7. 下列有关存货监盘的说法中，错误的是(　　)。

A. 在连续审计中，注册会计师可以考虑在不同期间的审计中变更所选择实施监盘的地点

B. 存货监盘程序用于控制测试还是实质性程序，取决于被审计单位是否一贯采用永续盘存制

C. 注册会计师在获取有关存货数量或状况的审计证据时，可以利用专家的工作

D. 监盘程序主要是对存货的结存数量予以确认，计价测试主要验证的是存货单位成本是否正确

8. 下列有关存货审计的说法中，错误的是(　　)。

A. 对存货进行监盘是证实存货完整性以及计价认定的重要程序

B. 在对存货实施计价测试之前，注册会计师需要了解被审计单位本年度的存货计价方法与以前年度是否保持一致

C. 存货计价测试包括测试存货跌价准备计提是否恰当

D. 存货计价测试包括测试存货单位成本是否正确

二、多项选择题

1. 审计人员在抽查公司的存货盘点记录时，应重点关注的事项有(　　)。

A. 存货盘点的范围

B. 存货盘点结果与账面金额是否一致

C. 盘点工作是否影响生产经营的正常进行

D. 存货盘点的组织方式

2. 如果注册会计师认为存货数量存在舞弊导致的重大错报风险，下列做法中，通常能够应对该风险的有(　　)。

A. 扩大与存货相关的内部控制测试的样本规模

B. 要求被审计单位在报告期末或邻近期末的时点实施存货盘点

C. 利用专家的工作对特殊类型的存货实施更严格的检查

D. 在不预先通知的情况下对特定存放地点的存货实施监盘

3. 下列有关注册会计师在对期末存货进行截止测试实施的审计程序的说法中，正确的有(　　)。

A. 观察存货的验收入库地点和装运出库地点以执行截止测试

B. 被审计单位在存货入库和装运出库过程中采用连续编号的凭证，注册会计师应当关注盘点日前的最后编号

C. 如果被审计单位使用运货车厢或拖车进行存储、运输或验收入库，注册会计师应当重点检查运货车厢或拖车的出入记录

D. 注册会计师重点检查在途存货和被审计单位直接向顾客发运的存货是否均已得到适当的会计处理

4. 注册会计师应当制定监盘计划，对存货监盘做出合理安排，在制定存货监盘计划时，注册会计师需要考虑的事项包括(　　)。

A. 与存货相关的重大错报风险

B. 与存货相关的内部控制的性质

C. 存货盘点的时间安排

D. 存货的存放地点

5. 下列有关存货监盘的说法中，正确的有（ ）。

A. 存货监盘针对的主要是存货的存在、完整性以及权利和义务的认定

B. 所有的存货都应当进行存货监盘

C. 存货监盘的时间应与被审计单位实施存货盘点的时间相协调

D. 存货装运入库和装运过程中采用连续编号时，注册会计师应当关注截止日期前的最后编号

三、判断题

1. 注册会计师实施存货监盘程序通常可以确定存货的所有权。（ ）

2. 注册会计师对存货实施监盘可以替代被审计单位管理层定期盘点存货、合理确定存货的数量和状况的责任。（ ）

3. 注册会计师在抽查被审计单位存货时，应当从存货实物中选取部分品种清点数量，然后将清点数量与存货盘点记录中的数量进行核对，以测试存货盘点记录的完整性。（ ）

4. 盘点存货是注册会计师的责任，因此，注册会计师应负责制定存货盘点计划。（ ）

5. 露天存放的木材等原材料被积雪覆盖，注册会计师将要求管理层提供原材料余额可靠的声明作为替代审计程序。（ ）

6. 注册会计师主要采用观察程序实施存货监盘。（ ）

7. 由于不可预见的情况而导致无法在预定日期实施存货监盘，注册会计师可以实施替代程序。（ ）

8. 如果存货存放在对注册会计师的安全有威胁的地点，注册会计师应当实施替代程序以获取充分、适当的审计证据。（ ）

四、案例分析题

1. ABC会计师事务所的A注册会计师负责审计甲公司2023年度财务报表，与存货审计相关的部分事项如下：

(1)甲公司的存货存在特别风险，A注册会计师在了解部分内部控制后，未测试控制运行的有效性，直接实施了细节测试。

(2)2023年12月25日，A注册会计师对存货实施监盘，结果满意，因年末存货余额与盘点日余额差异较小，A注册会计师根据监盘结果认可了年末存货数量。

(3)在执行抽盘时，A注册会计师从存货盘点记录中选取项目追查至存货实物，从存货实物中选取项目追查至盘点记录，以获取有关盘点记录准确性和完整性的审计证据。

(4)A注册会计师向乙公司函证由其保管的甲公司存货的数量和状况，收到的传真回函显示，数量一致，状况良好。A注册会计师据此认可了回函结果。

(5)甲公司生产的钢材委托外地专用仓库保管，A注册会计师认为到实地监盘路途遥远，浪费大量的时间，并且需要耗费大量的交通费、差旅费，认为存货监盘不可行，所以向保管钢材的仓库函证。

要求：针对上述第(1)至(5)项，逐项指出A注册会计师的做法是否恰当，如不恰当，简要

说明理由。

2. A注册会计师负责对常年审计客户甲公司2023年度财务报表进行审计，甲公司经营范围涉及多个行业，审计项目组实施存货监盘的部分事项如下：

(1)由于突降大雪，导致A注册会计师无法按照预计的时间抵达存货监盘现场，注册会计师决定检查甲公司生产记录以及出入库凭证来验证存货的存在。

(2)甲公司生产的×产品，存放在不同的仓库中，由于盘点人手不足，甲公司决定在不同日期对×产品进行盘点。

(3)A注册会计师获取盘点日前后存货收发及移动的凭证，以确定甲公司是否将截止日前入库的存货以及截止日后出库的存货均纳入盘点范围。

(4)A注册会计师在监盘过程中对存货进行了检查，发现部分存货有损毁迹象，被审计单位盘点人员解释称，这部分存货已进入报废程序，并未纳入盘点范围，所以A注册会计师未对此进行记录。

(5)A注册会计师对甲公司盘点的存货执行抽盘，抽取样本规模50个，发现1个样本项目存在盘点错误，要求甲公司在盘点记录中更正了该项错误。A注册会计师认为该错误在金额和数量方面均不重要，因此，对抽盘结果表示满意，不再实施其他审计程序。

要求：针对上述第(1)至(5)项，逐项指出A注册会计师的做法是否恰当。如不恰当，简要说明理由。

补充测试题

第十二章 筹资与投资循环审计

【学习目标】

熟悉筹资和投资的主要业务活动；熟悉筹资与投资循环的内部控制与控制测试；掌握重要账户的实质性程序。

【学习重点】

筹资与投资循环重要账户的实质性程序。

【导入案例】

累计造假 119 亿元，实际控制人被捕！

康得新复合材料集团股份有限公司于 2001 年成立，2010 年便以每股股价 14.2 元而正式上市，该企业主营的产品为预涂膜和光学膜，产品市场非常广泛，且更新的速度非常快，公司发展非常迅速。后续几年，康得新股价持续上涨，2017 年的股价达到了每一股 26.71 元，当年总的营业收入达到了 117.89 亿元。然而，2018 整个公司的净利润同比竟下降了 88.64%，到了 2019 年年初，更是出现了有 15 亿元的债券到期了都不能兑付的情况，这场债务危机突然爆发，让广大投资者也质疑公司业绩的真实性。

依据证监会的调查显示，康得新的年报当中有虚假记载，也有重大遗漏。2015 年至 2018 年四年间，康得新通过虚构销售业务等方式虚增营业收入，并通过虚构采购、生产、研发和产品运输费用等方式虚增营业成本、研发费用和销售费用。通过上述方式，康得新共虚增利润总额达 119 亿元。另外，公司还涉嫌更多的违法行为，比如利用募集资金财务造假虚增利润，2016 年 9 月，康得新依据中国证监会的核准批复，非公开发行 29 411.76 万股股票，发行价为每股人民币 16.32 元，募集资金净额 478 422.59 万元。2018 年 7 月至 12 月期间，康得新累计将 24.53 亿元从募集资金专户转出，以支付设备采购款的名义分别向化学赛鼎、宇龙汽车支付 21.74 亿元、2.79 亿元；转出的募集资金经过多道流转后主要资金最终回流至康得新，用于归还银行贷款、配合虚增利润等，变更了募集资金用途。

关于资金归集这类协议，公司的规章制度并没有要求所有人都同意，但是钟玉是康得新实际控制人，他要承担起对公司和社会公众股的责任。钟玉的资金归集方式，不但给公司其他股东和投资者造成了很大的损失，同时也表明了康得新的公司管理制度存在很多缺陷，对实控人缺乏有效的监督和约束，有的只是一种形式的管理，并没有真正的实施。

请扫码阅读完整案例资料，然后思考以下问题：

1. 该企业的内部控制中存在哪些缺陷？

2. 如何完善内部控制可以防范股东侵占资产的违法行为？

第一节　筹资与投资循环概述

一、筹资与投资循环的主要业务活动

（一）筹资与投资循环的特征

筹资活动是指企业为满足生存和发展的需要，通过改变企业资本及债务规模的构成而筹集资金的活动。投资活动是指企业为享有被投资单位分配的利润，或为谋求其他利益，将资产让渡给其他单位而获得另一项资产的活动。

筹资与投资循环具有如下特征：

(1)审计年度内投资与筹资循环的交易数量少，而每笔交易的金额通常较大。

(2)漏记或不恰当地对一笔业务进行会计处理，将会导致重大错误，从而对企业财务报表的公允反映产生较大的影响。

(3)投资与筹资循环交易必须遵守国家法律、法规和相关契约的规定。

（二）筹资所涉及的主要业务活动

(1)审批授权。企业通过借款筹集资金需经管理层的审批，其中债券的发行每次均要由董事会授权；企业发行股票必须依据国家有关法规或企业章程的规定，报经企业最高权力机构(如董事会)及国家有关管理部门批准。

(2)签订合同或协议。向银行或其他金融机构融资须签订借款合同，发行债券须签订债券契约和债券承销或包销合同。

(3)取得资金。企业实际取得银行或金融机构划入的款项或债券、股票的融入资金。

(4)计算利息或股利。企业应按有关合同或协议的规定，及时计算利息或股利。

(5)偿还本息或发放股利。银行借款或发行债券应按有关合同或协议的规定偿还本息，融入的股本根据股东大会的决定发放股利。

筹资所涉及的主要业务活动如图 12—1 所示。

（三）投资所涉及的主要业务活动

(1)审批授权。投资业务应由企业的高层管理机构进行审批。

(2)取得证券或其他投资。企业可以通过购买股票或债券进行投资，也可以通过与其他单位联合形成投资。

(3)取得投资收益。企业可以取得股权投资的股利收入、债券投资的利息收入和其他投资收益。

(4)转让证券或收回其他投资。企业可以通过转让证券实现投资的收回；其他投资已经投出，除联营合同期满，或由于其他特殊原因联营企业解散外，一般不得抽回投资。

投资所涉及的主要业务活动如图 12—2 所示。

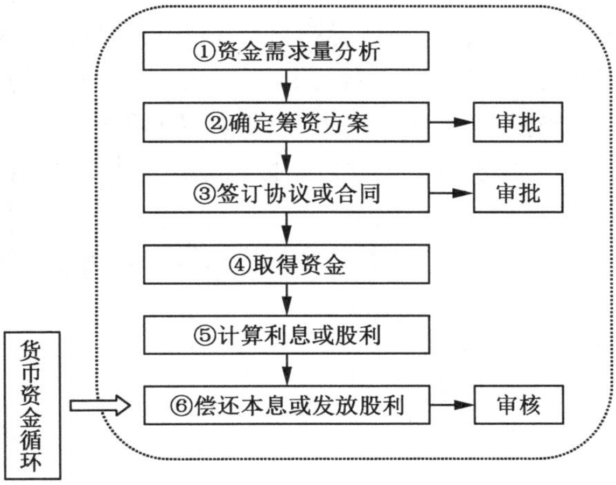

图 12—1　筹资所涉及的主要业务活动

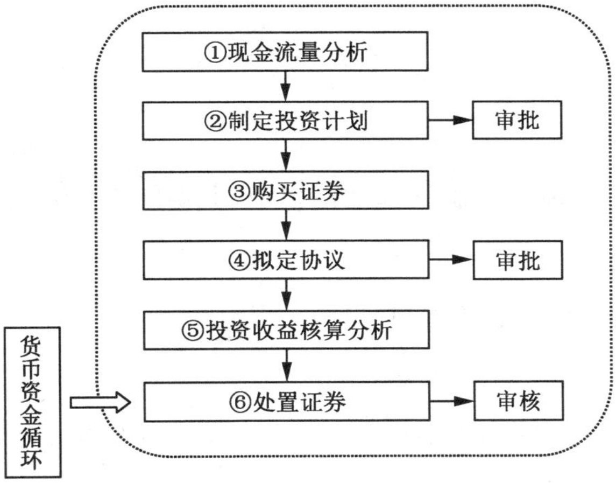

图 12—2　投资所涉及的主要业务活动

二、筹资与投资循环的主要凭证和会计记录

（一）筹资活动的凭证和会计记录

（1）债券。它是公司依据法定程序发行、约定在一定期限内还本付息的有价证券。

（2）股票。它是公司签发的证明股东所持股份的凭证。

（3）债券契约。它是一张明确债券持有人与发行企业双方所拥有的权利与义务的法律性文件，其内容一般包括：债券发行的标准；债券的明确表述；利息或利息率；受托管理人证书；登记和背书；如系抵押债券，其所担保的财产；债券发生拖欠情况如何处理，以及对偿债基金、利息支付、本金返还等的处理。

（4）股东名册。发行记名股票的公司应记载的内容一般包括：股东的姓名或者名称及住所；各股东所持股份数；各股东所持股票的编号；各股东取得其股份的日期。发行无记名股票的，公司应当记载其股票数量、编号及发行日期。

(5)公司债券存根簿。发行记名公司债券应记载的内容一般包括:债券持有人的姓名或者名称及住所;债券持有人取得债券的日期及债券的编号;债券总额、债券的票面金额、债券的利率、债券还本付息的期限和方式;债券的发行日期。发行无记名债券的应当在公司的债券存根簿上记载债券总额、利率、偿还期限和方式、发行日期和债券编号。

(6)承销或包销协议。公司向社会公开发行股票或债券时,应当由依法设立的证券经营机构承销或包销,公司应与其签订承销或包销协议。

(7)借款合同或协议。公司向银行或其他金融机构借入款项时与其签订的合同或协议。

(8)有关记账凭证。

(9)有关会计科目的明细账和总账。

(二)投资活动的凭证和会计记录

(1)股票或债券。

(2)经纪人通知书。

(3)债券契约。

(4)企业的章程及有关协议。

(5)投资协议。

(6)有关记账凭证。

(7)有关会计科目的明细账和总账。

第二节 筹资与投资循环的内部控制及控制测试

一、筹资活动的内部控制及测试

(一)内部控制

(1)授权审批控制。重大的筹资活动应由董事会或最高管理层决策,再由财务人员执行;较小的筹资活动,可由财务负责人作决定。

(2)职责分离控制。要求计划编制人与审批人、经办人与记录人、记录人与收付款人、记录人与保管人分离。

(3)收支款项控制。筹资金额大的,委托独立的代理机构代为发行;利息和股利的支付最好也委托独立的代理机构代为发放。

(4)实物保管控制。债券和股票应设置相应的登记簿,详细记录已核准发行的债券和股票有关事项,并对不同的筹资项目进行编号;对增资配股以及未发行的债券也要进行详尽的记录保管。

(5)会计记录控制。筹资活动的会计记录控制要求记录及时,金额正确,方法合理,记录期间恰当。

(二)筹资活动的内部控制测试

(1)取得债券发行的法律性文件,检查债券发行是否经董事会授权、是否履行了适当的审批手续、是否符合法律的规定。

(2)检查企业发行债券的收入是否立即存入银行。

(3)取得债券契约,检查企业是否根据契约的规定支付利息。

(4)检查债券入账的会计处理是否正确。

(5)检查债券溢(折)价的会计处理是否正确。

(6)取得债券偿还和回购时的董事会决议,检查债券的偿还和回购是否按董事会的授权进行。

二、投资活动的内部控制及测试

(一)内部控制

(1)合理的职责分工。合法的投资业务,应在业务的授权、业务的执行、业务的会计记录以及投资资产的保管等方面都有明确的分工,不得由一人同时负责上述任何两项工作。

(2)健全的资产保管制度。企业对投资资产(指股票和债券资产)一般有两种保管方式:一种是由独立的专门机构保管。如在企业拥有较大的投资资产的情况下,委托银行、证券公司、信托投资公司等机构进行保管。这些机构拥有专门的保存和防护措施,可以大大降低舞弊的可能性。另一种方式是由企业自行保管,要求必须建立严格的联合控制制度,即至少要由两名以上人员共同控制,不得一人单独接触证券。对于任何证券的存入或取出,都要将债券名称、数量、价值及存取的日期、数量等详细记录于证券登记簿内,并由所有在场的经手人员签名。

(3)详尽的会计核算制度。企业的投资资产无论是自行保管还是由他人保管,都要进行完整的会计记录,并对其增减变动及投资收益进行相关会计核算。如对每一种股票或债券分别设立明细分类账,并详细记录其名称、面值、证书编号、数量、取得日期、经纪人(证券商)名称、购入成本、收取的股息或利息等;对于联营投资类的其他投资,也应设置明细分类账,核算其他投资的投出及其投资收益和投资收回等业务,并对投资的形式(如流动资产、固定资产、无形资产等)、投向(即接受投资单位)、投资的计价以及投资收益等做出详细的记录。

(4)严格的记名登记制度。除无记名证券外,企业在购入股票或债券时应在购入的当日尽快登记于企业名下,切忌登记于经办人员名下,防止冒名转移并借其他名义牟取私利的舞弊行为发生。

(5)完善的定期盘点制度。对于企业所拥有的投资资产,应由内部审计人员或不参与投资业务的其他人员进行定期盘点,检查是否确为企业所拥有,并将盘点记录与账面记录相互核对以确认账实的一致性。

(二)投资的控制测试

(1)进行抽查。可抽查投资业务的会计记录。判断其会计处理过程是否合规完整。

(2)审阅内部盘核报告。审阅内部审计人员或其他授权人员对投资资产进行定期盘核的报告,以证明投资资产的内部控制得到了有效执行。

(3)分析企业投资业务管理报告。对于企业的长期投资,应对照有关投资方面的文件和凭证,分析企业的投资业务管理报告,并有企业最高管理层(如董事会)对投资进行可行性研究和论证形成的纪要,如证券投资的各类证券,联营投资中的投资协议、合同及章程等。

第三节 重要账户的实质性程序

一、借款审计

(一)短期借款

1. 短期借款的审计目标

确定期末短期借款是否存在;确定期末短期借款是否为被审计单位应履行的偿还义务;确

定短期借款的借入、偿还及计息的记录是否完整；确定短期借款的期末余额是否正确；确定短期借款的披露是否恰当。

2. 短期借款的实质性程序

(1)获取或编制短期借款明细表(见表12－1)。应首先获取或编制短期借款明细表，复核其加计数是否正确，并与明细账和总账核对相符。

(2)函证短期借款的实有数。应在期末短期借款余额较大或认为必要时向银行或其他债权人函证短期借款。

(3)检查短期借款的增加。对年度内增加的短期借款，应检查借款合同和授权批准，了解借款数额、借款条件、借款日期、还款期限、借款利率，并与相关会计记录相核对。

(4)检查短期借款的减少。对年度内减少的短期借款，应检查相关记录和原始凭证，核实还款数额。

(5)检查有无到期未偿还的短期借款。应检查相关记录和原始凭证，检查被审计单位有无到期未偿还的短期借款，如有，则应查明是否已向银行提出申请并经同意后办理延期手续。

(6)复核短期借款利息。应根据短期借款的利率和期限，复核被审计单位短期借款的利息计算是否正确，有无多算或少算利息的情况，如有未计利息和多计利息，应做出记录，必要时进行调整。

(7)检查外币借款的折算。如果被审计单位有外币短期借款，应检查外币短期借款的增减变动是否按业务发生时的市场汇率或期初市场汇率折合为记账本位币金额；期末是否按市场汇率将外币短期借款余额折合为记账本位币金额；折算差额是否按规定进行会计处理；折算方法是否前后期一致。

(8)检查短期借款在资产负债表上的列报是否恰当。企业的短期借款在资产负债表上通常设“短期借款”项目单独列示，对于因抵押而取得的短期借款，应在资产负债表附注中揭示，还应注意被审计单位对短期借款项目的披露是否充分。

表12－1 **银行借款明细表**

索引号：

被审计单位名称： 编制人： 编制日期：

截止日/期间： 复核人： 复核日期：

项目	银行名称	币种	贷款金额	期限	利率	一年内到期	一年以上到期	应付利息	担保抵押情况
×项目	工商银行A支行	人民币	10 000	3个月	5%	10 000			
合计									

(二)长期借款

1. 长期借款的审计目标

确定期末长期借款是否存在；确定期末长期借款是否为被审计单位应履行的偿还义务；确定长期借款的借入、偿还及利息的记录是否完整；确定长期借款的期末余额是否正确；确定长期借款的披露是否恰当。

2. 长期借款的实质性程序

(1)获取或编制长期借款明细表,复核其加计数是否正确,并与明细账和总账核对相符。

(2)了解金融机构对被审计单位的授信情况以及被审计单位的信用等级评估情况,了解被审计单位获得短期借款和长期借款的抵押和担保情况,评估被审计单位的信誉和融资能力。

(3)对年度内增加的长期借款,应检查借款合同和授权批准,了解借款数额、借款条件、借款日期、还款期限、借款利率,并与相关会计记录相核对。

(4)检查长期借款的使用是否符合借款合同的规定,重点检查长期借款使用的合理性。

(5)向银行或其他债权人函证重大的长期借款。

(6)对年度内减少的长期借款,应检查相关记录和原始凭证,核实还款数额。

(7)检查年末有无到期未偿还的借款,逾期借款是否办理了延期手续,分析计算逾期借款的金额、比率和期限,判断被审计单位的资信程度和偿债能力。

(8)计算短期借款、长期借款在各个月份的平均余额,选取适用的利率匡算利息支出总额,并与财务费用的相关记录核对,判断被审计单位是否高估或低估利息支出,必要时进行适当调整。

(9)检查非记账本位币折合记账本位币时采用的折算汇率,折算差额是否按规定进行会计处理。

(10)检查借款费用的会计处理是否正确。借款费用,指企业因借款而发生的利息及其他相关成本,包括折价或溢价的摊销、辅助费用以及因外币借款而发生的汇兑差额。企业发生的借款费用,可直接归属于符合资本化条件的资产的购建或生产的,应当予以资本化,计入相关资产成本;其他借款费用,应当在发生时根据其发生额确认费用,计入当期损益。

(11)检查企业抵押长期借款的抵押资产的所有权是否属于企业,其价值和实际状况是否与抵押契约中的规定相一致。

(12)检查企业重大的资产租赁合同,判断被审计单位是否存在资产负债表外融资的现象。

(13)检查长期借款是否已在资产负债表上充分披露。

长期借款在资产负债表上列示于长期负债类下,该项目应根据"长期借款"科目的期末余额扣减将于一年内到期的长期借款后的数额填列,该项扣除数应当填列在流动负债类下的"一年内到期的长期负债"项目单独反映。另应根据审计结果,确定被审计单位长期借款在资产负债表上的列示是否充分,并注意长期借款的抵押和担保是否已在财务报表附注中作了充分的说明。

(三)应付债券

1. 应付债券的审计目标

确定期末应付债券是否存在;确定期末应付债券是否为被审计单位应履行的偿还义务;确定应付债券的发行、偿还及计息的记录是否完整;确定应付债券的期末余额是否正确;确定应付债券的披露是否恰当。

2. 应付债券的实质性程序

(1)取得或编制应付债券明细表(见表12—2)。同其他负债项目的实质性程序一样,注册会计师应首先取得或编制应付债券明细表,并同有关的明细分类账和总分类账核对相符。应付债券明细账通常包括债券名称、承销机构、发行日、到期日、债券总额(面值)、实收金额、折价和溢价及其摊销、应付利息、担保情况等内容。

(2)检查债券交易的有关原始凭证。检查债券交易的各项原始凭证,是确定应付债券金额及其合法性的重要程序，应做好以下工作：

①检查企业现有债券副本，确定其发行是否合法，各项内容是否同相关的会计记录相一致。

②检查企业发行债券所收入现金的收据、汇款通知单、送款登记簿及相关的银行对账单。

③检查用以偿还债券的支票存根，并检查利息费用的计算。

④检查已偿还债券数额同应付债券借方发生额是否相符。

⑤如果企业发行债券时已作抵押或担保，还应检查相关契约的履行情况。

(3)查应计利息、债券折(溢)价摊销及其会计处理是否正确。此项工作一般可通过检查债券利息、溢价、折价等账户分析表来进行。该表可让企业代为编制，注册会计师应加以检查，也可由自己编制。

(4)函证“应付债券”账户期末余额。为了确定“应付债券”账户期末余额的真实性，注册会计师如果认为必要，可以直接向债权人及债券的承销人或包销人进行函证。函证内容应包括应付债券的名称、发行日、到期日、利率、已付利息期间、年内偿还的债券、资产负债表日尚未偿还的债权及应包括的其他重要事项。

(5)检查到期债券的偿还。对到期债券的偿还，应检查相关会计记录，检查其会计处理是否正确。对可转换公司债券持有人行使转换权利，将其持有的债券转换为股票，则应检查其转股的会计处理是否正确。

(6)检查借款费用的会计处理是否正确。

(7)检查应付债券是否已在资产负债表上充分披露。应付债券在资产负债表中列示于长期负债类下，该项目应根据“应付债券”科目的期末余额扣除将于一年内到期的应付债券后的数额列示，该扣除数应当填列在流动负债类下的“一年到期的长期负债”项目单独反映。应根据审计结果，确定被审计单位应付债券在财务报表上的披露是否充分，应注意有关应付债券的类别是否已在财务报表附注中作了充分的说明。

表 12－2 **应付债券明细表**

索引号：

被审计单位名称： 编制人： 编制日期：

截止日/期间： 复核人： 复核日期：

债券名称	承销机构	发行日	到期日	面值	实收金额	担保抵押情况
××债券	A 证券公司	2020 年 6 月 1 日	2023 年 6 月 1 日	1 000 000	1 050 000	
合计						

二、所有者权益审计

所有者权益是指投资者对企业净资产的所有权，它代表了投资者对企业剩余资产的要求权，包括投资者投入企业的资本、资本公积、盈余公积和未分配利润。所有者权益交易业务较少，金额虽然较大，但是并不经常发生。通常根据会计恒等式，可以在证明资产和负债的基础上从侧面证实所有者权益的正确性，所以，审计所有者权益一般需要的时间较少，但是对所有者权益的实质性测试仍然十分必要。本节以股本、资本公积和未分配利润为例学习所有者权益审计。

(一)股本的实质性测试

1. 股本的审计目标

确定股本是否存在;确定股本的增减变动是否符合法律、法规和合同、章程的规定,记录是否完整;确定股本期末余额是否正确;确定股本的披露是否恰当。

2. 股本的实质性程序

(1)审阅公司章程、实施细则和股东大会、董事会记录。注册会计师应对公司章程、实施细则、股东大会及董事会的决议进行核查,以明确企业股本业务政策及活动依据。在正常情况下,股本增减等业务均须经股东大会或董事会授权或批准,因此,公司的规章可以提供进行审计工作所必需的重要资料。

注册会计师应重点审计股票发行或股本变动的有关资料,如公司章程中所载明的资本额、发行股份总数、每股面值、股利率等,以确定股本交易业务是否符合法律规定,是否与账簿记录核对相符,进而判断股本在资产负债表上是否已作了适当反映。

(2)检查股东是否按照公司章程、合同、协议规定的出资方式、出资比例、出资期限出资。注册会计师应当了解公司章程、合同、协议中的出资方式、出资比例,确定其内容的合法性。然后具体分析企业实际募股时,是否存在与公司章程、合同、协议存在差异的情况,了解形成差异的原因,将有关的问题与公司有关人员协商,对审计过程及有关问题的处理,以适当的方式记录于审计工作底稿中。

(3)编制股本账户分析表。初次审计时,注册会计师必须分析被审计单位自注册创办以来股本账户的全部变动情况、相关的核准文件和记录。注册会计师在初次编制股本账户分析表时,应留有空白,以便日后审查时增添之用。股本账户分析表可以列入永久性档案,在随后各年度审计时,只需要摘录本期的增减变动情况,与有关的原始凭证和会计账户核对,并追查至有关的授权批准文件即可。

(4)审查股票的变动。股票的发行、收回等交易活动都会引起股本数额的变动。注册会计师应通过审查与股票发行、收回有关的原始凭证和会计记录,验证股本变动的真实性、合法性。注册会计师应审查的原始凭证包括已发行股票的登记簿、向外界收回的股票、募股清单、银行对账单等,会计记录主要包括银行存款日记账与总账、股本明细账与总账等。

(5)函证发行在外的股票。我国目前股票发行和转让大都由企业委托证券交易所和金融机构(包括证券登记公司)进行,由证券交易所和金融机构对发行在外的股票份数进行登记和控制。注册会计师在审计时可向证券交易所和金融机构函证并追查至有关的会计记录。有些企业自己发行股票并进行有关股票发行数量、金额及股东情况的登记。由于这些企业自己已在股票登记簿和股东名单上进行了记录,在进行股本审计时,注册会计师可根据资产负债表日股票登记簿最后一张股票编号,再参照上年审计工作底稿列示的最后一张股票编号,按其连续编号算出本年度发行的全部股票。

(6)审查股票发行费用的会计处理。《企业会计准则》规定,股份有限公司委托其他单位发行股票支付的手续费或佣金、股票印制成本等,减去发行股票冻结期间所产生的利息收入后的相关费用,如果是溢价发行的,从溢价中抵销;无溢价,或溢价不足以支付的部分,作为长期待摊费用,在不超过 2 年的期限内平均摊销,计入管理费用。注册会计师应审查相关的原始凭证和会计记录,以确定被审计单位对股票发行费用的会计处理的正确性。

(7)确定股本是否在资产负债表上恰当地披露。股本在资产负债表上应单项列示,并且在财务报表附注中应披露与股本有关的重要事项,如股本的种类、各类股本金额、股票发行的数额、每股股票的面值、本会计期间发行的股票等。注册会计师应审查股本在资产负债表上披露的恰当性、充分性。

(二)资本公积

1. 资本公积的审计目标

资本公积是非经营性因素形成的不能计入实收资本的所有者权益，主要包括投资者实际缴付的出资额超过其资本份额的差额(如股本溢价、资本溢价)和其他资本公积等。

资本公积的审计目标一般包括：确定资本公积是否存在；确定资本公积的增减变动是否符合法律、法规和合同、章程的规定，记录是否完整；确定资本公积期末余额是否正确；确定资本公积的披露是否恰当。

2. 资本公积的实质性程序

(1)获取或编制资本公积明细表，复核加计正确，并与报表数、总账数和明细账合计数核对相符。

(2)收集与资本公积变动有关的股东(大)会决议、董事会会议纪要、资产评估报告等文件资料，更新永久性档案。首次接受委托的，应检查期初资本公积的原始发生依据。

(3)根据资本公积明细账，对股本溢价、其他资本公积各明细项目的发生额逐项进行审查。

①对股本溢价，应取得董事会会议纪要、股东(大)会决议、有关合同、政府批文，追查至银行收款等原始凭证，结合相关科目的审计，检查会计处理是否正确，注意发行股票溢价收入的计算是否已扣除股票发行费用。

②检查以权益法核算的被投资单位除净损益以外所有者权益的变动，被审计单位是否已按其享有的份额入账，会计处理是否正确；处置该项投资时，应注意是否已转销与其相关的资本公积。

③对拨款转入，审阅有关的拨款批文，检查拨款项目的完成情况，结合专项应付款的审计，检查会计处理是否正确。

④以权益结算的股份支付，取得相关资料，检查在权益工具授予日期和行权日的会计处理是否正确。

⑤对自用房地产或存货转换为采用公允价值计量的投资性房地产，若转换日公允价值大于账面价值，差额是否正确记入本科目，若转换日公允价值小于账面价值，检查差额是否正确计入公允价值变动损益；处置投资性房地产，检查相关的资本公积是否已转销。

⑥对可供出售金融资产形成的资本公积，结合相关科目检查金额和相关会计处理是否正确：

当可供出售金融资产转为采用成本或摊余成本计量时，已记入本科目的公允价值变动是否按规定进行了会计处理；

当可供出售金融资产发生减值时，已记入本科目的公允价值变动是否转入资产减值损失；

当已减值的可供出售金融资产公允价值回升时，区分权益工具和债务工具分别确定其会计处理是否正确。

⑦若有同一控制下企业合并，应结合长期股权投资科目，检查被审计单位(合并方)取得的被合并方所有者权益账面价值的份额与支付的合并对价账面价值的差额计算是否正确。是否依次调整本科目、盈余公积和未分配利润。

⑧被审计单位将回购的本单位股票予以注销、用于奖励职工或转让，其会计处理是否正确。

⑨对于在资产负债表日，满足运用套期会计方法条件的现金流量套期和境外经营净投资

套期产生的利得和损失是否进行了正确的会计处理。

⑩对资本公积转增资本，应取得股东(大)会决议、董事会会议纪要和政府批文等，检查资本公积转增资本是否符合有关规定，会计处理是否正确。

(4)检查资本公积各项目，考虑对所得税的影响。

(5)记录资本公积中不能转增资本的项目。

(6)确定资本公积的披露是否恰当。

(三)未分配利润

1. 未分配利润的审计目标

未分配利润是指未作分配的净利润，即这部分利润没有分配给投资者，也未指定用途。未分配利润是企业当年税后利润在弥补以前年度亏损、提取公积金和公益金以后加上上年末未分配利润，再扣除向所有者分配的利润后的结余额，是企业留于以后年度分配的利润。它是企业历年积存的利润分配后的余额，也是所有者权益的一个重要组成部分。企业的未分配利润通过“利润分配——未分配利润”明细科目核算，其年末余额反映历年积存的未分配利润(或未弥补亏损)。

未分配利润的审计目标：确定期末未分配利润是否存在；确定未分配利润增减变动的记录是否完整；确定未分配利润期末余额是否正确；确定未分配利润的披露是否恰当。

2. 未分配利润的实质性程序

未分配利润的实质性程序通常包括：

(1)获取或编制利润分配明细表，复核加计正确，与报表数、总账数及明细账合计数核对相符。

(2)检查未分配利润期初数与上期审定数是否相符，涉及损益的上期审计调整是否正确入账。

(3)收集和检查与利润分配有关的董事会会议纪要、股东(大)会决议、政府部门批文及有关合同、协议、公司章程等文件资料作为永久性档案。对照有关规定确认利润分配的合法性。检查对资产负债表日后至财务报告批准报出日之间由董事会或类似机构所制订利润分配方案中拟分配的股利，是否在财务报表附注中单独披露。注意当境内与境外会计师事务所审定的可供分配利润不同时，被审计单位进行利润分配的基数是否正确。

(4)检查本期未分配利润变动除净利润转入以外的全部相关凭证，结合所获取的文件资料，确定其会计处理是否正确。

(5)了解本年利润弥补以前年度亏损的情况，如果已超过弥补期限，且已因为抵扣亏损而确认递延所得税资产的，应当进行调整。

(6)结合以前年度损益调整科目的审计检查以前年度损益调整的内容是否真实、合理，注意对以前年度所得税的影响。对重大调整事项应逐项核实其发生原因，复核其数据的正确性。

(7)确定未分配利润的披露是否恰当。

三、投资审计

(一)交易性金融资产

1. 交易性金融资产的审计目标

交易性金融资产，是指企业为了近期出售而持有的金融资产。在会计科目设置上，企业持有的直接指定为以公允价值计量且其变动计入当期损益的金融资产，也通过该科目核算。

交易性金融资产的审计目标：确定交易性金融资产是否存在；确定交易性金融资产是否归

被审计单位所有;确定交易性金融资产的增减变动及其损益的记录是否完整;确定交易性金融资产的计价是否正确;确定交易性金融资产期末余额是否正确;确定交易性金融资产的披露是否恰当。

2. 交易性金融资产的实质性程序

(1)获取或编制交易性金融资产明细表,复核加计正确,并与报表数、总账数和明细账合计数核对相符。

(2)对期末结存的相关交易性金融资产,向被审计单位核实其持有目的,检查本科目核算范围是否恰当。

(3)获取股票、债券及基金等交易流水单及被审计单位证券投资部门的交易记录。与明细账核对,检查会计记录是否完整、会计处理是否正确。

(4)监盘库存交易性金融资产,并与相关账户余额进行核对,如有差异,应查明原因,并做出记录或进行适当调整。

(5)向相关金融机构发函询证交易性金融资产期末数量以及是否存在变现限制,并记录函证过程。取得回函时应检查相关签章是否符合要求。

(6)抽取交易性金融资产增减变动的相关凭证,检查其原始凭证是否完整合法,会计处理是否正确:

①抽取交易性金融资产增加的记账凭证,注意其原始凭证是否完整合法,成本、交易费用和相关利息或股利的会计处理是否符合规定。

②抽取交易性金融资产减少的记账凭证,检查其原始凭证是否完整合法,会计处理是否正确;注意出售交易性金融资产时其成本结转是否正确。原计入的公允价值变动损益有无调整至投资收益。

(7)复核与交易性金融资产相关的损益计算是否准确,并与公允价值变动损益及投资收益等有关数据核对。

(8)复核股票、债券及基金等交易性金融资产的期末公允价值是否合理,相关会计处理是否正确。

(9)关注交易性金融资产是否存在重大的变现限制。

(10)确定交易性金融资产的披露是否恰当。

(二)长期股权投资

1. 长期股权投资的审计目标

长期股权投资核算企业持有的采用权益法或成本法核算的长期股权投资,具体包括:(1)企业持有的能够对被投资单位实施控制的权益性投资,即对子公司的投资。(2)企业持有的能够与其他合营方一同对被投资单位实施共同控制的权益性投资,即对合营企业的投资。(3)企业持有的能够对被投资单位施加重大影响的权益性投资,即对联营企业的投资。(4)企业对被投资单位不具有控制、共同控制或重大影响,且在活跃市场中没有报价、公允价值不能可靠计量的权益性投资。

长期股权投资的审计目标:确定长期股权投资是否存在;确定长期股权投资是否归被审计单位所有;确定长期股权投资的增减变动及投资损益的记录是否完整;确定长期股权投资的核算方法是否正确;确定长期股权投资减值准备的计提方法是否恰当;确定长期股权投资减值准备增减变动的记录是否完整;确定长期股权投资及其减值准备的期末余额是否正确;确定长期股权投资及其减值准备的披露是否恰当。

2．长期股权投资的实质性程序

(1)获取或编制长期股权投资明细表，复核加计正确，并与总账数和明细账合计数核对相符；结合长期股权投资减值准备科目与报表数核对相符。

(2)根据有关合同和文件，确认股权投资的股权比例和持有时间，检查股权投资核算方法是否正确。

(3)对于重大的投资，向被投资单位函证被审计单位的投资额、持股比例及被投资单位发放股利等情况。

(4)对于应采用权益法核算的长期股权投资，获取被投资单位已经注册会计师审计的年度财务报表，如果未经注册会计师审计，则应考虑对被投资单位的财务报表实施适当的审计或审阅程序：

①复核投资收益时，应以取得投资时被投资单位各项可辨认资产等的公允价值为基础，对被投资单位的净利润进行调整后加以确认；被投资单位采用的会计政策及会计期间与被审计单位不一致的，应当按照被审计单位的会计政策及会计期间对被投资单位的财务报表进行调整，据以确认投资损益。

②将重新计算的投资收益与被审计单位所计算的投资收益相核对，如有重大差异，则查明原因，并做适当调整。

③检查被审计单位按权益法核算长期股权投资，在确认应分担被投资单位发生的净亏损时，应首先冲减长期股权投资的账面价值，其次冲减其他实质上构成对被投资单位净投资的长期权益账面价值(如长期应收款等)；如果按照投资合同和协议约定被审计单位仍需承担额外损失义务的，应按预计承担的义务确认预计负债，并与预计负债中的相应数字核对无误；被投资单位以后期间实现盈利的，被审计单位在其收益分享额弥补未确认的亏损分担额后，恢复确认收益分享额。审计时，应检查被审计单位会计处理是否正确。

④检查除净损益以外被投资单位所有者权益的其他变动，是否调整计入所有者权益。

(5)对于采用成本法核算的长期股权投资，检查股利分配的原始凭证及分配决议等资料确定会计处理是否正确；对被审计单位实施控制而采用成本法核算的长期股权投资，比照权益法编制变动明细表，以备合并报表使用。

(6)对于成本法和权益法相互转换的，检查其投资成本的确定是否正确。

(7)确定长期股权投资的增减变动的记录是否完整：

①检查本期增加的长期股权投资，追查至原始凭证及相关的文件或决议及被投资单位验资报告或财务资料等，确认长期股权投资是否符合投资合同、协议的规定，并已确实投资，会计处理是否正确。

②检查本期减少的长期股权投资，追查至原始凭证，确认长期股权投资的收回有合理的理由及授权批准手续，并确实已收回投资，会计处理正确。

(8)期末对长期股权投资进行逐项检查，以确定长期股权投资是否已经发生减值：

①核对长期股权投资减值准备本期与以前年度计提方法是否一致，如有差异，查明政策调整的原因，并确定政策改变对本期损益的影响，提请被审计单位做适当披露。

②对长期股权投资逐项进行检查，根据被投资单位经营政策、法律环境的变化，市场需求的变化，行业的变化，盈利能力等各种情形予以判断长期股权投资是否存在减值迹象。确有出现导致长期股权投资可收回金额低于账面价值的，将可收回金额低于账面价值的差额作为长期股权投资减值准备予以计提。并与被审计单位已计提数相核对。如有差异，查明原因。

③将本期减值准备计提金额与利润表中资产减值损失中的相应数字核对无误。

④长期股权投资减值准备按单项资产计提,计提依据充分,得到适当批准。减值损失一经确认,在以后会计期间不得转回。

(9)结合银行借款等的检查,了解长期股权投资是否存在质押、担保情况。如有,则应详细记录,并提请被审计单位进行充分披露。

(10)确定长期股权投资在资产负债表上已恰当列报。与被审计单位人员讨论确定是否存在被投资单位由于所在国家和地区及其他方面的影响,其向被审计单位转移资金的能力受到限制的情况,如存在,应详细记录受限情况,并提请被审计单位进行充分披露。

自我测试题

一、单项选择题

1. 注册会计师在了解 W 公司筹资与投资循环内部控制后,准备对 W 公司投资业务的内部控制进行测试,以验证所有投资账面余额均是存在的,执行的主要程序有(　　)。

A. 获取或编制投资明细表,复核加计并与合计数核对相符

B. 索取投资的授权批准文件,检查权限是否恰当,手续是否齐全

C. 向被投资单位函证投资金额、持股比例及发放股利情况

D. 检查年度内投资增减变动的原始凭证

2. 关于筹资与投资循环的审计,下列说法中不正确的是(　　)。

A. 审计年度内筹资与投资循环的交易数量较少,所以,漏计或不恰当地对每笔业务进行会计处理对财务报表影响不大

B. 审计年度内筹资与投资循环每笔交易的金额通常较大

C. 漏计或不恰当地对每笔业务进行会计处理将导致重大错误,从而对企业财务报表的公允反映产生较大的影响

D. 筹资与投资循环交易必须遵守国家法律、法规和相关契约的规定

3. 注册会计师在对应付债券业务进行实质性程序,往往要检查债券交易的原始凭证,其检查的内容不包括(　　)。

A. 检查用以偿还债券的支票存根,并检查利息费用的计算

B. 检查发行债券所收入现金的收据、汇款通知单、送款登记簿、银行对账单

C. 检查企业现有债券副本,确定其内容是否与相关的会计记录一致

D. 检查是否已在财务报表附注中对债券的类别作了充分的说明

4. 为了证实 Q 公司是否存在高估利润的情况,在注册会计师所列的关于财务费用的以下各项审计目标中,(　　)不属主要审计目标。

A. 确定所记录的财务费用是否为被审计期间发生的

B. 确定所记录的财务费用是否完整

C. 确定财务费用的计算是否正确

D. 确定财务费用的披露是否恰当

5. 某注册会计师拟对 H 公司与借款活动相关的内部控制进行测试,下列程序中不属于

控制测试程序的是( )。

A. 索取借款的授权批准文件,检查批准的权限是否恰当、手续是否齐全

B. 观察借款业务的职责分工,并将职责分工的有关情况记录于审计工作底稿中

C. 计算短期借款、长期借款在各个月份的平均余额,选取适用的利率匡算利息支出总额,并与账务费用等项目的相关记录核对

D. 抽取借款明细账的部分会计记录,按从原始凭证到明细账再到总账的顺序核对有关会计处理过程,以判断其是否合规

6. 注册会计师关注的下列现象中,应在筹资与投资循环中审计的是( )。

A. 分配给关联方的利润多于其应得利润　B. 以不正常的低价向顾客开账单

C. 支付不正当的货款　D. 为虚列的购货业务付款

7. 注册会计师通过计算短期股票投资、长期股权投资等高风险投资所占的比例,分析短期投资和长期投资的安全性,实现的主要审计目标是( )。

A. 投资是否真实存在　B. 取得的投资入账价值是否正确

C. 长短期投资的净值估价是否正确　D. 投资业务是否完整

8. 确定“应付债券”账户期末余额的( ),注册会计师如果认为必要,可以直接向债权人及债券的承销人或包销人进行函证。

A. 合法性　B. 真实性　C. 正确性　D. 完整性

二、多项选择题

1. 注册会计师在了解 W 公司筹资与投资循环内部控制后,准备对 W 公司投资业务的内部控制进行测试,以验证投资增减变动及其投资均已经登记入账,执行的主要程序有( )。

A. 观察并描述筹资业务职责分工

B. 了解债券持有人明细资料的保管制度,检查被审计单位是否与总账或外部机构核对

C. 检查年度内借款增减变动的原始凭证

D. 检查授权批准手续是否完备,入账是否及时准确

2. 为证实被审计单位是否存在未入账的长期负债业务,注册会计师可选用( )程序进行测试。

A. 函证银行存款余额的同时函证负债业务

B. 分析财务费用,确定付款利息是否异常的高

C. 向被审计单位索取债务声明书

D. 审查年内到期的长期负债是否列示在流动负债类项目下

3. 注册会计师在实施借款业务的实质性程序时,无论是短期借款,还是长期借款,其均应实施的实质性程序是( )。

A. 评估被审计单位的信誉状况和融资能力

B. 向银行或其他债权人寄发询证函

C. 检查非记账本位币折合记账本位币采用的汇率是否正确

D. 检查一年内到期的长期借款是否转列为流动负债

4. 对于实收资本的减少,注册会计师应查明被审计单位是否( )。

A. 事先通知所有债权人,债权人无异议

B. 事先通知所有债务人,债务人无异议

C. 经股东大会决议同意，并修改公司章程

D. 减资后的注册资本不低于法定注册资本的最低限额

5. 注册会计师应重点调查与长期投资相关的内部控制制度有(　　)。

A. 职责分工制度　　B. 资产保管制度

C. 记名登记制度　　D. 定期盘点制度

三、判断题

1. 在测试Y公司投资业务的内部控制时，为了确保投资业务不相容职务的相互分离，注册会计师应采用观察与询问的方法确定Y公司投资预算的编制与投资业务的记录两项职务是否由不同的人员分别担任。(　　)

2. 为确定“应付债券”账户期末余额的合法性，注册会计师应直接向债权人及债券的承销人或包销人进行函证。(　　)

3. 为了保证投入资本的真实性，投入资本必须经中国注册会计师验证，并出具验资证明书。(　　)

4. 审查Q公司应付债券在资产负债表中披露情况时，注册会计师应关注Q公司是否在财务报表附注中对应付债券的类别进行了专门说明。(　　)

5. 注册会计师在审查公开发行股票的公司已发行股票是否真实、是否已收到股款时，应向主要股东函证。(　　)

6. 由于有价证券的特殊性，企业在对投资进行定期盘点时，必须由内部审计人员负责。(　　)

7. 在对债券投资进行审计时，注册会计师应当查实被审计单位的应计利息无论是否收到，均应计入当期收益。(　　)

8. 上市公司与关联方之间的交易，对显失公允的交易价格部分，应当作为转增资本或弥补亏损处理。(　　)

四、案例分析题

某注册会计师和一位助理人员对某公司2022年12月31日会计报表进行审计。该公司用剩余现金购置了数量较大的长期投资有价证券，存放于当地某银行的保险箱，并规定只有公司总经理或财务部经理可以开启保险箱。由于12月31日公司的总经理和财务经理不能陪同去银行盘点有价证券，经约定，2023年1月11日由助理审计人员和财务经理一同去银行盘点。

请回答以下问题：

(1)假定该助理人员以前未进行过有价证券盘点，该注册会计师应要求其在盘点时执行哪些审计步骤？

(2)假定该助理人员盘点后得知，公司财务经理于1月4日曾开启保险箱，并声称，开启保险箱是为了查阅一份文件。由于财务经理的上述行动，该注册会计师应增加哪些审计程序？

补充测试题

第十三章　货币资金审计

【学习目标】

熟悉货币资金业务的主要凭证和记录;熟悉货币资金的内部控制,了解货币资金的内部控制测试;掌握货币资金的实质性程序。

【学习重点】

货币资金的实质性程序。

【导入案例】

90后女出纳贪污720万元被抓！判刑12年！

2017年11月,90后王某通过公开招聘,入职北京东城区某离退休干部休养所,担任出纳。因在工作、生活和网络游戏中,结交了大量出手阔绰的朋友,养成了及时行乐、恣意挥霍的不良消费观念。在这些不良观念的影响下,她在工作还不满一个月时,就开始想方设法侵吞、骗取公共财物。2017年12月至2019年2月,一年多的时间里,王某就利用职务便利,侵吞、骗取公款多达720余万元。

2019年3月,王某因涉嫌贪污罪被东城区监委留置,同年9月被开除公职。2019年12月,王某被东城区法院判处有期徒刑12年,并处罚金人民币100万元,追缴违法所得700余万元。

王某之所以能侵占企业的资产,不外乎两个方面的原因:一个是工作单位的内部控制存在缺陷,给了员工机会;另外更重要的原因是员工给了自己侵占资产的借口,那就是不劳而获,贪图享乐。王某固然是在不到一年三个月的时间里纵情享乐,获得了心理上极大的满足感,但是这次的违法行为导致她面临12年的牢狱之灾。12年之后,出狱的王某又会面对怎样的压力,她的人生将会怎样?

请扫码阅读完整案例资料,然后思考以下问题:

1. 该离退休干部休养所的货币资金的内部控制存在哪些缺陷?
2. 如何完善内部控制可以防范以后出现类似的员工侵占企业资产的违法行为?
3. 王某的舞弊行为会带来哪些财务表现?
4. 注册会计师可以采用哪些审计程序发现这些错报?

第一节 货币资金概述

一、货币资金业务的主要内容

货币资金是流动性最强的一种资产，持有货币资金是企业生产经营活动的基本条件，货币资金在企业的会计核算中占有重要的位置。根据货币资金存放地点及用途的不同，货币资金分为库存现金、银行存款及其他货币资金。

货币资金业务很简单，不外乎收款和付款。同时，货币资金业务又很复杂，因为货币资金与所有业务循环都存在联系。各业务循环的联系及货币资金的基本业务见图 13－1。

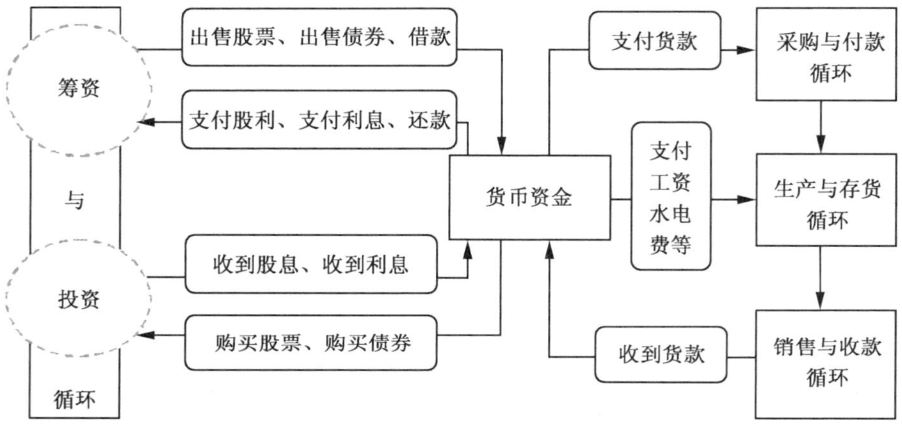

图 13－1 业务循环的联系及货币资金的基本业务

二、货币资金业务涉及的主要凭证和会计记录

(一)现金盘点表

现金盘点表，顾名思义，是指企业定期对库存现金进行盘点形成的记录。由于盘点日往往与会计截止日不一致，企业的内部审计人员编制库存现金盘点表时还必须注意调整，并关注盘点日到会计截止日之间的收支是否真实。

(二)银行对账单

银行对账单是指银行客观记录企业资金流转情况的记录单，是银行和企业之间对资金流转情况进行核对和确认的凭单。银行对账单定期由银行寄发或企业自取。

此外，审计过程中，在获取相关账户的全部银行对账单时，还应对银行对账单进行真伪辨别，不仅要谨慎核对银行存款的实际余额，还需对银行对账单以及企业银行日记账中记载的大额交易流水发生额进行仔细核对，以便识别经济业务入账的真实性和完整性。

(三)银行存款余额调节表

银行存款余额调节表，是企业在银行对账单余额与银行存款日记账余额的基础上，对未达账项进行调整所形成的表格。出纳人员不得编制银行存款余额调节表，银行存款余额调节表由财务主管或其他非出纳的会计人员编制。

(四)有关记账凭证

既然货币资金业务的主要内容是收款和付款,那么所形成的主要是收款凭证和付款凭证。收款凭证,是指用于记录库存现金和银行存款收款业务的记账凭证,收款凭证根据有关库存现金和银行存款收入业务的原始凭证填制,是登记库存现金日记账、银行存款日记账以及有关明细分类账和总分类账等账簿的依据,也是出纳人员收讫款项的依据;付款凭证,是指用于记录库存现金和银行存款付款业务的记账凭证,也是出纳人员支付款项的依据。

(五)有关会计账簿

货币资金业务形成的会计账簿是指货币资金项目的账簿以及对应科目的账簿。具体包括现金日记账、银行存款日记账和对应发生项目的总分类账、明细分类账簿。

第二节　货币资金的内部控制及控制测试

一、货币资金的内部控制

由于货币资金是企业流动性最强的资产,企业必须加强对货币资金的管理,建立良好的货币资金内部控制,以确保全部应收取的货币资金均能收取,并及时正确地予以记录;全部货币资金支出是按照经批准的用途进行的,并及时正确地予以记录;库存现金、银行存款报告正确,并得以恰当保管;正确预测企业正常经营所需的货币资金收支额,确保企业有充足又不过剩的货币资金余额。

一般情况下,货币资金内部控制应该包括以下方面。

(一)岗位分工及授权批准

1. 岗位分工

单位应当建立货币资金业务的岗位责任制,明确相关部门和岗位的职责权限,确保办理货币资金业务的不相容岗位相互分离、制约和监督。出纳人员不得兼任稽核、会计档案保管和收入、支出、费用、债权债务账目的登记工作。单位不得由一人办理货币资金业务的全过程。货币资金业务的不相容岗位至少应当包括:货币资金支付的审批与执行;货币资金的保管与盘点清查;货币资金的会计记录与审计监督。

货币资金岗位分工制度设计的宗旨,是不得由一人办理货币资金业务的全过程,既包括企业财务部门内部的出纳岗位与会计岗位的分工,也包括与货币资金运行有关的业务岗位分工和货币资金审批的领导岗位分工等。在货币资金岗位分工控制中,不相容岗位相互分离与制约机制体现在出纳人员对货币资金的保管与会计员入账的分离、稽查人员与会计员分离、银行对账员与清查人员的岗位分离等。

2. 授权审批

企业应当对货币资金业务建立严格的授权批准制度,明确审批人对货币资金业务的授权批准方式、权限、程序、责任和相关控制措施,规定经办人办理货币资金业务的职责范围和工作要求。审批人应当根据货币资金授权批准制度的规定,在授权范围内进行审批,不得超越审批权限。经办人应当在职责范围内,按照审批人的批准意见办理货币资金业务。对于审批人超越授权范围审批的货币资金业务,经办人员有权拒绝办理,并及时向审批人的上级授权部门报告。严禁未经授权的机构或人员办理货币资金业务或直接接触货币资金。

3. 严格支付流程

货币资金的支付产生问题的概率远远大于货币资金的收入，一旦产生问题，后果通常很严重，必须对支付流程的每个环节进行反复审批。企业的货币资金支付业务应当包含以下环节：

(1)支付申请。企业有关部门或个人用款时，应当提前向审批人提交货币资金支付申请，注明款项的用途、金额、预算、支付方式等内容，并附有效经济合同或相关证明。在此环节容易产生的支付问题主要为款项的用途、金额、预算、限额、支付方式等内容标注不清，或者有上述内容但是没有附上原始单据及相关证明。

(2)支付审批。审批人根据其职责、权限和相应程序对支付申请进行审批。对资金支付申请的业务真实性、金额的准确性、票据或者证明的合法性进行审批；对不符合规定的货币资金支付申请，审批人应当拒绝批准。

(3)支付复核。复核人应当对批准后的货币资金支付申请进行复核，包括批准范围、权限、程序是否正确，手续及相关单证是否齐备，金额计算是否准确，支付方式是否妥当等。复核无误后，交由出纳人员办理支付手续。

(4)办理支付。出纳人员应当根据复核无误的支付申请，按规定办理货币资金支付手续，及时登记现金和银行存款日记账。

(5)企业对于重要货币资金支付业务，应当实行集体决策和审批，并建立责任追究制度，防范贪污、侵占、挪用货币资金等行为。

(二)现金和银行存款的管理

现金及银行存款，是企业资金运动的起点和终点，是进行生产和经营的必要条件，必须从以下方面加强现金和银行存款的管理：

(1)企业应当加强现金库存限额的管理，超过库存限额的现金应及时存入银行。

(2)企业必须根据《现金管理暂行条例》的规定，结合本企业的实际情况，确定本企业现金的开支范围。不属于现金开支范围的业务应当通过银行办理转账结算。

(3)企业现金收入应当及时存入银行，不得用于直接支付企业自身的支出。因特殊情况需坐支现金的，应事先报经开户银行审查批准。

企业借出款项必须执行严格的授权批准程序，严禁擅自挪用、借出货币资金。

(4)企业取得的货币资金收入必须及时入账，不得私设“小金库”，不得账外设账，严禁收款不入账。

(5)企业应当严格按照《支付结算办法》等国家有关规定，加强银行账户的管理，严格按照规定开立账户，办理存款、取款和结算。

企业应当定期检查、清理银行账户的开立及使用情况，发现问题，及时处理。

企业应当加强对银行结算凭证的填制、传递及保管等环节的管理与控制。

(6)企业应当严格遵守银行结算纪律，不准签发没有资金保证的票据或远期支票，套取银行信用；不准签发、取得和转让没有真实交易和债权债务的票据，套取银行和他人资金；不准无理拒绝付款，任意占用他人资金；不准违反规定开立和使用银行账户。

(7)企业应当指定专人定期核对银行账户，每月至少核对一次，编制银行存款余额调节表，使银行存款账面余额与银行对账单调节相符。如调节不符，应查明原因，及时处理。

(8)企业应当定期和不定期地进行现金盘点，确保现金账面余额与实际库存相符。发现不符，及时查明原因，做出处理。

（三）票据及有关印章的管理

企业的日常经营过程中，经常发生货币资金的收支活动，虽然可以通过实行授权批准制度减少货币资金的内部控制风险，但是其中必不可少的是要加强与货币资金相关的票据保管。

（1）企业应当加强与货币资金相关的票据的管理，明确各种票据的购买、保管、领用、背书转让、注销等环节的职责权限和程序，并专设登记簿进行记录，防止空白票据的遗失和被盗用。

（2）企业应当加强银行预留印鉴的管理。财务专用章应由专人保管，个人名章必须由本人或其授权人员保管。严禁一人保管支付款项所需的全部印章。

按规定需要有关负责人签字或盖章的经济业务，必须严格履行签字或盖章手续。

（四）监督检查

（1）企业应当建立对货币资金业务的监督检查制度，明确监督检查机构或人员的职责权限，定期和不定期地进行检查。

（2）货币资金监督检查的内容应从岗位人员、审批制度、款项、印章、票据等事项内容展开，见图 13－2。

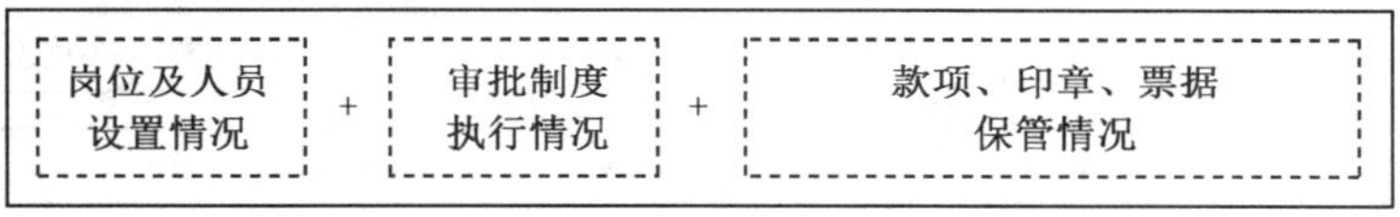

图 13－2　货币资金监督检查示意图

①货币资金业务相关岗位及人员的设置情况。重点检查是否存在货币资金业务不相容职务混岗的现象。

②货币资金授权批准制度的执行情况。重点检查货币资金支出的授权批准手续是否健全，是否存在越权审批行为。

③支付款项印章的保管情况。重点检查是否存在办理付款业务所需的全部印章交由一人保管的现象。

④票据的保管情况。重点检查票据的购买、领用、保管手续是否健全，票据保管是否存在漏洞。

（3）对监督检查过程中发现的货币资金内部控制中的薄弱环节，应当及时采取措施，加以纠正和完善。

二、货币资金内部控制的测试

如果在评估认定层次重大错报风险时预期控制的运行是有效的，或仅实施实质性程序不能够提供认定层次充分、适当的审计证据，注册会计师应当实施控制测试，以就与认定相关的控制在相关期间或时点的运行有效性获取充分、适当的审计证据。如果根据注册会计师的判断，决定对货币资金采取实质性审计方案，在此情况下，无须实施本节所述的测试内部控制运行的有效性的程序。

（一）了解货币资金内部控制

注册会计师可以通过询问、观察、检查等程序收集必要的资料，了解被审计单位关于货币资金的内部控制制度，观察其执行情况，编制内部控制流程图。货币资金内部控制是对企业内部投资实施控制和监管、建立起监管和约束机制的重要组成部分。注册会计师应关注的内容主要包括以下方面：

(1)货币资金的收支是否按规定的程序和权限办理。

(2)货币资金的收支是否存在与被审计单位经营无关的情况。

(3)出纳与会计的职责是否严格分离。

(4)是否存在出租、出借银行账户的情况。

(5)库存现金是否妥善保管，是否定期盘点、核对。

(6)银行存款是否定期取得银行对账单并编制银行存款余额调节表等。

财政部于 2001 年 6 月颁布了《基本规范(试行)》和《货币资金(试行)》两个内部会计控制规范，明确规定了各个单位应当如何建立内部会计控制体系的基本框架，如何展开货币资金内部控制具体操作。

(二)抽取并检查收(付)款凭证

如果货币资金收款内部控制薄弱，很可能会发生贪污舞弊或挪用等情况。选取适当样本的收款凭证，进行如下检查，见图 13－3。

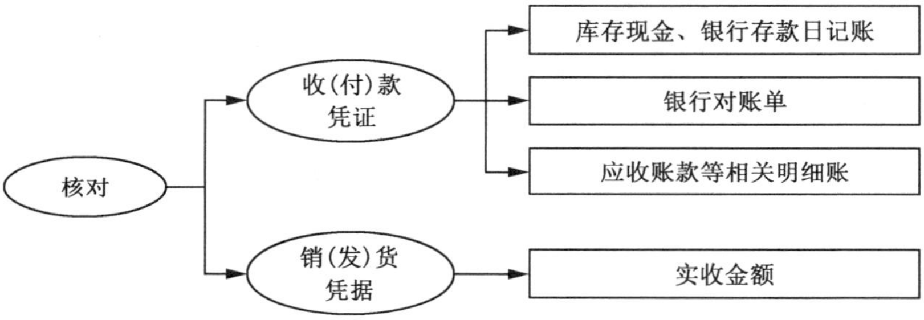

图 13－3 凭证抽样检查流程图

(1)核对收款凭证、付款凭证与库存现金、银行存款日记账的收入金额是否正确。

(2)核对收款凭证、付款凭证与银行对账单是否相符。

(3)核对收款凭证、付款凭证与应收账款等相关明细账的有关记录是否相符。

(4)核对实收金额、实付金额与销货发票等相关凭据是否一致等。

(三)抽取并核对日记账与总账

首先抽取一定期间的库存现金、银行存款日记账，检查其有无计算错误，加总是否正确无误。如果检查中发现问题较多，说明被审计单位货币资金的会计记录不够可靠。其次，根据日记账提供的线索，核对总账中的库存现金、银行存款、应收账款、应付账款等有关账户的记录。

(四)抽取并检查银行存款余额调节表

抽取一定期间的银行存款余额调节表，查验其是否按月正确编制并经复核。为证实银行存款记录的正确性，抽取一定期间的银行存款余额调节表，将其同银行对账单、银行存款日记账及总账进行核对。确定被审计单位是否按月正确编制并复核银行存款余额调节表。

(五)检查外币资金的折算

对于有外币货币的被审计单位，检查其外币资金的方法是否符合有关规定，是否与上年度一致。检查外币货币资金有关的日记账及“财务费用”“在建工程”等账户的记录，选用汇率的方法前后各期是否一致;检查企业的外币货币资金的余额是否采用期末即期汇率折合为记账本位币金额;折算差额的会计处理是否正确。

(六)评价货币资金的内部控制

完成上述程序之后,即可对货币资金的内部控制进行评价。评价时,首先确定货币资金内部控制可信赖的程度以及存在的薄弱环节和缺点,然后据以确定在货币资金实质性程序中对哪些环节可以适当减少审计程序,哪些环节应增加审计程序,做重点检查,以减少审计风险。

如果被审计单位的现金交易比例较高,注册会计师可以考虑在了解和评价被审计单位现金交易内部控制的基础上,针对相关控制运行的有效性获取充分、适当的审计证据。

第三节　重要账户的实质性程序

如果实施了本章第二节所述的控制测试,注册会计师根据控制测试的结果(即控制运行是否有效),确定从控制测试中已获得的审计证据及其保证程度,进而确定还需要从实质性程序中获取的审计证据及其保证程度,在此过程中也可能需要对制定具体审计计划时初步确定的实质性程序的性质、时间安排和范围作出适当调整。例如,如果控制测试的结果表明内部控制未能有效运行,注册会计师需要从实质性程序中获取更多的相关审计证据,注册会计师可以修改实质性程序的性质,如采用细节测试而非实质性分析程序、获取更多的外部证据等,或修改实质性审计程序的范围,如扩大样本规模等。

如果根据注册会计师的判断,注册会计师未实施本章第二节所述的控制测试,而直接对货币资金采取实质性审计方案,注册会计师需要确定其实施的实质性程序的性质、时间安排和范围是否能够提供充分、适当的审计证据。

一、货币资金审计中需要关注的事项或情形

货币资金是企业日常经营活动的起点和终点,其增减变动与被审计单位的日常经营活动密切相关。较多舞弊案件都与被审计单位的货币资金相关。在实施货币资金审计的过程中,如果被审计单位存在以下事项或情形,注册会计师需要保持警觉:

(1)被审计单位的现金交易比例较高,并与其所在的行业常用的结算模式不同;

(2)库存现金规模明显超过业务周转所需资金;

(3)银行账户开立数量与企业实际的业务规模不匹配;

(4)在没有经营业务的地区开立银行账户;

(5)企业资金存放于管理层或员工个人账户;

(6)货币资金收支金额与现金流量表不匹配;

(7)不能提供银行对账单或银行存款余额调节表;

(8)存在长期或大量银行未达账项;

(9)银行存款明细账存在非正常转账的"一借一贷";

(10)违反货币资金存放和使用规定(如上市公司未经批准开立账户转移募集资金、未经许可将募集资金转作其他用途等);

(11)存在大额外币收付记录而被审计单位并不涉足外贸业务;

(12)被审计单位以各种理由不配合注册会计师实施银行函证。

除上述与货币资金项目直接相关的事项或情形外,注册会计师在审计其他财务报表项目时,还可能关注到其他一些也需保持警觉的事项或情形。例如:

(1)存在没有具体业务支持或与交易不相匹配的大额资金往来;

(2)长期挂账的大额预付款项;

(3)存在大额自有资金的同时,向银行高额举债;

(4)付款方账户名称与销售客户名称不一致、收款方账户名称与供应商名称不一致;

(5)开具的银行承兑汇票没有银行承兑协议支持;

(6)银行承兑票据保证金余额与应付票据余额比例不合理。

二、货币资金的审计目标

库存现金、银行存款和其他货币资金的审计目标是基本相同的,因此统一进行审计目标的说明。货币资金的审计目标包括:

(1)确定被审计单位资产负债表的货币资金在资产负债表日是否确实存在;

(2)确定被审计单位所有应当记录的货币资金收支业务是否均已记录完毕,有无遗漏;

(3)确定记录的货币资金是否为被审计单位所拥有或控制;

(4)确定货币资金各项目的期末余额是否正确;

(5)确定货币资金在财务报表上的披露是否恰当。

三、库存现金的实质性程序

(一)账账核对

注册会计师测试现金余额的起点是,核对库存现金日记账与总账的金额是否相符。如果不相符,应查明原因,必要时建议做出适当调整。同时,检查非记账本位币库存现金的折算汇率及折算金额是否正确。

(二)监盘库存现金

对被审计单位现金盘点实施的监盘程序是用作控制测试还是实质性程序,取决于注册会计师对风险评估结果、审计方案和实施的特定程序的判断。如果注册会计师可能基于风险评估的结果判断无须对现金盘点实施控制测试,仅实施实质性程序。

企业盘点库存现金,通常包括对已收到但未存入银行的现金、零用金、找换金等的盘点。盘点库存现金的时间和人员应视被审计单位的具体情况而定,但现金出纳员和被审计单位会计主管人员必须参加,并由注册会计师进行监盘。监盘库存现金的步骤和方法主要有:

(1)查看被审计单位制定的盘点计划,以确定监盘时间。

(2)对库存现金的监盘最好实施突击性的检查,时间最好选择在上午上班前或下午下班时,监盘范围一般包括被审计单位各部门经管的所有现金。

(3)查阅库存现金日记账并同时与现金收付凭证相核对。一方面检查库存现金日记账的记录与凭证的内容和金额是否相符,另一方面了解凭证日期与库存现金日记账日期是否相符或接近。

(4)检查被审计单位现金实存数,并将该监盘金额与库存现金日记账余额进行核对,如有差异,应要求被审计单位查明原因,必要时应提请被审计单位作出调整;如无法查明原因,应要求被审计单位按管理权限批准后作出调整。若有冲抵库存现金的借条、未提现支票、未作报销的原始凭证，应在“库存现金监盘表”中注明，必要时应提请被审计单位作出调整。

(5)在非资产负债表日进行监盘时，应将监盘金额调整至资产负债表日的金额，并对变动情况实施程序。

库存现金监盘表的参考格式如表 13－1 所示。

表 13－1　　　　**库存现金监盘表**

索引号：

被审计单位名称：　　　　编制人(签名)：　　　　编制日期：

截止日/期间：　　　　复核人(签名)：　　　　复核日期：

<table>
<tr><td colspan="6">检查盘点记录</td><td colspan="7">实有现金盘点记录</td></tr>
<tr><td colspan="2" rowspan="2">项　目</td><td rowspan="2">项次</td><td rowspan="2">人民币</td><td rowspan="2">美元</td><td rowspan="2">某外币</td><td rowspan="2">面额</td><td colspan="2">人民币</td><td colspan="2">美元</td><td colspan="2">某外币</td></tr>
<tr><td>张</td><td>金额</td><td>张</td><td>金额</td><td>张</td><td>金额</td></tr>
<tr><td colspan="2">上一日账面库存</td><td>1</td><td></td><td></td><td></td><td>100 元</td><td></td><td></td><td></td><td></td><td></td><td></td></tr>
<tr><td colspan="2">盘点日未记账传票收入金额</td><td>2</td><td></td><td></td><td></td><td>50 元</td><td></td><td></td><td></td><td></td><td></td><td></td></tr>
<tr><td colspan="2">盘点日未记账传票支出金额</td><td>3</td><td></td><td></td><td></td><td>10 元</td><td></td><td></td><td></td><td></td><td></td><td></td></tr>
<tr><td colspan="2">盘点日账面应有金额</td><td>4＝1＋2－3</td><td></td><td></td><td></td><td>5 元</td><td></td><td></td><td></td><td></td><td></td><td></td></tr>
<tr><td colspan="2">盘点实有现金数额</td><td>5</td><td></td><td></td><td></td><td>2 元</td><td></td><td></td><td></td><td></td><td></td><td></td></tr>
<tr><td colspan="2">盘点日应有与实有差异</td><td>6＝4－5</td><td></td><td></td><td></td><td>1 元</td><td></td><td></td><td></td><td></td><td></td><td></td></tr>
<tr><td rowspan="4">差异原因分析</td><td>白条抵库(张)</td><td></td><td></td><td></td><td></td><td>0.5 元</td><td></td><td></td><td></td><td></td><td></td><td></td></tr>
<tr><td></td><td></td><td></td><td></td><td></td><td>0.2 元</td><td></td><td></td><td></td><td></td><td></td><td></td></tr>
<tr><td></td><td></td><td></td><td></td><td></td><td>0.1 元</td><td></td><td></td><td></td><td></td><td></td><td></td></tr>
<tr><td></td><td></td><td></td><td></td><td></td><td>合计</td><td></td><td></td><td></td><td></td><td></td><td></td></tr>
<tr><td rowspan="5">追溯调整</td><td>报表日至查账日现金付出总额＋</td><td></td><td></td><td></td><td></td><td colspan="7" rowspan="6">情况说明及审计结论：</td></tr>
<tr><td>报表日至查账日现金收入总额－</td><td></td><td></td><td></td><td></td></tr>
<tr><td>报表日库存现金应有余额</td><td></td><td></td><td></td><td></td></tr>
<tr><td>报表日账面汇率</td><td></td><td></td><td></td><td></td></tr>
<tr><td>报表日余额折合本位币金额</td><td></td><td></td><td></td><td></td></tr>
<tr><td colspan="2">本位币合计</td><td></td><td></td><td></td><td></td></tr>
</table>

出纳员：　　　　会计主管人员：　　　　监盘人：　　　　复核人：

(三)抽查大额现金收支

查看大额现金收支，并检查原始凭证是否齐全、原始凭证内容是否完整、有无授权批准、记账凭证与原始凭证是否相符、账务处理是否正确、是否记录于恰当的会计期间等项内容。

(四)检查现金收支的正确截止

被审计单位资产负债表的货币项目中的库存现金数额，应以结账日实有数额为准。因此，注册会计师必须验证现金收支的截止日期。通常，注册会计师可考虑对结账日前后一段时期内现金收支凭证进行审计，以确定是否存在跨期事项，是否应考虑提出调整建议。

(五)检查外币现金的折算

检查外币现金的折算方法是否符合规定，是否与上年度一致；外币现金的折算率及折算金额是否正确。

(六)检查库存现金是否在资产负债表上恰当披露

检查库存现金是否在财务报表中作出恰当列报。根据有关规定,库存现金在资产负债表的“货币资金”项目中反映,注册会计师应在实施上述审计程序后,确定“库存现金”账户的期末余额是否恰当,进而确定库存现金是否在资产负债表上恰当披露。

四、银行存款的实质性程序

银行存款是指企业存放在银行或其他金融机构的各种款项。按照国家有关规定,凡是独立核算的企业都必须在当地银行开设账户。企业在银行开设账户以后,除按核定的限额保留库存现金外,超过限额的现金必须存入银行;除了在规定的范围内可以用现金直接支付的款项外,在经营过程中所发生的一切货币收支业务,都必须通过银行存款账户进行结算。

根据重大错报风险的评估和从控制测试(如实施)中所获取的审计证据和保证程度,注册会计师就银行存款实施的实质性程序可以从以下方面进行。

(一)账账核对

注册会计师测试银行存款余额的起点,是核对银行存款日记账与总账的余额是否相符。如果不相符,应查明原因,并考虑是否应建议做适当调整。

如果对被审计单位银行账户的完整性存有疑虑,例如,当被审计单位可能存在账外账或资金体外循环时,注册会计师可以考虑额外实施以下实质性程序:注册会计师在企业人员陪同下到中国人民银行或基本存款账户开户行查询并打印《已开立银行结算账户清单》,观察银行办事人员的查询、打印过程,并检查被审计单位账面记录的银行人民币结算账户是否完整;结合其他相关细节测试,关注交易相关单据中被审计单位的收(付)款银行账户是否均包含在注册会计师已获取的开立银行账户清单内。

(二)实施实质性分析程序

计算银行存款累计余额应收利息收入,分析比较被审计单位银行存款应收利息收入与实际利息收入的差异是否恰当,评估利息收入的合理性,检查是否存在高息资金拆借,确认银行存款余额是否存在,利息收入是否已经完整记录。

(三)取得或编制银行存款余额调节表

银行存款余额调节表通常由被审计单位根据不同的银行账户及货币种类分别编制。注册会计师可以取得被审计单位的银行存款余额调节表进行检查,也可以自行编制银行存款余额调节表(如表13—2所示)。检查银行存款余额调节表是证实资产负债表中所列银行存款是否存在的重要程序。取得银行存款余额调节表后,注册会计师应检查调节表中未达账项的真实性,以及资产负债表日后的进账情况,如果查明存在应于资产负债表日之前进账的,应做记录并提出适当的调整建议。其程序一般包括:

(1)验算调节表的数字计算。

(2)对于金额较大的未提现支票、可提现的未提现支票以及注册会计师认为重要的未提现支票,列示未提现支票清单,注明开票日期和收票人姓名或单位。

(3)追查截止日期银行对账单上的在途存款,并在银行账户调节表上注明存款日期。

(4)检查截止日仍未提现的大额支票和其他已签发一个月以上的未提现支票。

(5)追查截止日期银行对账单已收、企业未收的款项性质及款项来源。

(6)核对银行存款总账余额、银行对账单加总金额。

表 13－2　**银行存款余额调节表**

索引号：

被审计单位名称：　编制人(签名)：　编制日期：

截止日/期间：　复核人(签名)：　复核日期：

项　目	金　额	项　目	金　额
企业银行存款日记账余额		银行对账单余额	
加：银行已收、企业未收款		加：企业已收、银行未收款	
减：银行已付、企业未付款		减：企业已付、银行未付款	
调节后的存款余额		调节后的存款余额	
经办会计人员：(签字)　会计主管：(签字)			
需要说明的其他事项：			

(四)函证银行存款余额

银行存款函证是指注册会计师在执行审计业务过程中，需要以被审计单位名义向有关单位发函询证，以验证被审计单位的银行存款是否真实、合法、完整。按照国际惯例，财政部和中国人民银行于 1999 年 1 月 6 日联合印发了《关于做好企业的银行存款、借款及往来款项函证工作的通知》(以下简称《通知》)，《通知》对函证工作提出了明确的要求，并规定：各商业银行、政策性银行、非银行金融机构要在收到询证函之日起 10 个工作日内，根据函证的具体要求，及时回函并可按照国家的有关规定收取询证费用；各有关企业或单位根据函证的具体要求回函。

函证银行存款余额是证实资产负债表所列银行存款是否存在的重要程序。通过向往来银行函证，注册会计师不仅可了解企业资产的存在，还可了解企业账面反映所欠银行债务的情况，并有助于发现企业未入账的银行借款和未披露的或有负债。

注册会计师应向被审计单位在本年存过款(含外埠存款、银行汇票存款、银行本票存款、信用卡存款、信用证保证金存款)的所有银行发函，其中包括企业存款账户已结清的银行，因为有可能存款账户已结清，但仍有银行借款或其他负债存在。并且，虽然注册会计师已直接从某一银行取得了银行对账单和所有已付支票，但仍应向这一银行进行函证。银行询证函的参考格式如下。

银行询证函

编号：

××(银行)：

本公司聘请的××会计师事务所正在对本公司××××年度财务报表进行审计，按照中国注册会计师审计准则的要求，应当询证本公司与贵行的存款、借款往来等事项。下列数据出自本公司账簿记录，如与贵行记录相符，请在本函下端“信息证明无误”处签章证明；如有不符，请在“信息不符”处列明不符项目。如存在与本公司有关的未列入本函的其他项目，请在“数据不符”处列出这些项目的金额及详细资料。有关询证费用可直接从本公司××存款账户中收取。回函请直接寄至××会计师事务所。

回函地址：

邮编：　　　　电话：　　　　传真：　　　　联系人：

截至××××年×月×日，本公司银行存款、借款账户余额等列示如下：

1. 银行存款

账户名称	银行账号	币种	利率	余额	起止日期	是否被抵押或质押或其他限制	备注

注："起止日期"一栏仅适用于定期存款，如为活期或保证金存款，可只填写"活期"或"保证金"字样。

2. 银行借款

账户名称	币种	余额	借款日期	还款日期	利率	其他借款条件	抵(质)押品/担保人	备注

注：此项仅函证截至资产负债表日本公司尚未归还的借款。

3. 截止函证日之前12个月内注销的账户

账户名称	银行账号	币种	注销账户日

4. 委托存款

账户名称	银行账号	借款方	币种	利率	余额	存款起止日期	备注

5. 委托贷款(表格省略)

6. 担保

(1)本公司为其他单位提供的、以贵行为担保受益人的担保(表格省略)

(2)贵行向本公司提供的担保(表格省略)

7. 本公司为出票人且由贵行承兑而尚未支付的银行承兑汇票(表格省略)

8. 本公司向贵行已贴现而尚未到期的商业汇票(表格省略)

9. 本公司为持票人且由贵行托收的商业汇票(表格省略)

10. 本公司为申请人、由贵行开具的、未履行完毕的不可撤销信用证(表格省略)

11. 本公司与贵行之间未履行完毕的外汇买卖合约(表格省略)

12. 本公司存放于贵行的有价证券或其他产权文件(表格省略)

13. 其他重大事项

此项应填列注册会计师认为重大且应予函证的其他事项，如信托存款等；如无则应填写

“不适用”。

结论：

1. 信息证明无误。

（银行签章）
（日期）

2. 信息不符，请列明不符金额。

（银行签章）
（日期）

（五）抽查大额银行存款的收支

注册会计师应抽查大额银行存款（含外埠存款、银行汇票存款、银行本票存款、信用证存款）收支的原始凭证内容是否完整，有无授权批准，并核对相关账户的进账情况。如有与被审计单位生产经营业务无关的收支事项，应查明原因并做相应的记录。

（六）检查银行存款收支的正确截止

抽查资产负债表日前后若干天的银行存款收支凭证实施截止测试，关注业务内容及对应项目，如有跨期收支事项，应考虑是否应提出调整建议。

（七）检查定期存款或限定用途的存款

对于定期存款或限定用途的存款，应查明情况，做出记录：

（1）对已质押的定期存款，应检查定期存单，并与相应的质押合同核对，同时关注定期存单对应的质押借款有无入账。

（2）对未质押的定期存款，应检查开户证书原件。

（3）对审计外勤工作结束日前已提取的定期存款，应核对相应的兑付凭证、银行对账单和定期存款复印件。

（4）关注是否有质押、冻结等对变现有限制或存放在境外的款项。

（5）对不符合现金及现金等价物条件的银行存款在审计工作底稿中予以列明。

（八）检查外币银行存款的折算

对于外币银行存款，关注其折算方法是否符合有关规定，是否与上年度一致。

（九）确定银行存款的披露是否恰当

根据有关规定，企业的银行存款在资产负债表的“货币资金”项目中反映。所以，注册会计师应在实施上述审计程序后，确定银行存款账户的期末余额是否恰当，进而确定银行存款是否在资产负债表上恰当披露。

五、其他货币资金的实质性程序

其他货币资金包括企业到外地进行临时或零星采购而汇往采购地银行开立采购专户的款项所形成的外埠存款、企业为取得银行汇票按照规定存入银行的款项所形成的银行汇票存款、企业为取得银行本票按照规定存入银行的款项所形成的银行本票存款、信用卡存款和信用证保证金存款等。

其他货币资金的实质性程序主要包括：

（1）核对外埠存款、银行汇票存款、银行本票存款、信用卡存款、信用证保证金存款和存出投资款等各明细账期末合计数与总账数是否相符。

（2）获取所有其他货币资金明细的对账单，与账面记录核对，如果存在差异应查明原因，必要时应提出调整建议。

①对于保证金账户,应将取得的对账单与相应的交易进行核对。检查保证金与相关债务的比例和合同约定是否一致。特别关注是否存在有保证金发生,而被审计单位账面无对应的保证事项涉及的交易的情形。

②若信用卡持有人是被审计单位职员,应取得该职员提供的确认书,必要时提出调整建议。

③获取存出投资款全部交易流水单,从中抽取若干笔资金存取记录,审查有关原始凭证,关注资金的来源和去向是否正常,是否已正确入账。

(3)结合银行询证函,函证其他货币资金期末余额,并记录函证过程。

(4)关注是否有质押、冻结等对变现有限制,或存放在境外,或有潜在回收风险的款项。

(5)对于非记账本位币的其他货币资金,检查其采用的折算汇率是否正确。

(6)检查期末余额中有无较长时间未结清的款项。

(7)抽取若干大额的或有疑问的原始凭证进行测试。检查内容是否完整、有无授权批准,并核对相关账户的进账情况。

(8)抽取资产负债表日前后若干天的其他货币资金收支凭证实施截止测试,如有跨期收支事项,应考虑是否应提出调整建议。

(9)对不符合现金及现金等价物条件的其他货币资金在审计工作底稿中予以列明。

(10)确定其他货币资金的披露是否恰当。

注册会计师在对其他货币资金实施审计程序时,通常可能需要特别关注因互联网支付留存于第三方支付平台的资金。了解是否开立支付宝、微信等第三方支付账户,如是,获取相关开户信息资料,了解其用途和使用情况,获取与第三方支付平台签订的协议,了解第三方平台使用流程等内部控制,比照验证银行存款或银行交易的方式对第三方平台支付账户函证交易发生额和余额(如可行)。获取第三方支付平台发生额及余额明细,在验证这些明细信息可靠性的基础上(如观察被审计单位人员登录并操作相关支付平台导出信息的过程,核对界面的真实性,核对平台界面显示或下载的信息与提供给注册会计师的明细信息的一致性等),将其与账面记录进行核对,对大额交易考虑实施进一步的检查程序。

自我测试题

一、单项选择题

1. 下列情形中,没有违背货币资金“不相容岗位相互分离”的控制原则的是(　　)。

A. 由出纳人员同时负责会计档案保管工作

B. 由出纳人员同时负责债权债务的登记工作

C. 由出纳人员同时负责收入总账和明细账的登记工作

D. 由出纳人员同时负责固定资产明细账的登记工作

2. 下列有关库存现金监盘的说法中,错误的是(　　)。

A. 对库存现金的监盘时间必须选择在上午上班前或下午下班时

B. 由出纳在盘点后编制“库存现金盘点表”

C. 盘点库存现金人员应视被审计单位的具体情况而定，但必须有出纳员和被审计单位的会计主管人员参加，并由注册会计师进行监盘

D. 监盘库存现金是证实资产负债表中货币资金项目中现金是否存在的一项重要审计程序

3. 注册会计师在检查被审计单位 2021 年 12 月 31 日的银行存款余额调节表时，发现下列调节事项，其中有迹象表明调节事项的性质或范围不合理的是（　　）。

A. “银行已收、企业未收”项目包含一项 2021 年 12 月 31 日到账的应收账款，被审计单位尚未收到银行的收款通知

B. “企业已付、银行未付”项目包含一项被审计单位于 2021 年 12 月 31 日提交的转账支付申请，用于支付被审计单位 2021 年 12 月份的电费

C. “企业已收、银行未收”项目包含一项 2021 年 12 月 30 日收到的退货款，被审计单位已将供应商提供的支票提交银行

D. “银行已付、企业未付”项目包含一项 2021 年 11 月支付的销售返利，该笔付款已经总经理授权，但由于经办人员未提供相关单据，会计部门尚未入账

4. 针对被审计单位某银行账户的银行对账单余额与银行存款日记账余额不符，下列各项审计程序中，最有效的是（　　）。

A. 重新测试相关的内部控制

B. 检查银行存款日记账中记录的资产负债表日前后的收付情况

C. 向该银行函证

D. 检查该银行账户的银行存款余额调节表

5. 注册会计师获取的银行对账单显示余额为 775 000 元，并注意到以下事项：在途存款 25 000 元，企业开出的转账支票 3 600 元；企业未入账的借款利息扣除 5 000 元，企业收到外单位开具的转账支票 16 000 元，假定不考虑其他的因素，则编制的银行存款余额调节表中调节后的金额是（　　）元。

A. 795 000　　B. 812 400　　C. 786 000　　D. 796 400

6. 下列有关银行存款函证的说法中，错误的是（　　）。

A. 银行存款函证程序可证实资产负债表所列银行存款是否存在

B. 零余额账户应纳入函证范围

C. 如果有充分证据表明某银行存款对财务报表不重要，注册会计师可以不对其实施函证

D. 在实施银行函证时，注册会计师应当以被审计单位名义向银行发函询证

7. 注册会计师对定期存款执行的下列审计程序中，错误的是（　　）。

A. 函证定期存款的相关信息

B. 对存款期限跨越资产负债表日的未质押定期存款，检查开户证实书的复印件

C. 结合财务费用和投资收益审计，分析利息收入的合理性，判断定期存款是否真实存在

D. 实地观察被审计单位登录网银系统查询定期存款信息，并将查询信息截屏保存

8. 下列有关货币资金的实质性程序的说法中，错误的是（　　）。

A. 对于保证金存款的检查，注册会计师可以检查开立银行承兑汇票的协议或银行授信审批文件

B. 如果被审计单位的定期存款占银行存款的比例偏高，注册会计师需要向管理层询问定期存款存在的商业理由并评估其合理性

C. 对于在报告期内到期结转的定期存款、资产负债表日后已提取的定期存款，检查、核对相应的兑付凭证、银行对账单或网银记录等

D. 对已质押的定期存款，检查定期存单原件

二、多项选择题

1. 下列与现金业务有关的职责中，应当予以分离的有（　　）。

A. 现金支付的审批与执行

B. 现金保管与现金日记账的登记

C. 现金的会计记录与审计监督

D. 现金日记账与现金总账的登记

2. 下列有关银行存款的实质性程序的说法中，正确的有（　　）。

A. 通过向往来银行函证，有助于发现企业未入账的银行借款和未披露的或有负债

B. 注册会计师应检查银行存款账户存款人是否为被审计单位，若存款人非被审计单位，应获取该账户户主和被审计单位的书面声明

C. 如果不对银行存款实施函证，注册会计师应当在审计工作底稿中说明理由

D. 对于银收企未收的款项，检查被审计单位收款入账的原始凭证，并确定是否已在期后银行对账单上得以反映

3. 下列有关银行存款审计的说法中，正确的有（　　）。

A. 除余额较小的银行账户不实施函证外，其他银行账户均应实施函证

B. 取得并检查银行对账单和银行存款余额调节表是证实银行存款是否存在的重要程序

C. 对相同金额的一收一付、相同金额的多次转入转出等大额异常货币资金发生额，注册会计师应关注相关交易及相应资金流转安排是否具有合理的商业理由

D. 向银行函证被审计单位的银行存款，不仅可以证实被审计单位银行存款的真实性，还可以核实被审计单位对银行借款记录的完整性

4. 甲公司编制的2021年12月末银行存款余额调节表显示存在120 000元的未达账项，其中包括甲公司已付而银行未付的材料采购款10 000元。以下审计程序中，可能为该材料采购款未达账项的真实性提供审计证据的有（　　）。

A. 检查2022年1月份的银行对账单

B. 检查相关的采购合同、供应商销售发票和付款审批手续

C. 就2021年12月末银行存款余额向银行寄发询证函

D. 向相关的原材料供应商寄发询证函

5. 注册会计师拟对银行存款余额实施函证程序，下列做法中正确的有（　　）。

A. 以被审计单位的名义寄发银行询证函

B. 在本期已注销的银行账户，无需函证

C. 由被审计单位代为填写银行询证函后，交由注册会计师复核后发出并回收

D. 如果银行询证函回函结果表明没有差异，则可以直接认定银行存款余额是正确的

三、判断题

1. 根据货币资金存放地点及用途的不同，货币资金分为库存现金、银行存款及其他货币资金。（　　）

2. 在货币资金岗位分工控制中，不相容岗位相互分离与制约机制主要体现在出纳人员对货币资金的保管与会计员入账的分离。（　　）

3. 如果被审计单位的现金交易比例较高，注册会计师可以考虑在了解和评价被审计单位现金交易内部控制的基础上，针对相关控制运行的有效性获取充分、适当的审计证据。（　　）

4. 注册会计师测试现金余额时，只需要核对库存现金日记账与总账的金额是否相符。（　　）

5. 银行存款是指企业存放在银行或其他金融机构的各种款项。按照国家有关规定，独立核算的企业都必须开设银行账户，但不限于在当地开设。（　　）

6. 对已质押的定期存款，应检查定期存单，并与相应的质押合同核对，同时关注定期存单对应的质押借款有无入账。对未质押的定期存款，应检查开户证书原件。（　　）

7. 其他货币资金仅指企业到外地进行临时或零星采购而汇往采购地银行开立采购专户的款项所形成的外埠存款、信用卡存款和信用证保证金存款。（　　）

8. 对不符合现金及现金等价物条件的其他货币资金，需要在审计工作底稿中予以列明。（　　）

四、案例分析题

甲公司是 ABC 会计师事务所的常年审计客户，A 注册会计师负责审计甲公司 2021 年度财务报表，确定财务报表整体的重要性为 300 万元，与货币资金相关的部分事项如下：

（1）A 注册会计师实施实质性分析程序后发现，甲公司 2021 年度账面记录的银行存款利息收入明显少于预期值，经调查系年内向关联方借出资金、甲公司账面未作记录所致，因借出资金已于年末收回，不影响银行存款余额，A 注册会计师认为不存在错报。

（2）甲公司与其子公司乙银行签订的集团现金管理账户协议约定，乙银行账户余额超过 500 万元的部分自动拨入甲公司银行账户。A 注册会计师检查了相关协议，并通过函证向乙银行确认了资金归集账户的具体信息，结果满意。

（3）为验证银行对账单的真实性，A 注册会计师要求甲公司财务人员提供相关的网银记录截屏，将网银截屏信息与银行对账单信息进行核对，结果满意。

（4）在测试银行存款余额调节表时，A 注册会计师针对企付银未付和企收银未收调节事项，分别检查了相关的付款和收款原始凭证，据此确认了调节事项的适当性。

要求：针对上述第（1）至（4）项，逐项指出 A 注册会计师的做法是否恰当。如不恰当，简要说明理由。

补充测试题

第十四章　完成审计工作

【学习目标】

熟悉特殊项目审计的内容及其程序；熟悉出具审计报告前的其他工作内容；掌握如何汇总并评价审计过程中发现的错报；掌握如何编制试算平衡表。

【学习重点】

汇总并评价审计过程中发现的错报。

【导入案例】

立信会计师事务所审计科恒股份年报存在七宗违规

中国证券监督管理委员会广东监管局网站公布的行政监管措施决定书(〔2020〕176 号)显示，经现场检查，立信会计师事务所(特殊普通合伙)(以下简称“立信所”)及其注册会计师钟宇、邓庆慧在执业江门市科恒实业股份有限公司(以下简称“科恒股份”)2019 年年报审计工作过程中存在应收账款审计程序执行不到位等七宗违规。

2018 年 4 月至 7 月，科恒股份与湖州南浔遨优电池有限公司(以下简称“南浔遨优”)签订锂离子正极材料买卖合同，合同金额 693 万元。因南浔遨优未按照合同约定足额支付货款，公司于 2019 年 1 月 23 日向法院申请对南浔遨优执行财产保全，按照应收账款余额 387 万元冻结南浔遨优相应财产。

立信所在 2019 年审计中，对南浔遨优销售款项取得并检查了(2019)粤 0704 财保 42 号诉讼保全文件，但未从企业取得法院有关诉讼案件执行进展的(2019)粤 0704 执 1657 号之一文件，也未能在审计报告出具前执行审计程序获取上述已公开文件，未关注到财产保全未能执行的情况，导致未能识别科恒股份未全额计提应收账款坏账准备的错报风险。

请扫码阅读完整案例资料，然后思考以下问题：

1. 立信会计师事务所在科恒股份 2019 年的年报审计中存在哪七宗违规行为？
2. 科恒股份应该对应收南浔遨优 387 万元的账款如何计提坏账准备？
3. 立信会计师事务所对科恒股份应收账款实施的审计程序违反了哪项审计准则？
4. 注册会计师对期后事项的审计负有何种审计责任？

第一节　特殊项目审计

一、特殊项目审计概述

"特殊项目"是区别于普通项目即各个业务循环而言的。虽然前文所讲解的业务循环审计基本构成了企业全部的经济业务活动,基本上包括了全部的财务报表项目,但是还有一些项目是这些业务循环无法涵盖,却又对财务报表产生重大影响的。对于这些项目,需要注册会计师设计并实施审计程序,确定对财务报表及审计意见的影响。

"特殊项目审计"不同于"特殊目的审计业务",后者是区别于通用目的财务报表审计的,而前者则是通用目的财务报表审计的一个组成部分。特殊项目审计包括但不限于表 14－1 的内容。

表 14－1　　特殊项目及其对应的审计准则

特殊项目的内容	对应的审计准则
会计估计和相关披露	中国注册会计师审计准则第 1321 号——会计估计和相关披露的审计
关联方及其交易	中国注册会计师审计准则第 1323 号——关联方
持续经营假设	中国注册会计师审计准则第 1324 号——持续经营
期初余额	中国注册会计师审计准则第 1331 号——首次审计业务涉及的期初余额
期后事项	中国注册会计师审计准则第 1332 号——期后事项
比较信息	中国注册会计师审计准则第 1511 号——比较信息:对应数据和比较财务报表
含有已审计财务报表的文件中的其他信息	中国注册会计师审计准则第 1521 号——注册会计师对含有已审计财务报表的文件中的其他信息的责任

针对以上特殊项目,本书除对持续经营假设和期后事项的审计进行详细讲解,其他项目仅做简单的介绍,包括含义和注册会计师的审计目标。需要注意的是,特殊项目的审计并不是独立进行的,而是在整个审计过程中都需要关注的,只是由于其特殊性,所以单独进行规范。

二、会计估计和相关披露的审计

(一)会计估计的含义

根据《中国注册会计师第 1321 号——会计估计和相关披露的审计》和相关披露的规定,所谓会计估计是指在缺乏精确计量手段的情况下,采用的某项金额的近似值,一般包括存在估计不确定性时以公允价值计量的金额,以及其他需要估计的金额。其中,涉及公允价值计量的会计估计简称公允价值会计估计。

由于经营活动具有内在不确定性,某些财务报表项目只能进行估计。会计估计的结果,是指需要做出会计估计的交易、事项或情况得以解决时发生的实际货币金额。例如,对滞销或过剩的存货计提跌价准备需要进行会计估计,如果根据公允价值确定存货的价值,那么公允价值就是会计估计的结果。然而管理者能够获取的做出会计估计的相关信息的质量不同,从而导致其会计估计相关的估计存在不确定性,进一步对会计估计相关的重大错报风险产生影响。

(二)注册会计师审计的目标

注册会计师的目标是,获取充分、适当的审计证据以确定:

(1)根据适用的财务报告编制基础,财务报表中确认或披露的会计估计(包括公允价值会计估计)是否合理;

(2)根据适用的财务报告编制基础,财务报表中的相关披露是否充分。

三、关联方及其交易的审计

(一)关联方及其交易的含义

根据企业会计准则:“一方控制、共同控制另一方或对另一方施加重大影响,以及两方或两方以上同受一方控制、共同控制或重大影响的,构成关联方。”“企业财务报表中应当披露所有关联方关系及其交易的相关信息。”

许多关联方交易是在正常经营过程中发生的,与类似的非关联方交易相比,这些关联方交易可能并不具有更高的财务报表重大错报风险。但是,在某些情况下,关联方关系及其交易的性质可能导致关联方交易比非关联方交易具有更高的财务报表重大错报风险。例如:

(1)关联方可能通过广泛而复杂的关系和组织结构进行运作,相应增加关联方交易的复杂程度;

(2)信息系统可能无法有效识别或汇总被审计单位与关联方之间的交易和未结算项目的金额;

(3)关联方交易可能未按照正常的市场交易条款和条件进行,例如,某些关联方交易可能没有相应的对价。

(二)注册会计师审计的目标

由于关联方之间更容易发生舞弊,因此注册会计师了解被审计单位的关联方关系及其交易,注册会计师的目标是:

(1)无论适用的财务报告编制基础是否对关联方做出规定,充分了解关联方关系及其交易,以便能够确认由此产生的、与识别和评估由于舞弊导致的重大错报风险相关的舞弊风险因素(如有);根据获取的审计证据,就财务报表受到关联方关系及其交易的影响而言,确定财务报表是否实现公允反映。

(2)如果适用的财务报告编制基础对关联方做出规定,获取充分、适当的审计证据,确定关联方关系及其交易是否已按照适用的财务报告编制基础得到恰当识别、会计处理和披露。

四、持续经营假设的审计

(一)持续经营假设的含义

持续经营假设是指被审计单位在编制财务报表时,假定其经营活动在可预见的将来会继续下去,不拟也不必终止经营或破产清算,可以在正常的经营过程中变现资产、清偿债务。是否以持续经营假设为基础编制财务报表,对会计确认、计量和列报将产生很大影响。例如,固定资产在持续经营假设的基础上,以历史成本计价,并且通过折旧的方式将资产的成本分摊到不同期间的费用中去。如果这一假设不再成立,该项资产应以清算价格计价。

(二)风险评估程序和相关活动

被审计单位在财务、经营以及其他方面存在的某些事项或情况可能导致经营风险,这些事项或情况单独或连同其他事项或情况可能导致对持续经营假设产生重大疑虑。

1. 财务方面

被审计单位在财务方面存在的可能导致对持续经营假设产生重大疑虑的事项或情况主要包括：

(1)净资产为负或营运资金出现负数。资不抵债有可能使被审计单位在近期内无法偿还到期债务，从而引发债务危机。

(2)定期借款即将到期，但预期不能展期或偿还，或过度依赖短期借款为长期资产筹资。过度依赖短期借款为长期资产筹资，将使被审计单位长期面临巨大的短期偿债压力，如果无法及时偿还到期债务，将陷入财务困境。

(3)存在债权人撤销财务支持的迹象。如果被审计单位不再能够获得供应商正常商业信用，就意味着无法通过赊购取得生产经营所必需的原材料或其他物资，现金偿付压力巨大。一旦资金短缺，生产经营就有可能中断。

(4)历史财务报表或预测性财务报表表明经营活动产生的现金流量净额为负数。

(5)关键财务比率不佳。

(6)发生重大经营亏损或用以产生现金流量的资产的价值出现大幅下跌。

(7)拖欠或停止发放股利。

(8)在到期日无法偿还债务。

(9)无法履行借款合同的条款。

(10)与供应商由赊购变为货到付款。

(11)无法获得开发必要的新产品或进行其他必要投资所需的资金。

2. 经营方面

被审计单位在经营方面存在的可能导致对持续经营假设产生重大疑虑的事项或情况主要包括：

(1)管理层计划清算被审计单位或终止经营。

(2)关键管理人员离职且无人替代。通常，关键管理人员负责管理企业的日常经营活动，在被审计单位中起着重要作用。如果关键管理人员离职且无人替代，则会对被审计单位的经营活动产生重大不利影响，从而使持续经营能力存在重大的不确定性。

(3)失去主要市场、关键客户、特许权、执照或主要供应商。如果被审计单位失去主要市场、关键客户、特许权、执照或主要供应商，表明其在销售、经营和采购方面将面临极大困境，从而影响其持续经营能力。

(4)出现用工困难问题。一些企业的生产经营高度依赖于科技研发人员、技术熟练工人等，比如软件开发公司从事软件设计的关键人员。如果企业缺乏这些对持续经营具有决定性影响的人力资源，将可能无法持续经营。

(5)重要供应短缺。一些企业的生产经营高度依赖于重要原材料供应，一旦短缺，企业将可能无法持续经营。

(6)出现非常成功的竞争者。一旦出现非常成功的竞争者，将可能对企业产品市场、原材料供应、关键管理人员和重要员工的稳定性等诸多方面产生影响，进而可能影响企业的持续经营能力。

3. 其他方面

被审计单位在其他方面存在的可能导致对持续经营假设产生重大疑虑的事项或情况主要包括：

（1）违反有关资本或其他法定要求。被审计单位在生产经营过程中如果严重违反有关法律法规或政策，则有可能被有关部门撤销或责令关闭，或被处以较大数额的罚款，这将导致被审计单位无法持续经营或对其持续经营能力产生重大影响。

（2）未决诉讼或监管程序，可能导致其无法支付索赔金额。未决诉讼或监管程序可能导致企业财产被冻结或被有关部门责令停产整改，也可能导致其无法支付索赔金额，从而影响其持续经营。

（3）法律法规或政府政策的变化预期会产生不利影响。例如，被审计单位的利润和现金流量主要来自对境外子公司的投资分得的红利。如果该子公司所在国家加强了外汇管制，被审计单位能否收到红利存在重大不确定性，就可能影响其持续经营。

（4）对发生的灾害未购买保险或保额不足。不可抗力因素超出了企业可控制和预测的范围，企业可能因此无法开展正常的经营活动，从而导致无法持续经营。

需要说明的是，以上是单独或汇总起来可能导致对持续经营假设产生重大疑虑的事项或情况的示例。这些示例并不能涵盖所有事项或情况，也不意味着存在其中一个或多个项目就一定表明存在重大不确定性，就必然导致被审计单位无法持续经营。

（三）注册会计师审计的目标

（1）就管理层编制财务报表时运用持续经营假设的适当性，获取充分、适当的审计证据，并得出结论；

（2）根据获取的审计证据，就可能导致对被审计单位持续经营能力产生重大疑虑的事项或情况是否存在重大不确定性得出结论；

（3）按照准则的规定出具审计报告。

（四）注册会计师考虑实施的审计程序

1. 实施风险评估

在实施风险评估程序时，注册会计师应当考虑是否存在可能导致对被审计单位持续经营能力产生重大疑虑的事项或情况，并确定管理层是否已对被审计单位持续经营能力做出初步评估。

如果管理层已对持续经营能力做出初步评估，注册会计师应当与管理层进行讨论，并确定管理层是否已识别出单独或汇总起来可能导致对被审计单位持续经营能力产生重大疑虑的事项或情况；如果管理层已识别出这些事项或情况，注册会计师应当与其讨论应对计划。

如果管理层未对持续经营能力做出初步评估，注册会计师应当与管理层讨论其拟运用持续经营假设的理由，询问管理层是否存在单独或汇总起来可能导致对被审计单位持续经营能力产生重大疑虑的事项或情况。

针对有关可能导致对被审计单位持续经营能力产生重大疑虑的事项或情况的审计证据，注册会计师应当在整个审计过程中保持警觉。

2. 评价管理层对持续经营能力做出的评估

在评价管理层对被审计单位持续经营能力做出的评估时，注册会计师的评价期间应当与管理层按照适用的财务报告编制基础或法律法规（如果法律法规要求的期间更长）的规定做出评估的涵盖期间相同。

如果管理层评估持续经营能力涵盖的期间短于自财务报表日起的 12 个月，注册会计师应当提请管理层将其至少延长至自财务报表日起的 12 个月。

3. 询问超出管理层评估期间的事项或情况

注册会计师应当询问管理层是否知悉超出评估期间的、可能导致对被审计单位持续经营能力产生重大疑虑的事项或情况。

4. 识别出事项或情况时实施追加的审计程序

如果识别出可能导致对持续经营能力产生重大疑虑的事项或情况，注册会计师应当通过实施追加的审计程序（包括考虑缓解因素），获取充分、适当的审计证据，以确定是否存在重大不确定性。

这些程序应当包括：

（1）如果管理层尚未对被审计单位持续经营能力做出评估，提请其进行评估。

（2）评价管理层与持续经营能力评估相关的未来应对计划，这些计划的结果是否可能改善目前的状况，以及管理层的计划对于具体情况是否可行。

（3）如果被审计单位已编制现金流量预测，且在评价管理层未来应对计划时对预测的分析是考虑事项或情况未来结果的重要因素，评价用于编制预测的基础数据的可靠性，并确定预测所基于的假设是否具有充分的支持。

（4）考虑自管理层做出评估后是否存在其他可获得的事实或信息。

（5）要求管理层和治理层（如适用）提供有关未来应对计划及其可行性的书面声明。

（五）审计结论与报告

注册会计师应当评价是否已就管理层编制财务报表时运用持续经营假设的适当性获取了充分、适当的审计证据，并就运用持续经营假设的适当性得出结论。具体情况见图 14－1。

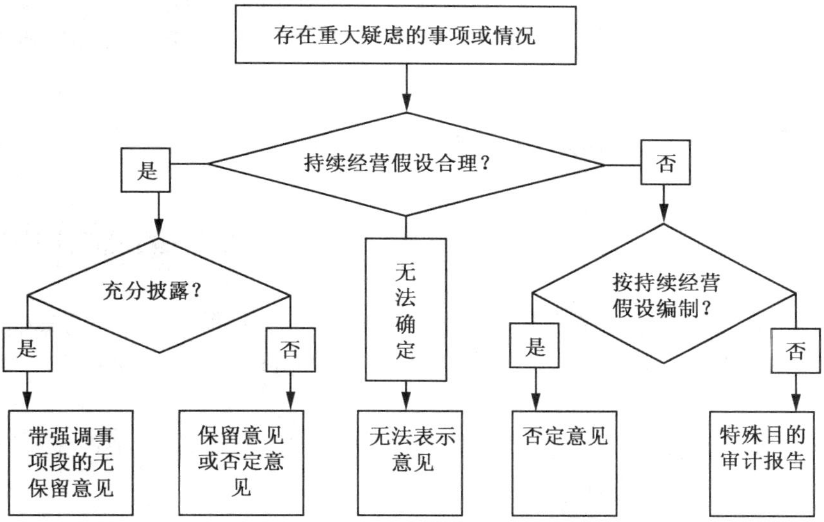

图 14—1　持续经营假设对审计意见的影响

如果认为运用持续经营假设适合具体情况，但存在重大不确定性，注册会计师应当确定：

（1）财务报表是否已充分描述可能导致对持续经营能力产生重大疑虑的主要事项或情况，以及管理层针对这些事项或情况的应对计划；

（2）财务报表是否已清楚披露可能导致对持续经营能力产生重大疑虑的事项或情况存在重大不确定性，并由此导致被审计单位可能无法在正常的经营过程中变现资产和清偿债务。

1. 被审计单位运用持续经营假设适当但存在重大不确定性

如果运用持续经营假设是适当的，但存在重大不确定性，且财务报表对重大不确定性已作出充分披露，注册会计师应当发表无保留意见，并在审计报告中增加以“与持续经营相关的重大不确定性”为标题的单独部分，以：

(1)提醒财务报表使用者关注财务报表附注中对所述事项的披露；

(2)说明这些事项或情况表明存在可能导致对被审计单位持续经营能力产生重大疑虑 的重大不确定性，并说明该事项并不影响发表的审计意见。

在极少数情况下，当存在多项对财务报表整体具有重要影响的重大不确定性时，注册会计师可能认为发表无法表示意见而非增加强调事项段是适当的。

如果财务报表未做出充分披露，注册会计师应当发表保留意见或否定意见。

2. 运用持续经营假设不适当

如果财务报表按照持续经营基础编制，而注册会计师运用职业判断认为管理层在编制财务报表时运用持续经营假设是不适当的，则无论财务报表中对管理层运用持续经营假设的不适当性是否做出披露，注册会计师均应发表否定意见。

3. 被审计单位选用其他编制基础

如果运用持续经营假设不适当，而被审计单位选择采用替代基础(如清算基础)编制财务报表，则注册会计师可以对财务报表实施特殊目的财务报表审计业务。

4. 严重拖延对财务报表的批准

如果管理层或治理层在财务报表日后严重拖延对财务报表的批准，注册会计师应当询问拖延的原因。如果认为拖延可能涉及与持续经营评估相关的事项或情况，注册会计师有必要实施前述识别出可能导致对持续经营能力产生重大疑虑的事项或情况时追加的审计程序，并就存在的重大不确定性考虑对审计结论的影响。

五、首次审计业务对期初余额的审计

(一) 首次审计业务和期初余额的含义

首次审计业务，是指在上期财务报表未经审计，或上期财务报表由前任注册会计师审计的情况下承接的审计业务。

期初余额，是指本期期初存在的账户余额。期初余额以上期期末余额为基础，反映了以前期间的交易和事项以及上期采用的会计政策的结果。期初余额也包括期初存在的需要披露的事项，如或有事项和承诺事项。

前任注册会计师，是指已对被审计单位上期财务报表进行审计，但被现任注册会计师接替的其他会计师事务所的注册会计师。

(二)注册会计师审计的目标和程序

1. 审计目标

在执行首次审计业务时，注册会计师针对期初余额的目标是，获取充分、适当的审计证据以确定：

(1)期初余额是否含有对本期财务报表产生重大影响的错报；

(2)期初余额反映的恰当的会计政策是否在本期财务报表中得到一贯运用，或会计政策的变更是否已按照适用的财务报告编制基础作出恰当的会计处理和适当的列报。

2. 审计程序

注册会计师应当通过采取下列措施，获取充分、适当的审计证据，以确定期初余额是否包含对本期财务报表产生重大影响的错报：

(1)确定上期期末余额是否已正确结转至本期,或在适当的情况下已作出重新表述;

(2)确定期初余额是否反映对恰当会计政策的运用;

(3)实施一项或多项审计程序。

注册会计师实施的一项或多项审计程序包括:

(1)如果上期财务报表已经审计,查阅前任注册会计师的审计工作底稿,以获取有关期初余额的审计证据;

(2)评价本期实施的审计程序是否提供了有关期初余额的审计证据;

(3)实施其他专门的审计程序,以获取有关期初余额的审计证据。

(三)审计结论和报告

如果不能获取有关期初余额的充分、适当的审计证据,注册会计师应当按照《中国注册会计师审计准则第 1502 号——在审计报告中发表非无保留意见》的规定,对财务报表发表保留意见或无法表示意见。

如果认为期初余额存在对本期财务报表产生重大影响的错报,且错报的影响未能得到恰当的会计处理或适当的列报,注册会计师应当按照《中国注册会计师审计准则第 1502 号——在审计报告中发表非无保留意见》的规定,对财务报表发表保留意见或否定意见。

如果认为按照适用的财务报告编制基础与期初余额相关的会计政策未能在本期得到一贯运用,或者会计政策的变更未能得到恰当的会计处理或适当的列报,注册会计师应当按照《中国注册会计师审计准则第 1502 号——在审计报告中发表非无保留意见》的规定,对财务报表发表保留意见或否定意见。

如果前任注册会计师对上期财务报表发表了非无保留意见,并且导致发表非无保留意见的事项对本期财务报表仍然相关和重大,注册会计师应当按照《中国注册会计师审计准则第 1502 号——在审计报告中发表非无保留意见》和《中国注册会计师审计准则第 1511 号——比较信息:对应数据和比较财务报表》的规定,对本期财务报表发表非无保留意见。

六、期后事项的审计

(一)期后事项的含义

期后事项,是指财务报表日至审计报告日之间发生的事项,以及注册会计师在审计报告日后知悉的事实。其中,财务报表日,是指财务报表涵盖的最近期间的截止日期。审计报告日,是指注册会计师在对财务报表出具的审计报告上签署的日期。财务报表报出日,是指审计报告和已审计财务报表提供给第三方的日期。

根据三个时间,可以将期后事项分为三个时段,见图 14－2。其中,资产负债表日到审计报告日为第一时段期后事项,审计报告日到财务报表报出日为第二时段期后事项,财务报表报出日后为第三时段期后事项。根据期后事项的含义和时段的区分,期后事项具体包括:截至审计报告日发生的事项;审计报告日后到财务报表报出日前知悉的事实;财务报表报出日后知悉的事实。

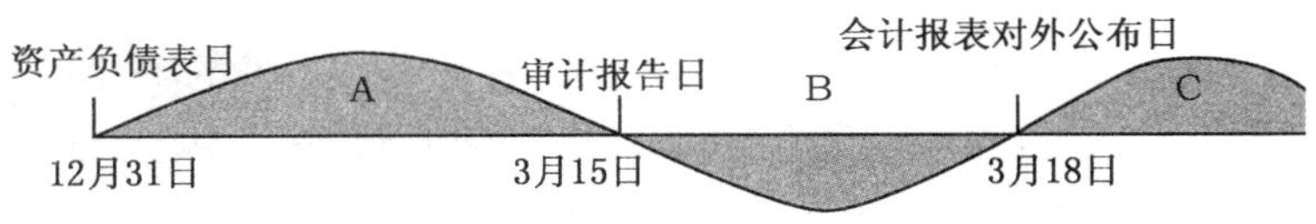

图 14—2　期后事项分段示意图

（二）期后事项的种类

根据被审计年度财务报表可能受到的影响，期后事项分为财务报表日后调整事项和财务报表日后非调整事项，调整与否，针对的是被审计年度财务报表。

1. 财务报表日后调整事项

财务报表日后调整事项是对财务报表日已经存在的情况提供证据的事项，即对财务报表日已经存在的情况提供了新的或进一步证据的事项，这类事项影响财务报表金额，需提请被审计单位管理层调整财务报表及与之相关的披露信息。通常包括下列事项：

(1)财务报表日后诉讼案件结案，法院判决证实了企业在财务报表日已经存在现时义务，需要调整原先确认的与该诉讼案件相关的预计负债，或确认一项新负债。

(2)财务报表日后取得确凿证据，表明某项资产在财务报表日发生了减值或者需要调整该项资产原先确认的减值金额。

(3)财务报表日后进一步确定了财务报表日前购入资产的成本或售出资产的收入。

(4)财务报表日后发现了财务报表舞弊或差错。

2. 财务报表日后非调整事项

这类事项虽不影响财务报表金额，但可能影响对财务报表的正确理解，需提请被审计单位管理层在财务报表附注中做适当披露。通常包括下列事项：

(1)财务报表日后发生重大诉讼、仲裁、承诺。

(2)财务报表日后资产价格、税收政策、外汇汇率发生重大变化。

(3)财务报表日后因自然灾害导致资产发生重大损失。

(4)财务报表日后发行股票和债券以及其他巨额举债。

(5)财务报表日后资本公积转增资本。

(6)财务报表日后发生巨额亏损。

(7)财务报表日后发生企业合并或处置子公司。

(8)财务报表日后企业利润分配方案中拟分配的以及经审议批准宣告发放的股利或利润。

（三）注册会计师的审计目标

(1)获取充分、适当的审计证据，以确定财务报表日至审计报告日之间发生的、需要在财务报表中调整或披露的事项是否已经按照适用的财务报告编制基础在财务报表中得到恰当反映；

(2)恰当应对在审计报告日后注册会计师知悉的且如果在审计报告日知悉可能导致注册会计师修改审计报告的事实。

（四）注册会计师的责任和实施的审计程序

1. 被审计单位财务报表日至审计报告日之间发生的事项

(1)注册会计师的责任。财务报表日至审计报告日之间发生的期后事项属于第一时段期后事项，针对这一时段的期后事项，注册会计师负有主动识别的义务，应当设计专门的审计程序来识别这些期后事项，并根据这些事项的性质判断其对财务报表的影响，进而确定是进行调整还是披露。

(2)注册会计师用以识别期后事项的审计程序。针对期后事项的审计程序，其实施的时间应尽量接近审计报告日，越接近审计报告日，注册会计师遗漏期后事项的可能性就会越小。用以识别第一时段期后事项的审计程序通常包括：

①了解管理层为确保识别期后事项而建立的程序；

②询问管理层和治理层（如适用），确定是否已发生可能影响财务报表的期后事项；

③查阅被审计单位的所有者、管理层和治理层在财务报表日后举行会议的纪要，在不能获取会议纪要的情况下，询问此类会议讨论的事项；

④查阅被审计单位最近的中期财务报表（如有）。

在实施上述审计程序后，如果注册会计师识别出对财务报表有重大影响的期后事项，应当确定这些事项是否按照适用的财务报告编制基础的规定在财务报表中得到恰当反映。

2. 注册会计师在审计报告日后至财务报表报出日前知悉的事实

（1）注册会计师的责任。审计报告日后至财务报表报出日前知悉的事实属于“第二时段期后事项”，针对这一时段的期后事项，注册会计师没有义务针对财务报表实施任何审计程序。但是，在这一阶段，被审计单位的财务报表并未报出，管理层有责任将发现的可能影响财务报表的事实告知注册会计师。注册会计师还可能从媒体报道、举报信或者证券监管部门告知等途径获悉影响财务报表的期后事项。

（2）注册会计师知悉第二时段期后事项时的考虑。在审计报告日后至财务报表报出日前，如果知悉了某事实，且如果在审计报告日前知悉该事实可能导致修改审计报告，注册会计师应当：①与管理层和治理层（如适用）讨论该事项；②确定财务报表是否需要修改；③如果需要修改，询问管理层将如何在财务报表中处理该事项。

3. 注册会计师在财务报表报出后知悉的事实

（1）注册会计师的责任。财务报表报出日后知悉的事实属于第三时段期后事项，注册会计师没有义务识别第三时段的期后事项。但是，并不排除注册会计师通过媒体等其他途径获悉可能对财务报表产生重大影响的期后事项的可能性。

（2）注册会计师知悉第三时段期后事项时的考虑。在财务报表报出后，如果知悉了在审计报告日已经存在的事实，且如果在审计报告日前知悉该事实可能导致修改审计报告，注册会计师应当：①与管理层和治理层（如适用）讨论该事项；②确定财务报表是否需要修改；③如果需要修改，询问管理层将如何在财务报表中处理该事项。

（五）期后事项审计结果的处理

期后事项总体的处理原则是，如果所知悉的期后事项属于调整事项，注册会计师应当考虑被审计单位是否已对财务报表做出适当的调整；如果所知悉的期后事项属于非调整事项，注册会计师应当考虑被审计单位是否在财务报表附注中予以充分披露；如果被审计单位拒绝调整或披露，考虑修改审计报告或采取其他适当的方式使财务报表使用者知悉相关情况。

1. 审计报告日之前识别的事项

如果被审计单位已经对知悉的期后事项进行了恰当的处理（调整报表或者进行披露），不影响注册会计师原准备发表的审计意见，即如果仅考虑该期后事项的影响，则出具无保留审计意见。反之，则根据事项的严重程度，考虑出具保留意见或者否定意见。

2. 审计报告日后至财务报表报出日前知悉的事实

（1）如果认为管理层应当修改财务报表且管理层修改财务报表，注册会计师应当根据具体情况对有关修改实施必要的审计程序；同时，除非下文所述的特殊情况适用，注册会计师应当将用以识别期后事项的上述审计程序延伸至新的审计报告日，并针对修改后的财务报表出具新的审计报告。新的审计报告日不应早于修改后的财务报表被批准的日期。

特殊情况是，在有关法律法规或适用的财务报告编制基础未禁止的情况下，如果管理层对财务报表的修改仅限于反映导致修改的期后事项的影响，被审计单位的董事会、管理层或类似机构也仅对有关修改进行批准，注册会计师可以仅针对有关修改将用以识别期后事项的上述审计程序延伸至新的审计报告日。在这种情况下，注册会计师应当选用下列处理方式之一：

第一，修改审计报告，针对财务报表修改部分增加补充报告日期，从而表明注册会计师对期后事项实施的审计程序仅限于财务报表相关附注所述的修改。

第二，出具新的或经修改的审计报告，在强调事项段或其他事项段中说明注册会计师对期后事项实施的审计程序仅限于财务报表相关附注所述的修改。

(2)如果认为管理层应当修改财务报表而没有修改，并且审计报告尚未提交给被审计单位，注册会计师应当发表非无保留意见，然后再提交审计报告。

(3)如果认为管理层应当修改财务报表而没有修改，并且审计报告已经提交给被审计单位，注册会计师应当通知管理层和治理层(如适用)在财务报表做出必要修改前不要向第三方报出。如果财务报表在未经必要修改的情况下仍被报出，注册会计师应当采取适当措施，以设法防止财务报表使用者信赖该审计报告。

3. 财务报表报出日后知悉的事实

对于第三阶段的期后事项，注册会计师的处理与第二阶段是类似的，区别在于财务报表已经对外报出，即财务报表使用者已经收到了原财务报表和审计报告，所以在第二阶段处理方法的基础上：

(1)如果管理层修改了财务报表，注册会计师应当复核管理层采取的措施能否确保所有收到原财务报表和审计报告的人士了解这一情况。

(2)如果管理层没有采取必要措施确保所有收到原财务报表的人士了解这一情况，也没有在注册会计师认为需要修改的情况下修改财务报表，注册会计师应当通知管理层和治理层(除非治理层全部成员参与管理被审计单位)，注册会计师将设法防止财务报表使用者信赖该审计报告。如果注册会计师已经通知管理层或治理层，而管理层或治理层没有采取必要措施，注册会计师应当采取适当措施，以设法防止财务报表使用者信赖该审计报告。注册会计师采取的措施取决于自身的权利和义务。因此，注册会计师可能认为寻求法律意见是适当的。

七、比较信息的审计

(一)比较信息的含义

比较信息，是指包含于财务报表中的、符合适用的财务报告编制基础的、与一个或多个以前期间相关的金额和披露。比较信息包括对应数据和比较财务报表。对应数据，属于比较信息，是指作为本期财务报表组成部分的上期金额和相关披露，这些金额和披露只能和与本期相关的金额和披露(称为“本期数据”)联系起来阅读。对应数据列报的详细程度主要取决于其与本期数据的相关程度。比较财务报表，属于比较信息，是指为了与本期财务报表相比较而包含的上期金额和相关披露。比较财务报表包含信息的详细程度与本期财务报表包含信息的详细程度相似。如果上期金额和相关披露已经审计，则将在审计意见中提及。

(二) 注册会计师审计的目标

注册会计师的目标是：

(1)获取充分、适当的审计证据，确定在财务报表中包含的比较信息是否在所有重大方面按照适用的财务报告编制基础有关比较信息的要求进行列报；

(2)按照注册会计师的报告责任出具审计报告。

（三）审计程序

(1)注册会计师应当确定财务报表中是否包括适用的财务报告编制基础要求的比较信息，以及比较信息是否得到恰当分类。

(2)在实施本期审计时，如果注意到比较信息可能存在重大错报，注册会计师应当根据实际情况追加必要的审计程序，获取充分、适当的审计证据，以确定是否存在重大错报。

(3)注册会计师应当按照《中国注册会计师审计准则第 1341 号——书面声明》的规定，获取与审计意见中提及的所有期间相关的书面声明。对于管理层作出的、更正上期财务报表中影响比较信息的重大错报的任何重述，注册会计师还应当获取特定书面声明。

八、对含有已审计财务报表的文件中的其他信息的责任

在审计业务没有提出专门要求的情况下，审计意见不涵盖其他信息，注册会计师没有专门责任确定其他信息是否得到适当陈述。然而，由于已审计财务报表与其他信息之间可能存在的重大不一致将损害已审计财务报表的可信性，注册会计师需要阅读其他信息。

含有已审计财务报表的文件是被审计单位向股东(或类似的利益相关方)公布的含有已审计财务报表和审计报告的年度报告或类似文件。

其他信息，是指根据法律法规的规定或惯例，在含有已审计财务报表的文件中包含的除已审计财务报表和审计报告以外的财务信息和非财务信息。

其他信息可能存在与已审计财务报表的不一致或对事实的错报。不一致是指其他信息与已审计财务报表中的信息相矛盾。重大不一致可能导致注册会计师对依据以前获取的审计证据得出的审计结论产生怀疑，甚至对形成审计意见的基础产生怀疑。对事实的错报是指在其他信息中，对与已审计财务报表所反映事项不相关的信息做出的不正确陈述或列报。对事实的重大错报可能损害含有已审计财务报表的文件的可信性。

注册会计师的目标是，当含有已审计财务报表的文件中的其他信息可能损害财务报表和审计报告的可信性时，做出恰当的应对。

恰当的应对可能包括：

(1)与治理层进行沟通；

(2)在审计报告中增加其他事项段，说明重大不一致；

(3)拒绝提交审计报告；

(4)解除业务约定。

第二节　出具审计报告前的其他工作

完成审计工作是审计的最后一个阶段。在完成了业务循环和特殊项目的审计之后，需要完成出具审计报告之前的其他工作，主要包括获取书面声明、汇总并评价审计过程中发现的错报、编制试算平衡表、与治理层进行沟通、进行项目质量控制复核、形成审计意见。下面依次进行阐述。

一、获取书面声明

（一）书面声明的界定

书面声明，是指管理层向注册会计师提供的书面陈述，用以确认某些事项或支持其他审计

证据。书面声明不包括财务报表及其认定，以及支持性账簿和相关记录。此处的管理层应当理解为管理层和治理层（如适用）。

审计证据是注册会计师为了得出审计结论和形成审计意见而使用的信息。书面声明是注册会计师在财务报表审计中需要获取的必要信息，也是审计证据。

尽管书面声明提供必要的审计证据，但其本身并不为所涉及的任何事项提供充分、适当的审计证据。而且，管理层已提供可靠书面声明的事实，并不影响注册会计师就管理层责任履行情况或具体认定获取的其他审计证据的性质和范围。

（二）管理层声明涵盖的范围

1. 针对管理层责任的书面声明

（1）针对财务报表的编制，注册会计师应当要求管理层提供书面声明，确认其根据审计业务约定条款，履行了按照适用的财务报告编制基础编制财务报表并使其实现公允反映（如适用）的责任。

（2）针对提供的信息和交易的完整性，注册会计师应当要求管理层就下列事项提供书面声明：

①按照审计业务约定条款，已向注册会计师提供所有相关信息，并允许注册会计师不受限制地接触所有相关信息以及被审计单位内部人员和其他相关人员。

②所有交易均已记录并反映在财务报表中。

注册会计师应当要求管理层按照审计业务约定条款中对管理层责任的描述方式，在以上书面声明中对管理层责任进行描述。

2. 其他书面声明

除《中国注册会计师审计准则第1341号——书面声明》和其他审计准则要求的书面声明外，如果注册会计师认为有必要获取一项或多项其他书面声明，以支持与财务报表或者一项或多项具体认定相关的其他审计证据，注册会计师应当要求管理层提供这些书面声明。可能包括：

（1）关于财务报表的额外书面声明；

（2）与向注册会计师提供信息有关的额外书面声明；

（3）关于特定认定的书面声明。

3. 书面声明的日期和涵盖的期间

书面声明的日期应当尽量接近对财务报表出具审计报告的日期，但不得在审计报告日后。书面声明应当涵盖审计报告针对的所有财务报表和期间。

（三）注册会计师的目标

针对管理层声明，注册会计师的目标是：

（1）向管理层获取其认为自身已履行编制财务报表和向注册会计师提供完整信息的责任的书面声明；

（2）如果注册会计师认为有必要或其他审计准则有要求，通过书面声明支持与财务报表或具体认定相关的其他审计证据；

（3）恰当应对管理层提供的书面声明或管理层不提供注册会计师要求的书面声明的情况。

（四）对书面声明可靠性的疑虑以及管理层不提供要求的书面声明

1. 对管理层书面声明的疑虑

如果对管理层的胜任能力、诚信、道德价值观或勤勉尽责存在疑虑，或者对管理层在这些方面的承诺或贯彻执行存在疑虑，注册会计师应当确定这些疑虑对书面或口头声明和审计证据总体的可靠性可能产生的影响。

如果书面声明与其他审计证据不一致，注册会计师应当实施审计程序以设法解决这些问题。如果问题仍未解决，注册会计师应当重新考虑对管理层的胜任能力、诚信、道德价值观或勤勉尽责的评估，或者重新考虑对管理层在这些方面的承诺或贯彻执行的评估，并确定书面声明与其他审计证据的不一致对书面或口头声明和审计证据总体的可靠性可能产生的影响。

如果认为书面声明不可靠，注册会计师应当采取适当措施，确定其对审计意见可能产生的影响。

2. 对于管理层不提供书面声明的考虑

如果管理层不提供要求的一项或多项书面声明，注册会计师应当：

(1)与管理层讨论该事项；

(2)重新评价管理层的诚信，并评价该事项对书面或口头声明和审计证据总体的可靠性可能产生的影响；

(3)采取适当措施，确定该事项对审计意见可能产生的影响。

如果存在下列情形之一，注册会计师应当对财务报表发表无法表示意见：

(1)注册会计师对管理层的诚信产生重大疑虑，以至于认为其对于管理层责任做出的书面声明不可靠；

(2)管理层不提供关于管理层责任的书面声明。

二、汇总并评价审计过程中发现的错报

(一)错报的沟通

如本书第四章第三节所述，错报，是指某一财务报表项目的金额、分类或列报，与按照适用的财务报告编制基础应当列示的金额、分类或列报之间存在的差异，又可称为审计差异。

注册会计师应当累积审计过程中识别出的错报，除非错报明显微小(即明显微小错报可以不累积)。注册会计师应当及时将审计过程中累积的所有错报与适当层级的管理层进行沟通，并要求管理层更正这些错报。注册会计师对于错报的应对措施见表14—2。

表14—2　　注册会计师对错报的应对措施

错报类型	具体情形	应对措施
事实错报	被审计单位收集和处理数据的错误； 对事实的忽略或误解； 故意舞弊行为	注册会计师可以提请被审计单位管理层直接调整错报
判断错报	管理层和注册会计师对会计估计值的判断差异； 管理层和注册会计师对选择和运用会计政策的判断差异	被审计单位管理层无法直接调整该类错报，注册会计师可以通过分析其重大程度，综合考虑错报对财务报表整体的影响
推断错报	根据样本所推断的总体的错报减去已经识别的具体错报(即样本的错报)	被审计单位管理层无法直接调整该类错报，注册会计师可以通过分析其重大程度，考虑是否需要修改审计程序或扩大审计范围，以降低检查风险

(二)错报的汇总和调整

对于错报的汇总和调整，通常通过审计差异汇总表进行。审计差异按是否需要调整账户

记录可分为两类，一是核算差异，一是重分类差异。核算差异是指因企业对经济业务进行了不正确的会计核算所导致的差异，例如结转销售成本不完整等；而重分类差异，是因为企业未按有关会计准则、会计制度规定列报财务报表所导致的，例如，企业在应付账款项目中反映的预付账款、在应收账款项目中反映的预收账款等。

无论是核算差异，还是重分类差异，在审计工作底稿中通常都是以会计分录的形式反映的。由于审计中发现的错误往往不止一两项，为便于审计项目的各级负责人综合判断、分析和决定，也为了便于有效编制试算平衡表和代编经审计的财务报表，通常需要将这些错误分别汇总。审计差异汇总表格式见表 14－3、表 14－4 和表 14－5。

表 14－3　　审计差异调整表——调整分录汇总表

索引号：EA－1

单位名称：华夏公司　　编制人：王五　　编制日期：2023 年 3 月 5 日

截止日期：2022 年 12 月 31 日　　复核人：赵六　　复核日期：2023 年 3 月 8 日

分录序号	底稿索引号	调整内容	调整分录科目名称		资产负债表		利润表		被审计单位调整情况
			一级科目	明细科目	借方	贷方	借方	贷方	
1	A1－7	销售截止错误	应收账款	J	142 380				调整账簿和报表
			主营业务收入	A4				126 000	调整账簿和报表
			应交税费	增值税		16 380			调整账簿和报表
			主营业务成本	A4			100 000		调整账簿和报表
			库存商品	A4		100 000			调整账簿和报表
2	A24－3	购货截止错误	原材料		100 000				调整账簿和报表
			应交税费	增值税	13 000				调整账簿和报表
			应付账款	A		113 000			调整账簿和报表
与被审计单位的沟通：									
参加人员：									
被审计单位：									
审计项目组：									
被审计单位的意见：									
是否同意上述审计调整：									
被审计单位授权代表签字：							日期：		

表 14-4　　**审计差异调整表——重分类分录汇总表**

索引号：EB-1

单位名称：华夏公司　　编制人：王五　　编制日期：2023 年 3 月 5 日

截止日期：2024 年 12 月 31 日　　复核人：赵六　　复核日期：2023 年 3 月 8 日

分录序号	底稿索引号	调整内容	重分类分录科目名称		资产负债表		利润表		被审计单位调整情况
			一级科目	明细科目	借方	贷方	借方	贷方	
1	A24-5	分类错误	预付账款	D	20 000				调整报表
			应付账款	D		20 000			调整报表
与被审计单位的沟通：									
参加人员：									
被审计单位：									
审计项目组：									
被审计单位的意见：									
是否同意上述审计调整：									
被审计单位授权代表签字：							日期：		

（三）评价未更正错报的影响

未更正错报，是指注册会计师在审计过程中累积的且被审计单位未予更正的错报。未更正错报汇总表如表 14-5 所示。

表 14-5　　**审计差异调整表——未更正错报汇总表**

索引号：ED-1

单位名称：　　编制人：　　编制日期：

截止日期：　　复核人：　　复核日期：

分录序号	底稿索引号	调整内容	调整分录科目名称		资产负债表		利润表	
			一级科目	明细科目	借方	贷方	借方	贷方
未更正错报的影响：								

续表

项　目	金　额	计划百分比
1. 总资产		
2. 净资产		
3. 销售收入		
4. 费用总额		
5. 毛利		
6. 净利润		
结论：		
被审计单位授权代表签字：		日期：

注册会计师评价未更正错报的影响时应当考虑以下方面。

1. 考虑是否需要对重要性水平做出修改

计划阶段注册会计师确定重要性水平通常依据审计之前的财务数据，因此，在评价未更正错报的影响之前，注册会计师可能有必要依据实际的财务结果对重要性做出修改。如果注册会计师对重要性水平进行的重新评价导致需要确定较低的金额，则应重新考虑实际执行的重要性和进一步审计程序的性质、时间安排和范围的适当性，以获取充分、适当的审计证据，作为发表审计意见的基础。

2. 注册会计师需要考虑每一单项错报

注册会计师需要考虑每一单项错报以评价其对相关类别的交易、账户余额或披露的影响。如果注册会计师认为某一单项错报是重大的，则该项错报不太可能被其他错报抵消。例如，如果收入存在重大高估，即使这项错报对收益的影响完全可被相同金额的费用高估所抵消，注册会计师仍认为财务报表整体存在重大错报。对于同一账户余额或同一类别的交易内部的错报，这种抵消可能是适当的。然而，在得出抵消非重大错报是适当的这一结论之前，需要考虑可能存在其他未被发现的错报的风险。

3. 确定一项分类错报是否重大，需要进行定性评估

例如，分类错报对负债或其他合同条款的影响，对单个财务报表项目或小计数的影响，以及对关键比率的影响。即使分类错报超过了在评价其他错报时运用的重要性水平，注册会计师可能仍然认为该分类错报对财务报表整体不产生重大影响。再例如，某项错报的金额虽然低于财务报表整体的重要性，但对被审计单位的盈亏状况有决定性的影响，注册会计师应认为该项错报是重大错报。

4. 考虑小金额错报的汇总数

在某些情况下，即使某些错报低于财务报表整体的重要性，但因与这些错报相关的某些情况，在将其单独或连同在审计过程中累积的其他错报一并考虑时，注册会计师也可能将这些错报评价为重大错报。

（四）获取管理层书面声明

注册会计师应当要求管理层提供书面声明，说明其是否认为未更正错报单独或汇总起来对财务报表整体的影响不重大。该说明应当包含在书面声明中，或附在其后，见参考格式14—1。

参考格式 14－1　　**声明书**

背景信息：

1. 被审计单位采用企业会计准则编制财务报表。

2.《中国注册会计师审计准则第 1324 号——持续经营》中有关就被审计单位持续经营能力获取书面声明的要求不相关。

3. 所要求的书面声明不存在例外情况。如果存在例外情况，则需要对本参考格式列示的书面声明的内容予以调整，以反映这些例外情况。

（致注册会计师）：

本声明书是针对你们审计 ABC 公司截至 2022 年 12 月 31 日的年度财务报表而提供的。审计的目的是对财务报表发表意见，以确定财务报表是否在所有重大方面已按照企业会计准则的规定编制，并实现公允反映。

尽我们所知，并在作出了必要的查询和了解后，我们确认：

一、财务报表

1. 我们已履行[插入日期]签署的审计业务约定书中提及的责任，即根据企业会计准则的规定编制财务报表，并对财务报表进行公允反映。

2. 在作出会计估计时使用的重大假设（包括与公允价值计量相关的假设）是合理的。

3. 已按照企业会计准则的规定对关联方关系及其交易作出了恰当的会计处理和披露。

4. 根据企业会计准则的规定，所有需要调整或披露的资产负债表日后事项都已得到调整或披露。

5. 未更正错报，无论是单独还是汇总起来，对财务报表整体的影响均不重大。未更正错报汇总表附在本声明书后。

6. [插入注册会计师可能认为适当的其他任何事项]。

二、提供的信息

7. 我们已向你们提供下列工作条件：

（1）允许接触我们注意到的、与财务报表编制相关的所有信息（如记录、文件和其他事项）；

（2）提供你们基于审计目的要求我们提供的其他信息；

（3）允许在获取审计证据时不受限制地接触你们认为必要的本公司内部人员和其他相关人员。

8. 所有交易均已记录并反映在财务报表中。

9. 我们已向你们披露了由于舞弊可能导致的财务报表重大错报风险的评估结果。

10. 我们已向你们披露了我们注意到的、可能影响本公司的与舞弊或舞弊嫌疑相关的所有信息，这些信息涉及本公司的：

（1）管理层；

（2）在内部控制中承担重要职责的员工；

（3）其他人员（在舞弊行为导致财务报表重大错报的情况下）。

11. 我们已向你们披露了从现任和前任员工、分析师、监管机构等方面获知的、影响财务报表的舞弊指控或舞弊嫌疑的所有信息。

12. 我们已向你们披露了所有已知的、在编制财务报表时应当考虑其影响的违反或涉嫌违反法律法规的行为。

13. 我们已向你们披露了我们注意到的关联方的名称和特征、所有关联方关系及其交易。

14. [插入注册会计师可能认为必要的其他任何事项]。

附:未更正错报汇总表

ABC 公司　　　　ABC 公司管理层
（盖章）　　　　（签名并盖章）
中国××市　　　　二〇二二年×月×日

三、编制试算平衡表

试算平衡表是注册会计师在被审计单位提供未审财务报表的基础上,考虑调整分录、重分类分录等内容以确定审定后的数据所编制的表格。其中需要注意的事项为:

（1）试算平衡表中的“期末未审数”列,应根据被审计单位提供的未审计财务报表填列。

（2）试算平衡表中的 “调整金额”列和“重分类调整”列,应根据经被审计单位同意的“账项调整分录汇总表”和“重分类调整分录汇总表”填列。

（3）在编制完试算平衡表后,应注意核对相应的勾稽关系。

资产负债表和利润表的试算平衡表见表 14—6、表 14—7。

表 14—6　　**资产负债表试算平衡表**

索引号:E1—1

单位名称:华夏公司　　编制人:张立　　编制日期:2023 年 3 月 9 日

截止日期:2022 年 12 月 31 日　　复核人:李金　　复核日期:2023 年 3 月 11 日

单位:元

项　目	上期审定数	期末未审数	账项调整		重分类调整		期末审定数
			借方	贷方	借方	贷方	
流动资产:							
货币资金	4 647 712	5 125 057					5 125 057
应收账款	3 210 219	3 263 049	142 380				3 405 429
预付款项	400 000	556 300	20 000				576 300
其他应收款	22 000	15 000					15 000
存货	4 204 460	3 734 981	100 000	100 000			3 734 981
一年内到期的非流动资产							
其他流动资产							
流动资产合计	12 484 391	12 694 387					12 856 767
非流动资产:							

续表

项　目	上期审定数	期末未审数	账项调整		重分类调整		期末审定数
			借方	贷方	借方	贷方	
持有至到期投资	30 000	35 000					35 000
固定资产	3 010 432	3 852 368					3 852 368
非流动资产合计	3 040 432	3 887 368					3 887 368
资产总计	15 524 823	16 581 755					16 749 175
负债和所有者权益							
流动负债：							
短期借款	503 412	305 678					
应付账款	1 060 070	950 050		113 000		20 000	1 083 050
预收款项	1 003 973	407 967					
应付职工薪酬	750 226	809 948					
应交税费	153 008	136 059	13 000	16 380			139 439
应付利息	25 650	15 467					
其他应付款	230 127	310 127					
流动负债合计	3 726 466	2 935 296					3 071 676
非流动负债：							
长期借款	335 000	335 000					
非流动负债合计	335 000	335 000					
负债合计	4 061 466	3 270 296					3 406 676
所有者权益：							
股本	10 000 000	10 000 000					
资本公积	31 250						
减:库存股							
专项储备							
盈余公积	187 830	287 350					
一般风险准备							
未分配利润	1 244 277	2 990 064		26 000			3 016 064
所有者权益合计	11 463 357	13 311 459					13 337 459
负债和所有者权益合计	15 524 823	16 581 755					16 744 135

注:对于资产负债表中没有数据的项目已删除。

表 14—7 **利润表试算平衡表**

索引号：E1—2

单位名称：华夏公司　　编制人：张立　　编制日期：2023 年 3 月 9 日

会计期间：2022 年度　　复核人：李金　　复核日期：2023 年 3 月 11 日

单位：元

项　　目	上期审定数	本期未审数	调整金额		期末审定数
			借方	贷方	
一、营业收入	15 895 600	16 920 500		126 000	17 046 500
减：营业成本	11 903 670	12 309 750	100 000		12 409 750
营业税金及附加	165 560	173 420			173 420
销售费用	865 800	876 910			876 910
管理费用	1 123 650	1 124 230			1 124 230
财务费用	46 800	45 980			45 980
资产减值损失					
加：公允价值变动收益（损失以“—”号填列）					
投资收益（损失以“—”号填列）					
二、营业利润（亏损以“—”号填列）	1 790 120	2 390 210			2 416 210
加：营业外收入					
减：营业外支出					
三、利润总额（亏损总额以“—”号填列）	1 790 120	2 390 210			2 416 210
减：所得税费用	362 550	456 850			456 850
四、净利润（净亏损以“—”号填列）	1 427 570	1 933 360			1 959 360

注：以上调整未考虑税前利润变动对于所得税及利润分配的影响。请思考，如果考虑税前利润变动产生的影响，表 14—6 和表 14—7 中哪些数据会受到影响？

四、复核审计工作底稿和财务报表

（一）复核审计工作底稿

审计项目复核贯穿审计全过程，随着审计工作的开展，复核人员在审计计划阶段、执行阶段和完成阶段及时复核相应的审计工作底稿。审计工作底稿的复核分为项目组内部复核和项目组外部复核即项目质量复核，项目组内部复核又可分为项目组内部普通复核和项目组内部重点复核。

1. 项目组内部复核

项目组内部复核，是指在项目组内部实施的复核。会计师事务所应当制定与内部复核相关的政策和程序，对内部复核的层级、各层级的复核范围、执行复核的具体要求以及对复核的记录要求等作出规定。

2. 项目质量复核

项目质量复核，是指在报告日或报告日之前，项目质量复核人员对项目组作出的重大判断及据此得出的结论作出的客观评价。

项目质量复核人员，是指会计师事务所中实施项目质量复核的合伙人或其他类似职位的人员，或者由会计师事务所委派实施项目质量复核的外部人员。会计师事务所应当在全所范围内(包括分所或分部)统一委派项目质量复核人员，并确保负责实施委派工作的人员具有必要的胜任能力和权威性。负责委派项目质量复核人员的人员需要独立于项目组。

会计师事务所应当就项目质量复核制定政策和程序，并对下列业务实施项目质量复核：

(1)上市实体财务报表审计业务；

(2)法律法规要求实施项目质量复核的审计业务或其他业务；

(3)会计师事务所认为，为应对一项或多项质量风险，有必要实施项目质量复核的审计业务或其他业务。

3. 项目质量复核与项目组内部复核的主要区别

(1)复核的主体不同。项目质量复核是由独立于项目组的项目质量复核人员执行；项目组内部复核是由项目组内部人员执行的复核，通常包括多个复核层级。

(2)适用的业务范围不同。项目质量复核仅适用于上市实体财务报表审计业务、法律法规要求实施项目质量复核的审计业务或其他业务，以及会计师事务所政策和程序要求实施项目质量复核的审计业务或其他业务；项目组内部复核适用于所有业务。

(3)复核的内容不同。项目质量复核主要聚焦于复核两个方面的内容：项目组作出的重大判断；根据重大判断得出的结论。而项目组内部复核的内容比较宽泛，涉及项目的各个方面。

复核审计工作底稿的具体内容见表14—8。

表14—8　　审计工作底稿复核的内容

<table>
<tr><th colspan="2">审计工作底稿复核</th><th>复核内容</th></tr>
<tr><td rowspan="2">项目组
内部复核</td><td>项目组内部
普通复核</td><td>(1)审计工作是否已按照职业准则和适用的法律法规的规定执行；
(2)重大事项是否已提请进一步考虑；
(3)相关事项是否已进行适当咨询，由此形成的结论是否已得到记录和执行；
(4)是否需要修改已执行审计工作的性质、时间安排和范围；
(5)已执行的审计工作是否支持形成的结论，并已得到适当记录；
(6)已获取的审计证据是否充分、适当；
(7)审计程序的目标是否已实现。</td></tr>
<tr><td>项目组内部
重点复核</td><td>(1)重大事项；
(2)重大判断，包括与在审计中遇到的困难或有争议事项相关的判断，以及得出的结论；
(3)根据项目合伙人的职业判断，与项目合伙人的职责有关的其他事项。</td></tr>
<tr><td colspan="2">项目组外部复核——
项目质量复核</td><td>(1)与项目合伙人讨论重大事项；
(2)复核财务报表和拟出具的审计报告；
(3)复核选取的与项目组做出的重大判断和得出的结论相关的审计工作底稿；
(4)评价在编制审计报告时得出的结论，并考虑拟出具审计报告的恰当性。</td></tr>
</table>

(二)复核已审计财务报表

在审计结束或临近结束时，注册会计师需要运用分析程序的目的是确定经审计调整后的财务报表整体是否与对被审计单位的了解一致,是否具有合理性。注册会计师应当围绕这一目的运用分析程序。

在运用分析程序进行总体复核时,如果识别出以前未识别的重大错报风险,注册会计师应当重新考虑对全部或部分各类别的交易、账户余额、披露评估的风险是否恰当,并在此基础上重新评价之前计划的审计程序是否充分,是否有必要追加审计程序。

五、与治理层进行沟通

治理层,是指对被审计单位战略方向以及管理层履行经营管理责任负有监督责任的人员或组织。治理层的责任包括对财务报告过程的监督。在某些被审计单位,治理层可能包括管理层成员。管理层,是指对被审计单位经营活动的执行负有管理责任的人员。在某些被审计单位,管理层包括部分或全部的治理层成员。

(一)沟通的对象

治理层指的是一个群体,因此在审计过程中,注册会计师应当确定与被审计单位治理结构中的哪些适当人员进行沟通。如果注册会计师与治理层的下设组织(如审计委员会)或个人沟通,应当确定是否还需要与治理层整体进行沟通。

在某些情况下,治理层全部成员参与管理被审计单位,则注册会计师不需要就相同的事项与治理层和管理层进行重复沟通。然而,注册会计师应当确信与负有管理责任人员的沟通能够向所有负有治理责任的人员充分传递应予沟通的内容。

(二)沟通的事项

在财务报表审计不同的阶段,有不同的沟通事项,总体来说,与治理层沟通的事项包括:注册会计师的责任;计划的审计范围和时间安排;审计中发现的重大问题;值得关注的内部控制缺陷;注册会计师的独立性;补充事项等。

1. 注册会计师与财务报表审计相关的责任

注册会计师应当与治理层沟通注册会计师与财务报表审计相关的责任,包括:

(1)注册会计师负责对在治理层监督下管理层编制的财务报表形成和发表意见;

(2)财务报表审计并不减轻管理层或治理层的责任。

2. 计划的审计范围和时间安排

就计划的审计范围和时间安排进行沟通可以:(1)帮助治理层更好地了解注册会计师工作的结果,与注册会计师讨论风险问题和重要性的概念,以及识别可能需要注册会计师追加审计程序的领域;(2)帮助注册会计师更好地了解被审计单位及其环境。

在与治理层就计划的审计范围和时间安排进行沟通时,尤其是在治理层部分或全部成员参与管理被审计单位的情况下,注册会计师需要保持职业谨慎,避免损害审计的有效性。

3. 审计中发现的重大问题

注册会计师应当与治理层沟通审计中发现的下列重大问题:

(1)注册会计师对被审计单位会计实务(包括会计政策、会计估计和财务报表披露)重大方面的质量的看法。

就会计实务的质量方面进行的沟通可能包括下列事项:会计政策、会计估计、财务报表披露和其他相关事项。

(2)审计工作中遇到的重大困难。审计工作中遇到的重大困难可能包括:管理层在提供审计所需信息时出现严重拖延;不合理地要求缩短完成审计工作的时间;为获取充分、适当的审计证据需要付出的努力远远超过预期；无法获取预期的信息；管理层对注册会计师施加的限制；管理层不愿意按照要求对被审计单位持续经营能力进行评估，或不愿意延长评估期间。在某些情况下，这些困难可能构成对审计范围的限制，导致注册会计师发表非无保留意见。

（3）已与管理层讨论或需要书面沟通的审计中出现的重大事项，以及注册会计师要求提供的书面声明，除非治理层全部成员参与管理被审计单位。

（4）影响审计报告形式和内容的情形（如有）。

（5）审计中出现的、根据职业判断认为与监督财务报告过程相关的所有其他重大事项。

4. 值得关注的内部控制缺陷

在识别和评估重大错报风险时，审计准则要求注册会计师了解与审计相关的内部控制。在进行风险评估时，注册会计师了解内部控制的目的是设计适合具体情况的审计程序，而不是对内部控制的有效性发表意见。

无论是在风险评估过程中，还是在审计工作的其他阶段，注册会计师都有可能识别出内部控制缺陷。注册会计师应当以书面形式及时向治理层通报审计过程中识别出的值得关注的内部控制缺陷。

5. 注册会计师的独立性

注册会计师需要遵守与财务报表审计相关的职业道德要求，包括对独立性的要求。

6. 补充事项

注册会计师可能注意到一些补充事项，虽然这些事项不一定与监督财务报告流程有关，但对治理层监督被审计单位的战略方向或与被审计单位受托责任相关的义务很可能是重要的。这些事项可能包括与治理结构或过程有关的重大问题、缺乏适当授权的高级管理层做出的重大决策或行动。

（三）沟通的时间

与治理层的沟通贯穿于审计的整个过程，注册会计师应当及时与治理层沟通。怎样才算及时并非一成不变的，适当的沟通时间安排因业务环境的不同而不同。相关的环境包括事项的重要程度和性质，以及期望治理层采取的行动。

例如：对于计划事项的沟通，通常在审计业务的早期阶段进行，如系首次接受委托，沟通可以随同就审计业务条款达成一致意见一并进行。对于审计中遇到的重大困难，如果治理层能够协助注册会计师克服这些困难，或者这些困难可能导致发表非无保留意见，可能需要尽快沟通。

（四）沟通的方式

有效的沟通可能包括结构化的陈述、书面报告以及不太正式的沟通（包括讨论）。对于审计中发现的重大问题，如果根据职业判断认为采用口头形式沟通不适当，注册会计师应当以书面形式与治理层沟通，当然，书面沟通不必包括审计过程中的所有事项；对于审计准则要求的注册会计师的独立性，注册会计师也应当以书面形式与治理层沟通。注册会计师还应当以书面形式向治理层通报值得关注的内部控制缺陷。除上述事项外，对于其他事项，注册会计师可以采取口头或书面的方式沟通。书面沟通可能包括向治理层提供审计业务约定书。

需要强调的是，要想有效地实现沟通目的，注册会计师需要根据实际情况灵活选择适当的沟通形式。对于沟通形式的选择不必拘泥于固定的模式，也没有必要对所有的沟通事项都采取正式、详细和书面的形式，这样做有时反而会影响沟通的实际效果。

(五)评价沟通的充分性

注册会计师应当评价与治理层之间的双向沟通是否足以实现审计目标。如果注册会计师无法进行足够的沟通,就可能存在不能获得充分适当的审计证据的风险。在这种情况下,注册会计师应当考虑沟通不充分对评估重大错报风险的影响,并寻求与治理层讨论这种情况。如果注册会计师与治理层之间的双向沟通不充分,并且这种情况得不到解决,注册会计师可以采取下列措施:(1)根据审计范围受限的程度出具保留意见或无法表示意见的审计报告;(2)就采取不同措施的后果征询法律意见;(3)与治理结构中拥有更高权力的组织和人员沟通,或与监管机构等第三方沟通;(4)解除业务约定书。

六、形成审计意见

在得出审计结论时,注册会计师应当考虑下列方面:

1. 是否获取了充分、适当的审计证据

根据《中国注册会计师审计准则第 1231 号——针对评估的重大错报风险采取的应对措施》规定,是否获取了充分、适当的审计证据。在得出总体结论之前,注册会计师应当根据实施的审计程序和获取的审计证据,评价对认定层次重大错报风险的评估是否仍然适当。在形成审计意见时,注册会计师应当考虑所有相关的审计证据,无论该证据与财务报表认定相互印证还是相互矛盾。

2. 是否存在重大未更正错报

根据《中国注册会计师审计准则第 1251 号——评价审计过程中识别出的错报》的规定,未更正错报单独或汇总起来是否构成重大错报。注册会计师判断未更正错报单独或汇总起来是否构成重大错报时,应当考虑:相对特定类别的交易、账户余额或披露以及财务报表整体而言,错报的金额和性质以及错报发生的特定环境;与以前期间相关的未更正错报对相关类别的交易、账户余额或披露以及财务报表整体的影响。

3. 评价财务报表是否在所有重大方面按照适用的财务报告编制基础编制

4. 评价财务报表是否实现公允反映

在评价财务报表是否实现公允反映时,注册会计师应当考虑下列内容:(1)财务报表的整体列报、结构和内容是否合理;(2)财务报表(包括相关附注)是否公允地反映了相关交易和事项。

自我测试题

一、单项选择题

1. 下列有关超出被审计单位正常经营过程的重大关联方交易的说法中,错误的是(　　)。

A. 此类交易导致的风险可能不是特别风险

B. 注册会计师应当评价此类交易是否已按照适当的财务报告编制基础得到恰当会计处理和披露

C. 注册会计师应当检查与此类交易相关的合同或协议,以评价交易的商业理由

D. 此类交易经过恰当授权和批准,不足以就其不存在由于舞弊或错误导致的重大错报风险得出结论

2. 管理层评估持续经营能力的期间不得少于自资产负债表日起的(　　)。

A. 2 个月　　B. 6 个月　　C. 12 个月　　D. 24 个月

3. 下列财务报表日后发生的事项中，不属于财务报表日后非调整事项的是(　　)。

A. 产品价格发生的重大变化　　B. 资产负债表日前的诉讼案件结案

C. 处置子公司　　D. 发行股票

4. 被审计单位是上市公司，其财务报告批准报出日为次年 4 月 28 日，该公司在资产负债表日后发生以下事项，其中属于调整事项的是(　　)。

A. 接到某债务人 1 月 26 日发生一场火灾，导致重大损失，以至于不能偿还货款的通知，该公司已将此货款于资产负债表日计入应收账款

B. 外汇汇率发生重大变动

C. 已登记为报告年度的重大销售货物被退回

D. 发行债券筹资

5. 下列文件中，可以作为书面声明的是(　　)。

A. 董事会会议纪要

B. 财务报表副本

C. 管理层提供的、对企业某项重大投资的目的以及准备持有时间的书面声明

D. 内部法律顾问出具的法律意见书

6. 在完成审计工作阶段，会计师事务所应当进行审计工作底稿复核。下列关于审计工作底稿复核的说法中，正确的是(　　)。

A. 审计工作底稿复核是指项目组内部复核

B. 审计工作底稿复核是指独立的项目质量控制复核

C. 项目组内部复核分为项目负责经理的现场复核和项目合伙人的复核两个层次，项目经理的复核通常在审计现场完成

D. 独立的项目质量控制复核是对项目组所有工作的复核

7. 下列有关复核审计工作底稿的说法中，正确的是(　　)。

A. 对审计工作底稿的复核可分为两个层次，包括项目组内部复核和项目合伙人的复核

B. 项目组内部复核是最详细的复核

C. 会计师事务所在安排项目组内部复核时，应当进行项目组内部交叉复核

D. 项目质量复核可以减轻项目合伙人的责任，但不能替代项目合伙人的责任

8. 在某些情况下，注册会计师可以采用(　　)的形式与被审计单位外部法律顾问进行直接沟通。

A. 电话　　B. 邮件　　C. 通用询证函　　D. 面谈

二、多项选择题

1. 常见的财务报表日后调整事项包括(　　)。

A. 未决诉讼结案　　B. 资产减值

C. 资产或收入的计价　　D. 舞弊或差错

2. 东方公司 2022 年度财务报表公布后，在张敏注册会计师获知的以下事项中，需要对 2022 年度财务报表采取适当措施的有(　　)。

A. 东方公司 2022 年度财务报表可能存在重大错报

B. 东方公司2022年度财务报表中披露的未决诉讼在财务报表公布后得到最终判决

C. 东方公司2022年度采用的投资性房地产(主要资产)会计核算政策不符合企业的具体情况

D. 东方公司在2022年度财务报表公布后,生产车间发生火灾,造成巨大损失

3. 如果注册会计师提请被审计单位管理层在财务报表中披露导致对持续经营能力产生重大疑虑的主要事项或情况以及管理层拟采取的改善措施,然后依据披露情况决定其发表的审计意见类型,意味着注册会计师可能发表(　　)审计报告。

A. 否定意见　　B. 无法表示意见

C. 带有强调事项段的无保留意见　　D. 保留意见

4. 在财务报表审计时,获取的书面声明不包括(　　)。

A. 财务报表及其认定　　B. 管理层向注册会计师提供的书面陈述

C. 支持性账簿和相关记录　　D. 用以确认某些事项或支持其他审计证据

5. 在完成审计工作时,注册会计师与治理层沟通的主要目的有(　　)。

A. 就审计范围和时间以及注册会计师、治理层和管理层各方在财务报表审计和沟通中的责任,取得相互了解

B. 及时向治理层告知审计中发现的与治理层责任相关的事项

C. 及时向管理层告知审计中发现的与治理层责任相关的事项

D. 共享有助于注册会计师获取审计证据和治理层履行责任的其他信息

三、判断题

1. 注册会计师对期初余额进行审计,主要是为了证实期初余额不存在对本期会计报表有重大影响的错报或漏报。　(　　)

2. 当期初余额对本期会计报表可能存在重大影响,但又无法获取有关审计证据时,注册会计师应签发无法表示意见的审计报告。　(　　)

3. 如果期初余额存在严重影响本期会计报表的错报或漏报,注册会计师应当对本期会计报表发表保留意见或否定意见。　(　　)

4. 注册会计师对期后事项负有主动查找并审计的责任。　(　　)

5. 凡在外勤审计结束日前发生的期后事项,注册会计师应提请被审计单位调整会计报表;凡外勤审计结束日后发生的期后事项,则应提请被审计单位在会计报表附注中披露。　(　　)

6 用重要性原则来衡量,核算错误可以分为建议调整的和不建议调整的两类,但无论注册会计师是否建议调整,都应编制相应的调整分录并进行分类汇总。　(　　)

7. 除非法律法规禁止,注册会计师应当及时将审计过程中发现的所有错报与适当层级的管理层进行沟通。　(　　)

8. 管理层声明书的日期必须与注册会计师的审计报告日一致。　(　　)

四、案例分析题

1. ABC会计师事务所的A注册会计师负责审计甲集团公司2022年财务报表审计工作,A注册会计师在审计工作底稿中记录了处理错报的相关情况,部分内容摘录如下:

(1)2022年,甲集团公司推出销售返利制度,并在ERP系统中开发了返利管理模块。A

注册会计师在对某组成部分执行审计时发现，因系统参数设置有误，导致选取的测试项目少计返利 2 万元。A 注册会计师认为该错报低于集团财务报表明显微小错报的临界值，可忽略不计。

(2)A 注册会计师发现甲集团公司销售副总经理挪用客户回款 50 万元，就该事项与总经理和治理层进行了沟通。因管理层已同意调整该错报并对相关内部控制缺陷进行整改，A 注册会计师未再执行其他审计工作。

(3)A 注册会计师使用审计抽样对管理费用进行了测试，发现测试样本存在 20 万元错报，A 注册会计师认为该错报不重大，同意管理层不予调整。

(4)2022 年 10 月，甲集团公司账面余额 1 200 万元的一条新建生产线达到预定可使用状态。截至 2022 年年末，因未办理竣工决算，该生产线尚未转入固定资产。A 注册会计师认为该错报为分类错误，涉及折旧金额很小，不构成重大错报，同意管理层不予调整。

要求：针对上述第(1)至(4)项，假定不．考虑其他条件，逐项指出 A 注册会计师的做法是否恰当。如不恰当，简要说明理由。

2. 在审计甲公司 2022 年度财务报表的过程中，注册会计师发现甲公司发生了下列重大期后事项：

(1)2023 年 1 月 2 日，公司董事会决议通过所有职工每月工资普涨 5%，自 2022 年 10 月 1 日开始补发。公司每月工资费用中计入生产成本的金额为 6 000 000 元，计入制造费用的金额为 300 000 元，计入销售费用的金额为 700 000 元，计入管理费用的金额为 800 000 元。

(2)2023 年 2 月 5 日，甲公司申请发行公司债券的申请获得政府有关部门批准，公司准备在 5 月中旬按照面值发行 1 000 万元债券，期限 3 年，年利率 5%。

(3)2023 年 2 月 20 日，甲公司的一个顾客乙公司宣告破产。截至 2022 年 12 月 31 日，乙公司还欠甲公司货款 500 000 元。甲公司与乙公司的法律顾问联系后确定大约 300 000 元将无法收回。在 2022 年 12 月 31 日，甲公司已经针对乙公司的应收账款计提了 100 000 元的坏账准备。注册会计师于 2 月 21 日重新返回甲公司针对 2022 年坏账准备计提数的变动搜集审计证据。

要求：

(1)分别说明上述事项属于哪一种类型的期后事项，企业应在财务报表中如何反映这些事项。

(2)如果甲公司 2022 年度财务报表的审计报告日是 2023 年 2 月 15 日，财务报表对外公布日为 2023 年 2 月 27 日，注册会计师对上述事项的审计责任有何不同？

补充测试题

第十五章　审计报告

【学习目标】

掌握各种审计报告的适用条件、术语表达;熟悉审计报告编写的步骤和基本要求;了解审计报告的意义、作用、基本结构及主要内容。

【学习重点】

审计意见的类型;审计报告的内容。

【导入案例】

希格玛会计师事务所出具不恰当审计意见被处罚

2021 年,中国证监会对永煤控股作出处罚,原因是永煤控股存在以下违法事实:虚假披露货币资金;部分债务融资工具募集说明书中关于受限货币资金的陈述存在虚假记载;未按规定披露股权质押事项,导致债务融资工具募集说明书存在重大遗漏。证监会对永城煤电控股集团有限公司给予警告,并处以 300 万元罚款;对相关责任人分别处以罚款。

希格玛所为永煤控股 2017 年至 2019 年财务报表提供审计服务,出具了无保留意见的审计报告。

证监会认为希格玛所出具的永煤控股 2017 年至 2019 年年度审计报告存在虚假记载。证监会认为希格玛所在审计中存在以下违法事实:(1)未获取合理保证,重大错报风险评估错误;(2)审计程序不恰当,没有获取充分审计证据,审计意见错误;(3)希格玛所项目复核工作存在缺陷;(4)希格玛所 2018 年《审计业务约定书》签署不规范。

证监会做出了最终的处罚决定:(1)对希格玛会计师事务所没收审计业务收入 343.87 万元,并处以 343.87 万元罚款;(2)对涉案注册会计师和项目质量控制复核人给予警告,并处以 5 万—25 万元之间不等额罚款。

请扫码阅读完整案例资料,然后思考以下问题:

1. 注册会计师出具审计意见之前要针对什么内容获取合理保证?
2. 获取审计证据和出具审计意见有什么关系?
3. 证监会认为希格玛所出具了错误的审计意见,那么,你认为在案例所述的情况下,应当出具什么意见类型的审计报告?

第一节　审计报告概述

能够直接以“审计报告”作为书面报告标题的业务包括财务报表审计、特殊目的审计，如果没有特殊说明，本章内容适用于整套通用目的财务报表审计。

一、审计报告的概念

审计报告，是指注册会计师根据审计准则的规定，在执行审计工作的基础上，对财务报表发表审计意见的书面文件。

审计报告是注册会计师在完成审计工作后向委托人提交的最终产品，具有以下特征：(1)注册会计师应当按照审计准则的规定执行审计工作；(2)注册会计师在实施审计工作的基础上才能出具审计报告；(3)注册会计师通过对财务报表发表意见履行业务约定书约定的责任；(4)注册会计师应当以书面形式出具审计报告。

注册会计师应当根据由审计证据得出的结论，清楚表达对财务报表的意见。注册会计师一旦在审计报告上签名并盖章，就表明对其出具的审计报告负责。

审计报告是注册会计师对财务报表是否在所有重大方面按照财务报告编制基础编制并实现公允反映发表审计意见的书面文件，因此，注册会计师应当将已审计的财务报表附于审计报告之后，以便于财务报表使用者正确理解和使用审计报告，并防止被审计单位替换、更改已审计的财务报表。

二、审计报告的作用

注册会计师签发的审计报告，主要具有鉴证、保护和证明三方面的作用。

1. 鉴证作用

注册会计师签发的审计报告，不同于政府审计和内部审计的审计报告，是以超然独立的第三方身份，对被审计单位财务报表的合法性和公允性发表意见。这种意见，具有鉴证作用，得到了政府、投资者和其他利益相关者的普遍认可。政府有关部门判断财务报表是否合法、公允，主要依据注册会计师的审计报告。企业的投资者，主要依据注册会计师的审计报告来判断被投资企业的财务报表是否合法、公允地反映了财务状况和经营成果，以进行投资决策等。

2. 保护作用

注册会计师通过审计，可以对被审计单位财务报表出具不同类型审计意见的审计报告，以提高或降低财务报表使用者对财务报表的信赖程度，能够在一定程度上对被审计单位的债权人和股东以及其他利害关系人的利益起到保护作用。例如，投资者为降低投资风险，需要在进行投资之前查阅被投资企业的财务报表和注册会计师的审计报告，了解被投资企业的经营情况和财务状况。

3. 证明作用

审计报告是对注册会计师审计任务完成情况及其结果所作的总结，它可以表明审计工作的质量并明确注册会计师的审计责任。因此，审计报告可以对审计工作质量和注册会计师的审计责任起证明作用。例如，注册会计师是否以获取的审计证据为依据发表审计意见，发表的审计意见是否与被审计单位的实际情况相一致，审计工作的质量是否符合要求。

三、审计报告的类型

审计报告的类型取决于审计意见的类型。注册会计师应当就财务报表是否在所有重大方面按照适用的财务报告编制基础的规定编制并实现公允反映形成审计意见。

如果认为财务报表在所有重大方面按照适用的财务报告编制基础的规定编制并实现公允反映，注册会计师应当发表无保留意见。

当存在下列情形之一时，注册会计师应当在审计报告中发表非无保留意见：(1)根据获取的审计证据，得出财务报表整体存在重大错报的结论；(2)无法获取充分、适当的审计证据，不能得出财务报表整体不存在重大错报的结论。据此，审计报告可以基本分类为无保留意见审计报告和非无保留意见审计报告。表 15－1 列示了注册会计师发表非无保留意见的决策思路。

表 15－1　　审计意见决策表

导致发表非无保留意见的事项的性质	这些事项对财务报表产生或可能产生的影响	
	重大但不具有广泛性	重大且具有广泛性
财务报表存在重大错报 （已对相关事项获取充分、适当的审计证据）	保留意见	否定意见
无法获取充分、适当的审计证据 （不能得出财务报表整体不存在重大错报的结论）	保留意见	无法表示意见

根据“中注协发布上市公司 2022 年年报审计情况快报”，截至 2023 年 4 月 30 日，57 家事务所共为 5 170 家上市公司出具了财务报表审计报告。从审计报告意见类型看，5 093 家被出具了无保留意见审计报告(其中 55 家被出具带强调事项段的无保留意见，49 家被出具带持续经营事项段的无保留意见)，94 家被出具了保留意见审计报告，37 家被出具了无法表示意见审计报告。

四、审计报告的基本内容

审计报告应当包括下列要素：(1)标题；(2)收件人；(3)审计意见；(4)形成审计意见的基础；(5)管理层对财务报表的责任；(6)注册会计师对财务报表审计的责任；(7)按照相关法律法规的要求报告的事项(如适用)；(8)注册会计师的签名和盖章；(9)会计师事务所的名称、地址和盖章；(10)报告日期。下文依次进行说明。

(一)标题

审计报告应当具有标题，统一规范为“审计报告”。

(二)收件人

审计报告应当按照审计业务的约定载明收件人。在某些国家或地区，法律法规或业务约定条款可能指定审计报告致送的对象。注册会计师通常将审计报告致送给财务报表使用者，一般是被审计单位的股东或治理层。

(三)审计意见

审计意见由两部分构成：

第一，指出已审计财务报表，应当包括下列方面：

(1)指出被审计单位的名称;

(2)说明财务报表已经审计;

(3)指出构成整套财务报表的每一财务报表的名称;

(4)提及财务报表附注;

(5)指明构成整套财务报表的每一财务报表的日期或涵盖的期间。

第二,说明注册会计师发表的审计意见。审计意见应当清楚说明财务报表是否在所有重大方面按照适用的财务报告编制基础编制,是否公允反映了财务报表旨在反映的事项。

(四)形成审计意见的基础

审计报告应当包含标题为"形成审计意见的基础"的部分。该部分提供关于审计意见的重要背景,应当紧接在审计意见部分之后,并包括下列方面:

(1)说明注册会计师按照审计准则的规定执行了审计工作;

(2)提及审计报告中用于描述审计准则规定的注册会计师责任的部分;

(3)声明注册会计师按照与审计相关的职业道德要求对被审计单位保持了独立性,并履行了职业道德方面的其他责任;

(4)说明注册会计师是否相信获取的审计证据是充分、适当的,为发表审计意见提供了基础。

(五)管理层对财务报表的责任

审计报告应当包含标题为"管理层对财务报表的责任"的部分,其中应当说明管理层负责下列方面:

(1)按照适用的财务报告编制基础编制财务报表,使其实现公允反映,并设计、执行和维护必要的内部控制,以使财务报表不存在由于舞弊或错误导致的重大错报。

(2)评估被审计单位的持续经营能力和使用持续经营假设是否适当,并披露与持续经营相关的事项(如适用)。对管理层评估责任的说明应当包括描述在何种情况下使用持续经营假设是适当的。

当对财务报告过程负有监督责任的人员与履行上述责任的人员不同时,管理层对财务报表的责任部分还应当提及对财务报告过程负有监督责任的人员。在这种情况下,该部分的标题还应当提及"治理层"或者特定国家或地区法律框架中的恰当术语。

(六)注册会计师对财务报表审计的责任

审计报告应当包含标题为"注册会计师对财务报表审计的责任"的部分,其中应当包括下列内容:

(1)说明注册会计师的目标是对财务报表整体是否不存在由于舞弊或错误导致的重大错报获取合理保证,并出具包含审计意见的审计报告;说明合理保证是高水平的保证,但按照审计准则执行的审计并不能保证一定会发现存在的重大错报;说明错报可能由于舞弊或错误导致。在说明错报可能由于舞弊或错误导致时,注册会计师应当从下列两种做法中选取一种:①描述如果合理预期错报单独或汇总起来可能影响财务报表使用者依据财务报表作出的经济决策,则通常认为错报是重大的;②根据适用的财务报告编制基础,提供关于重要性的定义或描述。

(2)说明在按照审计准则执行审计工作的过程中,注册会计师运用职业判断,并保持职业怀疑。通过说明注册会计师的责任,对审计工作进行描述。这些责任包括:

①识别和评估由于舞弊或错误导致的财务报表重大错报风险,设计和实施审计程序以应对这些风险,并获取充分、适当的审计证据,作为发表审计意见的基础。由于舞弊可能涉及串

通、伪造、故意遗漏、虚假陈述或凌驾于内部控制之上，未能发现由于舞弊导致的重大错报的风险高于未能发现由于错误导致的重大错报的风险。

②了解与审计相关的内部控制，以设计恰当的审计程序，但目的并非对内部控制的有效性发表意见。当注册会计师有责任在财务报表审计的同时对内部控制的有效性发表意见时，应当略去上述“目的并非对内部控制的有效性发表意见”的表述。

③评价管理层选用会计政策的恰当性和作出会计估计及相关披露的合理性。

④对管理层使用持续经营假设的恰当性得出结论。同时，根据获取的审计证据，就可能导致对被审计单位持续经营能力产生重大疑虑的事项或情况是否存在重大不确定性得出结论。如果注册会计师得出结论认为存在重大不确定性，审计准则要求注册会计师在审计报告中提请报表使用者关注财务报表中的相关披露；如果披露不充分，注册会计师应当发表非无保留意见。注册会计师的结论基于截至审计报告日可获得的信息。然而，未来的事项或情况可能导致被审计单位不能持续经营。

⑤评价财务报表的总体列报、结构和内容（包括披露），并评价财务报表是否公允反映相关交易和事项。

（3）注册会计师对财务报表审计的责任部分还应当包括下列内容：

①说明注册会计师与治理层就计划的审计范围、时间安排和重大审计发现等事项进行沟通，包括沟通注册会计师在审计中识别的值得关注的内部控制缺陷。

②对于上市实体财务报表审计，指出注册会计师就已遵守与独立性相关的职业道德要求向治理层提供声明，并与治理层沟通可能被合理认为影响注册会计师独立性的所有关系和其他事项，以及相关的防范措施（如适用）。

③对于上市实体财务报表审计，以及决定按照《中国注册会计师审计准则第 1504 号——在审计报告中沟通关键审计事项》的规定沟通关键审计事项的其他情况，说明注册会计师从已与治理层沟通的事项中确定哪些事项对本期财务报表审计最为重要，因而构成关键审计事项。注册会计师应当在审计报告中描述这些事项，除非法律法规禁止公开披露这些事项，或在极少数情形下，注册会计师合理预期在审计报告中沟通某事项造成的负面后果超过在公众利益方面产生的益处，因而决定不应在审计报告中沟通该事项。

（七）按照相关法律法规的要求报告的事项（如适用）

除审计准则规定的注册会计师对财务报表出具审计报告的责任外，相关法律法规可能对注册会计师设定了其他报告责任。例如，如果注册会计师在财务报表审计中注意到某些事项，可能被要求对这些事项予以报告。此外，注册会计师可能被要求实施额外的规定的程序并予以报告，或对特定事项（如会计账簿和记录的适当性）发表意见。

如果注册会计师在对财务报表出具的审计报告中履行其他报告责任，应当在审计报告中将其单独作为一部分，并以“按照相关法律法规的要求报告的事项”为标题，或使用适合于该部分内容的其他标题，除非其他报告责任涉及的事项与审计准则规定的报告责任涉及的事项相同。

（八）注册会计师的签名和盖章

审计报告应当由项目合伙人和另一名负责该项目的注册会计师签名和盖章。为进一步增强对审计报告使用者的透明度，在对上市实体整套通用目的财务报表出具的审计报告中应当注明项目合伙人。

（九）会计师事务所的名称、地址和盖章

审计报告应当载明会计师事务所的名称和地址，并加盖会计师事务所公章。根据《中华人民共和国注册会计师法》的规定，注册会计师承办业务，由其所在的会计师事务所统一受理并与委托人签订委托合同。因此，审计报告除了应由注册会计师签名和盖章外，还应载明会计师事务所的名称和地址，并加盖会计师事务所公章。

（十）报告日期

审计报告应当注明报告日期。审计报告日不应早于注册会计师获取充分、适当的审计证据，并在此基础上对财务报表形成审计意见的日期。在确定审计报告日时，注册会计师应当确信已获取下列两方面的审计证据：(1)构成整套财务报表的所有报表（含披露）已编制完成；(2)被审计单位的董事会、管理层或类似机构已经认可其对财务报表负责。审计报告的日期向审计报告使用者表明，注册会计师已考虑其知悉的、截至审计报告日发生的事项和交易的影响。注册会计师签署审计报告的日期可能与管理层签署已审计财务报表的日期为同一天，也可能晚于管理层签署已审计财务报表的日期。

第二节　在审计报告中沟通关键审计事项

一、关键审计事项的含义

关键审计事项，是指注册会计师根据职业判断认为对当期财务报表审计最为重要的事项。关键审计事项从注册会计师与治理层沟通过的事项中选取。

在审计报告中沟通关键审计事项，旨在通过提高已执行审计工作的透明度，增加审计报告的沟通价值。沟通关键审计事项能为财务报表预期使用者提供额外的信息，帮助其了解注册会计师根据职业判断认为对本期财务报表审计最为重要的事项，并帮助其了解被审计单位以及已审计财务报表中涉及重大管理层判断的领域。

在审计报告中沟通关键审计事项以注册会计师已就财务报表整体形成审计意见为背景。在审计报告中沟通关键审计事项不是注册会计师就单一事项单独发表意见。

二、在审计报告中沟通关键审计事项的要求

（一）在审计报告中单设关键审计事项部分

为能够突出关键审计事项，同时向财务报表预期使用者展示项目特定信息在其眼中的价值，注册会计师应当在审计报告中单设一部分，以“关键审计事项”为标题，并在该部分使用恰当的子标题逐项描述关键审计事项。关键审计事项部分的引言应当同时说明下列事项：

(1)关键审计事项是注册会计师根据职业判断，认为对本期财务报表审计最为重要的事项；

(2)关键审计事项的应对以对财务报表整体进行审计并形成审计意见为背景，注册会计师对财务报表整体形成审计意见，而不对关键审计事项单独发表意见。

（二）描述单一关键审计事项

为帮助财务报表预期使用者了解注册会计师确定的关键审计事项，注册会计师应当在审计报告中逐项描述每一关键审计事项，并分别索引至财务报表的相关披露（如有），以使预期使用者能够进一步了解管理层在编制财务报表时如何应对这些事项。在描述时，注册会计师应当同时说明下列内容：

（1）该事项被认定为审计中最为重要的事项之一，因而被确定为关键审计事项的原因。

（2）该事项在审计中是如何应对的。

对一项关键审计事项在审计中如何应对的描述的详细程度属于职业判断，注册会计师可以描述下列要素：

（1）审计应对措施或审计方法中，与该事项最为相关或对评估的重大错报风险最有针对性的方面；

（2）对已实施审计程序的简要概述；

（3）实施审计程序的结果；

（4）对该事项的主要看法。

（三）其他情形下关键审计事项部分的形式和内容

（1）如果根据被审计单位和审计业务的具体事项和情况，注册会计师确定不存在需要沟通的关键审计事项，可以在审计报告单设的关键审计事项部分表述为："我们确定不存在需要在审计报告中沟通的关键审计事项。"需要说明的是，对上市实体整套通用目的财务报表进行审计的注册会计师，确定与治理层沟通过的事项中不存在任何一项需要在审计报告中沟通的关键审计事项，可能是较为少见的。

（2）仅有的需要沟通的关键审计事项是导致发表保留意见或否定意见的事项，或者是可能导致对被审计单位持续经营能力产生重大疑虑的事项或情况存在重大不确定性，注册会计师可以在审计报告单设的关键审计事项部分表述为："除形成保留（否定）意见的基础部分或与持续经营相关的重大不确定性部分所描述的事项外，我们确定不存在其他需要在审计报告中沟通的关键审计事项。"

（3）如果根据《中国注册会计师审计准则第 1502 号——在审计报告中发表非无保留意见》的规定，确定对财务报表发表无法表示意见，注册会计师不得在审计报告中沟通关键审计事项，除非法律法规要求沟通。

（4）如果注册会计师认为有必要在审计报告中增加强调事项段或其他事项段，审计报告中的强调事项段或其他事项段需要与关键审计事项分开列示。如果某事项被确定为关键审计事项，则不能以强调事项或其他事项代替对关键审计事项的描述。

第三节　无保留意见审计报告

一、签发无保留意见审计报告的条件

无保留意见，是指当注册会计师认为财务报表在所有重大方面按照适用的财务报告编制基础的规定编制并实现公允反映时发表的审计意见。

如果认为财务报表同时符合下列所有条件，注册会计师应当出具无保留意见的审计报告：

（1）财务报表在所有重大方面按照适用的财务报告编制基础的规定编制，公允反映了被审计单位的财务状况、经营成果和现金流量。

（2）注册会计师已经按照中国注册会计师审计准则的规定计划和实施审计工作，在审计过程中未受到限制。例如，没有出现被审计单位管理层拒绝提供注册会计师要求提供的书面声明的情况。

二、无保留意见审计报告的表达

当出具无保留意见的审计报告时，注册会计师应当以“我们认为”作为意见段的开头，并使用“在所有重大方面”“公允反映”等术语。

在无保留意见审计报告中，通常会有“关键审计事项”，可能会有与持续经营相关的重大不确定性、其他信息、增加强调事项段和其他事项段。

对按照企业会计准则的规定编制的财务报表进行审计所出具的无保留意见审计报告，见“参考格式 15－1 对上市实体财务报表出具的无保留意见的审计报告”。

参考格式 15－1　对上市实体财务报表出具的无保留意见的审计报告

审计报告

ABC 股份有限公司全体股东：

一、对财务报表出具的审计报告

（一）审计意见

我们审计了 ABC 股份有限公司（以下简称“ABC 公司”）财务报表，包括 20×2 年 12 月 31 日的资产负债表，20×2 年度的利润表、现金流量表、股东权益变动表以及相关财务报表附注。

我们认为，后附的财务报表在所有重大方面按照企业会计准则的规定编制，公允反映了 ABC 公司 20×2 年 12 月 31 日的财务状况以及 20×2 年度的经营成果和现金流量。

（二）形成审计意见的基础

我们按照中国注册会计师审计准则的规定执行了审计工作。审计报告的“注册会计师对财务报表审计的责任”部分进一步阐述了我们在这些准则下的责任。按照中国注册会计师职业道德守则，我们独立于 ABC 公司，并履行了职业道德方面的其他责任。我们相信，我们获取的审计证据是充分、适当的，为发表审计意见提供了基础。

（三）关键审计事项

关键审计事项是根据我们的职业判断，认为对本期财务报表审计最为重要的事项。这些事项是在对财务报表整体进行审计并形成意见的背景下进行处理的，我们不对这些事项提供单独的意见。

[按照《中国注册会计师审计准则第 1504 号——在审计报告中沟通关键审计事项》的规定描述每一关键审计事项。]

（四）其他信息

[按照《中国注册会计师审计准则第 1521 号——注册会计师对其他信息的责任》的规定报告。]

（五）管理层和治理层对财务报表的责任

管理层负责按照企业会计准则的规定编制财务报表，使其实现公允反映，并设计、执行和维护必要的内部控制，以使财务报表不存在由于舞弊或错误导致的重大错报。

在编制财务报表时，管理层负责评估 ABC 公司的持续经营能力，披露与持续经营相关的事项（如适用），并运用持续经营假设，除非计划清算 ABC 公司、停止营运或别无其他现实的选择。

治理层负责监督ABC公司的财务报告过程。

(六)注册会计师对财务报表审计的责任

我们的目标是对财务报表整体是否不存在由于舞弊或错误导致的重大错报获取合理保证,并出具包含审计意见的审计报告。合理保证是高水平的保证,但并不能保证按照审计准则执行的审计在某一重大错报存在时总能被发现。错报可能由于舞弊或错误导致,如果合理预期错报单独或汇总起来可能影响财务报表使用者依据财务报表作出的经济决策,则通常认为错报是重大的。

在按照审计准则执行审计的过程中,我们运用职业判断,并保持职业怀疑。同时,我们也执行下列工作:

(1)识别和评估由于舞弊或错误导致的财务报表重大错报风险;对这些风险有针对性地设计和实施审计程序;获取充分、适当的审计证据,作为发表审计意见的基础。由于舞弊可能涉及串通、伪造、故意遗漏、虚假陈述或凌驾于内部控制之上,未能发现由于舞弊导致的重大错报的风险高于未能发现由于错误导致的重大错报的风险。

(2)了解与审计相关的内部控制,以设计恰当的审计程序,但目的并非对内部控制的有效性发表意见。

(3)评价管理层选用会计政策的恰当性和作出会计估计及相关披露的合理性。

(4)对管理层使用持续经营假设的恰当性得出结论。同时,根据获取的审计证据,就可能导致对ABC公司持续经营能力产生重大疑虑的事项或情况是否存在重大不确定性得出结论。如果我们得出结论认为存在重大不确定性,审计准则要求我们在审计报告中提请报表使用者注意财务报表中的相关披露;如果披露不充分,我们应当发表非无保留意见。我们的结论基于审计报告日可获得的信息。然而,未来的事项或情况可能导致ABC公司不能持续经营。

(5)评价财务报表的总体列报、结构和内容,并评价财务报表是否公允反映相关交易和事项。

我们与治理层就计划的审计范围、时间安排和重大审计发现等事项进行沟通,包括沟通我们在审计中识别出的值得关注的内部控制缺陷。

我们还就已遵守与独立性相关的职业道德要求向治理层提供声明,并与治理层沟通可能被合理认为影响我们独立性的所有关系和其他事项,以及相关的防范措施(如适用)。

从与治理层沟通的事项中,我们确定哪些事项对本期财务报表审计最为重要,因而构成关键审计事项。我们在审计报告中描述这些事项,除非法律法规禁止公开披露这些事项,或在极其罕见的情形下,如果合理预期在审计报告中沟通某事项造成的负面后果超过在公众利益方面产生的益处,我们确定不应在审计报告中沟通该事项。

二、按照相关法律法规的要求报告的事项

[本部分的格式和内容,取决于法律法规对其他报告责任的性质的规定:本部分应当说明相关法律法规规范的事项(其他报告责任),除非其他报告责任涉及的事项与审计准则规定的报告责任涉及的事项相同。如果涉及相同的事项,其他报告责任可以在审计准则规定的同一报告要素部分中列示。当其他报告责任和审计准则规定的报告责任涉及同一事项,并且审计报告中的措辞能够将其他报告责任与审计准则规定的责任(如差异存在)予以清楚地区分时,可以将两者合并列示(即包含在"对财务报表出具的审计报告"部分中,并使用

适当的副标题)。]

××会计师事务所(盖章)　　中国注册会计师：×××(项目合伙人)(签名并盖章)

中国注册会计师：×××(签名并盖章)

中国××市　　二〇×三年×月×日

第四节　非无保留意见审计报告

非无保留意见的审计报告包括保留意见的审计报告、否定意见的审计报告和无法表示意见的审计报告。审计报告的类型取决于审计意见的类型，非无保留意见审计报告的审计意见部分的区别见表15—2。

表15—2　非无保留意见的审计意见部分的内容

意见类型	在审计意见部分应说明的内容	
保留意见	因财务报表存在重大错报	注册会计师认为，除“形成保留意见的基础”部分所述事项产生的影响外，后附的财务报表在所有重大方面按照适用的财务报告编制基础编制，公允反映了……
	因无法获取充分、适当的审计证据	注册会计师认为，除“形成保留意见的基础”部分所述事项可能产生的影响外，后附的财务报表在所有重大方面按照适用的财务报告编制基础编制，公允反映了……
否定意见	因财务报表存在重大错报	注册会计师认为，由于“形成否定意见的基础”部分所述事项的重要性，后附的财务报表没有在所有重大方面按照适用的财务报告编制基础的规定编制，未能公允反映……
无法表示意见	因无法获取充分、适当的审计证据	由于“形成无法表示意见的基础”部分所述事项的重要性，注册会计师无法获取充分、适当的审计证据以作为对财务报表发表审计意见的基础。

一、保留意见的审计报告

(一)签发保留意见的情况

当存在下列情形之一时，注册会计师应当发表保留意见：

(1)在获取充分、适当的审计证据后，注册会计师认为错报单独或汇总起来对财务报表影响重大，但不具有广泛性。

(2)因审计范围受到限制，注册会计师无法获取充分、适当的审计证据以作为形成审计意见的基础，但认为未发现的错报(如存在)对财务报表可能产生的影响重大，但不具有广泛性。

如果上述两种情形同时存在，注册会计师要根据整体的影响是否达到了广泛性来决定审计意见的类型是保留意见还是否定意见。

(二)保留意见审计报告的表达

(1)如果对财务报表发表保留意见，审计报告第一部分审计意见的标题为“保留意见”。

(2)在审计意见段使用“我们认为，除‘形成保留意见的基础’部分所述事项可能产生的影响外”等术语。

(3)在“形成保留意见的基础”部分，说明出具保留意见的原因，并说明：“我们相信，注册会计师获取的审计证据是充分、适当的，为发表保留意见提供了基础。”

(4)其他信息部分的最后一段可能需要进行改写，以描述导致注册会计师对财务报表发表保留意见并且影响其他信息的事项。

对按照企业会计准则的规定编制的财务报表进行审计所出具的保留意见审计报告，见“参考格式 15－2 对上市实体财务报表出具的保留意见的审计报告”。

参考格式 15－2　对上市实体财务报表出具的保留意见的审计报告

审计报告

ABC 股份有限公司全体股东：

一、保留意见

我们审计了 ABC 股份有限公司(以下简称 ABC 公司)财务报表，包括 20×2 年 12 月 31 日的合并及母公司资产负债表，20×2 年度的合并及母公司利润表、合并及母公司现金流量表、合并及母公司所有者权益变动表，以及相关财务报表附注。

我们认为，除“形成保留意见的基础”部分所述事项可能产生的影响外，后附的财务报表在所有重大方面按照企业会计准则的规定编制，公允反映了 ABC 公司 20×2 年 12 月 31 日的合并及母公司财务状况，以及 20×2 年度的合并及母公司经营成果和现金流量。

二、形成保留意见的基础

(一) 如附注××所述，截至 20×2 年 12 月 31 日，ABC 公司应收 ABC 集团有限公司 132 212.51 万元，系 ABC 集团有限公司违规占用的 ABC 公司资金。ABC 公司对该应收款项已全额计提坏账准备 132 212.51 万元。我们无法就上述关联方资金占用款项各年计提坏账准备的合理性及资金占用对 ABC 公司历年财务状况与经营成果产生的影响获取充分、适当的审计证据。

(二) 如附注××及××所述，截至 20×2 年 12 月 31 日，ABC 公司为 ABC 集团有限公司的债务提供担保合计为 80 211.14 万元。ABC 公司管理层(以下简称管理层)估计 ABC 公司将就上述债务履行代偿义务，ABC 公司就此事项确认了预计负债 80 023.14 万元，并相应确认信用减值损失。我们无法就 ABC 公司对外担保的完整性以及上述预计负债和信用减值损失的合理性获取充分、适当的审计证据。

我们按照中国注册会计师审计准则的规定执行了审计工作。审计报告的“注册会计师对财务报表审计的责任”部分进一步阐述了我们在这些准则下的责任。按照中国注册会计师职业道德守则，我们独立于 ABC 公司，并履行了职业道德方面的其他责任。我们相信，我们获取的审计证据是充分、适当的，为发表保留意见提供了基础。

三、与持续经营相关的重大不确定性

我们提醒财务报表使用者关注，如财务报表附注××所述，ABC 公司资金紧张，面临债务到期偿还以及对外担保承担连带赔偿责任的资金压力，同时因涉及多起未决诉讼，部分银行账户及资产被冻结。针对上述情况，ABC 公司拟采取出售、抵押资产获取流动资金、加强与客户供应商的战略合作、优化经营机制等措施来改善持续经营能力。上述改善措施将有助于 ABC 公司维持持续经营能力，且实施上述措施不存在重大障碍，故 ABC 公司以持续经营为前提编制财务报表是恰当的。但如果上述改善措施不能实施，则 ABC 公司可能不能持续经营，故 ABC 公司的持续经营能力仍存在重大不确定性。

本段内容不影响已发表的审计意见。

四、强调事项

我们提醒财务报表使用者关注，如财务报表附注××所述，ABC 公司以结构性存款为 ABC 集团有限公司指定第三方的借款和票据违规提供质押担保，因该等公司未按期归还借款及兑付票据，20×2 年度 ABC 公司被强制划转存款 73 685.83 万元。截至审计报告日，ABC 公司已向违规担保划款银行所在地区人民法院提起诉讼，相关案件尚未全部判决，上述强制划转存款尚未收回。

本段内容不影响已发表的审计意见。

五、其他信息

管理层对其他信息负责。其他信息包括年度报告中涵盖的信息，但不包括财务报表和我们的审计报告。

我们对财务报表发表的审计意见不涵盖其他信息，我们也不对其他信息发表任何形式的鉴证结论。

结合我们对财务报表的审计，我们的责任是阅读其他信息，在此过程中，考虑其他信息是否与财务报表或我们在审计过程中了解到的情况存在重大不一致或者似乎存在重大错报。

基于我们已执行的工作，如果我们确定其他信息存在重大错报，我们应当报告该事实。如上述"形成保留意见的基础"部分所述，我们无法就其他应收款坏账准备、预计负债、信用减值损失等项目获取充分、适当的审计证据。因此，我们无法确定与上述事项相关的其他信息是否存在重大错报。

六、关键审计事项

关键审计事项是我们根据职业判断，认为对本期财务报表审计最为重要的事项。这些事项的应对以对财务报表整体进行审计并形成审计意见为背景，我们不对这些事项单独发表意见。除"形成保留意见的基础"部分和"与持续经营相关的重大不确定性"部分所述事项外，我们确定下列事项是需要在审计报告中沟通的关键审计事项。(具体事项略)

七、其他事项

ABC 公司 20×1 年 12 月 31 日的合并及母公司资产负债表，20×1 年度的合并及母公司利润表、合并及母公司现金流量表、合并及母公司所有者权益变动表，以及相关财务报表附注由其他会计师事务所审计，并于 20×2 年 3 月 31 日发表了无保留意见。

八、管理层和治理层对财务报表的责任(参见参考格式 15－1)

九、注册会计师对财务报表审计的责任(参见参考格式 15－1)

××会计师事务所(盖章)　　　中国注册会计师：×××(项目合伙人)(签名并盖章)

中国注册会计师：×××(签名并盖章)

中国××市　　　二〇×三年×月×日

二、否定意见的审计报告

（一）签发否定意见的情况

在获取充分、适当的审计证据后，如果认为错报单独或累计起来对财务报表的影响重大且具有广泛性，注册会计师应当发表否定意见。

（二）否定意见审计报告的表达

（1）如果对财务报表发表否定意见，审计报告第一部分审计意见的标题为“否定意见”。

（2）在审计意见段使用“我们认为，由于‘形成否定意见的基础’部分所述事项的重要性，后附的财务报表没有……”等术语。

（3）在“形成否定意见的基础”部分，说明出具否定意见的原因，并说明：“我们相信，注册会计师获取的审计证据是充分、适当的，为发表否定意见提供了基础。”

（4）其他信息部分的最后一段可能需要进行改写，以描述导致注册会计师对财务报表发表否定意见并且影响其他信息的事项。

对按照企业会计准则的规定编制的财务报表进行审计所出具的否定意见审计报告，见“参考格式 15－3 对上市实体财务报表出具的否定意见的审计报告”。

参考格式 15－3　对上市实体财务报表出具的否定意见的审计报告

审计报告

ABC 股份有限公司全体股东：

一、否定意见

我们审计了 ABC 股份有限公司（以下简称 ABC 公司）的财务报表，包括 2022 年 12 月 31 日的合并及母公司资产负债表，2022 年度的合并及母公司利润表、合并及母公司现金流量表、合并及母公司所有者权益变动表，以及相关财务报表附注。

我们认为，由于“形成否定意见的基础”部分所述事项的重要性，后附的财务报表没有在所有重大方面按照企业会计准则的规定编制，未能公允反映 ABC 股份有限公司 2022 年 12 月 31 日的财务状况以及 2022 年度的经营成果和现金流量。

二、形成否定意见的基础

ABC 公司 2018 年净利润－119.01 万元，2019 年净利润－555.23 万元，2020 年净利润－409.51 万元，2021 年净利润－401.23 万元，2022 年净利润－213.33 万元，已连续五个会计年度发生亏损，2022 年营业收入为 10 000 元，截至 2022 年 12 月 31 日，净资产为－515.25 万元，且因存在两项已决诉讼未按执行通知书指定期间履行给付义务，ABC 公司已入失信名单。截至审计报告日，无任何证据表明 ABC 公司采取的各项措施能够有效改善公司的财务和经营状况。根据我们的判断，ABC 公司不具有持续经营能力。因此，ABC 公司继续按照持续经营假设编制 2022 年度财务报表是不适当的。

我们按照中国注册会计师审计准则的规定执行了审计工作。审计报告的“注册会计师对财务报表审计的责任”部分进一步阐述了我们在这些准则下的责任。按照中国注册会计师职业道德守则，我们独立于 ABC 公司，并履行了职业道德方面的其他责任。我们相信，我们获取的审计证据是充分、适当的，为发表否定意见提供了基础。

三、其他信息

ABC公司管理层对其他信息负责。其他信息包括年度报告中除财务报表和本审计报告以外的信息。

我们对财务报表发表的审计意见不涵盖其他信息，我们也不对其他信息发表任何形式的鉴证结论。

结合我们对财务报表的审计，我们的责任是阅读其他信息，在此过程中，考虑其他信息是否与财务报表或我们在审计过程中了解到的情况存在重大不一致或者似乎存在重大错报。

基于我们已经针对审计报告日前获取的其他信息执行的工作，如果我们确定其他信息存在重大错报，我们应当报告该事实。在这方面，我们无任何事项需要报告。

四、关键审计事项

除“形成否定意见的基础”部分所述事项外，我们认为，没有其他需要在我们的报告中沟通的关键审计事项。

五、管理层和治理层对财务报表的责任(参见参考格式15－1)

六、注册会计师对财务报表审计的责任(参见参考格式15－1)

××会计师事务所(盖章)　　中国注册会计师：×××(项目合伙人)(签名并盖章)

中国注册会计师：×××(签名并盖章)

中国××市　　二○二三年×月×日

三、无法表示意见的审计报告

(一)签发无法表示意见的情况

如果无法获取充分、适当的审计证据以作为形成审计意见的基础，但认为未发现的错报(如存在)对财务报表可能产生的影响重大且具有广泛性，注册会计师应当发表无法表示意见。

在极其特殊的情况下，可能存在多个不确定事项。即使注册会计师对每个单独的不确定事项获取了充分、适当的审计证据，但由于不确定事项之间可能存在相互影响，以及可能对财务报表产生累积影响，注册会计师不可能对财务报表形成审计意见。在这种情况下，注册会计师应当发表无法表示意见。

当存在多项对财务报表整体具有重要影响的与持续经营相关的重大不确定性时，在极少数情况下，注册会计师可能认为发表无法表示意见是适当的，而非在审计报告中增加“与持续经营相关的重大不确定性”为标题的单独部分。

(二)无法表示意见审计报告的表达

(1)如果对财务报表出具无法表示意见，审计报告第一部分审计意见的标题为“无法表示意见”，将“我们审计了……”变为“我们接受委托，审计……”，表达未能完成审计。

(2)在审计意见段，使用“由于……产生的影响非常重大和广泛”等术语。

(3)在“形成无法表示意见的基础”部分，说明出具无法表示意见的原因，并不应提及审计报告中用于描述注册会计师责任的部分，也不应说明注册会计师是否已获取充分、适当的审计证据以作为形成审计意见的基础。

(4)在注册会计师的责任段，取消对于注册会计师责任的具体描述，说明无法获取充分、适当的审计证据为发表审计意见提供基础。

对按照企业会计准则的规定编制的财务报表进行审计所出具的无法表示意见的审计报

告，见“参考格式 15—4 对上市实体财务报表出具的无法表示意见的审计报告”。

参考格式 15—4 对上市实体财务报表出具的无法表示意见的审计报告

审计报告

ABC 股份有限公司全体股东：

一、无法表示意见

我们接受委托，审计 ABC 股份有限公司(以下简称 ABC 公司)财务报表，包括 20×2 年 12 月 31 日的合并及母公司资产负债表，20×2 年度的合并及母公司利润表、合并及母公司现金流量表、合并及母公司股东权益变动表以及相关财务报表附注。

我们不对后附的财务报表发表审计意见。由于“形成无法表示意见的基础”部分所述事项的重要性，我们无法获取充分、适当的审计证据以作为对财务报表发表审计意见的基础。

二、形成无法表示意见的基础

(一)内部控制存在重大缺陷产生的影响

ABC 公司实际控制人××先生凌驾于公司内部控制之上，致使公司在大额资金使用、对外投资活动、日常经营活动等方面因未能正确识别出与相关公司的关联方关系而存在未履行董事会和股东大会审批程序的情形，而导致以下问题的发生：1. 公司实际控制人及其关联方非经营性资金占用如财务报表附注××“关联方资金占用情况”所述，公司先后公告了《关于公司自查实际控制人及其关联方非经营性资金占用情况的提示性公告》及《关于实际控制人非经营性资金占用事项的进展公告》。截至本报告出具日公司持续对实际控制人及其关联方非经营性资金占用情况进行自查，经初步核实，公司实际控制人××先生存在通过主导公司对外投资与部分不合理的预付账款等非经营性资金占用的行为。针对上述关联方非经营性资金占用情形，ABC 公司实际控制人××先生出具了承诺函、制定了还款计划等措施，详见财务报表附注××“关联方承诺情况”。基于谨慎性原则，ABC 公司对截至 20×2 年 12 月 31 日的实际控制人及其关联方非经营性资金占用款项本金及利息 29 212.74 万元按照其 50%计提预期信用损失 14 656.37 万元。由于 ABC 公司内部控制存在重大缺陷，以及审计范围受限，我们无法取得 ABC 公司资金流向各方的银行对账单，我们不对上述非经营性资金占用金额的完整性、准确性以及该等款项的可收回性发表审计意见。

2. 收入、成本的真实性、准确性及完整性

如财务报表附注××“营业收入和营业成本”所述，20×2 年度，ABC 公司实现营业收入 3 404.27 万元，较上年度增长 81.99%；营业成本 1 387.51 万元，较上年度减少 17.08%。在审计过程中，我们实施检查合同文件、观察、询问、函证、分析程序以及现场访谈等审计程序。由于 ABC 公司关于采购业务、销售业务方面的内部控制均存在重大缺陷，对此我们无法获取充分、适当的审计证据，因此，我们无法确认 ABC 公司 20×2 年度的收入、成本的真实性、准确性及完整性，及由此对 ABC 公司 20×2 年度财务报表产生的影响。

3. 关联方关系及其交易披露的完整性

由于ABC公司实际控制人××先生实际控制的公司众多，且ABC公司对关联方关系认定和关联交易审批等方面的内部控制存在重大缺陷，我们无法获取充分、适当的审计证据，以识别ABC公司的全部关联方，因此我们无法确定ABC公司关联方认定是否完整、是否存在关联交易非关联化行为、关联方资金往来余额披露是否充分，也无法确定这些事项可能对ABC公司20×2年度财务报表产生的影响。

4. 内控缺陷导致的其他问题

由于ABC公司的内部控制存在重大缺陷，且影响广泛，因此，我们无法确定是否还存在由于内控缺陷导致的其他问题。

(二)被投资单位未进行工商变更登记

如本报告附注××“未完成工商变更登记的股权投资”所述，截至本报告日，被投资单位尚未对ABC公司子公司对其投资事项进行工商变更登记。我们无法获得充分、适当的审计证据，以判断该项投资活动是否真实，也无法确定该事项可能对ABC公司20×2年度财务报表产生的影响。

(三)期初余额/上年数审计问题

20×0年末，ABC公司实际控制人发生变更。20×1年上半年，公司主要业务转型，大量人员更换，对于公司20×1年度的财务数据及业务情况无人详细了解，我们无法对期初余额/上年数实施询问、访谈等审计程序；我们已经按照中国注册会计师审计准则的规定，向前任会计师事务所发出了《首次审计业务涉及的期初余额与前任注册会计师的沟通函》，我们仅取得其20×1年度审计工作底稿中的相关函证底稿。我们无法对ABC公司20×2年度财务报表期初余额/上年数获得充分、适当的审计证据，因此，我们也不对其发表审计意见。

(四)中国证监会立案调查

如本报告附注××“被立案调查情况”所述，20×3年2月2日，ABC公司收到中国证券监督管理委员会《调查通知书》。因公司涉嫌信息披露违规，根据《中华人民共和国证券法》的有关规定，中国证监会决定对公司立案调查。截至本报告批准报出日止，由于立案调查尚未有最终结论，我们无法判断立案调查结果对公司财务报表的影响程度。

三、管理层和治理层对财务报表的责任(参见参考格式15—1)

四、注册会计师对财务报表审计的责任

我们的责任是按照中国注册会计师审计准则的规定，对ABC公司的财务报表执行审计工作，以出具审计报告。但由于“形成无法表示意见的基础”部分所述的事项，我们无法获取充分、适当的审计证据以作为发表审计意见的基础。

按照中国注册会计师职业道德守则，我们独立于ABC公司，并履行了职业道德方面的其他责任。

××会计师事务所(盖章)　　中国注册会计师：×××(项目合伙人)(签名并盖章)

中国注册会计师：×××(签名并盖章)

中国××市　　二〇×三年×月×日

第五节　审计报告中的其他内容

一、与持续经营相关的重大不确定性

(一)与持续经营相关的重大不确定性的含义

如“第十四章完成审计工作”所述,被审计单位在财务、经营以及其他方面存在的某些事项或情况可能导致经营风险,这些事项或情况单独或连同其他事项或情况可能导致对持续经营假设产生重大疑虑。

因此,管理层应当定期对其持续经营能力作出分析和判断,确定以持续经营假设为基础编制财务报表的适当性。注册会计师应当评价管理层对持续经营能力作出的评估。注册会计师应当评价是否就管理层编制财务报表时运用持续经营假设的适当性获取了充分、适当的审计证据,并就运用持续经营假设的适当性得出结论。

注册会计师应当根据获取的审计证据,运用职业判断,确定是否存在与事项或情况相关的重大不确定性(且这些事项或情况单独或汇总起来可能导致对被审计单位持续经营能力产生重大疑虑)并考虑对审计意见的影响。如果注册会计师根据职业判断认为,鉴于不确定性潜在影响的重要程度和发生的可能性,为了使财务报表实现公允反映,有必要适当披露该不确定性的性质和影响,则表明存在重大不确定性。

(二)在审计报告中增加“与持续经营相关的重大不确定性”段

如果运用持续经营假设是适当的,但存在重大不确定性,且财务报表对重大不确定性已作出充分披露,注册会计师应当发表无保留意见,并在审计报告中增加以“与持续经营相关的重大不确定性”为标题的单独部分,以:

(1)提醒财务报表使用者关注财务报表附注中对所述事项的披露;

(2)说明这些事项或情况表明存在可能导致对被审计单位持续经营能力产生重大疑虑的重大不确定性,并说明该事项并不影响发表的审计意见。

在极少数情况下,当存在多项对财务报表整体具有重要影响的重大不确定性时,注册会计师可能认为发表无法表示意见而非增加以“与持续经营相关的重大不确定性”为标题的单独部分是适当的。

如果财务报表未作出充分披露,注册会计师应当发表保留意见或否定意见。注册会计师应当在审计报告中说明,存在可能导致对被审计单位持续经营能力产生重大疑虑的重大不确定性。

与持续经营相关的重大不确定性,可以参见参考格式 15－2。

二、其他信息

(一)其他信息的含义

其他信息,是指在被审计单位年度报告中包含的除财务报表和审计报告以外的财务信息和非财务信息。例如,分部或分支的资本性支出、主要商品或原材料的市场价格走势描述。其他信息的错报,是指对其他信息作出的不正确陈述或其他信息具有误导性,包括遗漏或掩饰对恰当理解其他信息披露的事项必要的信息。例如,其他信息声称说明了管理层使用的关键业绩指标,则遗漏某项管理层使用的关键业绩指标可能表明其他信息未经正确陈述或具有误导性。

（二）注册会计师对其他信息的阅读和考虑

1. 注册会计师应当阅读其他信息。在阅读时，注册会计师应当：

（1）考虑其他信息和财务报表之间是否存在重大不一致；

（2）在已获取审计证据并已得出审计结论的背景下，考虑其他信息与注册会计师在审计中了解到的情况是否存在重大不一致；

（3）对与财务报表或注册会计师在审计中了解到的情况不相关的其他信息中似乎存在重大错报的迹象保持警觉。

2. 如果注册会计师认为其他信息存在重大错报，应当要求管理层更正其他信息：

（1）如果管理层同意作出更正，注册会计师应当确定更正已经完成；

（2）如果管理层拒绝作出更正，注册会计师应当就该事项与治理层进行沟通，并要求作出更正。

3. 如果注册会计师认为审计报告日前获取的其他信息存在重大错报，且在与治理层沟通后其他信息仍未得到更正，注册会计师应当采取恰当措施，包括：

（1）考虑对审计报告的影响，并就注册会计师计划如何在审计报告中处理重大错报与治理层进行沟通。注册会计师可在审计报告中指明其他信息存在重大错报。在少数情况下，当拒绝更正其他信息的重大错报导致对管理层和治理层的诚信产生怀疑，进而质疑审计证据总体上的可靠性时，对财务报表发表无法表示意见可能是恰当的。

（2）在相关法律法规允许的情况下，解除业务约定。当拒绝更正其他信息的重大错报导致对管理层和治理层的诚信产生怀疑，进而质疑审计过程中从其获取声明的可靠性时，解除业务约定可能是适当的。

4. 如果注册会计师认为审计报告日后获取的其他信息存在重大错报，应当采取以下措施：

（1）如果其他信息得以更正，注册会计师应当根据具体情形实施必要的程序。

（2）如果与治理层沟通后其他信息未得到更正，注册会计师应当考虑其法律权利和义务，并采取恰当的措施，以提醒审计报告使用者恰当关注未更正的重大错报。

5. 如果其他事项让注册会计师认为财务报表存在重大错报，或者注册会计师对被审计单位及其环境的了解需要更新，注册会计师应当根据其他审计准则作出恰当应对。

（三）在审计报告中报告“其他信息”

1. 如果在审计报告日存在下列两种情况之一，审计报告应当包括一个单独部分，以“其他信息”为标题：

（1）对于上市实体财务报表审计，注册会计师已获取或预期将获取其他信息；

（2）对于上市实体以外其他被审计单位的财务报表审计，注册会计师已获取部分或全部其他信息。

2. 审计报告包含的其他信息部分应当包括：

（1）管理层对其他信息负责的说明。

（2）指明：注册会计师于审计报告日前已获取的其他信息（如有）；对于上市实体财务报表审计，预期将于审计报告日后获取的其他信息（如有）；说明注册会计师的审计意见未涵盖其他信息，因此，注册会计师对其他信息不发表（或不会发表）审计意见或任何形式的鉴证结论；描述注册会计师根据审计准则的要求，对其他信息进行阅读、考虑和报告的责任；如果审计报告日前已经获取其他信息，则选择下列两种做法之一进行说明：①说明注册会计师无任何需要报告的事项；②如果注册会计师认为其他信息存在未更正的重大错报，说明其他信息中的未更正重大错报。

3. 如果注册会计师发表保留或者否定意见，注册会计师应当考虑导致非无保留意见的事项对上述说明的影响。例如，注册会计师对财务报表发表了否定意见，并在其他信息部分的说明中指出其他信息中的金额和其他项目因导致对财务报表发表否定意见的同一事项或相关事项也存在重大错报。

4. 当注册会计师对财务报表发表无法表示意见时，提供审计的进一步详细情况，包括其他信息，可能会使财务报表整体的无法表示意见显得逊色，因此，无法表示意见的审计报告不包括其他信息部分。

三、强调事项段

（一）强调事项段的概念

审计报告的强调事项段，是指审计报告中含有的一个段落，该段落提及已在财务报表中恰当列报或披露的事项，且根据注册会计师的职业判断，该事项对财务报表使用者理解财务报表至关重要。

（二）需要增加强调事项段的情形

1. 如果认为有必要提醒财务报表使用者关注已在财务报表中列报或披露，且根据职业判断认为对财务报表使用者理解财务报表至关重要的事项，在同时满足下列条件时，注册会计师应当在审计报告中增加强调事项段：

（1）该事项不会导致注册会计师发表非无保留意见；

（2）该事项未被确定为在审计报告中沟通的关键审计事项。

2. 某些审计准则对注册会计师在特定情况下在审计报告中增加强调事项段提出具体要求。这些情形包括：

（1）法律法规规定的财务报告编制基础不可接受，但其是基于法律或法规作出的规定；

（2）提醒财务报表使用者注意财务报表按照特殊目的编制基础编制；

（3）注册会计师在审计报告日后知悉了某些事实（即期后事项），并且出具了新的或经修改的审计报告。

3. 除上述审计准则要求增加强调事项的情形外，注册会计师可能认为需要增加强调事项段的情形举例如下：

（1）异常诉讼或监管行动的未来结果存在不确定性；

（2）在财务报表日至审计报告日之间发生的重大期后事项；

（3）在允许的情况下，提前应用对财务报表有重大影响的新会计准则；

（4）存在已经或持续对被审计单位财务状况产生重大影响的特大灾难。

（三）在审计报告中包含强调事项段

1. 如果在审计报告中包含强调事项段，注册会计师应当：

（1）将强调事项段作为单独的一部分置于审计报告中，并使用包含“强调事项”这一术语的适当标题。

（2）明确提及被强调事项以及相关披露的位置，以便能够在财务报表中找到对该事项的详细描述。

(3)指出审计意见没有因该强调事项而改变。

2. 需要注意,注册会计师不能将导致发表非无保留意见的事项或情形以强调事项段的形式表现;也不能将导致对被审计单位持续经营能力产生重大疑虑的事项或情况以强调事项段的形式表现。

强调事项段,可以参见参考格式15—2。

四、其他事项段

(一)其他事项段的概念

其他事项段,是指审计报告中含有的一个段落,该段落提及未在财务报表中列报或披露的事项,且根据注册会计师的职业判断,该事项与财务报表使用者理解审计工作、注册会计师的责任或审计报告相关。

(二)可能需要增加其他事项段的情形

1. 在同时满足下列条件时,注册会计师应当在审计报告中增加其他事项段:

(1)未被法律法规禁止;

(2)该事项未被确定为在审计报告中沟通的关键审计事项。

2. 具体而言,可能需要在审计报告中增加其他事项段的情形包括:

(1)与使用者理解审计工作相关的情形。

(2)与使用者理解注册会计师的责任或审计报告相关的情形。

(3)对两套以上财务报表出具审计报告的情形。

(4)限制审计报告分发和使用的情形。

3. 如果在审计报告中包含其他事项段,注册会计师应当将该段落作为单独的一部分,并使用"其他事项"或其他适当标题。

其他事项段,可以参见前文参考格式15—2。

自我测试题

一、单项选择题

1. 下列有关审计报告的说法中,错误的是(　　)。

A. 注册会计师的目标是在评价根据审计证据得出的结论的基础上,对财务报表形成审计意见,通过书面报告的形式清楚地表达审计意见

B. 注册会计师应当就财务报表是否在所有方面按照适用的财务报告编制基础编制并实现公允反映形成审计意见

C. 为了形成审计意见,针对财务报表整体是否不存在由于舞弊或错误导致的重大错报,注册会计师应当得出结论,确定是否已就此获取合理保证

D. 审计报告应当采用书面形式,并有两名注册会计师的签名和盖章

2. A与B注册会计师于2022年2月8日进驻甲公司审计其2021年度财务报表。3月15日甲公司正式签署2021年度财务报表,3月20日对外报出其财务报表,则审计报告日最可能是(　　)。

A. 2022年2月8日　　B. 2022年3月10日

C. 2022年3月15日　　D. 2022年3月22日

3. 下列各项中，不属于审计范围受到限制的情况是(　　)。

A. 管理层阻止注册会计师实施存货监盘

B. 被审计单位的会计记录已被损坏

C. 注册会计师由于应收账款函证时间过长，决定不进行函证

D. 注册会计师接受审计委托的时间安排，使注册会计师无法实施存货监盘

4. 在财务报表审计中，管理层对财务报表责任的陈述不恰当的是(　　)。

A. 选择适用的会计准则和相关会计制度

B. 选择和运用恰当的会计政策

C. 根据企业的具体情况，作出合理的会计估计

D. 保证财务报表不存在重大错报以减轻注册会计师的责任

5. 下列有关在审计报告中沟通关键审计事项的说法中，错误的是(　　)。

A. 关键审计事项段在任何类型的审计报告中都存在

B. 导致发表非无保留意见的事项符合关键审计事项的定义，不在关键审计事项部分披露，但应当在关键审计事项部分提及形成保留或否定意见的基础部分

C. 关键审计事项是指注册会计师根据职业判断认为对当期财务报表审计最为重要的事项

D. 关键审计事项选自与治理层沟通过的事项

6. 下列有关其他信息的说法中，错误的是(　　)。

A. 其他信息是根据法律法规的规定或惯例而披露的

B. 注册会计师没有专门责任确定其他信息是否得到适当陈述

C. 如果在审计报告日前没有获取到所有其他信息，在审计报告日后则无须再关注

D. 董事和高级管理人员的姓名属于其他信息

7. 针对下列提及的相关事项，注册会计师认为不需要考虑加强调事项段的是(　　)。

A. 异常诉讼或监管行动的未来结果存在不确定性

B. 提前应用(在允许的情况下)对财务报表有重大影响的新会计准则

C. 存在已经或持续对被审计单位财务状况产生重大影响的特大灾难

D. 对两套以上财务报表出具审计报告的情形

8. 下列各项情形中，可能导致注册会计师增加其他事项段的是(　　)。

A. 被审计单位运用持续经营假设恰当，但存在债权人撤销财务支持的迹象

B. 上期财务报表已由前任注册会计师审计，注册会计师决定提及前任注册会计师

C. 上期财务报表存在错报，管理层未更正，也没有重新出具审计报告，但对应数据已在本期财务报表中得到恰当重述

D. 被审计单位提前应用对财务报表有重大影响的新会计准则

二、多项选择题

1. 下列有关审计报告的说法中，错误的有(　　)。

A. 审计报告的日期不应晚于注册会计师获取充分、适当的审计证据，并在此基础上对财务报表形成审计意见的日期

B. 随着计划审计程序的实施，如果获取的信息与风险评估时依据的信息有重大差异，注册会计师应当修改原计划的其他审计程序的性质、时间和范围，但不用修正风险评估结果

C. 审计报告应当由项目合伙人和另一名负责该项目的注册会计师签名和盖章

D. 非无保留意见的审计报告，包括保留意见、否定意见和无法表示意见的审计报告

2. 对已发现的对财务报表产生重大影响的期后事项，如果被审计单位不接受调整或披露建议，注册会计师应视具体情况发表（　　）。

A. 无保留意见　　B. 带强调事项段的无保留意见

C. 保留意见　　D. 否定意见

3、在下列情况中，注册会计师不应发表保留意见或无法表示意见的有（　　）。

A. 被审计单位拒绝接受注册会计师就重大事项提出的调整或披露建议

B. 被审计单位管理层拒绝签发声明书

C. 被审计单位拒绝就重大的应披露期后事项进行披露

D. 被审计单位拒绝接受就内部控制中的严重缺陷所提出的改进建议

4. 下列有关关键审计事项段的说法中，正确的有（　　）。

A. 需要在审计报告中包含的关键审计事项的数量可能受被审计单位规模和复杂程度、业务和经营环境的性质，以及审计业务具体事实和情况的影响

B. 注册会计师对财务报表整体形成审计意见，而不对关键审计事项单独发表意见

C. 如果确定需要沟通的关键审计事项在审计的过程中审计范围受限，注册会计师需要在关键审计事项段中对此进行说明

D. 在描述关键审计事项时，注册会计师需要避免不恰当地提供与被审计单位相关的原始信息

5. 下列情况中，注册会计师可能对 A 公司的财务报表出具保留或无法表示意见的审计报告的有（　　）。

A. 在存在疑虑的情况下，注册会计师不能就 A 公司持续经营假设的合理性获取必要的审计证据

B. 未能就影响 A 公司财务报表公允反映的重大关联方交易事项获取充分、适当的审计证据

C. A 公司财务报表整体上没有按照企业会计准则进行编制

D. A 公司管理层拒绝向注册会计师出具管理层声明书

三、判断题

1. 审计报告日应当是注册会计师获取充分、适当的审计证据，并在此基础上对财务报表形成审计意见的日期。（　　）

2. 对任何类型的鉴证业务，如果注册会计师的工作范围受到限制，注册会计师应当视受到限制的重大与广泛程度，出具保留或否定意见结论的报告。在某些情况下，注册会计师应当考虑解除业务约定。（　　）

3. 上市实体财务报表审计报告中必须包括关键审计事项的内容。（　　）

4. 注册会计师应从与治理层沟通过的事项中选取关键审计事项。（　　）

5. 如果注册会计师与治理层之间的双向沟通不充分，并且这种情况得不到解决，可以解

除业务约定。 ( )

6. 如果审计范围受到严重限制，无法取得充分．适当的审计证据，注册会计师可以考虑出具否定意见的审计报告。 ( )

7. 如果上期财务报表未经审计，注册会计师应当增加强调事项段说明比较财务报表未经审计。 ( )

8. 注册会计师和管理当局沟通的时间界限是从接受委托后至出具审计报告前。 ( )

四、案例分析题

1. ABC会计师事务所的A注册会计师负责审计多家上市公司2022年度财务报表，遇到下列与审计报告相关的事项：

(1)A注册会计师在审计报告日后获取并阅读了甲公司2022年年度报告的最终版本，发现其他信息存在重大错报。因与管理层和治理层沟通后该错报未得到更正，A注册会计师拟在甲公司股东大会上通报该事项，但不重新出具审计报告。

(2)因受新冠肺炎疫情影响，A注册会计师无法对乙公司某海外重要子公司执行审计工作，拟对乙公司财务报表发表无法表示意见。管理层在财务报表中充分披露了乙公司持续经营能力存在的重大不确定性和未来应对计划。A注册会计师拟在无法表示意见的审计报告中增加与持续经营相关的重大不确定性部分，提醒报表使用者关注这一情况。

(3)丙公司管理层以无法做出准确估计为由未对2022年末的长期股权投资、固定资产和无形资产计提减值准备。A注册会计师实施审计程序获取充分、适当审计证据后，认为上述事项导致的错报对财务报表具有重大且广泛的影响，拟对财务报表发表无法表示意见。

(4)丁公司2022年度营业收入和毛利率均大幅增长，A注册会计师评估认为存在较高的舞弊风险，将收入确认作为审计中最为重要的事项与治理层进行了沟通。A注册会计师实施审计程序后未发现收入确认存在重大错报，拟将收入确认作为审计报告中的关键审计事项并在审计应对部分说明，丁公司的收入确认符合企业会计准则的规定，在所有重大方面公允反映了丁公司2022年度的营业收入。

(5)戊公司管理层在2022年度财务报表附注中充分披露了与持续经营相关的多项重大不确定性。因无法判断管理层采用持续经营假设编制财务报表是否适当，A注册会计师拟发表无法表示意见，并在审计报告中增加强调事项段，提醒报表使用者关注戊公司因连续亏损已触发证券交易所退市标准的风险提示公告。

要求：针对上述第(1)至(5)项，逐项指出A注册会计师的做法是否恰当。如不恰当，请说明理由。

2. 上海达信会计师事务所的注册会计师李大健、何奇于2023年2月20日开始对华厦股份有限公司2022年度的财务报表进行审计，并于3月8日完成了外勤审计工作。华厦公司2022年12月31日的资产总额为5 000万元，利润总额为800万元，两位注册会计师将财务报表层次的重要性水平定为50万元。在审计过程中，两位注册会计师发现华厦公司存在以下情况：

(1)公司于2022年6月购入价值10万元的复印机一台，已入账，当月由管理部门领用，但当年并未计提折旧。根据公司的有关会计政策，这类固定资产的折旧年限为8年，残值率为10%，按直线法计提折旧。

(2)该公司应收账款的年末余额为600万元，应收账款函证的回函率仅为30%，注册会计师利用替代程序确认了应收账款的真实性。

(3)公司于 2022 年 12 月 31 日发出产品一批,其不含增值税售价为 20 万元,成本为 13 万元,由于货款于 2023 年 1 月 5 日收到,因此,企业在 2023 年 1 月 5 日在账面上确认了收入,并结转了成本。

(4)2022 年 12 月 30 日公司预付了 100 万元的下年度广告费,已计入 12 月的销售费用。

(5)公司有 20 万元的存货放在外地仓库,注册会计师未能进行监盘,向存放地点发出的征询函也未收到任何答复,且无法实施替代程序。

(6)2020 年 11 月因知识产权问题被乙公司起诉,该诉讼案已于 2023 年 3 月 5 日由法院作出终审判决,华厦公司败诉并应向乙公司赔偿 110 万元,华厦公司在 2022 年财务报表附注中已经说明。

要求:

(1)针对上述情况,分别简述注册会计师应提出的处理建议。

(2)如果被审计单位拒不接受注册会计师的建议,分别判断(考虑某情况时不考虑其他情况的影响)注册会计师应出具何种类型的审计意见。

补充测试题

第十六章　其他类鉴证业务与相关服务业务

【学习目标】

熟悉财务报表审阅的业务流程；理解内部控制审计与内部控制鉴证之间的差异，掌握内部控制审计的具体应用；了解预测性财务信息审核的基本流程；了解执行商定程序和代编财务信息的相关应用。

【学习重点】

财务报表审阅的业务流程；内部控制审计的具体应用。

【导入案例】

众华会计师事务所被暂停承接新证券业务

2019 年 5 月份，证监会发布处罚决定书，认为众华会计师事务所及相关人员在为雅百特 2015 年财务报表提供审计服务、盈利预测实现情况专项审核服务过程中未勤勉尽责，所制作、出具的审计报告、盈利预测实现情况审核报告存在虚假记载，此外，众华所为雅百特提供财务报告内部控制有效性审核服务时违反相关业务规则，内部控制测试程序流于形式，未能发现雅百特的内部控制缺陷。在雅百特案中，证监会责令众华会计师事务所改正，没收业务收入 54 万元，没收违法所得 12 万元，并合计处以 174 万元罚款，对相关责任人孙勇、顾洁给予警告，并分别处以 8 万元罚款。

除此之外，同年 10 月，众华所在审计圣莱达影视版权转让违约金收入时未勤勉尽责，未对审计证据的可靠性保持应有的怀疑，导致未能发现圣莱达的舞弊行为。

由于众华所在两年内执业活动中受到了两次以上行政处罚、刑事处罚，根据相关法律规定，众华所不再具备证券资格条件。为什么众华所会一次又一次地未能勤勉尽责？作为“看门人”，注册会计师应当如何演绎好自己“看门人”的角色？任何一个从业者都有自身的职责和使命，我们应当在自身的能力范围内尽职尽责地完成自身的工作，及时地发现不足并进行改进。

请扫码阅读完整案例资料，然后思考以下问题：

1. 为什么众华所反复出现未能勤勉尽责的行为？
2. 注册会计师应该采用哪些审计程序发现企业的舞弊行为？
3. 注册会计师如何审核企业的盈利预测？

4. 注册会计师的内部控制审计对企业会产生怎样的影响?

第一节　财务报表审阅

如前文所述,注册会计师的业务范围主要包括鉴证业务和相关服务,其中鉴证业务中的审计业务已在前面章节展开了具体的介绍,审计以外的鉴证业务还包括审阅和其他鉴证业务,其他鉴证业务又包括内部控制审计和预测性财务信息审核。因此本章主要对财务报表审阅、内部控制审计、预测性财务信息审核以及相关服务业务展开介绍。

一、财务报表审阅的含义

财务报表审阅,是指对历史财务信息进行鉴证。相对于审计而言,审阅的成本较低。为了降低成本,小企业可能聘请注册会计师对年度财务报表进行审阅。

财务报表审阅的目标是注册会计师在实施审阅程序的基础上,说明是否注意到某些事项,使其相信财务报表没有按照适用的会计准则和相关会计制度的规定编制,未能在所有重大方面公允反映被审阅单位的财务状况、经营成果和现金流量。

在财务报表审阅业务中,要求注册会计师将审阅风险降低至该业务环境下可接受的水平(高于财务报表审计中可接受的低水平),对审阅后的财务报表提供低于高水平的保证(即有限保证),在审阅报告中对财务报表采用消极方式提出结论。

由于只需要提供有限保证,注册会计师应当主要通过询问和分析程序获取充分、适当的证据,作为得出审阅结论的基础。

二、财务报表审阅的流程

(一)签订业务约定书

注册会计师应当与被审阅单位就业务约定条款达成一致意见,并签订业务约定书。业务约定书应当包括下列主要内容:

(1)审阅业务的目标。

(2)管理层对财务报表的责任。

(3)审阅范围。审阅范围应提及按照《中国注册会计师审阅准则第 2101 号——财务报表审阅》准则的规定执行审阅工作。

(4)注册会计师不受限制地接触审阅业务所要求的记录、文件和其他信息。

(5)预期提交的报告样本。

(6)说明不能依赖财务报表审阅揭示错误、舞弊和违反法规行为。

(7)说明没有实施审计,因此注册会计师不发表审计意见,不能满足法律法规或第三方对审计的要求。

(二)制定审阅计划

注册会计师应当计划审阅工作,以有效执行审阅业务。计划审阅工作对注册会计师顺利完成审阅工作和控制审阅风险具有重要意义。

在计划审阅工作时,注册会计师应当了解被审阅单位及其环境,或更新以前了解的内容,包括考虑被审阅单位的组织结构、会计信息系统、经营管理情况以及资产、负债、收入和费用的性质等。

注册会计师应对审阅程序进行计划，在确定审阅程序的性质、时间和范围时，注册会计师应当运用职业判断，并考虑下列因素：

(1)以前期间执行财务报表审计或审阅所了解的情况。

(2)对被审阅单位及其环境的了解，包括适用的会计准则和相关会计制度、行业惯例。

(3)会计信息系统。

(4)管理层的判断对特定项目的影响程度。

(5)各类交易和账户余额的重要性。

对于重要性水平，注册会计师判断的依据是错报是否影响到信息使用者依据财务报表所做出的决策，而不是所提供的保证程度。因此，在考虑重要性水平时，注册会计师应当采用与执行财务报表审计业务相同的标准。

(三)实施审阅程序

财务报表审阅程序通常包括：

(1)了解被审阅单位及其环境。

(2)询问被审阅单位采用的会计准则和相关会计制度、行业惯例。

(3)询问被审阅单位对交易和事项的确认、计量、记录和报告的程序。

(4)询问财务报表中所有重要的认定。

(5)实施分析程序，以识别异常关系和异常项目。

(6)询问股东会、董事会以及其他类似机构决定采取的可能对财务报表产生影响的措施。

(7)阅读财务报表，以考虑是否遵循指明的编制基础。

(8)获取其他注册会计师对被审阅单位组成部分财务报表出具的审计报告或审阅报告。

注册会计师应当向负责财务会计事项的人员询问下列事项：

(1)所有交易是否均已记录。

(2)财务报表是否按照指明的编制基础编制。

(3)被审阅单位业务活动、会计政策和行业惯例的变化。

(4)在实施审阅程序时所发现的问题。

注册会计师还应当询问在资产负债表日后发生的、可能需要在财务报表中调整或披露的期后事项。注册会计师没有责任实施程序以识别审阅报告日后发生的事项。

必要时，注册会计师应当获取管理层书面声明。

如果有理由相信所审阅的财务报表可能存在重大错报，注册会计师应当实施追加的或更为广泛的程序，以便能够以消极方式提出结论或确定是否出具非无保留结论的报告。

(四)出具审阅报告

根据已实施的工作，注册会计师应当评估在审阅过程中获知的信息是否表明财务报表没有按照适用的会计准则和相关会计制度的规定编制，未能在所有重大方面公允反映被审阅单位的财务状况、经营成果和现金流量，并根据具体情况出具审阅报告。

三、财务报表审阅报告

(一)审阅报告的要素

审阅报告应当包括下列要素：

(1)标题。审阅报告的标题应当统一规范为“审阅报告”。

(2)收件人。审阅报告的收件人应当为审阅业务的委托人。审阅报告应当载明收件人的全称。

(3)引言段。审阅报告的引言段应当说明下列内容:①所审阅财务报表的名称;②管理层的责任和注册会计师的责任。

(4)范围段。审阅报告的范围段应当说明审阅的性质,包括下列内容:①审阅业务所依据的准则;②审阅主要限于询问和实施分析程序,提供的保证程度低于审计;③没有实施审计,因而不发表审计意见。

(5)结论段。审阅报告的结论段是表述注册会计师所形成的审阅结论的段落。结论段中应当说明:根据注册会计师的审阅,是否注意到某些事项,使注册会计师相信财务报表没有按照适用的会计准则和相关会计制度的规定编制,未能在所有重大方面公允反映被审阅单位的财务状况、经营成果和现金流量。注册会计师应当根据实施审阅程序的情况,在审阅报告的结论段中提出下列之一的结论:无保留结论、保留结论、否定结论或者无法提供任何保证。

(6)注册会计师的签名和盖章。

(7)会计师事务所的名称、地址及盖章。

(8)报告日期。审阅报告应当注明报告日期。审阅报告的日期是指注册会计师完成审阅工作的日期,不应早于管理层批准财务报表的日期。

(二)审阅结论的类型

注册会计师应当根据实施审阅程序的情况,在审阅报告的结论段中提出下列之一的结论:无保留结论、保留结论、否定结论或者无法提供任何保证。

1. 无保留结论

注册会计师对所审阅财务报表提出无保留结论,应当同时满足以下条件:

(1)注册会计师没有注意到任何事项使其相信财务报表没有按照适用的会计准则和相关会计制度的规定编制,未能在所有重大方面公允反映被审阅单位的财务状况、经营成果和现金流量。

(2)注册会计师已经按照审阅准则的规定计划和实施审阅工作,在审阅过程中未受到限制。

2. 保留结论

注册会计师对所审阅财务报表提出保留结论适用于以下两种情况:

(1)注册会计师注意到某些事项使其相信财务报表没有按照适用的会计准则和相关会计制度的规定编制,未能在所有重大方面公允反映被审阅单位的财务状况、经营成果和现金流量。这些事项虽然影响重大,但其影响程度尚未达到“非常重大和广泛”的程度,尚不足以注册会计师出具否定结论。

在这种情况下,注册会计师应当在审阅报告的结论段前增设说明段,说明这些事项对财务报表的影响,并提出保留结论。

(2)注册会计师的审阅存在重大的范围限制。该范围限制虽然影响重大,但其影响尚未达到“非常重大和广泛”的程度,尚不足以注册会计师出具否定结论。

在这种情况下,注册会计师还需要在审阅报告的范围段中提及审计范围受限制的情况。

3. 否定结论

如果注册会计师注意到某些事项使其相信财务报表没有按照适用的会计准则和相关会计制度的规定编制，未能在所有重大方面公允反映被审阅单位的财务状况、经营成果和现金流量，且这些事项对财务报表的影响非常重大和广泛，以至于注册会计师认为仅出具保留结论不足以揭示财务报表的误导性或错误的严重程度，注册会计师应当对财务报表出具否定结论。

4. 无法提供任何保证

如果存在重大的范围限制，且该范围限制的影响非常重大和广泛，以至于注册会计师认为不能提供任何程度的保证时，不应提供任何保证。

(三)审阅报告示例

无保留结论的审阅报告见参考格式 16－1。

参考格式 16－1　财务报表审阅报告(无保留结论)

审阅报告

长城汽车股份有限公司全体股东：

我们审阅了后附的长城汽车股份有限公司(以下简称"长城汽车")财务报表，包括 20×2 年 12 月 31 日的合并及公司资产负债表，20×2 年度的合并及公司利润表、合并及公司股东权益变动表和合并及公司现金流量表以及财务报表附注。这些财务报表的编制是长城汽车管理层的责任，我们的责任是在实施审阅工作的基础上对这些财务报表出具审阅报告。

我们按照《中国注册会计师审阅准则第 2101 号——财务报表审阅》的规定执行了审阅业务。该准则要求我们计划和实施审阅工作，以对财务报表是否不存在重大错报获取有限保证。审阅主要限于询问公司有关人员和对财务数据实施分析程序，提供的保证程度低于审计。我们没有实施审计，因而不发表审计意见。

根据我们的审阅，我们没有注意到任何事项使我们相信上述财务报表没有在所有重大方面按照企业会计准则的规定编制，未能在所有重大方面公允反映被审阅单位的财务状况、经营成果和现金流量。

德勤华永会计师事务所	中国注册会计师：童传江(签名并盖章)
(特殊普通合伙)(盖章)	中国注册会计师：陈艳萍(签名并盖章)
中国·上海	20×3 年×月×日

第二节　内部控制审计

一、内部控制审计概述

(一)内部控制审计的含义

内部控制审计，是指会计师事务所接受委托，对特定基准日内部控制设计与运行的有效性进行审计。无论从国外审计规定和实践看，还是从我国的相关规定看，注册会计师执行的内部控制审计严格限定在财务报告内部控制审计。因此，针对财务报告内部控制，注册会计师对其有效性发表审计意见；针对非财务报告内部控制，注册会计师对内部控制审计过程中注意到的非财务报告内部控制的重大缺陷，在内部控制审计报告中增加“非财务报告内部控制重大缺陷描述段”予以披露。

（二）内部控制审计报告和内部控制鉴证报告的区别

我国目前关于内部控制的鉴证业务包括两种类型，即内部控制审计和内部控制鉴证。因为实务中内部控制审计报告和内部控制鉴证报告并存，所以我们需要对二者的区别进行一定的了解。

1. 出具的依据不同

为了规范注册会计师执行企业内部控制审计业务，财政部于 2010 年 4 月颁发了《企业内部控制审计指引》，明确提出内部控制审计报告的概念，对注册会计师实施企业内部控制审计进行规范。可见根据《企业内部控制审计指引》出具的报告才能称为“内部控制审计报告”。

内部控制鉴证报告是指注册会计师接受委托，按照《中国注册会计师其他鉴证业务准则第 3101 号——历史财务信息审计或审阅以外的鉴证业务》，并参照《内部控制审核指导意见》的规定所出具的报告。

2. 针对的内部控制的范围不同

内部控制审计报告所鉴证的内容较为广泛，除了关注被审计单位整体内部控制、评价是否存在重大缺陷，重点关注与财务报告相关的内部控制以外，还需要披露所关注到非财务报告内部控制方面的重大缺陷。

内部控制鉴证报告只需要就被鉴证单位管理层对特定日期与财务报告相关的内部控制有效性的认定进行鉴证。

3. 业务类别不同

内部控制审计报告要求注册会计师对截止日期的财务报告内部控制的有效性发表意见，为直接报告，而内部控制鉴证报告要求注册会计师对“被审核单位管理当局对特定日期与会计报表相关的内部控制有效性的认定进行审核，并发表审核意见”，属于间接报告，即对客户认定的审计报告。

4. 保证程度不一样

从注册会计师的鉴证业务来说，通常可分为审计（合理保证）、审核（介于两者之间）、审阅（有限保证）三个层次，其保证程度由高到低。

内部控制审计属于审计层次，提供合理保证，例如：“按照企业内部控制指引我们审计了××公司 20×2 年 12 月 31 日的财务报告内部控制有效性。”

内部控制鉴证属于审核层次，保障程度会低于内部控制审计，例如海联讯的鉴证报告：“我们审核了后附的××公司管理层按照《企业内部控制基本规范》及相关规定对 20×2 年 12 月 31 日与财务报表相关的内部控制有效性作出的认定。”

二、内部控制审计的基本流程

针对内部控制的鉴证业务由早期的内部控制审核，过渡到内部控制鉴证，然后又产生了内部控制审计，将来的发展趋势可见一斑。基于内部控制的鉴证业务的发展趋势，本书以内部控制审计业务流程进行讲解。

（一）计划审计工作

1. 计划阶段的准备工作

注册会计师应当恰当地计划内部控制审计工作，配备具有专业胜任能力的项目组，并对助理人员进行适当的督导。

2. 制定总体审计策略和具体审计计划

(1)总体审计策略。主要包括:①确定审计业务的特征,以界定审计范围。②明确审计业务的报告目标,以计划审计的时间安排和所需沟通的性质。③根据职业判断,考虑用以指导项目组工作方向的重要因素。④考虑初步业务活动的结果,并考虑对被审计单位执行其他业务时获得的经验是否与内部控制审计业务相关。⑤确定执行业务所需资源的性质、时间安排和范围。

(2)具体审计计划。注册会计师应当在具体审计计划中体现下列内容:①了解和识别内部控制的程序的性质、时间安排和范围;②测试控制设计有效性的程序的性质、时间安排和范围;③测试控制运行有效性的程序的性质、时间安排和范围。

(二)实施审计工作

审计人员按照从整体到具体业务细节的方法实施审计工作,从整体到具体业务细节的方法是审计人员识别风险、选择拟测试控制的基本思路。审计人员在实施审计工作时,可以将企业整体层面控制和具体业务层面控制的测试结合进行。

1. 企业层面控制的测试

企业层面控制的测试是自上而下方法中的重要步骤,注册会计师主要应当了解和测试以下内容:

(1)与内部环境相关的控制;

(2)针对管理层和治理层凌驾于控制之上的风险而设计的控制;

(3)被审计单位的风险评估过程;

(4)对内部信息传递和期末财务报告流程的控制;

(5)对控制有效性的内部监督和内部控制评价;

(6)集中化的处理和控制;

(7)监督经营成果的控制;

(8)针对重大经营控制及风险管理实务的政策。

2. 业务流程、应用系统或交易层面的控制的测试

在内部控制审计中,注册会计师需要在初步计划审计工作时识别被审计单位财务报表中的重要账户、列报及其相关认定。注册会计师应当对每一相关认定获取有关控制有效性的审计证据,以便对内部控制整体的有效性发表意见。对相关认定获取有关控制有效性的审计证据包括与认定直接相关的企业层面控制(如业绩评价控制)有效性的审计证据和关于流程、交易和应用层面控制有效性的审计证据。审计人员测试具体业务层面的控制,在把握重要性原则的基础上,结合企业实际、内部控制相关法律法规要求和企业整体层面控制的测试情况,重点对企业生产经营活动中的重要业务与事项的控制进行测试。主要包含以下三个方面的内容:

(1)了解企业经营活动和业务流程

通过询问流程相关管理和信息技术人员或者检查被审计单位的手册和其他书面指引的方式获得有关信息,从而对企业的经营活动和业务流程取得全面的了解。

(2)识别可能发生错报的环节

注册会计师需要了解和确认被审计单位应在哪些环节设置控制,以防止或发现并纠正各重要业务流程可能发生的错报。注册会计师所关注的控制,是那些能通过防止错报的发生,或者通过发现和纠正已有错报,从而确保每个流程中业务活动(从交易的发生到记录于账目)能

够顺利运转的人工或自动控制程序。

(3)识别和了解相关控制

通过对被审计单位的了解，包括对被审计单位企业层面控制的了解，以及在上述程序中对重要业务流程的了解，注册会计师需要进一步了解流程、交易和应用层面的控制。针对业务流程中容易发生错报的环节，注册会计师应当确定：①被审计单位是否建立了有效的控制，以防止或发现并纠正这些错报；②被审计单位是否遗漏了必要的控制；③是否识别出可以最有效测试的控制。

3. 信息系统控制的测试

在信息技术环境下，传统的手工控制越来越多地被自动控制所替，但是信息技术在改进企业控制的同时，也产生了特定的风险。由于手工控制的基本原理与方式在信息环境下并不会发生实质性的改变，所以注册会计师仍需要按照标准执行相关的审计程序。对于自动控制，注册会计师的审计工作需要从一般控制审计和信息技术应用审计两方面展开。

(三)评价内部控制缺陷

审计人员在对内部控制设计与运行的有效性进行测试的基础上，需要评价其识别的各项内部控制缺陷的严重程度，以确定这些缺陷单独或组合起来是否构成重大缺陷并影响审计结论。在确定一项内部控制缺陷或多项内部控制缺陷的组合是否构成重大缺陷时，审计人员还应当评价补偿性控制(替代性控制)的影响。

审计人员应当将内部控制缺陷按其成因分为设计缺陷和运行缺陷，按其影响程度分为重大缺陷、重要缺陷和一般缺陷。审计人员应与企业沟通审计过程中识别的所有控制缺陷，重大缺陷和重要缺陷须以书面形式与治理层和管理层沟通。

(四)完成内部控制审计工作

1. 形成内部控制审计意见

注册会计师应当评价从各种来源获取的审计证据，包括对控制的测试结果、财务报表审计中发现的错报以及已识别的所有控制缺陷，形成对内部控制有效性的意见。在对内部控制的有效性形成意见后，注册会计师应当评价企业内部控制评价报告对相关法律法规规定的要素的列报是否完整和恰当。

2. 获取书面声明

注册会计师应当获取经被审计单位签署的包含内部控制责任、内部控制评价报告、内部控制有效性、内部控制缺陷、内部控制基准日后变动等方面的书面声明。如果被审计单位拒绝提供或以其他不当理由回避书面声明，注册会计师应当将其视为审计范围受到限制，解除业务约定或出具无法表示意见的内部控制审计报告。

3. 沟通相关事项

对于重大缺陷和重要缺陷，注册会计师应当以书面形式与管理层和治理层沟通。书面沟通应当在注册会计师出具内部控制审计报告之前进行。

三、内部控制审计报告

(一)内部控制审计的意见类型

1. 无保留意见

如果符合下列所有条件，注册会计师应当对财务报告内部控制出具无保留意见的内部控制审计报告：

(1)在基准日,被审计单位按照适用的内部控制标准的要求,在所有重大方面保持了有效的内部控制;

(2)注册会计师已经按照《企业内部控制审计指引》的要求计划和实施审计工作,在审计过程中未受到限制。

2. 非无保留意见

如果认为财务报告内部控制存在一项或多项重大缺陷,除非审计范围受到限制,注册会计师应当对财务报告内部控制发表否定意见。否定意见的内部控制审计报告还应当包括重大缺陷的定义、重大缺陷的性质及其对内部控制的影响程度。注册会计师只有实施了必要的审计程序,才能对内部控制的有效性发表意见。如果审计范围受到限制,注册会计师应当解除业务约定或出具无法表示意见的内部控制审计报告。

3. 强调事项

如果认为内部控制虽然不存在重大缺陷,但仍有一项或多项重大事项需要提请内部控制审计报告使用者注意,注册会计师应当在内部控制审计报告中增加强调事项段予以说明。注册会计师应当在强调事项段中指明,该段内容仅用于提醒内部控制审计报告使用者关注,并不影响对内部控制发表的审计意见。

如果确定企业内部控制评价报告对要素的列报不完整或不恰当,注册会计师应当在内部控制审计报告中增加强调事项段,说明这一情况并解释得出该结论的理由。

注册会计师可能知悉在基准日并不存在但在期后期间发生的事项。如果这类期后事项对内部控制有重大影响,注册会计师应当在内部控制审计报告中增加强调事项段描述该事项及其影响,或提醒内部控制审计报告使用者关注企业内部控制评价报告中披露的该事项及其影响。

4. 非财务报告内部控制重大缺陷

如果在审计过程中注意到存在非财务报告内部控制缺陷,注册会计师应当区分具体情况予以处理:

(1)如果认为非财务报告内部控制缺陷为一般缺陷,注册会计师应当与企业进行沟通,提醒企业加以改进,但无须在内部控制审计报告中说明。

(2)如果认为非财务报告内部控制缺陷为重要缺陷,注册会计师应当以书面形式与企业董事会和管理层沟通,提醒企业加以改进,但无须在内部控制审计报告中说明。

(3)如果认为非财务报告内部控制缺陷为重大缺陷,注册会计师应当以书面形式与企业董事会和管理层沟通,提醒企业加以改进;同时应当在内部控制审计报告中增加非财务报告内部控制重大缺陷描述段,对重大缺陷的性质及其对实现相关控制目标的影响程度进行披露,提示内部控制审计报告使用者注意相关风险,但无须对其发表审计意见。

(二)内部控制审计报告要素

1. 内部控制审计报告应当包括下列要素:

(1)标题。内部控制审计报告的标题统一规范为“内部控制审计报告”。

(2)收件人。内部控制审计报告的收件人是指注册会计师按照业务约定书的要求致送内部控制审计报告的对象,一般是指审计业务的委托人。内部控制审计报告需要载明收件人的全称。

(3)引言段。内部控制审计报告的引言段说明企业的名称和内部控制已经过审计。

(4)企业对内部控制的责任段。具体内容参见下文“参考格式 16－2”。

(5)注册会计师的责任段。具体内容参见下文“参考格式 16－2”。

(6)内部控制固有局限性的说明段。具体内容参见下文“参考格式 16－2”。

(7)财务报告内部控制审计意见段。审计意见段应当说明企业是否按照《企业内部控制基本规范》和相关规定在所有重大方面保持了有效的财务报告内部控制。

(8)非财务报告内部控制重大缺陷描述段。注册会计师应当在本段披露非财务报告内部控制的重大缺陷的性质及其对实现相关控制目标的影响程度。

(9)注册会计师的签名和盖章。

(10)会计师事务所的名称、地址及盖章。

(11)报告日期。审计报告的日期不应早于注册会计师获取充分、适当的审计证据(包括董事会认可对内部控制及评价报告的责任且已批准评价报告的证据),并在此基础上对内部控制的有效性形成审计意见的日期。如果内部控制审计和财务报表审计整合进行,注册会计师应对内部控制审计报告和财务报表审计报告签署相同的日期。

(三)内部控制审计报告

中国注册会计师协会统计的 2022 年内部控制审计报告的审计情况为:截至 2023 年 4 月 30 日,53 家事务所共为 3 601 家上市公司出具了内部控制审计报告,其中,沪市主板 1 461 家,科创板 401 家;深市主板 1 503 家,创业板 52 家;北交所 4 家。从审计报告意见类型看,3 544 家被出具了无保留意见审计报告(其中 75 家被出具带强调事项段的无保留意见),51 家被出具了否定意见审计报告,6 家被出具了无法表示意见审计报告。

关于内部控制审计报告可以参见两份实务中的报告,见参考格式 16－2 和参考格式 16－3。为了进行对比学习,下文也列出了实务中的内部控制鉴证报告,见参考格式 16－4。

参考格式 16－2　内部控制审计报告(无保留意见)

内部控制审计报告

美的集团股份有限公司全体股东:

按照《企业内部控制审计指引》及中国注册会计师执业准则的相关要求,我们审计了美的集团股份有限公司(以下简称“美的集团”)20×2 年 12 月 31 日的财务报告内部控制的有效性。

一、企业对内部控制的责任

按照《企业内部控制基本规范》《企业内部控制应用指引》《企业内部控制评价指引》的规定,建立健全和有效实施内部控制,并评价其有效性是美的集团董事会的责任。

二、注册会计师的责任

我们的责任是在实施审计工作的基础上,对财务报告内部控制的有效性发表审计意见,并对注意到的非财务报告内部控制的重大缺陷进行披露。

按照中国证监会发布《上市公司实施企业内部控制规范体系监管问题解答》(2011 年第 1 期,总第 1 期)的相关豁免规定,美的集团未将于 20×2 年度并购的子公司北京万东医疗科技股份有限公司的内部控制包括在美的集团 20×2 年度内部控制自我评价范围内。同样地,按照《企业内部控制审计指引实施意见》的相关指引,我们对美的集团财务报告内部控制执行审计工作时,也未将上述新并购的子公司的内部控制包括在财务报告内部控制审计范围内。

三、内部控制的固有局限性

内部控制具有固有局限性，存在不能防止和发现错报的可能性。此外，由于情况的变化可能导致内部控制变得不恰当，或对控制政策和程序遵循的程度降低，根据内部控制审计结果推测未来内部控制的有效性具有一定风险。

四、财务报告内部控制审计意见

我们认为，美的集团于20×2年12月31日按照《企业内部控制基本规范》和相关规定在所有重大方面保持了有效的财务报告内部控制。

普华永道中天会计师事务所　　　　中国注册会计师：姚文平（签名并盖章）
（盖章）　　　　中国注册会计师：吴芳芳（签名并盖章）
中国·上海　　　　20×3年4月28日

参考格式16—3　内部控制审计报告(否定意见)

内部控制审计报告

深圳市长方集团股份有限公司全体股东：

按照《企业内部控制审计指引》及中国注册会计师执业准则的相关要求，我们审计了深圳长方集团股份有限公司（以下简称"长方集团"）20×2年12月31日的财务报告内部控制的有效性。

一、企业对内部控制的责任

按照《企业内部控制基本规范》《企业内部控制应用指引》《企业内部控制评价指引》的规定，建立健全和有效实施内部控制，并评价其有效性是长方集团董事会的责任。

二、注册会计师的责任

我们的责任是在实施审计工作的基础上，对财务报告内部控制的有效性发表审计意见，并对注意到的非财务报告内部控制的重大缺陷进行披露。

三、内部控制的固有局限性

内部控制具有固有局限性，存在不能防止和发现错报的可能性。此外，由于情况的变化可能导致内部控制变得不恰当，或对控制政策和程序遵循的程度降低，根据内部控制审计结果推测未来内部控制的有效性具有一定风险。

四、导致否定意见的事项

重大缺陷是内部控制中存在的、可能导致不能及时防止或发现并纠正财务报表出现重大错报的一项控制缺陷或多项控制缺陷的组合。长方集团财务报告内部控制存在以下重大缺陷：

（一）子公司管控存在重大缺陷。长方集团子公司长方集团康铭盛（深圳）科技有限公司（以下简称康铭盛公司）表示为了资金安全，将其日常资金存放于深圳市世永成科技有限公司银行账户，直至20×2年12月13日世永成公司账户销户。该事项违反《公司法》和《公司章程》关于不得将公司资金以其个人名义或者以其他人名义开立账户存储的规定。

20×2年4月22日，康铭盛公司自查发现存在未入账返利。该事项涉及金额重大且长方集团未能在日常监督中发现上述未入账情况。

上述事项表明,长方集团在报告期内对子公司管理相关的内部控制存在重大缺陷。

(二)存货管理存在重大缺陷。会计师在年审监盘过程中发现康铭盛公司存在大量的呆滞存货,截至审计报告日,康铭盛公司未能提供完整的呆滞存货清单以及呆滞 存货形成过程的资料。康铭盛公司存货在多个仓库存放,各仓库的出入库统一记录,仅根据物料进行识别加以区分,没有建立相应的分库核算管理,无法判断仓库物料区分的完整性、准确性。

上述重大缺陷影响财务报表中存货的存在、完整性、计价与分摊认定,与之相关财务报告内部控制失效。

(三)销售与收款存在重大缺陷

康铭盛公司存在第三方回款的情形。本报告期第三方回款金额占含税收入金额的比例较高。康铭盛公司未能妥善保存并提供完整的证明第三方回款款项来源的相关资料。

上述第三方回款资料缺失表明公司销售与收款的内控制度的执行存在重大缺陷,与之相关财务报告内部控制运行失效。

(四)信息系统管理存在重大缺陷。康铭盛公司由于系统更换未妥善保存原系统的数据,导致依赖系统生成的人事薪资、成本核算等模块数据丢失。虽然人工核算可以一定程度上弥补相关的影响,但与之相关财务报告内部控制仍然可能失效。

有效的内部控制能够为财务报告及相关信息的真实完整提供合理保证,而上述重大缺陷使长方集团内部控制失去这一功能。

上述重大缺陷尚未包含在企业内部控制评价报告中。在长方集团 20×2 年财务报表审计中,我们已经考虑了上述重大缺陷对审计程序的性质、时间安排和范围的影响。本报告并未对我们在审计报告日对长方集团 20×2 年财务报表出具的审计报告产生影响。

五、财务报告内部控制审计意见

我们认为,由于存在上述重大缺陷及其对实现控制目标的影响,长方集团于 20×2 年 12 月 31 日未能按照《企业内部控制基本规范》和相关规定在所有重大方面保持有效的财务报告内部控制。

大华会计师事务所(特殊普通合伙)　　中国注册会计师:谢家伟(签名并盖章)

(盖章)　　中国注册会计师:欧文斯(签名并盖章)

中国·北京　　20×3 年 4 月 28 日

参考格式 16－4　内部控制鉴证报告(无保留意见)

东南电子股份有限公司内部控制鉴证报告

东南电子股份有限公司全体股东:

我们审核了后附的东南电子股份有限公司(以下简称东南电子公司)管理层按照《企业内部控制基本规范》及相关规定对 20×2 年 6 月 30 日与财务报表相关的内部控制有效性作出的认定。

一、重大固有限制的说明

内部控制具有固有限制,存在由于错误或舞弊而导致错报发生且未被发现的可能性。

此外，由于情况的变化可能导致内部控制变得不恰当，或降低对控制政策、程序遵循的程度，根据内部控制评价结果推测未来内部控制有效性具有一定的风险。

二、对报告使用者和使用目的的限定

本鉴证报告仅供东南电子公司首次公开发行股票时使用，不得用作任何其他目的。我们同意将本鉴证报告作为东南电子公司首次公开发行股票的必备文件，随同其他文件一起报送。

三、管理层的责任

东南电子公司管理层的责任是建立健全内部控制并保持其有效性，同时按照《企业内部控制基本规范》及相关规定对20×2年6月30日与财务报表相关的内部控制有效性做出认定，并对上述认定负责。

四、注册会计师的责任

我们的责任是在实施鉴证工作的基础上对内部控制有效性发表鉴证意见。

五、工作概述

我们按照《中国注册会计师其他鉴证业务准则第3101号——历史财务信息审计或审阅以外的鉴证业务》的规定执行了鉴证业务。上述规定要求我们计划和实施鉴证工作，以对鉴证对象信息是否不存在重大错报获取合理保证。在鉴证过程中，我们实施了包括了解、测试和评价内部控制设计的合理性和执行的有效性，以及我们认为必要的其他程序。我们相信，我们的鉴证工作为发表意见提供了合理的基础。

六、鉴证结论

我们认为，东南电子公司按照《企业内部控制基本规范》及相关规定于20×2年6月30日在所有重大方面保持了有效的内部控制。

本结论是在受到鉴证报告中指出的固有限制的条件下形成的。

天健会计师事务所(特殊普通合伙)	中国注册会计师：陈志维(签名并盖章)
(盖章)	中国注册会计师：沈飞英(签名并盖章)
中国·杭州	20×2年8月31日

备注：内部控制鉴证报告的后面需要附有管理层作出的内部控制评价报告。

第三节　预测性财务信息审核

一、预测性财务信息审核的概念

在经济决策中，除了历史财务信息外，还经常需要面向未来的预测性信息。注册会计师接受委托对预测性财务信息实施审核并出具报告，可增强该信息的可信赖程度。

(一)预测性财务信息的概念

预测性财务信息，是指被审核单位依据对未来可能发生的事项或采取的行动的假设而编制的财务信息。预测性财务信息可以表现为预测、规划或两者的结合，可能包括财务报表或财务报表的一项或多项要素。预测，是指管理层在最佳估计假设的基础上编制的预测性财务信息；规划，是指管理层基于推测性假设，或同时基于推测性假设和最佳估计假设编制的预测性财务信息。最佳估计假设是指截至编制预测性财务信息日，管理层对预期未来发生的事项和采取的行动做出的假设。推测性假设是指管理层对未来事项和采取的行动做出的假设，该事项或行动预期在未来未必发生。

由于预测性财务信息所涉及的是截至目前尚未发生的事项，因此不可避免地具有高度的主观性，并且在编制过程中需要做出大量的估计和判断。这是预测性财务信息的一项重要特征。

（二）预测性财务信息审核的总体要求和保证程度

在执行预测性财务信息审核业务时，注册会计师应当就下列事项获取充分、适当的证据：

(1)管理层编制预测性财务信息所依据的最佳估计假设并非不合理；在依据推测性假设的情况下，推测性假设与信息的编制目的是相适应的。

(2)预测性财务信息是在假设的基础上恰当编制的。

(3)预测性财务信息已恰当列报，所有重大假设已充分披露，包括说明采用的是推测性假设还是最佳估计假设。

(4)预测性财务信息的编制基础与历史财务报表一致，并选用了恰当的会计政策。

注册会计师不应对预测性财务信息的结果能否实现发表意见。当对管理层采用的假设的合理性发表意见时，注册会计师仅提供有限保证。

二、预测性财务信息审核的基本流程

（一）接受业务委托

在承接预测性财务信息审核业务前，注册会计师应当考虑下列因素：(1)信息的预定用途；(2)信息是广为分发还是有限分发；(3)假设的性质，即假设是最佳估计假设还是推测性假设；(4)信息中包含的要素；(5)信息涵盖的期间。

如果假设明显不切实际，或认为预测性财务信息并不适合预定用途，注册会计师应当拒绝接受委托，或解除业务约定。

（二）了解被审核单位情况

(1)注册会计师应当充分了解被审核单位情况，以评价管理层是否识别出编制预测性财务信息所要求的全部重要假设。

(2)注册会计师还应当通过考虑下列事项，熟悉被审核单位编制预测性财务信息的过程：①与编制预测性财务信息相关的内部控制，以及负责编制预测性财务信息人员的专业技能和经验；②支持管理层做出假设的文件的性质；③运用统计、数学方法及计算机辅助技术的程度；④形成和运用假设时使用的方法；⑤以前期间编制预测性财务信息的准确性，及其与实际情况出现重大差异的原因。

(3)注册会计师应当考虑被审核单位编制预测性财务信息时依赖历史财务信息的程度是否合理。注册会计师应当了解被审核单位的历史财务信息，以评价预测性财务信息与历史财务信息的编制基础是否一致，并为考虑管理层假设提供历史基准。注册会计师应当确定相关历史财务信息是否已经审计或审阅，是否选用了恰当的会计政策。如果对上期历史财务信息出具了非标准审计报告或非标准审阅报告，或被审核单位尚处于营业初期，注册会计师应当考虑各项相关的事实及其对预测性财务信息审核的影响。

(4)注册会计师应当考虑预测性财务信息涵盖的期间。随着涵盖期间的延长，假设的主观性将会增加，管理层做出最佳估计假设的能力将会减弱。预测性财务信息涵盖的期间不应超过管理层可做出合理假设的期间。

(三)实施审核程序

在确定审核程序的性质、时间和范围时,注册会计师应当考虑各种因素,如预测性财务信息存在重大错报的可能性、管理层编制预测性财务信息的能力、预测性财务信息受管理层判断影响的程度、基础数据的恰当性和可靠性,还要结合以前期间执行业务所了解的情况。

(1)评估最佳估计假设。注册会计师应当评估支持管理层做出最佳估计假设的证据的来源和可靠性。注册会计师可以从内部或外部来源获取支持这些假设的充分、适当的证据,包括根据历史财务信息考虑这些假设,以及评价这些假设是否依据被审核单位有能力实现的计划。

(2)评估推断性假设。当使用推测性假设时,注册会计师应当确定这些假设的所有重要影响是否已得到考虑。

对推测性假设,注册会计师不需要获取支持性的证据,但应当确定这些假设与编制预测性财务信息的目的相适应,并且没有理由相信这些假设明显不切合实际。

(3)注册会计师应当通过检查数据计算准确性和内在一致性等,确定预测性财务信息是否依据管理层确定的假设恰当编制。内在一致性是指管理层拟采取的各项行动相互之间不存在矛盾,以及根据共同的变量确定的金额之间不存在不一致。

(4)注册会计师应当关注对变化特别敏感的领域,并考虑该领域影响预测性财务信息的程度。

(5)当接受委托审核预测性财务信息的一项或多项要素时,注册会计师应当考虑该要素与财务信息其他要素之间的关联关系。

(6)当预测性财务信息包括本期部分历史信息时,注册会计师应当考虑对历史信息需要实施的程序的范围。

(7)注册会计师应当就下列事项向管理层获取书面声明:①预测性财务信息的预定用途;②管理层做出的重大假设的完整性;③管理层认可对预测性财务信息的责任。

(四)评价预测性财务信息的列报

在评价预测性财务信息的列报(包括披露)时,注册会计师除考虑相关法律法规的具体要求外,还应当考虑下列事项:

(1)预测性财务信息的列报是否提供有用信息且不会产生误导。

(2)预测性财务信息的附注中是否清楚地披露会计政策。

(3)预测性财务信息的附注中是否充分披露所依据的假设,是否明确区分最佳估计假设和推测性假设;对于涉及重大且具有高度不确定性的假设,是否已充分披露该不确定性以及由此导致的预测结果的敏感性。

(4)预测性财务信息的编制日期是否得以披露,管理层是否确认截至该日期,编制该预测性财务信息所依据的各项假设仍然适当。

(5)当预测性财务信息的结果以区间表示时,是否已清楚说明在该区间内选取若干点的基础,该区间的选择是否不带偏见或不产生误导。

(6)从最近历史财务信息披露以来,会计政策是否发生变更、变更的原因及其对预测性财务信息的影响。

三、预测性财务信息审核报告

(一)审核报告的要素

注册会计师对预测性财务信息出具的审核报告应当包括下列内容:

（1）标题。标题一般统一规范为“审核报告”。

（2）收件人。一般为审核业务约定书中的委托人，也可以是审核业务约定书中指明的其他致送对象。

（3）指出所审核的预测性财务信息。即对预测性财务信息做出的界定与描述。

（4）提及审核预测性财务信息时依据的准则。

（5）说明管理层对预测性财务信息（包括编制该信息所依据的假设）负责。

（6）适当时，提及预测性财务信息的使用目的和分发限制。

（7）以消极方式说明假设是否为预测性财务信息提供合理基础。

（8）对预测性财务信息是否依据假设恰当编制，并按照适用的会计准则和相关会计制度的规定进行列报发表意见。

（9）对预测性财务信息的可实现程度做出适当警示。该警示表明注册会计师不对该预测性信息未来的可实现程度做出保证。

（10）注册会计师的签名及盖章。

（11）会计师事务所的名称、地址及盖章。

（12）报告日期。报告日期应为完成审核工作的日期。

（二）审核报告中应提出的结论

注册会计师在预测性财务信息的审核报告中应当说明：

（1）根据对支持假设的证据的检查，注册会计师是否注意到任何事项，导致其认为这些假设不能为预测性财务信息提供合理基础。此项结论应采用消极方式表述。

（2）对预测性财务信息是否依据这些假设恰当编制，并按照适用的会计准则和相关会计制度的规定进行列报发表意见。此项结论应采用积极方式表述。

（三）非无保留意见审核结论

（1）如果认为预测性财务信息的列报不恰当，注册会计师应当对预测性财务信息出具保留或否定意见的审核报告，或解除业务约定。

（2）如果认为一项或者多项重大假设不能为依据最佳估计假设编制的预测性财务信息提供合理基础，或在给定的推测性假设下，一项或者多项重大假设不能为依据推测性假设编制的预测性财务信息提供合理基础，注册会计师应当对预测性财务信息出具否定意见的审核报告，或解除业务约定。

（3）如果审核范围受到限制，导致无法实施必要的审核程序，注册会计师应当解除业务约定，或出具无法表示意见的审核报告，并在报告中说明审核范围受到限制的情况。

（四）对信息使用者的警示

（1）由于预期事项通常并非如预期那样发生，并且变动可能重大，实际结果可能与预测性财务信息存在差异；同样，当预测性财务信息以区间形式表述时，对实际结果是否处于该区间内不提供任何保证。

（2）在审核规划的情况下，编制预测性财务信息是为了特定目的（列明具体目的）。在编制过程中运用了一整套假设，包括有关未来事项和管理层行动的推测性假设，而这些事项和行动预期在未来未必发生。因此，提醒信息使用者注意，预测性财务信息不得用于该特定目的以外的其他目的。

(五)审核报告示例

参考格式 16—5　无保留意见审核报告(以预测为基础)

<table>
<tr><td colspan="2" align="center">盈利预测审核报告</td></tr>
<tr><td colspan="2">武汉市水务建设工程有限公司：
我们审核了后附的 ABC 股份有限公司(以下简称“ABC 公司”)编制的预测(列明预测涵盖的期间和预测的名称)。我们的审核依据是《中国注册会计师其他鉴证业务准则第 3111 号——预测性财务信息的审核》。ABC 公司管理层对该预测及其所依据的各项假设负责。这些假设已在附注×中披露。
根据我们对支持这些假设的证据的审核，我们没有注意到任何事项使我们认为这些假设没有为预测提供合理基础。而且，我们认为，该预测是在这些假设的基础上恰当编制的，并按照××编制基础的规定进行了列报。
由于预期事项通常并非如预期那样发生，并且变动可能重大，实际结果可能与预测性财务信息存在差异。</td></tr>
<tr><td>中审众环会计师事务所
(盖章)
中国·武汉</td><td>中国注册会计师：杨红青(签名并盖章)
中国注册会计师：王涛(签名并盖章)
20×2 年 10 月 30 日</td></tr>
</table>

参考格式 16—6　无保留意见审核报告(以规划为基础)

<table>
<tr><td colspan="2" align="center">审核报告</td></tr>
<tr><td colspan="2">ABC 股份有限公司：
我们审核了后附的 ABC 股份有限公司(以下简称“ABC 公司”)编制的规划(列明规划涵盖的期间和规划的名称)。我们的审核依据是《中国注册会计师其他鉴证业务准则第 3111 号——预测性财务信息的审核》。ABC 公司管理层对该规划及其所依据的各项假设负责。这些假设已在附注×中披露。
ABC 公司编制规划是为了××目的。由于 ABC 公司尚处于营业初期，在编制规划时运用了一整套假设，包括有关未来事项和管理层行动的推测性假设，而这些事项和行动预期在未来未必发生。因此，我们提醒信息使用者注意，该规划不得用于××目的以外的其他目的。
根据我们对支持这些假设的证据的审核，在推测性假设(列明推测性假设)成立的前提下，我们没有注意到任何事项使我们认为这些假设没有为规划提供合理基础。我们认为，该规划是在这些假设的基础上恰当编制的，并按照××编制基础的规定进行了列报。
即使在推测性假设中所涉及的事项发生，但由于预期事项通常并非如预期那样发生，并且变动可能重大，因此实际结果仍然可能与预测性财务信息存在差异。</td></tr>
<tr><td>××会计师事务所(盖章)

中国××市</td><td>中国注册会计师：×××(签名并盖章)
中国注册会计师：×××(签名并盖章)
20×3 年×月×日</td></tr>
</table>

第四节　相关服务业务

一、对财务信息执行商定程序

（一）执行商定程序的含义

对财务信息执行商定程序，是指注册会计师对特定财务数据、单一财务报表或整套财务报表等财务信息执行与特定主体商定的具有审计性质的程序，并就执行的商定程序及其结果出具报告。

对商定程序的理解可以从以下方面进行：

(1)商定程序业务执行的程序是与特定主体协商确定的。审计业务中执行的程序是由注册会计师按照审计准则的要求和职业判断确定的，商定程序业务中执行的程序，是由注册会计师与特定主体协商确定的。特定主体，是指委托人和业务约定书中指明的报告致送对象。

(2)执行商定程序的对象是财务信息。财务信息通常包括特定财务数据、单一财务数据或整套财务报表等。特定财务数据通常包括财务报表特定项目、特定账户或特定账户的特定内容。

(3)注册会计师就执行的商定程序及其结果出具报告。商定程序业务仅报告执行的商定程序及其结果，并不提出鉴证结论。报告使用者自行对注册会计师执行的商定程序及其结果做出评价，并根据注册会计师的工作得出自己的结论。

(4)商定程序业务报告仅限于参与协商确定程序的特定主体使用，以避免不了解商定程序的人对报告产生误解。

（二）执行商定程序的流程

1. 签订业务约定书

注册会计师应当与特定主体进行沟通，确保其已经清楚理解拟执行的商定程序和业务约定条款。

注册会计师应当就下列事项与特定主体沟通，并达成一致意见：

(1)业务性质，包括说明执行的商定程序并不构成审计或审阅，不提出鉴证结论；

(2)委托目的；

(3)拟执行商定程序的财务信息；

(4)拟执行的具体程序的性质、时间和范围；

(5)预期的报告样本；

(6)报告分发和使用的限制。

如果无法与所有的报告致送对象直接讨论拟执行的商定程序，注册会计师应当考虑采取下列措施：

(1)与报告致送对象的代表讨论拟执行的商定程序；

(2)查阅来自报告致送对象的相关信函和文件；

(3)向报告致送对象提交报告样本。

如果接受委托，注册会计师应当与委托人就双方达成一致的事项签订业务约定书，以避免双方对商定程序业务的理解产生分歧。

2. 合理制定工作计划

注册会计师应当合理制定工作计划，以有效执行商定程序业务。

3. 执行商定程序

注册会计师应当执行商定的程序,并将获取的证据作为出具报告的基础。执行商定程序业务运用的程序通常包括:(1)询问和分析;(2)重新计算、比较和其他核对方法;(3)观察;(4)检查;(5)函证。

需要注意的是,实际执行商定程序业务时,可能仅执行上述程序中的一种或几种程序中的一部分,究竟执行哪些程序取决于注册会计师与特定主体协商的结果。

4. 进行工作记录

注册会计师应当记录支持商定程序业务报告的重大事项,并记录按照《中国注册会计师相关服务准则第 4101 号——对财务信息执行商定程序》的规定和业务约定书的要求执行商定程序的证据。

(三)执行商定程序的报告

商定程序业务报告应当详细说明业务的目的和商定的程序,以便使用者了解所执行工作的性质和范围。

商定程序业务报告应当包括下列内容:

(1)标题;

(2)收件人;

(3)说明执行商定程序的财务信息;

(4)说明执行的商定程序是与特定主体协商确定的;

(5)说明已按照《中国注册会计师相关服务准则第 4101 号——对财务信息执行商定程序》的规定和业务约定书的要求执行了商定程序;

(6)当注册会计师不具有独立性时,说明这一事实;

(7)说明执行商定程序的目的;

(8)列出所执行的具体程序;

(9)说明执行商定程序的结果,包括详细说明发现的错误和例外事项;

(10)说明所执行的商定程序并不构成审计或审阅,注册会计师不提出鉴证结论;

(11)说明如果执行商定程序以外的程序,或执行审计或审阅,注册会计师可能得出其他应报告的结果;

(12)说明报告仅限于特定主体使用;

(13)在适用的情况下,说明报告仅与执行商定程序的特定财务数据有关,不得扩展到财务报表整体;

(14)注册会计师的签名和盖章;

(15)会计师事务所的名称、地址及盖章;

(16)报告日期。

参考格式 16-7　对财务信息执行商定程序的报告

注册会计师执行商定程序的报告

ABC 股份有限公司:

我们接受委托,对 Y 公司 20×2 年 12 月 31 日的应收账款明细账执行了与贵公司商定的程序。这些程序经贵公司同意,其充分性和适当性由贵公司负责。我们的责任是按照

《中国注册会计师相关服务准则第 4101 号——对财务信息执行商定程序》和业务约定书的要求执行商定程序，并报告执行程序的结果。本业务的目的仅是为了协助贵公司评价 Y 公司应收账款记录的正确性。现将执行的程序及得出的结论报告如下：

一、执行的程序

1. 取得 Y 公司编制的 20×2 年 12 月 31 日的应收账款明细表，验算合计数，并与总分类账核对是否相符。

2. 从应收账款明细表中抽取 50 家客户，检查对应的销售发票与主营业务收入明细账是否相符。抽取方法是从第 10 家客户开始，每隔 20 家抽取 1 家。

3. 对应收账款明细表中余额较大的前 200 家客户进行函证。

4. 对未回函的客户，检查销售发票、发运凭证和订货单是否相符。

5. 对回函金额不符的客户，取得 Y 公司编制的差异调节表，并检查差异调节是否适当。

二、执行程序的结果

1. 执行第 1 项程序，我们发现应收账款明细表合计数正确，并与总分类账核对相符。

2. 执行第 2 项程序，我们发现销售收入与主营业务收入明细账相符，抽取余额占应收账款明细表合计数的 10.5%。

3. 执行第 3 项程序，我们对应收账款明细表中余额较大的前 200 家客户发出询证函，函证余额占应收账款明细表合计数的比例为 80%。收到 180 家客户的回函，回函金额××元，差异××元（其中正差××元，负差××元），其余 20 家客户未回函。

4. 执行第 4 项程序，我们发现未回函的 20 家客户的销售发票、发运凭证和订货单相符。

5. 执行第 5 项程序，我们发现除以下回函金额不符外，其他差异通过差异调节表调节消失（列出回函金额不符的应收账款）。

上述已执行的商定程序并不构成审计或审阅，因此我们不对上述应收账款明细表发表审计或审阅意见。如果执行商定程序以外的程序，或执行审计或审阅程序，我们可能得出其他应报告的结果。

本报告仅供贵公司用于第一段所述目的，不应用于其他目的及分发给其他单位或个人。本报告仅与上述特定财务数据有关，不应将其扩大到 Y 公司财务报表整体。

××会计师事务所（盖章）　　中国注册会计师：×××（签名并盖章）

中国注册会计师：×××（签名并盖章）

中国××市　　20×3 年×月×日

二、代编财务信息

（一）代编业务的性质

代编业务，是指注册会计师运用会计而非审计的专业知识和技能，代客户编制一套完整或非完整的财务报表，或代为收集、分类和汇总其他财务信息。

注册会计师执行代编业务使用的程序并不旨在、也不能对财务信息提出任何鉴证结论。

注册会计师执行代编业务，应当遵守相关职业道德规范，恪守客观、公正的原则，保持专业胜任能力和应有的关注，并对执业过程中获知的信息保密。

代编业务既不是审计业务，也不是审阅业务，不包含任何保证成分，因此不属于鉴证业务。在代编业务中，不对注册会计师提出独立性要求。但如果注册会计师不具有独立性，应当在代编业务报告中说明这一事实。

（二）代编业务的流程

1. 签订业务约定书

注册会计师应当在代编业务开始前，与客户就代编业务约定条款达成一致意见，并签订业务约定书，以避免双方对代编业务的理解产生分歧。

业务约定书应当包括下列主要事项：

（1）业务的性质，包括说明拟执行的业务既非审计也非审阅，注册会计师不对代编的财务信息提出任何鉴证结论；

（2）说明不能依赖代编业务揭露可能存在的错误、舞弊以及违反法规行为；

（3）客户提供的信息的性质；

（4）说明客户管理层应当对提供给注册会计师的信息的真实性和完整性负责，以保证代编财务信息的真实性和完整性；

（5）说明代编财务信息的编制基础，并说明将在代编财务信息和出具的代编业务报告中对该编制基础以及任何重大背离予以披露；

（6）代编财务信息的预期用途和分发范围；

（7）如果注册会计师的姓名与代编的财务信息相联系，说明注册会计师出具的代编业务报告的格式；

（8）业务收费；

（9）违约责任；

（10）解决争议的方法；

（11）签约双方法定代表人或其授权代表的签字盖章，以及签约双方加盖的公章。

2. 制定代编业务计划

注册会计师应当制定代编业务计划，以有效执行代编业务。

3. 执行代编业务工作

（1）注册会计师应当了解客户的业务和经营情况，熟悉其所处行业的会计政策和惯例，以及与具体情况相适应的财务信息的形式和内容。

（2）注册会计师应当了解客户业务交易的性质、会计记录的形式和财务信息的编制基础。注册会计师通常利用以前经验、查阅文件记录或询问客户的相关人员，获取对这些事项的了解。

（3）注册会计师应当阅读代编的财务信息，并考虑形式是否恰当，是否不存在明显的重大错报。如果注意到存在重大错报，注册会计师应当尽可能与客户就如何恰当地更正错报达成一致意见。如果重大错报仍未得到更正，并且认为财务信息存在误导，注册会计师应当解除该项业务约定。

（4）注册会计师应当从管理层获取其承担恰当编制财务信息和批准财务信息的责任的书面声明。该声明还应当包括管理层对会计数据的真实性和完整性负责，以及已向注册会计师完整提供所有重要且相关的信息。

（5）除《中国注册会计师相关服务准则第 4111 号——代编财务信息》规定的程序外，注册会计师通常不需要执行下列程序：①询问管理层，以评价所提供信息的可靠性和完整性；②评价内部控制;③验证任何事项;④验证任何解释。

如果注意到管理层提供的信息不正确、不完整或在其他方面不令人满意,注册会计师应当考虑执行上述程序,并要求管理层提供补充信息。如果管理层拒绝提供补充信息,注册会计师应当解除该项业务约定,并告知客户解除业务约定的原因。

4. 进行代编业务工作记录

注册会计师应当记录重大事项,以证明其已按照《中国注册会计师相关服务准则第 4111 号——代编财务信息》的规定和业务约定书的要求执行代编业务。

(三)代编业务报告

在任何情况下,如果注册会计师的姓名与代编的财务信息相联系,注册会计师应当出具代编业务报告。代编业务报告应当包括下列内容:

(1)标题;

(2)收件人;

(3)说明注册会计师已按照《中国注册会计师相关服务准则第 4111 号——代编财务信息》的规定执行代编业务;

(4)当注册会计师不具有独立性时,说明这一事实;

(5)指出财务信息是在管理层提供信息的基础上代编的,并说明代编财务信息的名称、日期或涵盖的期间;

(6)说明管理层对注册会计师代编的财务信息负责;

(7)说明执行的业务既非审计,也非审阅,因此不对代编的财务信息提出鉴证结论;

(8)必要时,应当增加一个段落,提醒注意代编财务信息对采用的编制基础的重大背离;

(9)注册会计师的签名及盖章;

(10)会计师事务所的名称、地址及盖章;

(11)报告日期。

另外,注册会计师应当在代编财务信息的每页或一套完整的财务报表的首页明确标示"未经审计或审阅""与代编业务报告一并阅读"等字样。

代编财务信息的业务报告见参考格式 16—8 和参考格式 16—9。

参考格式 16—8　代编财务报表业务报告(无任何附加说明)

代编财务报表业务报告

(收件人名称):

在 ABC 公司管理层提供信息的基础上,我们按照《中国注册会计师相关服务准则第 4111 号——代编财务信息》的规定,代编了 ABC 公司 20×2 年 12 月 31 日的资产负债表,20×2 年度的利润表、股东权益变动表和现金流量表以及财务报表附注。管理层对这些财务报表负责。我们未对这些财务报表进行审计或审阅,因此不对其提出鉴证结论。

××会计师事务所(盖章)　　　　中国注册会计师:×××(签名并盖章)

中国注册会计师:×××(签名并盖章)

中国××市　　　　20×3 年×月×日

参考格式 16—9　代编财务报表业务报告(增加段落以引起对背离编制基础的关注)

> **代编财务报表业务报告**
>
> (收件人名称):
>
> 在ABC公司管理层提供信息的基础上,我们按照《中国注册会计师相关服务准则第4111号——代编财务信息》的规定,代编了ABC公司20×2年12月31日的资产负债表,20×2年度的利润表、股东权益变动表和现金流量表以及财务报表附注。管理层对这些财务报表负责。我们未对这些财务报表进行审计或审阅,因此不对其提出鉴证结论。
>
> 我们提请注意,如财务报表附注×所述,管理层对融资租赁的机器设备未予资本化,该事项不符合企业会计准则和《××会计制度》的规定。
>
> ××会计师事务所(盖章)　　中国注册会计师:×××(签名并盖章)
>
> 　　中国注册会计师:×××(签名并盖章)
>
> 中国××市　　20×3年×月×日

自我测试题

一、单项选择题

1. 财务报表审阅业务提供的保证程度是(　　)。

A. 有限保证程度　　B. 合理保证

C. 不提供任何程度保证　　D. 有限保证和合理保证同时存在

2. 审阅报告范围段的内容不应包括(　　)。

A. 所审阅财务报表的名称

B. 审阅业务所依据的准则

C. 审阅主要限于询问和实施分析程序,提供的保证程度低于审计

D. 没有实施审计,因而不发表审计意见

3. 注册会计师在执行审阅业务过程中,如果认为存在重大的范围限制,且该范围限制的影响非常重大和广泛,以至于注册会计师认为不能提供任何程度的保证时,应出具的意见类型为(　　)。

A. 保留意见　　B. 带强调事项段的保留意见

C. 无法提供任何保证　　D. 无法表示意见

4. 以下关于财务报表的审计业务和审阅业务对比的陈述不正确的有(　　)。

A. 审计业务属于合理保证的鉴证业务;审阅业务属于有限保证的鉴证业务

B. 审计业务以积极方式提供合理保证;审阅业务以消极方式提供有限保证

C. 审计业务审计程序包括检查记录或文件、检查有形资产、观察、询问、函证、重新计算、重新执行、分析程序等;审阅业务以询问和分析程序为主,只有当有理由相信所审阅的财务报表可能存在重大错报时才需要追加其他程序

D. 审计业务和审阅业务的执业标准都是中国注册会计师审计准则

5. 以下对内部控制审核业务的理解不恰当的是(　　)。

A. 内部控制审核业务是一项专门鉴证业务

B. 内部控制审核的范围限于特定日期与内部控制相关方面进行审核

C. 内部控制审核的范围限于特定日期与财务报表相关的内部控制

D. 被审核单位管理层应当就内部控制的有效性提供书面认定

6. 执行内部控制审核业务时，注册会计师应在其出具的内部控制审核报告的固有限制段中说明(　　)。

A. 管理当局的责任是建立健全内部控制并保持其有效性

B. 实施了包括了解、测试、评价内部控制设计、执行情况的必要程序

C. 所执行的审核程序为发表审核意见提供了合理的基础

D. 根据内部控制评价结果推测其未来的有效性具有一定的风险

7. 注册会计师执行商定程序业务的对象是财务信息。这些财务信息涉及的范围很广，但通常不包括(　　)。

A. 可能是财务报表特定项目、特定账户或特定账户的特定内容

B. 可能直接出现在财务报表或其附注中

C. 可能是通过分析、累计、汇总等计算间接得出的

D. 可能直接取自相关的经济协议或财务预算资料

8. 注册会计师为乙公司提供代编财务报表服务时，必须执行(　　)程序。

A. 评价内部控制

B. 询问客户管理层以评价所提供的信息的可靠性和完整性

C. 监盘库存存货

D. 要求客户管理层更正在执业过程中注意到的重大错报

二、多项选择题

1. 下列关于财务报表审阅业务的说法中，正确的有(　　)。

A. 由于审阅程序有限，注册会计师只能获取支持有限保证的证据

B. 执行财务报表审阅业务时，注册会计师通常无须对内部控制进行测试

C. 注册会计师对审阅后的财务报表提供合理保证

D. 执行财务报表审阅业务时，注册会计师通常无须对应收款项实施函证

2. 下列属于财务报表审阅程序的有(　　)。

A. 询问被审阅单位采用的会计准则和相关会计制度、行业惯例

B. 询问被审阅单位对交易和事项的确认、计量、记录和报告的程序

C. 询问股东会、董事会以及其他类似机构决定采取的可能对财务报表产生影响的措施

D. 实施分析程序，以识别异常关系和异常项目

3. 下列关于内部控制审核的表述中，正确的有(　　)。

A. 内部控制审核是注册会计师执行的一项鉴证业务

B. 内部控制审核的目的就是实质性测试的性质、时间和范围

C. 内部控制审核的范围仅限于特定日期与会计报表相关的内部控制

D. 内部控制审核是对被审单位管理当局对内部控制有效性认定的再认定

4. 注册会计师接受委托审核预测性财务信息，应当就(　　)事项获取充分、适当的证据。

A. 预测性财务信息能否实现或可实现的程度

B. 管理层编制预测性财务信息所依据的最佳估计假设的合理性

C. 预测性财务信息是否符合法律规定

D. 财务信息已经恰当列报及所有重大假设已充分披露

5. 在预测性财务信息审核业务中，注册会计师确定审核程序的性质、时间安排和范围时应考虑的因素有(　　)。

A. 重大错报的可能性

B. 以前期间执行业务所了解的情况

C. 管理层编制预测性财务信息的能力

D. 基础数据的恰当性和可靠性

三、判断题

1. 财务报表审阅业务属于历史性财务信息鉴证业务，注册会计师既无须对鉴证结论提供合理保证，也无须以积极的方式发表鉴证结论。为了形成鉴证结论，注册会计师既不需要对应收账款实施函证，也不需要对存货实施监盘。(　　)

2. 在执行财务报表审阅业务时，虽然注册会计师无须对存货实施监盘和计价程序，但应对被审阅单位与存货相关的内部控制进行与有限保证程度相适应的控制测试。(　　)

3. 如果有理由相信所审阅的财务报表可能存在重大错报，注册会计师应当实施追加的或更为广泛的程序，以便能够提出结论或确定是否出具非无保留结论的报告。(　　)

4. 在预测性财务信息审核业务中，注册会计师在对信息所依据的假设是否合理提供有限保证的同时，需要对信息是否在假设的基础上恰当编制等提供合理保证。因此预测性财务信息审核报告是两种保证共存的鉴证报告。(　　)

5. 注册会计师执行商定程序的对象是特定主体指定的财务信息，包括特定财务数据，单一财务报表，但不能是整套财务报表。(　　)

6. 注册会计师对财务报表执行商定程序时，应当遵循中国注册会计师职业道德规范，恪守独立、客观、公正的原则，并具备相应的专业胜任能力。(　　)

7. 在对财务报表执行商定程序前，注册会计师应当了解特定主体的内部控制，并根据重大错报风险的评估结果确定执行商定程序的范围。(　　)

8. 如果注册会计师的姓名与代编的财务信息相联系，注册会计师则不能出具代编业务报告。(　　)

四、案例分析题

甲公司是 ABC 会计师事务所的常年审计客户，A 注册会计师作为项目合伙人负责．对甲公司 2021 年度财务报表和内部控制进行整合审计，在审计工作过程中，需要考虑的与内部控制审计相关事项如下：

(1)在确定与内部控制重大缺陷相关的重要性时，考虑到内部控制审计是对内部控制有效性发表意见，因此，A 注册会计师以财务报表审计中财务报表整体重要性的 75%作为内部控制审计的重要性。

(2)在针对了解被审计单位内部控制潜在错报来源执行程序时，由于 A 注册会计师工作繁忙，指定由经验丰富的外勤负责人执行，但 A 注册会计师对该负责人的工作进行了相应的监督。

(3)项目组在期中测试了甲公司重要的信息技术一般控制有效且关键控制未发生变化，A注册会计师认为无须对其实施前推测试，即可得出该控制在整个期间有效的结论。

(4)A 注册会计师发现内部控制 M 存在设计缺陷，造成了 100 万元的漏记，内部控制 N 虽然也存在设计缺陷，但是并未造成错报发生，因此评价内部控制 M 比内部控制 N 存在的缺陷更为严重。

要求：针对上述第(1)至(4)项，逐项指出 A 注册会计师的做法是否恰当。如不恰当，简要说明理由。

补充测试题

参考文献

1. 中国注册会计师协会. 审计. 北京:中国财政经济出版社,2023

2. 中华人民共和国财政部. 中国注册会计师执业准则. 上海:立信会计出版社,2020

3. 中国注册会计师协会. 中国注册会计师执业准则及应用指南. 北京:中国财政经济出版社,2023

4. 中国注册会计师协会. 中国注册会计师职业道德守则. 北京:中国财政经济出版社,2022

5. 杨闻萍,王茂林:审计经典题解. 上海:上海交通大学出版社,2022

6. 王英姿. 审计原理与实务. 上海:上海财经大学出版社,2016

7. 刘明辉,史德刚. 审计学. 大连:东北财经大学出版社,2015

8. 盛永志. 审计学(第 8 版). 上海:上海财经大学出版社,2022

9. 陈晓芳. 审计学. 上海:上海交通大学出版社,2012

10. 徐宝勤. 审计基础理论与实务. 北京:北京理工大学出版社,2010

11. 高建来. 审计学. 北京:科学出版社,2007

12. 刘圣妮. 审计. 北京:北京大学出版社,2016

13. 郑英莲. 审计学. 上海:立信会计出版社,2008

14. (美)纳普著. 审计案例(第九版). 刘颖译. 大连:东北财经大学出版社,2014

15. 张景山. 审计案例精析——揭开财报背后的秘密. 北京:中国市场出版社,2015

16. International Auditing and Assurance Standards Board. Handbook of International Quality Control, Auditing, Review, Other Assurance and Related Services Pronouncements. 2015